ハヤカワ文庫 NF
〈NF530〉

# 貨幣の「新」世界史

## ハンムラビ法典からビットコインまで

カビール・セガール
小坂恵理訳

JN190622

早川書房
*8262*

日本語版翻訳権独占
早　川　書　房

©2018 Hayakawa Publishing, Inc.

COINED

*The Rich Life of Money and How Its History Has Shaped Us*

by

Kabir Sehgal

Copyright © 2015 by

Kabir Sehgal

Translated by

Eri Kosaka

Published 2018 in Japan by

HAYAKAWA PUBLISHING, INC.

This book is published in Japan by

arrangement with

GRAND CENTRAL PUBLISHING

New York, New York, USA.

All rights reserved.

through THE ENGLISH AGENCY (JAPAN) LTD.

メンターであり友人のダグラス・ブリンクリーへ

目次

# 序文

一九七四年、私はバングラデシュのチッタゴン大学で経済学を教えていた。新しく建てられた大学キャンパスの隣には、バングラデシュの典型的な農村ジョブラがあって、キャンパスへ行くための通り道になっていた。この年は国じゅうが深刻な飢饉に見舞われ、何百万人もの国民が苦しんだ。そして、この苦しみのいっさいを和らげるために自分は何もできないことを認識すると、学問や知識に裏付けられた私の思い上がりは消え去っていった。無力な自分に何ができるか悩んだすえ、一度にひとりでもよいから、救いの手を差し伸べたいという発想がわいてきたのだった。

ささやかな使命を胸に秘め、私は毎日村の様子を観察し始めた。しかし仕事は山ほどあって、どこから手を付けてよいかわからない。やがて、村全体に高利貸しが蔓延している実態が目につくようになった。最も貧しい人たちを食いものにするこのメカニズムを目の当たりにして、私の胸は痛んだ。そこで、一度にひとりでもよいから助けようと決めた目標を実行に移すため、ポケットマネーを貧しい村人に貸し出すようになった。こうしてマイクロクレジットというアイデアは生まれたのである。

貧しい人たちの銀行としての活動を始めると、私はお金に対する評価を改めた。従来の経済学においてお金の定義は範囲が限定され、自己利益の最大化を図る手段、もしくは慈善のための施しのどちらかだった。しかしお金は、貧困の減少や環境保護など、重要な社会的目標を促進するためにも利用することができるのだ。ただしそれには、お金を斬新な形で応用し、新たな視点から、言うなれば複数の学問のレンズを通して積極的に見直していかなければならない。カビール・セガールの新著である本書は、まさにそれを実践している。

私は二〇一〇年にニューヨーク市でカビールとの初対面を果たした。当時の彼は、二〇〇八年の金融危機が世界中の何百万もの人たちを悲惨な状況に追い込んだ現実を深く憂慮していた。無責任で排他的な金融機関は設計し直すべきだという点でふたりの意見は一致したが、カビールは私よりもさらに踏み込んでいた。お金はなぜ、どのような形で私たちの人生を左右しているのか解明する作業に、積極的に取り組もうとしていたのだ。お金が私たちの人生でどんな役割を果たすべきなのか断定し、ひょっとしたら評価し直そうとさえ考えていたのではないか。お金に対する私たちの理解を豊かにし、視野を広げ、金融リテラシーを高めるような本を執筆したいと語っていた。

カビールの努力から生まれた本書は、ユニークで興味深い視点からお金を研究している。モノを売買する手段としてだけでなく、人類の長年の進化の延長としてお金は生まれたという発想に基づいている。そして、人間に備わっている多面性を反映するかのように、生物学、人類学、歴史学、宗教学など、様々な学問の視点を通してお金や交換行為について探究している。お金がどのように発明され、利用され、時間と共に変化して、未来はどうなるのか。なぜ私たちの生活を大きく左右する存在になったのか、結局のところどのように利用したらよいのか、カビールは様々な角度から分析している。

本書のなかでカビールは、お金の過去と現在を考察し、未来の姿を予想している。そのなかで特に私は、お金の未来に興味を持っている。どんな姿に発展し、どのような影響力で社会に変化を引き起こしていくのだろう。私はマイクロクレジットを通じてお金の力を認識した。お金は人びとを勇気づけ、社会に意義と持続可能な変化をもたらしてくれる存在でもある。ソーシャルビジネスにおいては、無配企業がこのような形でお金を利用すれば、人間の直面する問題の解決に貢献できる。少しでも多くの方々が本書を読み、お金は貯めこむだけの存在ではないことを理解して、将来的にソーシャルビジネスを立ち上げてくれれば幸いだ。

しかしお金が将来どのような形になるにせよ、本書を執筆してくれたカビール・セガールの貢献は大きい。過去何世紀にもわたってお金が人びとに対してどのような意味を持ってきたのか、そのいっさいが大局的な視点から紹介されている。言うなれば私たちは、セガールから前進基地を提供された。本書を出発点としてお金に新しい意味を加え、生活における新たな役割を提供し、未来の理想の世界を構築するための土台としてあるべき姿を想像していけばよいのだ。ありがとう、カビール。

ムハマド・ユヌス
ノーベル平和賞受賞者
グラミン銀行創設者

# 貨幣の「新」世界史

ハンムラビ法典からビットコインまで

お金を手に入れるよりは、お金について書くほうがやさしい。そして手に入れた者は、お金について書く方法しか知らない者を嘲笑する。

——ヴォルテール[1]

伝説が伝えひろめておりますその様子は、全体が巨大な金塊で、留釘には銀、扉にはダイアモンドを用いた都市《まち》、一面に象嵌と鏤刻を施した宝石細工さながらの都というものでございまして、これをつくり出すことができるのは、最高の材料に加えるに最大の刻苦勉励による技でございます。この言伝えに今も忠実なベルサベアの住民は、天上の都を思い起させるあらゆるものを大事にいたしておりまして、貴金属や宝玉を蒐め、束の間の気ままを諦め、寄集めながらも端整な形式をさまざまに錬りあげておるのでございます。

『見えない都市』河出文庫、2003年、米川良夫訳、146ページより」

——イタロ・カルヴィーノ[2]

関係各位

残念なお知らせがあります。博物館に展示されていた百周年記念コインが消えてしまいました。現在同じものを所有している人は、ぜひともそれを返却してください。これはマザー・テレサの生誕百周年の際、インド大統領から神の愛の宣教者会の修道会に個人的に贈られたもので、歴史的に重要な価値を持っています。

返却された際には、同等の価値を持つコインを代わりに贈るつもりです。

この問題は公表されず、内密に解決されることを保証します。

**――インドのコルカタにあるマザー・テレサのマザーハウスに貼り出された手紙**

# はじめに

赤信号。ジャカルタ。まずい組み合わせだ。

痩せ細った裸足の物乞いの女性が腕に赤ん坊を抱いて、私の乗っているタクシーの前を行きつ戻りつし始めた。つい目が合ってしまい、視線をそらした。道の向こう側でも数人の物乞いが列を作り、誰もが人差し指を上げている。

不思議な光景だ。

アザーンと呼ばれる礼拝を呼びかける声が遠くからかすかに聞こえ、その憂いを帯びた調べが街路の喧騒に違和感なく溶け込んでいく。そうだった、一〇〇〇万人近くの住民で活気づくこの都市では、イスラム教が重要な役割を果たしている。

遠く離れた異国の地で、私はイスラム教徒の集団の真っただ中に放り込まれてしまった。

信号がようやく青に変わった。よしっ、行け！　いや、おかしいぞ。

「早く動いてくれ」と私は運転手をせかした。ところが運転手はブレーキペダルを足でしっかり押さえ、ほかの車がクラクションを鳴らしても意に介さない。物乞いが近づいてくる。こうなったら、相手が窓をノックして丸めた手を差し出してくる展開は避けられない。私はふたたび視線をそらした。

助手席側のドアが開いた。

えっ？　何？

抗議もむなしく彼女は助手席に座り、エアコンをいじり始めた。

これで車のなかには四人。タクシーはようやく走り出したが、運転手も物乞いも、赤ん坊も私も、いっさい口を利かない。これは誘拐なのだろうか。そうだとしたら、これほど静かで整然とした手口もない。ガイドブック「ロンリープラネット」のインドネシア篇に目を通してみたほうがよい。トラブルから身を守るための対策はどこに書かれていただろう？

車は高速道路に入り、カープールレーン〔相乗り者用車線で、三人以上の搭乗者が必要〕に落ち着いた。そうか、急に事態が飲み込めた。

これは誘拐ではなく、取引だったのだ。路上の女性を乗せたおかげで、車は追い越し車線を使えるようになり、運転手（と私）は時間を節約することができた。そして彼女のほうは、車に乗るだけでちょっとした報酬が支払われる。実際にジャカルタでは、このような形で日銭を稼ぐ人たちをあちこちで見かける。彼らは特に目的地があるわけではなく、運転手も特に行き先を尋ねるわけではない。そしてある意味、同乗者がどこへ行くかなんて、私にもどうでもよいことだ。

それでも私たちは全員が同じ目的、すなわち金儲けのために行動している。物乞いはおよそ一〇キロメートルの区間を同乗して数ルピアを稼ぎ、タクシーの運転手は一〇〇キロメートル以上の距離を走って運賃を稼ぐ。そして私は、投資機会を求めて一万キロメートルもの距離を移動してきた。

お金は世間でどのような第一印象を持たれているのだろう。交換の手段、手から手へと渡される取引の媒体といった程度ではないか。しかし、お金を単なる交換手段と考えたら大間違いだ。大局的に見れば、社会、精神、自然、さらには芸術においても、お金は重要な役割を果たしている。

たとえば私だってお金が絡んでいなければ、ジャカルタであの三人と出会う機会はなかっただろう。彼らをフェイスブックの友だちリストに加えたわけではないが（インドネシアはフェイスブック最大の市場のひとつだ）、以前は存在しなかった関係が、お金の影響力によって創造された。私たちの交流をお金が促し形成したのである。

また、お金は脳を刺激する。将来の金銭的利益について考えると、脳のなかでは報酬を司る側坐核《そくざかく》が活性化される。あのときも、金儲けのチャンスについて考えたタクシー運転手と物乞いの脳のなかで、側坐核が刺激されたのだろう。一方、所持金を奪われるかもしれないと考えた私の場合は、不安を司る扁桃体《へんとうたい》が刺激された。

さらにお金は、自然の摂理や人類の進化においても重要な役割を果たしている。そもそも人類にとって何よりも必要なのは生き残ることで、生き残りへの願望は最も基本的な原動力になっている。そして誰でも生き残るためには、他人との交換が欠かせない。タクシーの四人の同乗者もある意味、依存し合っていた。私には目的地まで運んでくれる車が、運転手には運賃が、物乞いには分け前が、赤ん坊には眠る場所が必要だった。そして、生き残るための資源を誰もがお金のおかげで確保したのである。一般に食べるものや休む場所など生きるうえで欠かせない手段は、金銭を介して確実に提供される。つまり人間は交換の一助としてお金を発明したわけだが、交換の有無が死活問題である点はすべての生物に共通している。ウニや海藻から鳥や花に至るまで、この地球上の生物は交換なくして存在し得ない。

豊かな自然に恵まれたインドネシアでは、鳥や花がお金にまで登場している。インドネシア銀行は一九六〇年、タイヨウチョウ、アオエリヤケイ、月下香、ブーゲンビリアなど、地元固有の生物がデザインされたルピア紙幣を発行した。この場合、お金は価値のシンボルであるだけではない。固有の動植物、国の紋章やモットー、建国の父である大統領など、インドネシア社会にとって価値を持つもののシンボルにもなっている。たとえばインドネシアの国章であるガルーダ・パンチャシラがデザインされたルピア紙幣には、リボンを足でつかんだワシが描かれている。ガルーダと呼ばれるこのワシは、ヒンドゥー教のヴィシュヌ神のシンボルで、イスラム教徒の人口が世界最大の国で紙幣のイメージとして使われることには違和感を覚える。しかし、インドネシアの文化史では常にイスラム教が主流だったわけではなく、西暦二世紀にはこの島国にもヒンドゥー教が伝わっていたことを、このシンボルは思い出させてくれる。しかもこのシンボルの起源は、紀元前三〇〇〇年代の古代メソポタミア時代のヘビとワシの神話にまで遡るほど古い。そんな大昔のシンボルが世界各地に広がり、何千年もかけて複数の文化に組み込まれていったのだ。たとえばアメリカの一ドル紙幣の裏面にデザインとして使われている国章は、中央にワシが描かれており、そのくちばしにはヘビを連想させるリボンをくわえている。要するに、お金のデザインに採用されるシンボルは文化に残された化石のようなもので、現在の私たちと過去を結びつけてくれる橋渡し役である。その一方、シンボルには未来への道しるべとしての役目もあり、それを見るだけで、市民はどのような価値を追い求めるべきか理解することができる。

私は決して投資銀行で働きたかったわけではない。実際、仕事の初日には自分の運命を呪った。ロンドンで大学院の修士号を取得した後、私はインドのマンガロールで親友と一緒にオンライン教育関連企業を立ち上げた。やがてこの会社の資金繰りが悪化したため、窮余の策として、ロンドンで投資銀行のコンピューター・プログラマーとして働く決心をした。そして就職活動の結果、二社から内定を受け取った。リーマン・ブラザーズとJ・P・モルガンである。私は先見の明に優れ、会社の歴史的重要性、堅実なバランスシート、きら星のごとき経営陣について熟慮した結果J・P・モルガンを選んだ……と言いたいところだが、現実には会社の所在地が決断の理由だった。J・P・モルガンのオフィスはセントラル・ロンドンにあったが、リーマンのオフィスのほうはイースト・ロンドンの金融街であるカナリー・ワーフ。そして私は地下鉄での通勤なんて真っ平ごめんだった。

初日、自分は銀行で働くようになったという現実が痛いほど身に染みた。銀行で働くことが間違っているわけではないが、私には向いていなかった。シャツの襟はパリッと糊を利かせ、Eメールは「敬具」という文句で終わらせなければいけない。金融の専門用語の使い方や上司との付き合い方も覚えなければいけない。とにかくここは典型的な会社組織で、自分の思い描いていた人生とはかけ離れていた。私はマイケル・ルイスの『ニュー・ニュー・シング』(二〇〇〇年、日本経済新聞社、東江一紀訳)の登場人物のようになりたいと願い、ジム・クラークやマーク・アンドリーセンといったシリコンバレーの大物たちのストーリーに憧れた。ところが私の新天地は、同じマイケル・ルイスでも『ライアーズ・ポーカー』(二〇一三年、早川書房、東江一紀訳)の世界としか思えなかった。

ロンドンで仕事を始めてから数ヵ月後、サンフランシスコでの短期間の勤務を経て、二〇〇八年にはニューヨークの新興市場株式部門に配属された。私は株式仲買人として、新興市場の企業の株を大口の機関投資家に売却した。年金基金、ミューチュアルファンド、ヘッジファンドなど、何十億ドルもの資産を運用する組織を相手にした仕事だ。私は真面目に働いたが、長くは続かないなという思いを心の片隅で抱き続けた。

ところが、いきなり世界に激震が走った。そもそもJ・P・モルガンのニューヨークのオフィスはグランド・セントラル駅の上にあるので、電車が近づいてくるとガタガタと揺れを感じる。そして、リーマン・ブラザーズが(そして私がインドで立ち上げた企業が)破綻して、深刻な金融危機が始まったのである。私はユニークな状況に置かれた。何しろ私のデスクは、危機の真っただ中に放り込まれた銀行のビルのトレーディングフロアに並べられている。コートのすぐそばに座って試合を観戦しているどころか、自分もゲームに参加している状態だった。その現実に思い至ったとき、自分は歴史を目撃するまたとない機会に恵まれたのだという認識が芽生え、会社にとどまる決心をした（そして幸いにも解雇されなかった）。しかし私はグローバル市場に関してずぶの素人で、ニュースにつぎつぎと登場するアルファベットスープのごとき略語の解釈に苦労した。ＡＩＧ、ＡＡＡ、ＣＤＳ、ＴＡＲＰ、ＶＯＬ、ＺＩＲＰとは、一体全体何を意味するのか。私はノートパソコンに「ＳＧＯ」すなわちShit Going On《訳がわからない話》のフォルダを作成し、週末にまとめて読み返すことにした。このときの金融危機がもたらしたダメージは途方もない規模で、どうしてこんなことが起きたのか、まったく理解に苦しんだ。地下鉄六番線に乗っていると、事務用品を詰めた段ボールを抱えた大の男が泣いている姿を見かけた。持ち家を失ったアメリカ人がテレビの画面に登場すれば、誰の目にも悲壮感がありありと浮かんでいた。あれから七年が過ぎ、いまや私もヴァイス・プレジデントになったが、未だに危機の全容を把握しきれていない。

私にとって、金融危機とその根本的な原因について学ぶことは個人的なプロジェクトになった。そして、長年の努力の成果をこの一冊の本にまとめたのである。手始めに私は金融危機をテーマにした書物に目を通し、金融システムの歴史では好況と不況が一貫して同じように発生していることをすぐに理解した。一六三〇年代にオランダを襲ったチューリップバブルから二一世紀初めのドットコムバブルに至るまで、世界は繰り返し金融危機に見舞われているのだ。つぎに私は、チャールズ・キンドルバーガーとロバート・アリバーの共著『熱狂、恐慌、崩壊――金融危機の歴史』（二〇一四年、日本経済新聞出版社〔原著第6版〕、高遠裕子訳）やロジャー・ローウェンスタインの『最強ヘッジファンドLTCMの興亡』（二〇〇五年、日本経済新聞社、東江一紀・瑞穂のりこ訳）など、金融恐慌の歴史をテーマにした著作を読み始めた。そうすると、今度は経済史への興味が深まり、経済思想家たちの本を読み直し、アダム・スミス、デイヴィッド・リカード、ジョン・スチュアート・ミル、カール・マルクス、ジョン・メイナード・ケインズ、フリードリヒ・ハイエク、マレー・ロスバード、ミルトン・フリードマンと範囲を広げた。答えを探すため、全部で何百冊もの本を読んだ。しかし読めば読むほど、知りたいことは増えていくばかりだった。

こうして金融危機についての調査を進めていくうち、私の心にはもっと大きな疑問がわいてきた。お金の何が、私たちをここまで翻弄するのだろう？ お金には、人間をとんでもなく不合理な行動に駆り立ててしまう何かがある。そこで私は、行動経済学者たちの著書に答えを求めた。ダニエル・カーネマン、エイモス・トヴェルスキー、リチャード・セイラーらは、人びとが経済的な決断を下すときの心理について研究している。ところが彼らの研究について学ぶと、今度は神経経済学者の研究への関心が生まれた。ブライアン・ナットソンやポール・グリムシャーは、人びとが金融上の決断を下すときの脳の断層写真を撮影し、そこから何らかの解釈を引き出そうとした。やがて私は、金融にかぎらずあらゆる物事の決断が脳で下されることに注目し、進化経済学者の研究についても徹底的に調べた。たとえばハイム・オフェクは、脳が何千年もかけてどのように進化を遂げたのか、お金はこの進化のプロセスの産物か否かという問題を研究テーマに選んでいる。こうして私は問題を掘り下げていくうちに、研究範囲をどんどん広げていった。お金を理解するためには様々なアプローチが存在していることがわかり、そのすべてに魅了されていった。

結局のところ、金融危機だけに焦点を当てても、従来の経済のレンズを通して眺めても、お金が私たちにとって持つ意味を十分に理解することはできない。そもそも、二〇〇八年の金融危機をテーマにした本など、これ以上必要ないだろう。

お金は音楽の調べのようなものだ。音はひとつに聞こえても、実際には複数の響きが存在しており、それぞれ異なった周波数で振動している。私たちの耳が聞き取れないだけだ。同様に、お金が持つ意味も第一印象に限定されない。たとえば二五〇〇ドルについて考えてみよう。金額は同じでも、歳入、所得、税金、略奪品、賄賂、割り当て資金、謝礼金のどれに該当するかによって、持つ意味は異なってくる。二五〇〇ドルを貯めこむか、それとも赤十字に寄付するかによって、その人がどんな価値観や性格の持ち主か、さらにはその人の宗教的な信条まで明らかになる。あるいは、誰かが義理の母親に対し、感謝祭のディナーの準備をしてくれた御礼に二五〇〇ドル支払ったとしよう。これが容認される範囲内の行動だとすれば、社会の実態を人類学的に解明するうえでのヒントとして役立つ。ここでは、家族としての行動基準よりも市場の行動基準が優先されている。お金が従来の社会的基準に変化を引き起こし、人間の行動を修正している。

お金には複数の側面があり、そのどれも私たちにとっては欠かせない。そうなると、疑問の範囲はさらに広くなる。お金の何が、世界を〝動かして〟いるのだろう？　私の頭からはこの疑問が離れず、お金を儲けることではなく、お金を理解する作業に没頭していった。本書もこの疑問が中心的なテーマになっている。

従来の定義によれば、お金には交換の手段、価値の尺度、価値の保存の三つの機能が備わっているという。おそらくこれは、経済学者ウィリアム・スタンレー・ジェヴォンズが一八七五年に発表した『*Money and the Mechanism of Exchange*』〈貨幣と交換機構〉に由来していると思われる。たしかにこの定義は、お金の経済的機能を適切に表現している。私がジャカルタでタクシーに乗ったときにはルピアが交換の手段となり、貴重なアイテムとして受け渡された。同時にルピアはインドネシアの価値の尺度でもあり、サービスの提供、この場合にはタクシーによる移動の価値基準として役立った。そのおかげで、私たちは一万ルピアに備わった価値について言い争う必要がなかった。そして私の財布に入っている一万ルピアは、何時間、何週間、いや何年たっても価値がほとんど変わらないのだから、価値の保存という機能も立派に果たしている（時間が経過するとインフレなどが貨幣の価値に影響をおよぼすが、そのような展開についてここでは考慮しない）。

しかし私のタクシーでの経験からもわかるように、お金は経済的な役割だけを果たしているわけではなく、そうなると従来の定義からは全体像が見えにくい。お金を解釈するうえで役に立つ様々な側面が顧みられていない。

広い視野を持つためには広い定義が欠かせない。そこで私は、お金は価値のシンボルだという定義にたどり着いた。シンボルとは何かほかのものの象徴であり、抽象的な形で表現される。一方、価値とは何かの重要性や値打ちを意味する。このふたつをまとめれば、お金は何か価値のあるものや大切なものの象徴ということになる。

このシンプルながら幅広い定義は私が考案したものではないが、これならお金が単なる金融調整手段として片づけられる心配がない。表面に浮上してこない様々な用途が注目され、本書で取り組む様々なトピックを収めるための枠組みが提供される。本書ではお金を多彩なレンズから眺めていくが、価値のシンボルという定義がどのケースでも大前提になっている。そのうえで、これから始まる各章ではお金についてそれぞれ異なった視点から論じ、同じトピックに新たな光をつぎつぎと当てていく。言うなれば、お金について独創的かつ多様な角度から考えていくわけで、それがまさに本書の目的でもある。

たとえば、お金は生きているという発想は斬新だろう。お金は生命体で、眠ったり、呼吸したりしながら、周囲の環境に適応していく。なぜなら、私たち人類が変化し続けているからだ。お金が創造されて以来、その素材は人類のニーズに合わせて貴金属からプラスチックに至るまで変化を繰り返してきた。しかし私たちがお金の形を決定している一方で、お金のほうも私たち人類の形成に一役買っている。お金について考えると皮膚の電気伝導度は増加するし、脳はお金を刺激物として記録する。実際、まもなくコカインを摂取する人とまもなく金儲けが期待できる人の脳をスキャンしてみると、ほとんど見分けがつかない。お金に対する私たちの反応は、パブロフの犬と同じなのだ。お金が手に入ることを考えると脳が刺激され、脳の状態は変化する。

お金は宗教の誕生や普及を促したのではないかと一部の学者は主張している。ギリシャやインドや中国で貨幣が発明された頃、ピタゴラスやブッダや孔子《こうし》などの指導者には弟子の集団が従うようになった。お金の取り扱い方は、多くの宗教の教えの中心的テーマになっている。たとえば新約聖書のマタイによる福音書では、一〇のたとえ話のうち八つがお金や富について何らかの形で言及している。そうなるとお金は信仰の形成に関わっている可能性がある。しかも実際に脳の神経回路に変化を引き起こしていることを考えれば、私たちの生活のいたるところで実に大きな影響をおよぼしている。人生のほぼすべての部分にお金は入り込んでいると言ってもよい。誕生の際には新生児へのお祝いとして、死ぬときには遺産として、そして来世では冥銭《めいせん》として使われている。

私はお金の影響力を強調するため、本書〔英語版〕に「お金の豊かな一生、それはいかに歴史を通じて私たち人類を形成してきたか」という副題をつけて、お金を擬人化している。さらに、伝記に倣って三部構成に仕立て上げ、お金の人生を精神《こころ》、身体、魂の三つに分類して紹介していく。

精神の側面から取り組む第1部では、〝なぜ?〟という問いかけを行なう。私たちは、なぜお金を使うのだろう。生物学、心理学、人類学を使ってこの疑問に答えていく。第1章の冒頭では、交換という行為の起源を求めてガラパゴス諸島を訪れる。出発点として突飛な印象を受けるかもしれないが、お金について学ぶためには、交換とはどういうものか予め理解しておかなければならない。生物はどのようなプロセスを経て進化を遂げたのか、そして地球上の生命が進化するうえで、交換行為がいかに欠かせないものだったのか、私はこの南の島で出会った科学者たちから教えられた。細胞レベルまで突き詰めてみると、生物が交換行為を繰り返して共生関係を築いていく大きな理由が、生き残りに欠かせない食べものや資源の確保であることが理解できる。自然界では、エネルギーが貨幣として機能している。これに対して人間の世界では、お金は主要通貨でもあり、お金を取り扱うために人類は表象的思考を発達させなければならない。そこでガラパゴス諸島を訪れた後は脳の進化と拡大の軌跡をたどり、いまから一万年以上前に描かれた洞窟壁画のなかに、表象的思考の最初の徴候が見られることを紹介していく。

第2章では脳のなかに入り込み、金融上の決断に関して心理学や神経科学の面から考察していく。意識の表面下では潜在意識が常に活動しており、私たちの知らないあいだに金融上の決断を下している。たとえば天気は、ウェイターに与えるチップの金額を左右する。店内に流れている音楽の種類は、客が購入するワインのタイプに影響をおよぼす。そして、リスクの大きな金融上の決断を下す傾向の強さは、遺伝子によって決定される可能性も考えられる。神経科学と経済学を融合した学問である神経経済学は、人間の行動について従来の経済モデルよりも多くを教えてくれることが期待できる。なぜ私たちはお金を使うのか、理由が明らかにされるかもしれないし、少なくとも、金融上の決断が見えない力によって導かれていることに意識が向くようになるだろう。

第3章では社会脳、すなわち集合知の力について取り上げる。お金の祖先は物々交換ではなく負債だったと一部の人類学者は主張している。今回私は、社会的な債務や贈り物が様々な文化でどのように扱われているかを発見した。ニュージーランドのマオリ族、ソロモン海のトロブリアンド諸島の住民、北米の太平洋岸北西部のクワキウトル族、さらにはナップスターやキックスターターを使用しているネチズンにまで調査の対象を広げた。そのうえで、どこが境界となり、贈与経済から市場経済へと移行していくのかという点に注目した。市場価値が優勢になるとあらゆるものに価格がつけられ、債務の暗い側面ばかりが目立つようになる。社会的債務が市場の債務に変換されることによって、賦役や奴隷制など良からぬ慣習が定着してしまう。

身体の側面から取り組む第2部では、〝何？〟という問いかけを行なう。お金とは何だろう。過去にお金がどのような物理的形態をとっていたのか歴史を振り返り、さらに未来の形を予測しながらこの疑問に答えていく。第4章では、貴金属を材料とする貨幣についてのストーリーを展開する。私はニューヨーク連邦準備銀行の地下に収められている金地金を見学に訪れ、その安全性を確保するために政府がいかに手の込んだ措置を施しているか自分の目で確かめる。そしてつぎに、お金の素材となる金属の起源を探るべく、古代メソポタミアから古代エジプトに至るまで足跡をたどっていく。貨幣鋳造の技術は、紀元前七世紀にリディアで発明されてから、何世紀もかけてギリシャや地中海世界に広がっていった。そしてローマ帝国の時代になると、貨幣は政治的理由から意図的に改鋳《かいちゅう》された。お金の物理的形態に変化を加えることで、人類は社会を形成して支配力の強化に努めたのである。

第5章では金属を素材としないソフトマネーについて取り上げる。紙幣は当初、一〇世紀の中国で使われた。そして一三世紀になると、フビライ・ハンは拡大した帝国を統一する手段として、紙幣を積極的に導入していった。しかし、紙幣は近代貨幣制度の一翼を担っているだけではない。たとえば一八世紀のフランスでは、低迷する経済を紙幣が立て直した。ジョン・ローの貨幣制度は僅か四年で終わったかもしれないが、ソフトマネーの存在があればこそ、金融の再生が実現したのである。実際、現代の金融制度はソフトマネーに大きく依存している。そこで第5章では、一九七一年に金との交換が停止されるまでのドルの歴史を簡単に振り返る。そのうえで、今日ではFRBと銀行の協力のもとでお金がどのように造られているのかを説明していく。

第6章は未来の話で、お金の良い面、悪い面、驚かされる面を紹介していく。もしも世界が経済の激変に見舞われたら、お金の代わりに財やサービスを使う取引が復活するかもしれない。二〇〇八年の金融危機の際には金《きん》の価格が跳ね上がった。お金だけを使う代わりに、ハードな商品を交換するバーター制に回帰したケースも多く見られた。一方、これからの世界が災難を回避するためには、プラスチック製のカードがお金としての存在感を強め、最後には物理的なお金が消滅する可能性も考えられる。今日、新興諸国ではクレジットカードが不足しているが、携帯電話による決済が盛んに行なわれている。世界中の何十億もの人たちが支払い手段として携帯電話を好むようになれば、それが未来のお金として定着するだろう。いや、ひょっとしたら、お金の未来はSF小説に近づくかもしれない。たとえば〝ニューラルウォレット〟が実現すれば、誰もがグリッドに接続し、アイデアやエネルギーを交換できるようになるだろう。

　魂の側面からお金に取り組む第3部では〝どのように？〟という問いかけを行なう。私たちはお金をどのように使うべきだろう。宗教や芸術など人文科学の分野に注目し、この疑問に答えていく。お金は単にひとつの価値のシンボルではない。その使い方や表現の仕方には、私たちが抱く様々な価値が反映されている。第7章では、世界の主な宗教がお金の取り扱いについて細かく指導していることを紹介し、聖書、ユダヤ教の律法《トーラー》、コーラン、ヒンドゥー教の聖典ヴェーダに書かれている教えについて詳しく説明する。これらの文献を見るかぎり、物質的な富に関しては少ないほどよい、あるいは足るを知るべきだという精神的なロジックをどの宗教も共有しているように思える。たとえばイエス・キリストは金持ちに対し、この世の富を売り払って自分に従うようにと忠告している。一方ヒンドゥー教では、物質的な快楽を経験している人がそれを放棄する必要性に目覚めれば、心は解放されると教えている。

　第8章では、ある考古学者と一緒にバングラデシュの田舎を訪れ、かつてプトレマイオスが記した失われた文明の謎を解き明かしていく。この文明について確認する手がかりは、遺跡で発見されたコインに刻まれているシンボルだ。シンボルという芸術のおかげで、貨幣の地位は向上して高く評価されている。さらにシンボルには、国家のアイデンティティや文化の歴史が込められている。私はその探求のために合わせて一〇万キロメートル以上の距離を移動して、トルコ、タイ、南アフリカ、スリランカなど二五カ国以上の途上国を訪れた。そして仕事の合間には各国でコイン収集家と会う時間を設け、自分の国の象徴として最もふさわしいのはどの貨幣で、そのシンボルにはどんな意味が込められているのか尋ねた。本書は第1章で旧石器時代の象徴的な壁画について歴史的な解説を行ない、結びとなる第8章では世界各地を訪ね歩き、貨幣芸術の独創性について解釈していく。

本書は一般的な理論を深く掘り下げるわけではないし、従来と異なるユニークな見解を紹介するわけでもない。巻末の文献で紹介した素晴らしい方々の努力の成果を一冊にまとめたものである。出来ればもっとたくさんのトピックに触れたかったし、本書で取り上げた主題についてもっと深く追求してみたかった。実際、どの章の内容も一冊の本のテーマにふさわしい。どれも好奇心をそそられる内容で、興味は尽きない。

金融危機をきっかけに私はお金への興味を抱き、従来の認識を改めた。古い主題について新たな視点から考え、従来は見過ごされてきた様々な角度からお金を見直した。偉大なミュージシャンであるデューク・エリントンの金言〝型にはまらない〟は、私の座右の銘になっている。それを肝に銘じてあちこち自由に探求した結果、細胞からコミュニティまで、生から死まで、内面的な精神から宇宙まで、お金について様々な視点からじっくり観察することができた。その作業のなかで、科学と社会科学と人文科学の境界は曖昧になった。最終的に私は地球のあちこちに足を運び、二五ヵ国以上を訪れ、過去を探究すると同時に未来の夢を思い描いた。本書では、過去・現在・未来を通して貨幣を多元的かつ学際的に描き出している。お金の歴史について読者の皆さんが理解を深め、とかく見過ごされがちだが、実はお金が様々な形で私たちの未来を形成し続けていることを知ってもらいたい。本書によって皆さんがお金についての認識を改め、新たな解釈の仕方を考案するきっかけとなれば幸いだ。

# 第1部　精神

## アイデアのルーツ

# 第1章　ジャングルは危険がいっぱい　交換の生物学的起源

私は研究対象をずっと目の前に置いておく。そして空が徐々に白み、十分に明るくなるまで待っている。

――アイザック・ニュートン[1]

けれども人間は、同胞から助けられる機会をほぼ常に持っている。

――アダム・スミス[2]

しかし、数本のヤドリギの若木が同じ枝のすぐ近くで成長し、争っているようにも見える。ヤドリギの種は鳥によって運ばれ、存在を鳥に頼っている。そして、たとえて言うなら、他の果樹と格闘している。

――チャールズ・ダーウィン[3]

自然界での交換行為を介した共生の一例。魚がアオウミガメの甲羅を掃除している。

アシカや色鮮やかな魚たちが、目の前をせわしく通り過ぎていく。入り江は水面下の活動でにぎわっている。私は大海原を目指して泳いでいるが、水はひんやりと冷たい。もっと暖かい場所はないだろうか。狭い割れ目に日が射しこんでいるほうに向かったが、あいにく、尖った石で足を傷つけてしまった。仕方ない、海上でおとなしく待機することにした。黒い火山岩にしがみつくが、その表面は海藻に覆われてぬるぬるしている。やがて、目当てのものが見えてきた。

今回、お金の起源を解明するための冒険の旅は水中で始まった。といっても、目当てのものは、沈没した海賊船に残された戦利品ではない。べつの宝物だ。私の友人は大きく一回深呼吸すると、三メートル以上の深さを潜り、起伏に富む海底にたどり着いた。そしてドル紙幣のような緑色をした小さな物体を素手ですくい上げると、海面にふたたび上昇し、私の手元に届けてくれた。

「さあ、これが探しものよ」。

彼女は海洋生態系の研究が専門だから、判断に間違いはない。

名まえはレイチェル・ギットマン。彼女にとって、お金は研究の目的ではない。

「お金がほしくて科学の世界に飛び込む人間なんていないわ。もともと私は、金持ちじゃなかったし」と笑いながら話す。

レイチェルはヴァージニア州プリンスジョージ郡の農家で育ち、大半の時間を戸外で過ごし、自然の恵みを体いっぱいに受けて成長した。「子どものとき自然に魅せられて、自然界についてもっと知りたくなったの」という。いまは二〇代後半で、チャペルヒルにあるノースカロライナ大学で生態学を学び、博士論文の提出を目指している。そんな彼女が今回、世の中の仕組みやお金について私の理解を深める手助けをしてくれることになった。

しかし彼女から学ぶためには、後についていかなければならない。

お金のルーツを探し求める旅の出発点として、私は一風変わった場所を選んだ。普通なら、東アフリカのグレートリフトバレー〔大地溝帯〕に出かけるのではないだろうか。大昔の人類の化石が大量に発見されるし、当時はどんな貨幣が使われていたのか知るための手がかりが得られる。あるいは、トルコ西部も目的地として考えられる。かつてこの地に栄えたリディア王国では、コインを鋳造する技術が紀元前七世紀に発明された可能性が高い。しかし、こうした場所を旅の出発点にするのは、野球の試合の実況中継を八回から聞き始めるようなものだ。NASAの試算によれば、人類が大昔に誕生してから、現在の私たちは八〇〇世代目に当たるという。そのうち、最初の六〇〇世代以上は洞窟で暮らし、活字になった文字を見るようになったのは最後のほんの数世代である。[4]つまり、人類が存在しているのは地球の歴史全体の〇・〇〇四パーセントにすぎない。[5]そこで私は現代の人類の影響がおよばない場所を目指すことにした。そうすれば、モノを交換する行為の生物学的起源を観察できるはずだ。

私はエクアドルの海岸から遠く離れた、赤道近くの太平洋上までやって来た。乗っているモーターボートは揺れが激しく、デスティニー〔運命〕という名まえがいかにもふさわしい。目的地はガラパゴス諸島のひとつイサベラ島で、そこでレイチェルから教えを乞う予定だった。

私がこの場所を選んだのには理由がある。まさにここでチャールズ・ダーウィンは大いに触発され、自然淘汰による進化という理論を思いついたのだ。彼は著書『種の起源』のなかで、ビーグル号に乗ってガラパゴス諸島を訪れ、生態系をつぶさに観察した結果、「種の起源という、謎のなかの謎を多少なりとも解明することができた」と書いている。[6]だからガラパゴス諸島を探検すれば、お金のルーツ、ひいては交換行為のルーツの解明につながるのではないだろうか。

空は青く澄み渡り、絵のように美しい一日となった。さわやかな潮風が暑さを和らげてくれる。レイチェルは私を波止場で出迎えてくれた。ノースカロライナ大学の明るいブルーのキャップをかぶり、同じ色のTシャツに黒いショートパンツという服装で、サングラスをかけている。マングローブの生態系で暮らす海洋生物について研究するプロジェクトの一環として、彼女はガラパゴス諸島に滞在していた。私たちは砂だらけの道をぶらぶらと歩き始め、三五分後にはレッスンが始まった。

「ここの島では、交換が行なわれている様子をあちこちで観察できるの。食物連鎖の底辺から頂点まで、すべてが関わっているわ」とレイチェルは説明してくれた。

そこで、私たちは底辺から始めることにしたのである。

海岸までマングローブの林が続く。道すがらアシカが熟睡しており、そのまわりには糞が散乱している。足の青いカツオドリは林から飛び立ち、上空を旋回している。ウミイグアナは四〇匹近くいるだろうか。林を抜けると、コンチャ・デ・ペルラに到着する。イサベラ島の南東部にある小さな入り江で、ここで私たちはシュノーケルとフィンを装着して海に潜ったのだった。

海面に浮上してきたレイチェルが手に握っている緑色の物体は、ウニだった。彼女からウニについて聞かされてはいたが、私は自分で見つけられず、彼女の専門知識が頼りだった。ガラパゴス諸島では交換がどのように行なわれているのか、いよいよ講義の始まりだ。ウニは生き残るために必要なエネルギーを海藻から取り込む。草食性なので海藻を食べ、エネルギーを自分の体に吸収する。ただし、ウニは海藻を食べる唯一の生物ではなく、スズメダイと競い合う。そのスズメダイは時としてウニのトゲをつまみあげ、海藻から離れた場所に移動させてしまう[7]。この場合、生物が獲得する恩恵が、べつの生物の犠牲のうえに成り立っている。

では、ふたつの異なった生物が交換を通じて恩恵にあずかるような、共生関係の事例はあるだろうか。水中に潜って見回すと、それはすぐに見つかった。火山岩のうえでは、甲羅の直径が六〇センチメートルほどのウミガメが、前足を広げて休んでいる。そこに五匹のベラがやって来て、甲羅に取り付いた寄生虫を食べている。このように掃除してもらわないと、炭酸カルシウムの殻を持つフジツボが甲羅に張り付いてしまう。フジツボは大体において無害だが、いくつかの種類はダメージを引き起こすことが知られている。掃除魚のなかには、大きな魚の口のなかに泳いで入り、手の届きにくい場所から寄生虫を取り除いてしまうものもある。

レイチェルの説明によれば、共生関係は海の生態系の重要な構成要素であり、生き残りや繁殖のために多くの生物が依存し合っているという。一例が、サンゴのポリプと褐虫藻《かっちゅうそう》（英語ではゾーザンテラ）のあいだの交換行為だ。肉眼では観察しにくい関係について、レイチェルは懇切丁寧に教えてくれた。サンゴは炭酸カルシウムを分泌することによって硬い骨格を形成する。そしてこの骨格からサンゴ礁が造られ、何千もの海の生物種に生息場所を提供する。たとえば褐虫藻は、サンゴの細胞内に共生している微細藻類である。サンゴは細胞呼吸を通じて二酸化炭素を生み出すが、その二酸化炭素を使って褐虫藻は光合成を行なう。光合成の副産物として酸素や有機化合物が発生し、それがサンゴに必要なエネルギーとなる。[8]褐虫藻はサンゴに食べものを提供し、サンゴは褐虫藻に住みかを提供しているわけだ。

お金を理解するための旅は、そもそもなぜお金を使うのかという問いかけから始まった。ふたたび野球にたとえるなら、バットを眺めているだけでは野球が何を対象にしたスポーツなのか決めかねる。野球の目的は、相手チームよりも多くの得点を挙げることだ。そしてバットは、それを達成するためのツールである。同様に、ドル紙幣は交換を円滑に進めるための手段だと言える。

最も基本的なレベルでは、人類は食べものや住みかなど、生き残りに必要なアイテムを獲得するために色々なものを交換する。お金はその手段のひとつとして発明されたが、あらゆる生物の例に漏れず、人類にとって最大の目的は生き残りである。だから、ほかの生物に依存しながら日々健康の維持に努める。その証拠に、皮膚や口のなかには多くの微生物が住みついている。腸には一〇〇兆匹以上のバクテリアが暮らし、栄養素の消化、エネルギーの代謝、ビタミンの合成を助けてくれる。さらに腸内のバクテリアは、寄生バクテリアの侵入を阻止してくれる。[9]腸はバクテリアに住みかを提供し、バクテリアは私たちの健康を維持してくれるのだ。

ドクター・スース〔アメリカの児童書作家〕に倣って言うなら、交換行為は船の上でも、ヤギを材料にしても、小屋のなかでも、そして腸のなかでも繰り広げられている。地球上の生命にとって必要不可欠な行為だが、ありとあらゆる場所で行なわれているため見逃されることも多い。精子が卵子のもとに到達して生命が始まってから、生命のなくなった死体をウジムシが食べて片づけるまで、交換は常に行なわれている。

ただし、人類のあいだで行なわれる交換と、ほかの生物同士の交換とは区別して考えなければならない。脳が発達した人類は、交換行為を意識できる点が異なる。交換について戦術的に考えることが可能だ。大昔、脳が進化して表象的思考能力が備わると、人類は物事の潜在的価値を理解できるようになり、塩や大麦やカカオといった必需品を原始貨幣として交換するようになった。大麦の生産量が消費量を上回れば、余剰分はほかの必需品を獲得するために活用された。余剰は価値のシンボルとなり、ほかの必需品と交換されることによって、潜在的な価値が発揮されるようになった。こうして貨幣は誕生したのである。

有機物の交換によってエネルギーが移行することは理解しやすい。獲得したエネルギーは、無条件に食べものとして消費される。人類を含めすべての生物種はエネルギーを必要としており、それが交換を促す大きな触媒として作用していることは間違いない。ただし、人類はエネルギーを戦術的に交換する点が異なる。象徴的な価値を見出すと、それを実質的な価値に転換させる。大昔の人類が肉や大麦などの食べものを取引するようになると、エネルギーは新しい形で交換され始めた。エネルギーの豊富な産物が計画的に交換されることは、人類の進化的傾向を暗示している。

進化経済学者のハイム・オフェクは、優れた著書『*Second Nature*』〈第二の天性〉のなかでこう問いかけている。「交換は大昔に人類の進化を仲介したのだろうか。それともこれは、現代文明で新たに発生した変異の所産なのだろうか[10]」。このような形で彼は、交換が進化を促した可能性について触れている。交換を行なう生物は生き残って繁殖する可能性が高いので、〝交換に関わる特性〟が未来の世代に受け継がれるのだという。実際、交換を通じた共同作業からは、進化学的に有利な立場が獲得される。たとえば、社交的な人のほうが長生きすることについては有力な証拠が存在している[11]。一方オフェクは著書の後半で、交換行為は最古の生物のあいだにも見られ、それが人類まで脈々と受け継がれて進化したのではないかと推理している。微生物のあいだで大昔に始まった交換行為は、動物界、旧石器時代の部族、ウォール・ストリートのトレーダーへと順々に受け継がれるうちに、驚くほどの進化を遂げたのだという。

著書のなかでオフェクは、同じ生物種のなかでどのように交換が行なわれるかという点に注目している。たとえばアリも人間も、作業を少しでも効率よく仕上げるため分業に頼る。同じ生物種のなかでも一部は食べものを探すことに、一部は子育てに専念する。そして大事な仕事の一部を専門に引き受けているうちに、その分野のスペシャリストになり、職務を遂行するために特別のツールを創造する。

人類は、交換行為を通じて生き残りのチャンスが増すことを意識できるようになった。その結果、集団内の協力を促すだけでなく、ほかの生物種を打ち負かすために必要なツールが創造されたとオフェクは考えている。当初、ツールは単純な作業を達成するために使われた。しかし脳が進化して表象的思考が備わると、ツールは単なる物理的対象物以上の存在になった。農機具、武器、宝石など、保存のきく商品は、いたみやすい商品に代わる交換手段となり、原始貨幣として機能し始めた。人類はこれらのツールに象徴的価値を見出したことによって、価値の等しいほかのアイテムと交換できるようになったのだ。やがて時代が進んで人類の脳がさらなる進化を遂げ、文明が複雑になってくると、広範囲におよぶ交換行為を円滑に進めるため、普遍的で統一されたツールが必要になってきた。そのツールが貨幣だったのである。

これはなかなか興味深い理論で、交換は進化的アルゴリズムの一部だということになる。そこからは、貨幣は交換行為から生まれたという結論が得られる。私はオフェクのこの理論に刺激され、そもそも人類はなぜ貨幣を使うようになったのかという疑問に対し、新たに生物学的見地から説明すべきだと考えるようになった。貨幣の基礎を理解するためには、交換の起源について学ばなければならない。

## そもそもの始まり

貨幣が発明される以前、いや、人類が地球上のあちこちで活動し始めるずっと以前から、生物は生き残るために交換行為を続けてきた。いまからおよそ三八億年前、地球では生命最初の徴候が現れた。それはバクテリアのような単細胞の原核生物で、この生物は核を持っていなかった。やがて二〇億年前になると、多細胞の真核生物が登場する。そしてこの細胞から、菌類、植物、動物、さらには人間が創造されていく。真核生物は原核生物にべつの原核生物が取り込まれ、共生関係を通じて誕生したものである。取り込まれた原核生物は破壊されず、細胞小器官という特殊な構造になって永久に細胞内にとどまった。居座り続ける訪問客のようなものだ。

この細胞小器官がミトコンドリアである。かつてミトコンドリアが原核生物だったと考える生物学者は多い。お互いに良く似ているし、繁殖の仕方も同じで、大きな細胞とは別個に分裂していく。つまり半自律的で、たんぱく質の合成に必要な成分の多くをほかの細胞から提供されている。[12] 要するに、ミトコンドリアは大きな細胞の外で生きる能力を失い、家族は訪問客を受け入れたのだ。ありがたいことに、客は雑用の一部を引き受けてくれた。

そんな雑用のひとつが、家族への食べものの供給だ。ミトコンドリアは大きな細胞にエネルギーを提供する。家の内壁のように外膜と内膜の二重の膜構造を持っているが、たくさんのひだを持つ内膜は折り畳まれた状態で、表面積が広い。その結果、アデノシン三リン酸(ATP)というエネルギーがここでは大量に生み出される。すべての生物は繁殖活動などにエネルギーを必要とするが、エネルギーを食べものから細胞に運ぶ役目を担っているのがATPで、この化合物はすべての生きた細胞のなかに存在している。サンゴと褐虫藻の関係と同様、細胞は住みかを提供し、ミトコンドリアはエネルギーを提供している。

真核生物の誕生に関するこの理論は、シンビオジェネシスとして知られる。ふたつの別個の細胞が統合された後、新しいひとつの細胞が形成され、その繰り返しによって地球上の生命は誕生したという。この理論は二〇世紀初め、ロシアの植物学者ボリス・ミハイロヴィッチ・コゾ－ポリャンスキーによって提唱された。[13] そして真核生物の進化を説明する理論として納得できる内容だったため、広く支持されるようになった。コゾ-ポリャンスキーの理論によれば、助け合いすなわち共生関係は、あらゆる多細胞生物の生命にとって不可欠な要素だ。

## 共生の花園

共生関係について論じるなら、ふたつの多細胞生物、すなわち昆虫と植物のあいだの共生について触れなければならない。たしかに、ブタクサやイネ科植物のように、昆虫ではなく風に花粉を運んでもらうものもあるが、これでは効率が悪い。目当ての花まで風が花粉を無事に運んでくれるように、花粉を余計に作り出さなければならない。

植物は繁殖するために昆虫を必要とし、昆虫は食べものを確保するために植物を必要とする。そこで花は、心地よい香りや鮮やかな色で昆虫や鳥やコウモリを呼び寄せる。そしてやって来た生物には、太陽の光合成によって得られた花蜜という甘い分泌液が提供される。花蜜のサンプルからは、一八パーセントから六八パーセントの糖分が含まれていることが確認されている。花蜜は糖、たんぱく質、アミノ酸、酵素から成り、いずれも昆虫にとって大切なエネルギーである。ミツバチは花蜜からハチミツを作り、それを言うなれば予備エネルギーとして保存して、花のない冬のあいだに利用する。

ミツバチは花蜜だけでなく、花粉のアミノ酸に蓄えられている栄養素も必要とする。花の葯《やく》によって作られる花粉は、雄しべから出る粉状の細胞である。今日では二万五〇〇〇種のミツバチが確認されているが、その多くは花蜜と花粉を子どもたちの唯一の栄養源としている。そしてミツバチは体が毛に覆われているので、花粉を集めやすい。集められた花粉は、後脚の先端の花粉かごと呼ばれる部分に保存される。その後、ミツバチは配達人のように大急ぎで花粉を巣まで運んでいく。食べものをあげるから、荷物を運んでちょうだい。花はそんな条件で取引している。

この関係については、遅くとも一八世紀から研究されてきた。そして、植物と昆虫がお互いの存在なくして生きられる世界は想像できないという結論が、多くの科学者によって導き出された。共生は共進化とも、互恵的パートナーシップとも言えるだろう。植物と昆虫の交換行為は、一億年以上昔まで遡るほど古い。この時代の地層からは、花粉を運んでいる雌の昆虫の化石が発見されており、当時から子どものために食べものを探していた可能性が考えられる。[14]

細胞とミトコンドリア、サンゴと褐虫藻、ウミガメとベラ、人間と腸内バクテリアのように、ミツバチと花も生き残るために助け合っているのだ。

## 自然界の貨幣

このような共生関係のすべての事例で、エネルギーは交換されている。エネルギーは自然界の貨幣と言ってもよい。[15] 共生関係におけるエネルギーの役割に注目するために、ふたたびミツバチと花の電気的交換行為について考えてみよう。マルハナバチは花に到達すると、羽を勢いよく動かして花粉を回収していく。実際、花全体の八パーセントが、この方法によって受粉を行なっているとも推定される。[16] ミツバチがせわしく動かす羽は、驚くなかれ、花を電気で刺激している。花は周囲の大気に比べて負の電荷を持っているが、ミツバチは正の電荷を持っている。だからミツバチが花に到着すると、負の電荷を持つ花粉はハチのほうに引き寄せられるのだ。

電気の存在が花とミツバチの共生関係に実際に影響をおよぼすものかどうか、実験によって確かめるために模造の花で花壇が作られた。花の半分には花蜜に似た溶液が、もう半分には虫が不快感を催す溶液が含まれている。当初、マルハナバチはどちらの種類の花も区別なく訪れた。ところが特定の花に負の電荷を持たせると、ミツバチはこちらのほうを集中的に訪れるようになり、電荷が取り除かれると当初の行動が再開された。そしてミツバチが訪れた花には、正の電荷が一分以上残った。まるで〝邪魔しないで〟という札をかけて、つぎのゲストを寄せつけないかのように。[17]

ミツバチと花の交換行為は、もっと大きな交換行為の一部でもあり、そこにはすべての生命体が関わっている。共生関係に基づいたエネルギー移動の最大の事例は、光合成と細胞呼吸によるものだ。ではここで、光合成の化学反応を考えてみよう。

$$6H_2O + CO_2 + \text{光粒子} \rightarrow C_6H_{12}O_6 + O_2$$

化学反応が起きる前には、水（$H_2O$）、二酸化炭素（$CO_2$）、光粒子が存在している。水は根っこから植物に入ってくる。そして二酸化炭素は、ミツバチが訪れるような植物の緑色の葉っぱによって吸収される。一方、目に見えない光の粒子はフォトンと呼ばれ、葉緑素など緑色植物の色素分子によって吸収される。この三つが結合すると、ブドウ糖（$C_6H_{12}O_6$）が作り出される。ブドウ糖の一部はエネルギー源としてすぐに利用されるが、一部は蓄積され、後に果実など複雑な食べものの生長を促すために使われる。酸素（$O_2$）は光合成の副産物である。簡単に説明すればこうなるが、要するに酸素とエネルギーは自然界の貨幣のような存在で、それを創造するために光合成は欠かせない。すべての食物連鎖は、無機物を有機分子に変換する生物を出発点としている。たとえば、私がコンチャ・デ・ペルラの海で見かけた海藻もそのひとつだ。

一方、細胞呼吸においては光合成と反対に、食べものを分解してエネルギーを放出するプロセスが進められる。動物が果物や野菜などの有機分子を摂取して、そこに酸素が加わると、二酸化炭素とATP（アデノシン三リン酸）に変換される。細胞呼吸の化学反応はつぎのように表される。

$$C_6H_{12}O_6 + 6O_2 \rightarrow 6H_2O + 6CO_2 + ATP$$

細胞呼吸においてブドウ糖は、解糖作用と呼ばれるプロセスを経た後、ピルビン酸という分子に分解される。ピルビン酸はミトコンドリアに運ばれ、そこで分解されると二酸化炭素が発生する。ブドウ糖のエネルギーが電子伝達系を通じて運ばれるときには、副産物として酸素が発生し、最終的にATPが作られる。光合成と細胞呼吸のあいだでは共生関係が良い形で循環し、生命が今日のような形で進化したのだ。[18] この好循環を通じ、糖分子はエネルギーに変換され、ミツバチなどの生物によって利用される。言うなれば外貨が使いやすい通貨に両替されるようなものだ。

エネルギーもお金も、どちらも循環し続ける流れにたとえられる。貨幣（*currency*）の語源はラテン語の *currere*（クレレ）で、〝流れる〟とか〝走る〟という意味を持っている。[19] エネルギーもお金も貴重な存在で、生物はエネルギーを競って確保しようとする。たとえば地球は大量の太陽エネルギーを吸収するが、エネルギーを必要とする生物の手にわたるのはごく一部にすぎない。そのため熾烈な競争が繰り広げられる。なかには日光をたくさん集めようとするあまり、丈が高く伸びる植物もある。そうなるとほかの植物は光をさえぎられ、栄養を吸収できない。すると妨害された植物のほうでも、もっと早く生長しろと茎に指示を出す。この反応は、植物学者から〝日陰忌避シンドローム〟と呼ばれる。[20]

もしも獲得したエネルギーを直ちに利用することが唯一の選択肢だとすれば、生物はエネルギー源に危険なほど依存しなければならない。手に入らなければ死んでしまうだろう。だから、多くの生物はエネルギーを蓄える。クジラは長旅に備えて体内に脂肪を蓄積するし、鳥やリスは食べものを箪笥《たんす》預金のように隠し、困ったときに利用する。エネルギーを保存していれば、生物は不安定な状況に対してある程度落ち着いて対処することも可能だ。貴重な価値を備え、魅力的で、しかも保存可能なエネルギーは、人間の世界の貨幣と似たような役割を担っている。

そこから、貨幣はエネルギーの代用品として進化した可能性が考えられる。大昔の人類が狩猟採集の段階から進化して土地を耕し、収穫物を保存するようになると、生産量が消費量を上回り、余剰分には最終的に象徴としての重要性が備わった。たとえば余分に採掘される岩塩は、ミネラルとして消費される以上の存在になった。ほかの食べもの、すなわちべつのエネルギー源の保存にも使われた。紀元前九〇〇〇年の新石器時代になると文明が誕生したが、そのひとつであるエリコは死海の塩の取引の中心地だった。人間が豚や牛などの肉の消費量を増やしていくと、肉を保存するために塩が重宝されたのだ。[21] 塩の需要は高まり、ついには通貨になったのである。

塩は単なる岩塩から食べものを保存する手段となり、さらには、食べものの調達量を増やすために必須のアイテムに進化した。このように、人類の歴史を通じて商品と貨幣のどちらの役目も果たしてきた塩によって、両者の区別は曖昧になった。動物なら塩を確保してすぐに消費するが、人類は違った。ほかに用途はないかと考えたのである。そして、塩は何かべつのもの、たとえばコショウと同等の価値があることに気づいた。塩の商品としての一面に注目した結果、エネルギーがべつのエネルギーと交換されるようになったのだ。

C→C

Cとは〝商品（コモディティ）〟を指し、この物々交換では塩もコショウもCで表される。塩とコショウを直接取引するのだから、生き残りという本来の目的を残した商品が交換されているが、エネルギーと同様、交換したあとでは商品の形が変化する。やがて社会が進歩してお金が使われるようになっても、交換行為はエネルギーの変換という本来の形をとどめ続けた。カール・マルクスは著書『資本論』第一巻のなかで、商品のお金への変換は、金融取引の原点だと考えている。

C→M→C

ここでもCは〝商品〟を指すが、販売されるとM（マネー）、すなわち硬貨など貨幣に変換されたうえで、コショウなどべつの商品を購入するために使われる。[22] これから見ていくように、Cは変換してから交換できると人類が認識するようになったことが、Mの創造に向けた第一歩になった。大麦などのエネルギー源が交換によってべつの形に変換され、同様にお金も様々な形に変換されることの重要性には、大いに注目すべきだろう。お金は今日に至るまで、生鮮品など生きるために必要なエネルギーを確保するために使われている。現代の貨幣は本来の役割を離れて抽象化しているが、必要なカロリーを確保するためのツールとしての一面は失われていない。

## 人間同士の結びつき

〝適者生存〟というダーウィンの言葉は、他人との競争を表現するためにしばしば使われる。食べものなど基本的な生活必需品から社会的地位まで、人間は時として欲するものを確保するために争う。ダーウィンにこの言葉を使うよう勧めたイギリス人哲学者ハーバート・スペンサーは、進化が普遍的な理論だと信じていた。進化は人間だけでなく社会の形成にも役立ち、おかげで単純な社会は複雑な社会へと進化していくと考えた。後にこれは〝社会進化論〟として知られるようになる。少々意地悪く解釈するなら、強くて〝適応力のある〟人のほうが多くの報酬を得られるとも言える。

しかしダーウィンがこの言葉を使ったのは、すべての生物種の生物学的発達を説明するためであり、人間社会について説明しようとか正当化しようとは考えなかった。[23] むしろ彼は、共生や協力を通じた関係は生き残りに欠かせないことに着目している。生物の細胞は小宇宙のようなもので、協調的なシステムであることを発見し、ついにはパンゲン説まで唱えた。それによると、体の各器官の細胞にはジェミュールと呼ばれる小さな粒子が含まれており、そこに蓄えられている遺伝情報が血管などを通じて生殖細胞に集まるのだという。このようにして細胞が融合した結果、くちばしの大きさや目の色などの形質が親から子へと伝えられるとダーウィンは仮定した。[24]この理論は後に否定され、代わりに遺伝学の知見が主流になっていくが、これを見るかぎり、協力関係は生命にとって欠かせないものだとダーウィンは認識していた。『人間の進化と性淘汰』（文一総合出版、一九九九年、長谷川眞理子訳）のなかではその信念をさらに深め、同じ生物種のなかでの共感は、進化の力によって生み出されたと断定している。「［共感］は自然淘汰を通じて増していくだろう。共感能力の最も優れたメンバーが最も多く含まれるコミュニティは、最も繁栄して最もたくさんの子孫を残す」のだという。[25]

政治学者ロバート・アクセルロッドは名著『つきあい方の科学——バクテリアから国際関係まで』（ミネルヴァ書房、一九九八年、松田裕之訳）のなかで、協調は人類の生き残りに役立ち、進化にとって有利な要素だと結論づけている。このことは、彼が行なった模擬トーナメントの結果によっても裏付けられている。

このトーナメントでは、有名な〝囚人のジレンマ〟を使ってゲームが進められた。囚人のジレンマは、あなたと友人が逮捕されるところから始まる。警察は、ふたりを別々に尋問する。あなたは一年間、刑務所で服役する可能性に直面しているが、友人の犯行について正直に話すと、刑期が短縮される。そして、友人も同じ取引をもちかけられる。ふたりとも相手を裏切れば、どちらも刑期が延長される。しかし、どちらも沈黙を貫いて協力し合えば、ふたりとも刑期は変わらず、どちらのためにもなる。友人がどの選択肢をとるか、お互いにわからないところがジレンマに陥る所以だ。

一九八〇年、アクセルロッドはコンピューター・トーナメントを計画した。友人と協力するべきか否か、どの戦略がベストか確認するためだ。ここでは、四つの展開にしたがって点数がつけられた。（1）あなたも友人も協力すれば、どちらにも三点が与えられる。（2）あなたが裏切り、友人が協力した場合には、あなたには五点が与えられるが、友人は〇点。（3）逆に、あなたが協力して友人が裏切った場合には、あなたは〇点、友人は五点となる。（4）どちらも相手を裏切ったら、どちらにも一点が与えられる。裏切り行為への誘惑は大きい。友人が協力しようが裏切ろうが、点数を稼げるのだ。[26]

囚人のジレンマについて知識のある学者が、進化生物学や経済学など複数の分野から選ばれ、彼らの提案した複数の戦略が二〇〇回以上にわたって総当たり方式で競わされた。勝利をおさめた戦略はトーナメントに残り、負けた戦略は退場していく。アクセルロッドはつぎのように書いている。「このプロセスは、適者生存をシミュレーションしている……当初、成功したルールは……得点を稼いでいくが、成功できなかったルールがどんどん消滅していくと……今度は成功したルール同士で良い結果を競わなければならない」。[27]ちなみに、専門家が提案した戦略のアプローチは競争心がむきだしで、相手の囚人の裏切りを前提にしていたという。[28]

結局、この実験では〝しっぺ返し戦略〟が優勝した。しっぺ返し戦略は、たとえ第一ラウンドで勝利をおさめても、そのあと勝ち続けることはできないという前提に立っている。そこで最初は協力しておいて、そのあとの行動は相手の動きに合わせていく。この戦略では協力が大前提とされるが、もしも相手から攻撃された場合には、罰を与えるために報復しなければならない。ただし、このとき相手が方針を改めて協調の姿勢を見せるようになったら、こちらもそれに合わせて協調する。この実験を通してアクセルロッドは、協力関係が私利私欲に基づいていることを認識した。お互いに協力し合えば、どちらの状況にも有利にはたらく。彼はこう書いている。「相手が協力すれば、どちらも良い立場を確保できる。肝心なのは、相手が協力するように仕向けることだ。そのためには、裏切られたら報復を厭《いと》わない方針を鮮明にしておかなければならない[29]」。

アクセルロッドのトーナメントは理論上のゲームだが、多くを暗示している。『つきあい方の科学』には幅広い学問分野から二万以上の引用例が掲載されており、なかには協力を進化的アルゴリズムの一部ではないかと見なす研究者のものも含まれる。進化は協力関係によって促されたというオフェクの理論が、一見するとアクセルロッドの実験結果からも裏付けられるようだ。

アクセルロッドと進化生物学者のウィリアム・D・ハミルトンは、理論上の発見の具体例を生物学に求めた。そのひとつが、イチジクの木とイチジクコバチの共生関係だ。外から見えないが、イチジクは実のなかに小さな花があり、その花の受粉はイチジクコバチの助けを借りて行なわれる。その見返りに、イチジクコバチは卵を安全に産むための場所を提供され、孵化した幼虫は直ちに栄養源を確保できる。イチジクコバチが相手を〝裏切り〟、イチジクの実のなかの花の受粉を十分に助けなければ、イチジクの木も相手を〝裏切る〟。すると実の成長がとまるので、幼虫は餌を確保できずに死んでしまう。[30] どちらの生物もしっぺ返し戦略を無意識に採用しているようだ。進化生物学者のリチャード・ドーキンスもアクセルロッドの実験結果に賛同し、「野生の動植物の多くは囚人のジレンマのゲームを絶え間なく続け、その結果として進化を遂げてきた」と書いている。[31]

そしてこれは野生動物だけでなく、明らかに人間にも当てはまる。アクセルロッドのトーナメントからは、何らかの理由で協調しないほうが有利な場合でさえ、人間のあいだでは協力関係が優勢になる傾向が確認された。要するに、協力関係が生き残りに役立つことを人間は意識できるとも考えられる。ほとんどの動物と違って人間は行動する前に考えるので、協力するほうが良い展開につながると判断するのではないか。経済学者ルートヴィヒ・フォン・ミーゼスの見解も、この結果の正しさを裏付けている。「生存をかけた戦いのなかで人間は潜在的に協力し合う。なぜなら、協力がお互いの利益になるという事実を認識できるからだ」と『ヒューマン・アクション――人間行為の経済学』（春秋社、二〇〇八年、村田稔雄訳）のなかで書いている。[32] どうやら私たちの脳には、協力関係の大切さが植え付けられているようだ。もちろん、生物種としての人間の利益など考慮せず、専ら私利私欲のために協調しているだけだと主張する生物学者も多い。しかし、協力関係の重要性を自覚すれば、生物種として生き残る可能性は確実に高くなるだろう。

実際、協力関係や交流によって生存のチャンスは高まる。ディーン・オーニッシュ博士によれば、心臓病の大きな原因は周囲からの孤立だという。[33] そしてリン・マクタガートは著書『*The Bond*』〈きずな〉のなかで、「充実した支援ネットワークに恵まれた健康な大人は、感情的なサポートを受けられない人たちに比べて血中コレステロールが低く、免疫機能が高い」と指摘している。[34]

ある研究によれば、脳卒中患者が周囲から孤立した場合、社会との接点を持つ患者よりも再発率は高くなるという。[35] あるいは、人間関係が健康におよぼす影響をテーマにした研究を一〇〇例以上調べ上げた報告書のなかでは、どのような形であれ社会的関係を持っていると、生存率が五〇パーセント高まるという結論が紹介されている。人づきあいも支援ネットワークもない孤独な人は、一日に何十本もタバコを吸う人と同じで、肥満になる可能性が高くなってしまう。[36]

このような協力関係が細胞レベルでも成り立っていたからこそ、コゾ‐ポリャンスキーの理論が主張するシンビオジェネシスが促され、人間は今日まで生き残ってきたとも考えられる。ドーキンスなどは、協力関係が遺伝子レベルにも当てはまると確信しており、〝利己的な遺伝子〟が重要な役割を果たしている点に注目している。同じ生物種に属する個体が、同じ種類の遺伝子を共有するのはなぜか。遺伝子は自分本位に行動するものだが、自分のコピーを遺伝子プール内に増やしていくためには協調行動を厭わないからだとドーキンスは論じる。[37]

〝適者生存〟は個体ではなく、遺伝子レベルで成り立っている。腸内のバクテリアから人間まで、すべての生物は自己利益を追求するために協力し合い、それが効果を発揮して、利己的な遺伝子は将来の世代にまで受け継がれて共有される。協力を通じて生存の可能性が高まった結果、〝利己的な遺伝子〟は競争を勝ち抜き、増殖していったとも考えてもよい。そうなると協力を促す〝利己的な遺伝子〟は、進化的アルゴリズムの一部ということになるだろう。

一方、協力を促す遺伝子が霊長類に備わっているかどうか確認するための研究も進められてきた。そして二〇〇種類以上の霊長類を調べたすえ、社会的行動には遺伝子の裏付けがあるという結論が導き出された。社会的行動を促す遺伝子が特定されたわけではないが、ほかの変数が排除された結果である。たとえば、ヒヒは生息場所や環境に関係なく、社会生活に関して同じパターンを共有している。あるいは、二一七種類の霊長類の採食行動に注目した研究では、およそ五二〇〇万年前から霊長類の採食行動に社会性が備わっていた可能性が引き出された。その理由としては、霊長類が生き残りのチャンスを高めるため、集団で暮らし始めたことが指摘されている。単独で暮らしていると、捕食者に狙われやすい。集団で餌を探すパターンが定着するにつれ、「協調行動の進化が促され、それが土台となり、類人猿としての特徴が育まれていった。仲間同士で群れを作り、大事な資源を協力して守るうちに、脳も大きくなっていたのである」。[38]

人間が遺伝子の九九パーセントをチンパンジーと共有している点に注目した研究者は、人間同士の交流も遺伝子に促されているのではないかと仮定した。[39] 実際にある研究では、協力や利他主義を司る遺伝子が発見された。このときは一〇〇人以上の被験者を対象にして、複数のまとまった数字を記憶してから思い出す実験が行なわれた。数字を正確に答えた人は現金を受け取ることができるが、その後、ペルー人の少女の写真入りのチャリティー広告を見せられる。被験者たちは、受け取った現金の一部もしくはすべてを寄付する選択肢を与えられ、誰がどのような形で寄付したか、本人たちには内緒で追跡調査が行なわれた。ちなみにこの実験に先立ち、参加者全員のＤＮＡが採取されており、研究者はＣＯＭＴ遺伝子に注目した。これにはバリン（Ｖａｌ型）とメチオニン（Ｍｅｔ型）のふたつのタイプがあって、人間のあいだではふたつがほぼ均等に分散している。[40] そして実験の結果、バリン型の遺伝子を持つ人は、メチオニン型の人よりも寄付金が二倍も多く、しかも二〇パーセント以上が全額を寄付していたことが明らかになったのである。[41]

人間が協力し合う理由としてもうひとつ考えられるのが、オキシトシンという〝愛情ホルモン〟の存在だ。報酬を司る側坐核のなかにはオキシトシン受容体を持つニューロンが張り巡らされ、何らかの刺激を受けると活性化され、分泌されたオキシトシンが血液中に放出される。すると、通常は最小限にとどまっている血中のオキシトシンのレベルが、いきなり上昇を始める。母親が赤ん坊に授乳しているとき、友人をハグするとき、フェイスブックをチェックして友だちの動向を確認するときなどに、オキシトシンのレベルは上昇する。[42]

ある研究からは、現金を寄付する被験者と血中のオキシトシンのあいだにポジティブな相関関係が存在していることが明らかにされた。[43] 一方、この因果関係に注目したべつの研究結果によれば、オキシトシンを投与された被験者の体内では変化が引き起こされ、プラシーボを投与されたグループに比べて寄付への姿勢が八〇パーセントも積極的になった。[44] さらに、四人のジレンマのゲームにおいても、参加者の行動に対するオキシトシンの影響が実験で確認された。それによると、ゲームの前にパートナーと顔合わせをした参加者は協力的な姿勢を強めるが、そうでない参加者は非協力的な行動が目立った。この結果からは、社会的絆が予め存在している場合には、それを強化するためにオキシトシンが役立つが、何もない場所から絆は創造できないことがわかる。[45]

もしも協力を司る遺伝子が存在するならば、家族、部族、クラブ、国などの集団を形成する理由も説明できるだろう。人間の脳が進化するにつれて、遺伝子は複雑な行動を通じて協力的な姿勢を表現するようになり、相互関係に基づいた行動をとるだけでなく、平等や道徳性といった概念を発達させていったとも考えられる。[46] このような行動の起源がどこにあるのか解明するのは難しいが、結局のところ、協力し合えば生き残りのチャンスが高まる現実を人間が認識したのは間違いない。その結果、協力関係に役立つ道具を創造したのだ。

## 分割統治

ガラパゴス諸島を訪れたダーウィンは、それぞれの島で生物が独自の発達を遂げている様子に強い感銘を受けた。多種多様な生物によって一種の小宇宙が創造されていた。島の生息環境は本土から孤立していたため、様々な生物種の発達や分化を妨げるような要因がほとんど存在しなかったのだろう。後に彼は、生物種の多くが各島に固有の存在である一方、近くの大陸の生き物と類似点を持っていることを発見した。

ダーウィンは野生生物を注意深く観察し始め、鳥を解剖してはサイズを細かく記録していく。その結果、これらの島で発見された一四種類のフィンチのあいだには相互関係が存在する一方、歴然とした違いが見られるという学説を立てて注目された。フィンチのくちばしは、島ごとに大きさが異なっていたのだ。ダーウィンは、くちばしのサイズの決定要因のひとつが、各生物種の置かれたニッチ（生態的地位）であることを認識する。たとえば、くちばしの大きなフィンチは、硬い種をつついて割る作業に手間取らない。その結果、大ダフネ島を見舞った干ばつを生き延び、個体数を増やしていった[47]。くちばしのサイズが異なるのは異なった環境で必要に迫られて進化が促されたからであり、おかげでどの島でもフィンチの生き残りが可能になったのだ[48]。

「くちばしはツールなのよ」とレイチェルは教えてくれた。私たちはコンチャ・デ・ペルラをあとにして、ヒッチハイクした赤い軽トラックの荷台に乗り込んだ（ふたりともまだずぶ濡れだったので、ドライバーの女性は後部座席を汚されたくなかったのだ）。そして、エル・タンデル・デ・メイラという小さなカフェで食事をしながら会話を続けた。セビーチェ〔魚介類のマリネ〕とフレンチフライにコカ・コーラというメニューのランチには、レイチェルの研究所の同僚のリンゼイ・カーも加わった。リンゼイは南カリフォルニアの出身だが、この南米の島々は我が家も同然で、この五年間で三六五日以上滞在している。ガラパゴス諸島で海洋生物学の研究に従事しており、この特殊な分野ではアメリカ人で初めて博士号を取得することが期待されている。これらの島々では交換行為がどのように機能しているのか、リンゼイは懇切丁寧に説明してくれた。数週間後にこのときの会話を振り返ったとき、実は彼女が経済学の入門篇を教えてくれたのだという事実に思い至った。

「道具は専門化を促すのよ」とリンゼイは語った。「スペシャリストになればニッチが狭くなるじゃない。みんながこうしてニッチを絞り込んでいけば、競争は少なくなるわ」。

このとき彼女はダーウィンのフィンチについて取り上げていたが、これをアダム・スミスの有名な肉屋の話だと考えてもおかしくはない。ダーウィンもスミスもスコットランドで暮らし、一八世紀にこの地で活躍した啓蒙主義の知識人たちの影響を受けた。ダーウィンは『人間の進化と性淘汰』のなかでアダム・スミスの言葉を引用してさえいる。

アダム・スミスの『国富論』は、分業についての記述から始まる。交換を好む傾向が、社会に専門化をもたらしたと彼は考えた。誰もが肉屋になる必要はない。子牛のすね肉をほしくなったら、肉屋を訪れればよい。同様に、肉屋は歯が痛くなったときに歯医者を訪れればよい。そして肉屋にも歯医者にも道具が必要で、それが発明を促したのだという。肉屋は筋肉の繊維を切り刻むための大きな包丁を持っている。歯医者は患者の口のなかを覗き込むための鏡を持っている。専門化によって道具が必要になり、くちばし、包丁、鏡といった道具が発達したのだ。[49] そして、特にある道具の発明が、貨幣の創造への道を開いた。

## 最初のパームパイロット

イギリス人宣教師の息子であり、チャールズ・ダーウィンを学問の師と仰ぐ考古学者のルイス・リーキーは、一九二六年にケニアを訪れ、グレートリフトバレーのエルメンテイタ湖の近くで発掘作業に取り組んだ。三年後にはまとまった数の手斧が出土し、いずれも五〇万年前のものだと推定された。[50] それ以後、同じように数十万年前に作られたと思われる両面加工の斧は、アフリカ、アジア、ヨーロッパなど各地の発掘現場で発見されてきた。[51] しかしリーキーが一九三一年にタンザニアのオルドバイ峡谷で発見した手斧は、実に一二〇万年前のもので、現在ではイギリスの大英博物館が所蔵している。フォノライトという緑色の溶岩に小石を打ち付けて砕いた結果、先端が尖ってエッジがギザギザの、涙の滴の形の斧が出来あがったのである。尖った先端は、地面に穴を掘るときドリルのように使える。そしてギザギザのエッジは、動物を打ち倒したり、肉切り包丁のように皮をはいだり、樹皮を削り取ったり、あるいは洞窟の壁に芸術作品を刻むために使うことができた。

大昔の手斧からは、多くの事柄が推測される。まず、ホモ・サピエンスとしての人類は誕生してから僅か二〇万年なのだから、これらの手斧はそれの歴史よりも古い。[52] 第二に、道具の機能から判断するかぎり、製作者には創作能力が備わっていたと考えられる。第三に、製作者は手斧を一種の貨幣として利用することができた。第四に、これらの製作者は、協調行動を促すような道具をほかにも持っていたかもしれない。そして五番目に、手斧をきっかけに人類の食事には変化が生じ、その結果として脳に提供されるエネルギーが増え、ひいては貨幣の発明につながったとも考えられる。

霊長類の社会的行動の調査結果は、私たちの祖先が集団で暮らしていたことを暗示している。協力し合えば生き残りのチャンスが高まる可能性があることを最終的に認識した祖先は、協力関係を促進するため各自が異なった分野の労働に特化するようになり、分業体制が確立された。獲物をつかまえるハンターや、子育てのスペシャリストなどが誕生する。やがて手斧が発明されると大型動物の狩猟が可能になり、大きな集団に栄養源が提供されるようになった。分業体制を通じた協調行動によって、「人類は生き残りをかけた戦いにおける最大の道具を手に入れた」とミーゼスは書いている。[53]

手斧を製作するためには、認識力と器用な手先が必要とされる。およそ一七〇万年前、私たちの祖先はおそらく食糧を探す際のエネルギーを節約するための手段として、直立歩行を始めた。当時は気温が下がり、森が縮小し、広い草原を眺めまわして獲物を見つけるためには直立歩行のほうが便利だったのだ。二本の足で歩き始めると、自由になった手の新たな使い道として、道具を創造するようになった。そして手作業を通じ、頭のなかのアイデアを体現できるようになった。考古学者のジョン・ホッフェカーは、詳細な記述に関する評価の高い著書『*Landscape of the Mind*』〈心の情景〉のなかで、つぎのように記している。「脳のなかで考え出した情報を具体化する能力はきわめて高度なものだが、人類がこの特殊な能力を手に入れた間接的なきっかけは直立二足歩行だったのではないか。足としての使い道がなくなった二本の手で道具を製作するようになると、それが最終的に心の誕生につながったのだろう」[54]。彫刻家が大理石のかたまりを刻んで彫像を製作するように、私たちの祖先は手斧を作る前に頭のなかでそのイメージを視覚化したはずだ。製作者の脳が複雑に発達していくにつれ、道具は高度に進歩して、斧は年々洗練されていく。斧の設計者は徒弟制度を通じ、製作方法についての知識を伝えていったかもしれない。考古学上の記録を見るかぎり、時代が新しいほど斧は薄くなり、異なった原材料が使われ、技術も洗練されている。ほとんどの斧が均整のとれた形に仕上がっているのは、綿密な準備と長年の経験の結果であり、製作者に美的感覚が備わっていた証拠であるとも考えられる。

手斧には象徴的な価値があったと一部の研究者は主張している。脳が表象的思考能力を備えると、手斧のように価値のある道具は交換の対象として評価され始めたのだという。誰もが自分で手斧を製作できたとは考えにくい。したがって道具を製作する職人が、自作の斧を原材料、食糧、住まいなどのアイテムと交換した可能性は高い[55]。実際、手斧は各地で出土しており、広い範囲で使われていたと考えられる。交換に値するものとして評価され、需要も大きかったのだろう。手斧は儀式に欠かせない備品、いや一種の貨幣になったと主張する研究者もいるほどだ[56]。なぜなら、手で握りづらいほど大きな斧が数多く発見されているのだ。あるいは道具でないとすれば、富や地位、家長としての権力などの象徴だったのではないか。

は、大きな手斧は性交渉の相手を惹きつけるためにも役立ったかもしれない。[57]

もしも私たちの最古の祖先に道具を創造する能力が備わっていたとすれば、べつの道具、たとえば言語を持っていたとも考えられる。ある研究では、考古学者が手斧でモノを叩いているあいだに脳をスキャンにかけた。その結果、道具の製作に関わる脳の部分と、言語を理解して処理する脳の部分は同じであることが明らかになった。道具を製作できれば、言葉を創造できるのだ。手と同じく声道《せいどう》は、抽象的な思考を外部に表現するために役立つツールだったのである。[58] ただし、祖先が言語能力をいつ手に入れたのか確認するのは難しい。なぜなら声道を構成する器官は時間の経過と共に消滅してしまうので、考古学上の記録の一部として残されないのだ。

手斧は、旧石器時代の祖先の食事にも変化を促した。この時代の遺跡からは、象などの大型動物や淡水魚を切り刻んで食べていた証拠が発見されている。[59] 手斧をはじめとする道具の出土する場所は、おそらく動物が仕留められ解体処理された場所だ。[60] たとえば、今日のイギリスのテムズ川周辺では複数の手斧が発見されているが、湖や渓谷はきれいな水が豊富だったので、大昔の人類だけでなく動物たちも引き寄せられたはずだ。おそらく私たちの祖先は近くの森に隠れ、獲物に忍び寄って仕留め、肉や毛皮として利用したのだろう。当時の食事は野菜中心だったが、手斧は肉を調達して消費するための手段として重宝された。

肉食のはじまりは大昔の人類の進歩にとって大きな転機となり、そこから最終的に貨幣が創造された。肉は植物よりもカロリー密度が高い。そこで、火を発見した祖先が肉を調理できるようになると、日常の食事の一品として定着したのである。食糧を保存してから調理できるようになると、それをきっかけに祖先たちの胃袋は小さくなったと考えられる。なぜなら人間の胃袋の大きさは、ほかの霊長類の六〇パーセント程度にすぎない。[61]そして肉の消費量が増えると、当時は発達段階にあった器官である脳にエネルギーが提供され始めた。人間の脳はブドウ糖の摂取に貪欲で、そのために体のエネルギーの二〇パーセントを消費するが、これはおよそ一二ワット、すなわち電球を灯すための電力に匹敵する。[62]ただし、人間の脳は常に大きかったわけではない。最古の祖先の骨の化石を見るかぎり、脳があった場所に残された空洞は、現代の人類にくらべて確実に小さい。

食事以外にも、人間の脳が拡大した理由は色々と考えられるが、なかでも気候の変化と競争の激化には注目すべきだろう。旧石器時代の祖先が世界各地に移動していったことは、あちこちで発掘される多くの人骨や手斧からも明らかだ。そして移動する場所によって、祖先たちは様々な環境の変化に直面した。アフリカは暑くて乾燥が激しいが、北に移動すれば気温が低くなる。スミソニアン博物館では、海底の堆積物を手がかりに気候の変動を推測したうえで、大昔の人類一六〇人分の頭蓋骨の大きさから割り出した脳の容量の比較を行なった。その結果、脳が最も劇的に拡大したのは八〇万年前から二〇万年前にかけて、すなわち最終的にホモ・サピエンスが誕生した時期と重なることがわかった。[63]そしてこの時期には、地球が何度かの氷河期に見舞われている。[64]ここからは、資源を確保するための社会的競争が激化して、それが脳の拡大につながったという説も提唱されている。

「こうして脳が時代と共に拡大していくと、人類には意識が芽生えて表象的思考能力が備わった。そしてこの能力のおかげで貨幣が創造されたのである。

## 表象的思考

一八七九年、スペイン北部のサンタンデル県の西部に位置するアルタミラで、八歳の少女マリア・サンザ・デ・サウトゥオーラが父親と一緒に散歩に出かけた。少女は父親を置きざりにして駆け出し、近くの洞窟に入っていくと、天井にびっくりするほど見事な壁画を発見した。旧石器時代の洞窟壁画が、初めて発見された瞬間である。描かれたのはおよそ一万三〇〇〇年前で、数世紀をかけて完成されたものと推定された。洞窟の表面には一五頭のバイソンをはじめとする大型動物が鉱物酸化物を使って描かれ、色彩も施されていた。細部まで入念に描かれた動物たちはまるで生きているようで、なかには立体効果を持つものまであった。[65]実際、あまりにもリアルだったので、素直に信じられない人たちも多く、マリアの父親でアマチュア考古学者だったマルセリノ・サンザ・デ・サウトゥオーラによる偽造ではないかという指摘もあった。旧石器時代の祖先が、これほど複雑な芸術作品を創造できるはずがないというのだ。壁画が本物であることは最終的に立証され、洞窟はUNESCOの世界遺産に登録されている。

その後、考古学者は、四万年前から一万二〇〇〇年前にかけて創作された芸術作品の残された洞窟を一〇〇カ所以上で発見した。アルタミラの壁画と同じく、鉱物酸化物に血液などの液体を混ぜて色を出しているものもあれば、木炭を使ったり、石で壁をひっかいて描きつけられた作品もある。さらに洞窟では絵画以外にも、象牙や骨で作られたビーズのような加工品、楽器や武器まで発見された。そして旧石器時代の槍の九〇パーセント以上には、装飾が施されていた。ドイツ南西部の洞窟からは、胸の大きな女性の人形も見つかっている。旧石器時代には、ふくよかな女性が豊穣のシンボルとしてモチーフに使われる機会が多かった。[66]

旧石器時代の芸術作品で頻繁に見られるのは大型動物、豊満な女性、女性の外陰部で、いずれも食べものや性の象徴だと考えられる。男性の姿はなく、女性ばかり取り上げられ、女性の性器まで描かれているのは、大昔の人類にとって生殖活動がきわめて重要だったからだろう。もちろんすべての女性が豊満だったわけではないが、九五パーセントはそのように描かれている。そこから考古学者は、体の大きな女性が多産や健康や子育てのシンボルだったと推測している。旧石器時代の作品に登場する女性五〇人以上のウエストとヒップの比率を調べた研究からは、その数値が平均すると〇・六五五で、現代の男性が最も魅力を感じる数値と一致することがわかった。[67]今日の水着モデルと同じく、旧石器時代に描かれた女性は象徴として理想的な存在だったのだ。

遺跡からの出土品は、私たちの祖先が抽象的な思考の具体化に熱心に取り組んだ様子を垣間見せてくれる。すでに一七〇万年も昔から、装飾を施した手斧は製作されている。旧石器時代の芸術品を見るかぎり、大昔の人類は抽象的な思考を具体的に表現する能力を備えていたと考えてもよい。当時の人類は豊かな創造力を獲得し、それがすべてを変えるきっかけになった。[68] バイソンを目撃すると、その姿を記憶にとどめ、あとから芸術作品として再現できるようになったのである。思考を具体化し、現実の世界で芸術作品として表現する能力は、人類だけにしか備わっていない。

文明は、〝脳の外側におけるシンボルの保管場所〟として定義されてきた。[69] 手斧や硬貨といったアイテムは、最初に心のなかのイメージとして経験された。これらの心的表象はシンボルやアイデアとして他人に伝えられるうちに、洗練されて未来の世代に受け継がれていったのである。人間の社会は神経回路網のようにどんどん広がり続けたが、道具の登場のおかげで、分散した社会にはアリの巣と同様の統一感が生まれた。大昔、細胞を構成する要素のあいだで交換が始まり、それが進化への第一歩となった。やがて交換は社会的行為にまで発展し、その結果として社会では集団的知性、すなわち〝超頭脳〟が創造された。ホッフェカーはつぎのように述べている。

知性は超頭脳である。言語などの象徴化を通じて人びとの頭脳の統合が促された結果、知性は創造された。個々の頭脳は生物学的進化の産物であり、それがいくつも集まって超頭脳を構成しているが、身体の器質的な進化では観察されない未知の特性が超頭脳には備わっている。[70]

このような特性のひとつが、抽象的な思考を大きな社会全体で具体化する能力だった。新石器時代が始まる頃には、人類の能力はさらなる進化を遂げ、従来にはなかった形で協力するだけでなく、それを円滑に進めるための新しい道具も発明した。ここに到達するまでには何百万年もかかったが、お金の誕生に必要なふたつの要因がようやくそろったのである。それは協力と表象的思考だ。

人類は、協力すれば生き残りのチャンスが増えるという事実を学んだ。そのうえで今度は、生き残りという生物学的な目標の達成を促す象徴的かつ社会的な道具を創造したのだ。こうしてエネルギーという貨幣は商品貨幣に変換され（C‐C）、商品貨幣は最終的に硬貨や紙幣に姿を変えたのである（C‐M‐C）。貨幣は価値の象徴となり、それを使って何を取得できるか一目で理解できるようになった。しかし脳の創造力はさらに進化して、貨幣には芸術的なシンボルが描かれるようになった。過去現在を問わず、貨幣の表面は象徴や印章で装飾されている。旧石器時代の芸術家は洞窟に作品を描いたが、今日の私たちは貨幣をキャンバスにしている。

私はガラパゴス諸島を訪れ、人類が発明した比較的新しい道具の生物学的起源を垣間見ることができた。かつてこの島々を訪れたチャールズ・ダーウィンは、自然淘汰があらゆる生物種を結びつける共通の絆だということを認識した。そして同じ場所で、自然界には交換行為が遍在しており、すべての生物は生き残るために依存し合っている事実を私はレイチェルから学んだのである。

私はガラパゴス科学センターを訪問した。ここはチャペルヒルにあるノースカロライナ大学と、サンクリストバル島にあるエクアドル国立サンフランシスコ・デ・キト大学の共同研究施設だ。私はレイチェル以外の生物学者たちから、交換行為の事例についてさらに多くを学んだ。テクニカルディレクターと一緒に海洋生物研究所の木製のスツールに座り、彼を質問攻めにした。これに対し、相手は簡潔にこう答えてくれた。「交換が生物の生き残りに役立つのであれば、それは間違いなく進化的アルゴリズムの一部でしょう」。

協調行動は進化にとって有利にはたらくことを認識した人間は、協力を促すために言語や手斧などの道具を発明した。そして、交換や協力を円滑に進め、生き残りのチャンスを高めるため、新しい道具を継続的に創造していく。貨幣の形状が何千年もかけて変化していったのは、交換が効率よく便利に行なわれるように改良されたからだ。

最初、道具はエネルギーがスムーズに交換されるために使われた。ほとんどの生物にとって、共生関係の成立を支えるための触媒は栄養だった。同様に人類は消費量を上回る生産量を確保するようになり、その日暮らしの状況から解放されると、塩や大麦などの食べものを交換するようになった。これらの商品貨幣は象徴的な存在ではなく、生き残りという究極的なニーズを直接満たすために使われた。しかし脳の表象的思考能力が向上すると、人類は食べものだけでなく、手斧、槍、農機具なども交換するようになった。これらのアイテムは進化本来のニーズ、すなわち食べることと生き残ることを抽象化したものだが、それと同時に、置き換えられたもののシンボルにもなったのである。

その後、時代と共に表象的思考能力がさらに進化して、集団的知性すなわち〝超頭脳〟が創造されると、人類は道具以外のものに価値を見出すようになった。あらゆる人類に受け入れられる普遍的なツールの創造に注目するようになったのだ。商品貨幣として誕生した貨幣は、金塊に形を変え、最終的に硬貨や紙幣、そして電子貨幣へと進化していく。こうしてツールとしての貨幣は進化の目的からどんどん離れて抽象化していった。この抽象化は想像力の限界まで、そして想像力を生み出す器官の限界まで続くだろう。

# 第2章

# 私の心のかけら

## お金の心理学的分析

というのも、真に合理的な立場から見れば、重大な経験的証拠なくして確固たる信念を持つことはできない。

——アラン・グリーンスパン[1]

彼は利益よりも損失のほうを二倍近く重視するが、これはいたって正常だ。

——ダニエル・カーネマン[2]

脳の画像化技術によって、ブラックボックスがこじ開けられる希望が与えられる。

——ブライアン・ナットソン[3]

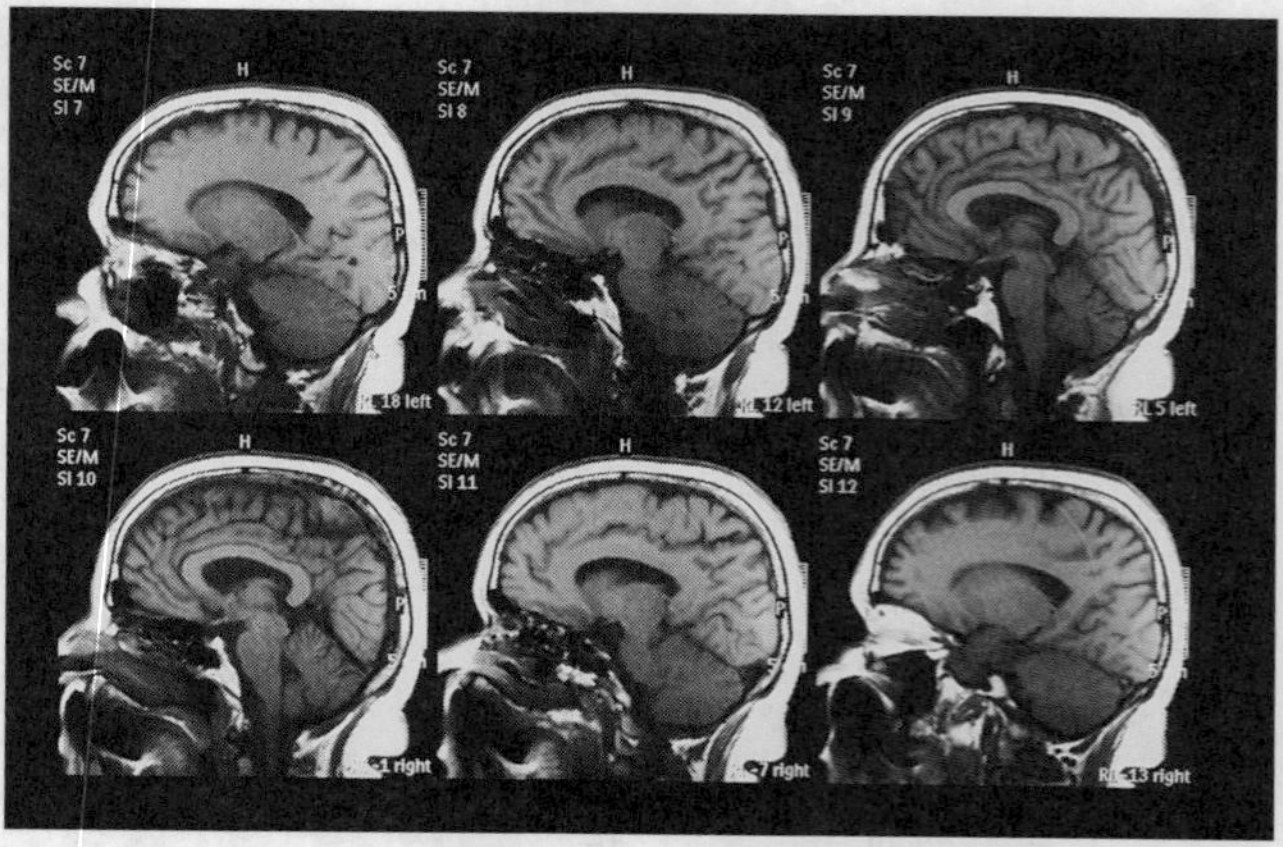


脳が金融上の意思決定を行なう仕組みを理解するため、神経経済学者は脳のスキャンを利用する。

古代エジプトでは、脳は大切にされなかった。死んだ人をミイラにするときには、鼻から吸い取られて捨てられたものだ。大切に保存されたのは心臓のほうで、当時は心臓こそ魂が宿り、意識が生まれる場所だと信じられていた。[4]

もちろんいまでは、思考を整理して行動を促す場所が脳であることを知らない人はいない。お金のようなシンボルも、実際には脳で創造され解釈される。お金は心の発現だと言ってもよい。したがって、脳がお金を処理し、その価値を解釈し、アイデアとして理解していく仕組みについて探究することは理に適っている。そしてお金というアイデアが脳に刻み込まれるプロセスを解明するためには、私たちがお金に関する決断をなぜ、どのように下し、それが最終的に人生をいかに形成しているのか確認するのが効果的だ。

心がお金を処理するプロセスを理解するため、脳の断層写真が使われるようになったのは最近になってからだ。この技術が登場するかなり以前から、経済学者は人間の行動についてあれこれ仮説を立ててきたが、脳の断層写真によって、一連の行動が脳からの指令であることが明らかになった。経済学の基礎講座では、ほとんどの学生がホモ・エコノミクスについて学ぶ。ホモ・エコノミクスは合理的な人間で、自己中心的な決断を信条とするが、これは進化の立場から理に適っている。なぜなら生き残りのチャンスが最大化されるからだ。人間は合理的かつ論理的に行動するという前提は、多くの経済予測の大前提にもなっている。

しかしこうした予測は外れるケースが非常に多い。たとえば、FRB（連邦準備制度理事会）やIMF（国際通貨基金）の経済学者にしても、ウォール・ストリートの投資銀行関係者にしても、二〇〇八年の深刻な金融危機とそれがマクロ経済にもたらした悲惨な結果を予測できなかった。

ベア・スターンズが破綻に追い込まれてから僅か数カ月後の二〇〇八年九月、アメリカの第4四半期の経済成長に関してブルーチップ経済予測調査が発表した指数は、予測中央値がプラス〇・二パーセントだった。実際には当時、年間成長率は六・二パーセントのマイナスとなり、一九八二年の景気後退以降で最大の落ち込みを記録した。[5] 予測がはずれた理由のひとつは、間違った前提に基づいていたことだ。市場には自己修正機能があり、経済主体は合理的だというあやしげな前提を疑わなかったのである。

そうなると、ここで疑問が浮かんでくる。もしも経済学者が心についての理解を深めたら、もっと正確な予測ができるようになるのだろうか。この質問に答えるため、三人の経済関係者に注目してみよう。アラン・グリーンスパン、ダニエル・カーネマン、ブライアン・ナットソンである。グリーンスパンは長年FRBに君臨してきた人物で、市場は自己修正機能を備え、合理的な経済主体から構成されるとずっと信じてきた。しかし二〇〇八年の金融危機をきっかけに従来の発想や見解を改めた。カーネマンは意思決定の心理学を専門とする行動経済学者で、人間がいかに多くの非合理的な決断を下しているかを実証してきた。そしてナットソンは神経経済学者で、人間が金融についての決断を下すプロセスを脳画像によって視覚化している。

経済学という学問分野の未来にとって、神経経済学は大きな可能性を秘めている。お金というアイデアを脳がどのように処理するのか理解が深まれば、経済学者はもっと正確に予測できるようになるだろう。ただし、この分野の進歩は遅く、当面は従来の経済学者の前提や予測を覆《くつがえ》すのではなく、補足する程度にとどまると思われる。いずれにせよ、三人それぞれの視点について学べば、お金に関する私たちの考えが進化し続けていることがわかるはずだ。

## 合理的に行こう

アラン・グリーンスパンのもとに、思いがけない電話がかかってきた。二〇〇八年三月一六日、FRB関係者からの電話報告によれば、J・P・モルガンがベア・スターンズを買収することになり、FRBは同行に二九〇億ドルを融資するつもりだという。危機の到来など考えてもいなかったグリーンスパンは、この瞬間に大きな衝撃を受けた。たしかに一部の投資家はサブプライム関連資産の問題について認識し、市場の衰退を予測していた。今後は世間一般の見解と反対の展開になると見越し、大きな賭けに出て大儲けする投資家もいたほどだ。しかしグリーンスパンは二〇一三年に出版された著書『リスク、人間の本性、経済予測の未来』（日本経済新聞出版社、二〇一五年、斎藤聖美訳）のなかで、当時の危機は「ほとんど予想されていなかった」と記している。[6] そのうえで、「何が間違っていたのだろう。著名な経済学者や政策立案者のほぼ全員が、これほど大きな問題を見過ごしてしまったのはなぜか」と疑問を投げかけ、その答えとして、責任の一端は経済予測にあったと指摘している。[7]

しかしここでべつの質問を考えてみよう。そもそも私たちはなぜ予測をするのだろうか。予測には不確実性が伴うことをグリーンスパンは認めながら、その一方、「我々の本性がそれを要求している」と主張している。[8] つまり彼は経済学者として、人類が予測を行なう背景には生物学的理由があるという仮説を立てているのだ。

彼の仮説は正しい。人間は本質的に予測を好むことを明らかにするため、ある実験が行なわれた。この実験では、被験者の口にジュースや水が吹きかけられる。それには予測可能なパターンと予測不能なパターンの二種類があって、どちらの場合にも脳の様子がスキャンされた。その結果、予測可能なパターンで液体を吹きかけられたときには、脳の奥で報酬を司る側坐核の活動がさかんになることがわかった。[9] 要するに、確実な予測は安心感につながる。これを進化の論理に当てはめれば、予想可能なパターンが確認されると不安が和らぎ、ひいては生き残りのチャンスが高くなるとも考えられる。
お金は様々な価値を抽象化したもので、進化本来の目的に直接役立つわけではないが、生存に欠かせないものとして脳に刻み込まれている。「我々が生活のレベルを維持し、この世界で生命体としての立場を守るための手段として、貨幣は象徴的な存在になっている」と、神経科学者のアントニオ・ダマシオは語る。[10] 私たちが金融の未来について知りたくなるのは、それが生存に役立つからなのだ。

実際、二〇世紀初め以来、現代の金融サービス業にとって予測は不可欠な要素になってきた。二〇世紀が幕を開けた当時、アメリカ経済は力強い成長と金融パニックのあいだで行き来を繰り返す状態で、混乱の時代と言ってもよかった。経営者は、不安定な状況への不安を募らせていく。将来の計画を立て、職にあぶれた労働者を最小限に抑え、需要が増加したときに能力を最大限生かせるよう、準備を整えておく必要があった。啓発的な著書『*Fortune Tellers*』〈占い師〉のなかで、ウォルター・フリードマンはつぎのように解説している。

経済予測は当然の帰結として生まれた。科学的な方法で予測に合理性を導入しようとする気運が盛り上がるなか、予測通りの展開を願う人間の欲望は、産業化の進む経済のなかでも衰えを知らなかった。実際のところ二〇世紀初頭には、未来への不安を軽減する手段として、科学の助けを借りる新しい傾向が広範囲で見られた。[11]

当初、経済予測は気象学に影響され、経済の予測に気象の専門用語が使われたほどだ。おまけに、政府機関が商品価格などのメトリクス〔様々な活動を定量化し、その定量化したデータを管理に使えるように加工した指標〕を作成して公表したので、アクセスできる経済データの量は増えた。[12] 一九〇七年の金融パニックでは株価が半分近くに落ち込み、多くの銀行が破綻したこともあり、個人投資家も機関投資家も不安を和らげるための方法を必死に探すようになっていた。豊富なデータを駆使して分析を行なう経済予測家は、そんな彼らにとって実にありがたい存在だった。フリードマンは以下のように書いている。

予測には……未来を予言する以上の意味があった。経済とはどんなもので、どのように機能するかについての仮説でもあった。データに見られるトレンドが指摘され、表やモデルが作成されるようになると、資本主義は自然かつ論理的で、しかも予測可能な存在であるかのような印象が出来あがった。[13]

やがて予測が改善され洗練されていくと、多くの経営者が予測に基づいて重要な決断を下すようになり、時には予測を事実として受け止めた。しかし、予測の拠りどころとなる人間の行動は、常に変化し続ける。したがって、自然科学のような信頼性を備えているわけではない。

それにもかかわらず、人間は合理的で、選択に際しては得失を十分に評価するという思い込みに基づいた行動モデルが出来あがり、それを土台にして近代の経済学は構築された。結局のところ経済学とは、限りない欲望を満たすために限りある資源をどのように分配すべきか、決断する方法を研究する学問である。そして従来の経済学は、以下の行動モデルに基づいて幅広く研究されてきた。（1）それぞれの選択肢が幸せをどれだけ増やしてくれるか考える。（2）時間やお金などの制約について熟慮する。（3）そのうえで、最大の幸福をもたらしてくれる可能性を選ぶ。

合理的な人間が合理的な市場を形成すると考える経済学者は多い。そして合理的な市場では、合理的な、すなわち〝正しい〟価格が設定される。つまり株価には、市場の集団的知性が最高の形で反映されていることになる。株が上がろうが下がろうが、それは〝正しい〟価格に関する市場の合図なのだ。そう確信した経済学者ユージン・ファーマは、一九七〇年に発表した論文「効率市場：理論と証拠」のなかで効率的市場仮説を提唱し、株価は公開されている情報をすべて反映していると主張した。[14]株価は集合知の発現だから、その〝正しさ〟は歴然としており、市場の機能をこれ以上改善することはできないという。この仮説をもっとわかりやすく表現するなら、合理的市場理論と言ってもよい。二〇世紀にはおおむね、大学のキャンパスからウォール・ストリートまで多くの場所で、この理論に基づいて経済思想が形成されてきた。そして金融サービス業界の規制緩和だけでなく、インデックスファンドやデリバティブといった金融商品の成長にも影響を与えた。[15]『合理的市場という神話――リスク、報酬、幻想をめぐるウォール街の歴史』（東洋経済新報社、二〇一〇年、遠藤真美訳）のなかで、ジャスティン・フォックスは以下のように書いている。

いわゆる合理的市場で信じられているのは……株価だけではない。株式や債券の発行額が増え、オプションや先物などの金融商品が創造され取引されるにつれ、経済活動には必然的にさらなる合理性が加わると見なされる。個人や企業や政府には欠けている知恵が金融市場には備わっているという……この大前提のもとで……根本的に正しい価格が市場では提供されると確信されている。[16]

言い換えれば、何をすべきかいちばんよく知っているのは市場ということになる。この理論を部分的に進化させた経済学者は大勢いたが、ウォール・ストリートが利用しやすい形にまとめ上げた点で、ひとりの人物は際立っていた。それはハリー・マーコウィッツだ。彼は一九五〇年代にシカゴ大学の大学院生として、金融市場で応用できる数学的能力の訓練を受けた。このときバリュー投資の父と言われるベンジャミン・グラハムの著書を読み、投資家はリスクを軽減するために投資の分散を図るが、ポートフォリオ全体のリスクについてはほとんど考慮しないという点を徐々に学んだ。そこで、株式ポートフォリオ全体のリスクを計算するため、各銘柄の期待利益、その結果に伴う不確実性（リスク）、各銘柄の利益が同じ方向に動く度合い（相関関係）を考慮に入れた新しい公式を開発する。[17] マーコウィッツによって考案された現代のポートフォリオ理論は、リスクと利益に配慮しつつポートフォリオの最大化を図る手段として、いまでも投資家によって使われている。資産管理担当者は売買選択権とそれに伴う制約を比較しながら、最小のリスクで最大の利益を生み出す可能性のある株式を選ぶようになった。マーコウィッツもファーマも、後にノーベル経済学賞を受賞する〔マーコウィッツは一九九〇年、ファーマは二〇一三年〕。

現代のポートフォリオ理論は理に適っているような印象を受ける。しかし意外にもマーコウィッツ自身、自分の退職後に備えた投資の方法については簡単に決めかねている。

私はアセットクラス〔投資対象となる資産の種類や分類〕の過去の共分散を算定してから、有効フロンティア〔ポートフォリオ期待収益の分散において、期待収益を最大にあげられる個別資産の組み合わせの集合〕を引き出すべきだった。ところが、自分の関与しないところで株価が上昇したと言っては狼狽し、逆に自分が深く関与しているところで株価が下落したと言っては絶望に打ちひしがれる場面を思い浮かべた。将来悔やむような展開を最小限に抑えることが、頭から離れなかった。そこで、資産を債券と株式と半分ずつに分けて投資することにした。[18]

現代のポートフォリオ理論の発明家は、自分の発明品を使わなかった。合理的だとされる行動を理解していながら、一見すると不合理な行動を選んでしまった。[19] ノーベル賞を受賞するほどの経済学者がこのような行動をとるのは、人間が合理的だという前提に問題があることの証拠ではないか。日本では、東京の高級住宅街の四四六人の住民を対象に調査が行なわれた。住民は合理的に自己利益を追求するものと予想されたが、ホモ・エコノミクスの行動モデルに忠実だったのは僅か三一人、全体の七パーセントにすぎなかった。[20]「経済学者のモデルはまったく当てにならない。人間的な要素の大切さをすっかり忘れている」と、数量ファイナンスの専門家であり教育者であるポール・ウィルモットは語る。[21]

二〇〇八年の危機を予想しなかった経済予測家も同じ間違いを犯した。二〇〇九年、八人の一流経済学者が「経済危機と経済学者の系統的な失敗」と銘打った論文を執筆し、人間はいつでも同じように決断するわけではないという事実が数学モデルに反映されていなかった点を非難した。個人投資家にせよ機関投資家にせよ、すべての市場参加者が合理的に行動するものと大勢の予測家が仮定したのは間違いだったと指摘した。ウォートン・スクールのシドニー・ウィンター教授も論文の著者らに賛同し、「合理的な行動はそれほど当てにならない。さもなければ、抱えきれないほどの住宅ローンを組んで破滅に突き進むはずがない。結局はそれが大きな理由となり、金融危機が発生してしまった。金融機関のエグゼクティブは合理的なはずなのに、危ない住宅ローンに投資してしまった」と述べている。[22]予測家は人間の心理や行動に付きものの変動について考慮すべきだと、八人の経済学者は以下のように主張している。

「予測に伴う」大きな問題は、多くの面で洗練されているにもかかわらず、経験的手法に基づいて正しさが確認できるアプローチとは程遠い点だ。心理学のみならず、いわゆる行動経済学や実験経済学においては、人間の行動に一定の規則性があることが広い範囲で発見されているが、実際のところ予測は、こうした規則性とまったく無縁である……むしろ経済モデリングは、ほかの学問分野が人間の行動に関して抱く洞察と互換性を持たなければならない。証拠と矛盾する経済環境で人間固有の見解について主張し続けるのは、大いに問題だとしか言えない。[23]

世界を見舞った金融危機の真っただ中にあった二〇〇八年の秋、アラン・グリーンスパンはある下院議員から耳の痛い質問をされた。世間で信じられてきた合理的市場が今回は機能しなかったのでしょうかと尋ねられ、「まさにそれですよ、だから私もショックを受けたんです。この四〇年以上、合理的市場の機能がきわめて優れている証拠は見逃しようがなかったのですから」と答えるしかなかった。[24]そして二〇〇八年の金融危機が過ぎ去った後、つぎのように記した。世間一般の予測においては、ジョン・メイナード・ケインズが指摘した〝アニマルスピリット〟について考慮されなかった。ケインズによれば、「人間は頭のなかで考えて冷静に行動するよりは、むしろ衝動に突き動かされる。利益に確率を掛け算してから導き出される加重平均の［合理的な］値とは無関係」だという。[25]要するに人間の行動は、論理やいわゆる合理性によって常に影響されるわけではない。ほかの力、たとえば不安や高揚感といった感情に促される時もある。グリーンスパンは、覚醒の経験を以下のように要約している。

人間は基本的に理性に基づいて行動するもので、その点がほかの生き物とは大きく違う。この真実は疑いようがない。私たちは好んでそう語り、新古典派の経済学者も同様に、人間は自己利益について長い目で合理的に考慮したうえで行動することを大前提にしてきた。しかしそうではなかった。むしろ行動経済学者が指摘するように、私たちの思考プロセスはもっと直観的なもので、演繹《えんえき》的推理に基づいている……大まかに言って、アニマルスピリットの経済学は人間の行動の幅広い範囲におよび、行動経済学という比較的新しい学問と重複する部分も多い。私たちの大学の経済学の講義では、完全に合理的な〝経済人（ホモ・エコノミクス）〟のモデルばかりが長らく教えられてきたが、もっと現実的な行動モデルに取り換えるべきだろう。[26]

もっと〝人間的な〟要因を組み入れたら、金融危機を予測できたかどうかはあやしい。そもそも、住宅価格が天井知らずに上昇しないことなど、洗練されたモデルを使わなくてもわかるはずだ。それでも、従来の予測の落ち度や至らなかった点を多くの予測家が認識し、金融上の決断を下す際の心理や行動について新たな視点からの理解に努めるようになった。

## 行動は単純ではない

一九五五年、イスラエル軍に所属する若き心理学者のダニエル・カーネマン中尉は、士官候補生のなかから将来性のある人物を選び出す任務を与えられた。そこで階級とは無関係に八人のチームを編成し、高い塀のうえに大きな丸太を持ち上げる作業を行なわせた。丸太が壁や地面に接触してはいけない。このときカーネマンは、候補者の評価に論理的なアプローチで臨んだ。チームを仕切るのは誰か、他人のあとについていくのは誰か、観察した結果に基づいて、将校にふさわしい人材を予測したのである。何カ月も経過してから実際の成績と比較してみると、予測は大きく外れ、当て推量も同然だった事実が判明した。ところが、自分のやり方では能力を正しく予測できないことがわかっても、カーネマンはこだわり続けた。その行動からは、たびたび引用されるつぎの言葉が連想される。「錯乱した者は同じことを何度も繰り返し、常に異なった結果を期待するものだ」。カーネマン本人は自分の非合理的な行動をべつの言葉で表現し、〝妥当性の錯覚〟と呼んだ。[27]

妥当性の錯覚とは一種の認知バイアスで、これにとらわれると、合理的な人間は予想通り行動するものだと思い込み、それが論理の盲点になってしまう。自分のやり方で候補者を評価しても次善の結果しか得られないことにカーネマンは気づいていたが、それでも先入観にとらわれて従来の方法を好んでしまった。認知バイアスは行動経済学の出発点である。行動経済学においては、人びとが金融に関する決断を下す仕組みを理解する際、純粋に経済学的なアプローチをとらない。むしろ心理学の要素が強い学問である。カーネマンは同僚のエイモス・トヴェルスキーと共に何年もかけて、何百もの認知バイアスを見つけ出しては記録して、解明に取り組んできた。その成果を認められ、ふたりとも行動経済学のパイオニアとして広く評価されている。トヴェルスキーは一九九六年に没したが、カーネマンは二〇〇二年、ノーベル経済学賞を受賞する。彼は経済学を受講した経験がなかった。

ベストセラーになった『ファスト&スロー——あなたの意思はどのように決まるか？』（早川書房、二〇一二年、村井章子訳）のなかでカーネマンは、心が機能する仕組みを理解するための新しいモデルを紹介し、思考モードを〝システム1〟と〝システム2〟のふたつに分類している。システム1は自動的に高速で働き、たとえば本書のページを繰るときのように、ほぼ無意識に決断が下されていく。システム2は時間をかけた複雑な決断で、たとえば年金のポートフォリオをどう設定すべきか意識的に頭をひねる。そう言われると、金融上の決断はシステム2に導かれていると考えたくなるが、実際にはシステム1の関わっているケースが多い。

このようにしてカーネマンとトヴェルスキーは、人間の認知力を理解するための新しい方法を提案した。ふたりのアイデアは、経済学を含め幅広い分野に大きな影響をおよぼした。一九七四年に共同で発表した「不確実性の下での判断：ヒューリスティクスとバイアス」というタイトルの論文は、二〇の認知バイアスをリストアップしたもので、様々な学問分野で最も頻繁に引用されている。人間の行動を理解するために使われてきた従来のモデルは、根本的に間違っているのではないか。そんな疑問から始まった研究について、カーネマンは以下のように説明している。

一九七〇年代の社会科学者は、人間性についてふたつのアイデアを広く受け入れてきた。第一に、人間は概して合理的である……そして第二に、不安や愛情などの感情は……合理性のない行動のほとんどを説明できる。今回の論文では、どちらの前提にも疑問を投げかける……正常な人間の思考には体系的なエラーが存在することを実証したうえで、こうしたエラーの原因が認知の仕組み自体にあることを突き止めた。感情によって思考が歪められるわけではない。[28]

〝認知の仕組み〟すなわちシステム1とシステム2からは、決断する方法が常に同じではないことがわかる。私たちの選択は合理的もしくは非合理的に行なわれるだけでなく、意識的もしくは無意識的にも行なわれる。そして金融に関する決断の多くは、自分では十分に気づかない力によって誘導されているのだ。たとえば、ウェイターが客から受け取るチップについて行なわれた研究によれば、天気の良い日のほうが金額は多くなるという。[29]天気が気分に影響をおよぼし、チップをたくさん弾みたくなるのだ。べつの研究では、天気は市場動向も左右することが明らかになった。二六ヵ国の株式市場の動向を過去の天気のパターンと比較してみると、晴れている日のほうが取引は好調で、年換算した利益は曇りの日を二四・八パーセント上回った。真面目な投資家は決断する際、天気が気分におよぼす影響について考えたりしない。しかし、潜在意識はいつの間にか気分に左右され、それが決断に反映されてしまう。[30]

潜在意識は、買い物客の選択も誘導する。フランス音楽を聴いているときはフランスワインを、ドイツ音楽を聴いているときはドイツワインを購入する傾向が強くなることが、調査からは明らかになっている。[31] べつの研究によれば、音楽はワインの味わい方にも影響を与え、室内に流れる音楽の雰囲気に合った味のように感じられるという。[32] これらの発見は、かつて広告業界では常識とされていたことだった。テレビシリーズの『マッドメン』〔一九六〇年代の大手広告代理店を舞台にしたドラマ〕のなかでドン・ドレイパーは、潜在意識を通じて製品と消費者をポジティブに結びつけるための努力を怠らず、おかげで優雅な暮らしを楽しんだ。

システム1では一日に何千もの決断が下されるので、エネルギーの無駄を省くために近道が創造される。この近道は〝ヒューリスティクス〟と呼ばれ、しばしば〝経験則〟とも定義される。誰かが「気をつけろ」と叫んだらかがみ込むように、ヒューリスティクスのなかにはうまく機能するものもあるが、なかには非合理的であまり役に立たず、認知バイアスを生み出すものもある。ヒューリスティクスが認知バイアスにつながる経過を観察したうえでカーネマンとトヴェルスキーは、金融に関する決断が行なわれるプロセスを理解するための新しい方法を考え出した。

ヒューリスティクス（とそれに続く認知バイアス）が金融に関する決断におよぼす影響について把握するためには、四つの項目について考えてほしい。（1）利用可能性ヒューリスティクス〔記憶や想像のしやすさによるバイアス〕。（2）スキルの錯覚。（3）損失回避。（4）貨幣錯覚。たとえば私の父がいつも宝くじを買う理由は、利用可能性ヒューリスティクスから説明できる。当選する確率が一億七五〇〇万回に一度であることは知っているはずだ。しかしシェルのガソリンスタンドを訪れて宝くじを購入するときには、確率の低さについては考えない。その代わり、一等にならなくても、一部の数字が一致すれば四七五ドルを支払われる可能性が残されていることを思い出す。おまけに、一等の当選者について五時のニュースで知らされていて、しかも記憶しやすいタイプならば、滅多にない幸運が自分にも訪れるのではないかと思い込んでしまう。四七五ドルでさえ、簡単には手に入らないという現実は思い浮かばない。[33] 私たちのほとんどは、数字の大きな統計を頭のなかでうまく処理できない。そんなときは、利用可能性ヒューリスティクスによって決断が導かれてしまう。

ヒューリスティクスは、〝スキルの錯覚〟として知られる認知バイアスも引き起こす。カーネマンは、ある資産運用会社の二五人の投資アドバイザーを対象に八年間にわたるデータを分析した。データは数値化され、それに基づいて各アドバイザーの年間報酬が決定されていたが、計算からは意外な結果が明らかにされた。アドバイスの内容と投資の成果のあいだには、相関関係がまったく存在しなかったのだ。カーネマンはこの発見を同社のエグゼクティブに伝えた後、「これはエグゼクティブにとって衝撃的なニュースになるはずだが、そうではなかった」と記している。[34] 経営陣は〝スキルの錯覚〟に陥っているので非合理的な行動を改めず、実際の成果が反映されていない報酬を従業員に支払い続けたのである。[35] 不幸にも、

〝スキルの錯覚〟が資産管理業界に浸透していることを示す証拠は少なくない。たとえばミューチュアルファンドのマネージャーの九五パーセントは、過去一五年間にわたってアクティブマネージャーを置いていない標準的なインデックスファンドの成果を下回っている。[36]しかもおそまつな成果にもかかわらず、多くのファンドマネージャーは法外に高い報酬をもらい続けている。資産運用の世界に〝スキルの錯覚〟が蔓延している実態は、市場参加者の行動がいかに不合理であるかを物語っている。能力のないマネージャーが高い報酬をもらい続けるようなファンドからは、結局のところ資金が引き上げられてもおかしくない。ところが現実には、成果を上げなくても長期間ぼろもうけできる状態が続いている。結局のところ金融に関する決断においては、合理的かつ論理的な力がまったく働いていない。カーネマンによれば、このバイアスは「金融業界の文化に深く根付いている。この基本的な前提と相容れず、関係者の生活や自尊心を脅かしかねない事実はいっさい受け入れられない。心が消化しきれない」のだという。[37]資産アドバイザーやファンドマネージャーの無能な仕事ぶりを無視するのは、いたって非合理的な行動である。ただし、これにはべつの見方もできる。こうしたファンド運用チームは、自分たちの職を守ってこれまでの生活を維持することに汲々《きゆうきゆう》としているのかもしれない。その視点に立つと、彼らの行動はいたって合理的で動機も十分で、見て見ぬふりをするのも当然の結果ということになる。

もうひとつのヒューリスティクスである〝貨幣錯覚〟は、ほぼ一世紀にわたり経済学者によって広く研究されてきた。[38]それによれば、人びとは貨幣を実質値ではなく名目値で考えるので、一般物価水準の上昇すなわちインフレが考慮されないという。たとえばケイトはインフレ率が一パーセントのときに四万五〇〇〇ドルの年収があったとしよう。翌年も年収は変わらないが、インフレ率は四パーセントに上昇した。ケイトは物価が上昇していないかのように以前と同じだけの財やサービスを購入し続けるが、彼女の収入は実質的に減少している。貨幣錯覚が大勢の人たちのあいだに広がると、市場は狂乱状態に陥ってしまう。たとえば人びとは不動産を借りるか購入するか決める際、月々の家賃と住宅ローンの支払金額を比較するが、将来支払う実質費用にインフレがおよぼす影響については考慮しないことが、二〇〇八年にふたりの経済学者によって指摘された。[39] たとえば、インフレ率が低下するとケイトにかぎらず大勢の人たちが不動産の購入のほうを選択するのは、名目金利が低くなるので家を所有するほうが有利だと推測するからだ。実際にはケイトは実質金利を考慮すべきで、そうすればローンを払うほうが本当に得なのかどうか現実的に考えられるはずだ。ところが実質金利という発想が頭から抜けているので、ケイトたちは錯覚に陥り、家を購入するほうが良い選択肢だと思い込む。結局はそれが価格の上昇につながり、ひいては住宅バブルを引き起こす恐れもあるのだ。

貨幣錯覚の影響を受けるのは住宅市場だけではない。株式市場でも、マネーマネージャーは企業の収益の実勢相場を考慮しない可能性が考えられる。インフレ期には、貨幣の価値は未来よりも現在のほうが高い。そのため投資家は、〝ディスカウンティング〟というプロセスを使って将来の支払いの価値を計算する。ところが一部の経済学者からは、ディスカウンティングの計算に実質値ではなく名目値を採用する投資家が存在する可能性が指摘されている。[40] プロのマネージャーが実質値を考慮しないなんて、私にはとても理解できない。ところが現実には貨幣錯覚のせいで、企業に内在する基本的な価値が株価に反映されない状況が発生している。言い換えれば、認知バイアスは資産が割高や割安になる原因、いや、労働争議の原因と言ってもよいだろう。カナダでは、一九七六年から二〇〇〇年にかけて成立した労働協約のなかで、物価上昇に伴う生活費の上昇分が折り込まれたケースは全体の一九パーセントにすぎなかった。経営者側が交渉で強硬な姿勢を貫いたのかもしれないが、ひょっとしたら組合側が認知バイアスに陥った可能性も考えられる。その結果、インフレ下では購買力が時間の経過と共に失われる現実を忘れてしまったのではないか。[41]

脳というブラックボックスのなかを覗き込み、熟慮のすえ金融に関する決断が下される仕組みについて学ぶことは、つい最近まで不可能だった。これは神経経済学者の領域で、詳しくはつぎのセクションで説明するが、脳の画像を確認すれば、貨幣錯覚にとらわれた人の脳では何が進行しているのか把握しやすい。脳の画像は、認知バイアスを脳神経の側面から理解するために役立つ。ある研究では、被験者は賞金を獲得できる可能性のある問題の解決に取り組み、その間の脳の様子がスキャンされた。賞金を獲得するシナリオはふたつあった。カタログから比較的安い商品を購入できるシナリオがひとつ。そしてもうひとつのシナリオでは、最初のケースに比べて賞金が五〇パーセント増えるが、同じカタログから購入できる商品の価格も五〇パーセント高くなる。額面価額は二番目のほうが高くなるが、購買力はどちらでも変わらない。そして実験に先立ち被験者は、支払う金額の価値は変わらないと説明を受ける。ところが実験の結果からは、額面価額が小さいシナリオに比べ、大きいシナリオのほうが前頭前皮質での活動がかなり盛んになることがわかった。[42] 貨幣の実質価値は変わらなくても、額面価額の増加に脳は反応したのである。名目価格が高くなるほど、報酬の情報処理や商品の評価に関わる部分が脳のなかで活性化される事実が、この研究から明らかになった。ちなみに、前頭前皮質は理性の中枢とも言われる。だからここが活性化されると、高い価格に意識が向きやすくなるのかもしれない。さらに、脳が〝高値に驚く〟プロセスにも、前頭前皮質の影響が考えられる。予想外に高い商品の値段を見せられると、神経の活動が刺激されて意識が高揚するのだ。ほとんどの人は高値に驚いた経験があるはずだから、脳の活動が価格によって刺激されると聞かされても意外ではないだろう。しかし脳の画像は、脳が金融に関する決断を処理していくプロセスを具体的な形で見せてくれる。したがって、人間の選択行為を正確に予測するうえで、重要な第一歩になるだろう。

最後に、カーネマンとトヴェルスキーを最も有名にしたヒューリスティクスが損失回避だ。もっとアカデミックな〝プロスペクト理論〟という名まえでも知られており、それによれば、意思決定の際には利得と損失への反応が異なるという。[43] 損失回避は進化の法則にも適っている。危害やコストを最小限に抑えると生き残りのチャンスが高くなる可能性は無視できない。ここでコイントスの場面を想像してほしい。その結果次第で、あなたは二〇ドルを失うか、あるいは二二ドルを手に入れる。要するに、負けて失う金額よりも勝って手に入る金額のほうが大きい。人間の行動に関する合理的なモデルにしたがえば、誰もが賭けに挑戦するはずだ。ところが実際には、ほとんどの人がこのギャンブルを拒む。カーネマンとトヴェルスキーによれば、コイントスで二〇ドルを失う可能性があるとき、勝ったときの報酬として参加者が要求する金額の平均は四〇ドルだった。[44] 損失と利益の評価は分かれるもので、たとえ勝つ可能性が高くても損失を回避したくなるものだ。

広く普及している市場行動も損失回避によって説明できるかもしれない。カンブリア・インベストメント・マネジメントのマベイン・ファーバーは、強気市場よりも弱気市場のときのほうが株価は不安定になる傾向を発見した。[45] 金融ライターのゲーリー・ベルスキーとトーマス・ギロヴィッチによれば、トレーダーがリスクを顧みなくなるのは損失の確定を回避したいからだという。「大損したトレーダーは損失を取り戻したいあまり、大きな賭けへの挑戦をためらわなくなる」のだ。[46] たとえば一九九〇年代にベアリングス銀行が破綻したのは、膨らんだ損失を一気に取り戻すため、トレーダーが掛け金を倍に増やしたのがきっかけだった。[47] 状況が不確実なとき、合理的なトレーダーならばギャンブルに走らないものだ。

損失回避が観察されるのは金融の世界にかぎらない。福祉給付金の削減が難しいのは、削減したときの政治的コストが大きいからだ。不利益をこうむる可能性のある政治家は、支給額を必死で守り抜く可能性が高い。給付金を増やすことを歓迎し、減らすことを断固非難する。[48] プロゴルファーでさえ損失回避と無縁ではない。PGAトーナメントで選手たちが打った二〇〇万回以上のパットについて、位置などの要因による制約を考慮して包括的な研究が行なわれた。その結果、スコアを縮められるバーディーパットよりも、スコア増加の回避につながるパーパットのほうが、成功率は三・六パーセント高くなることが判明したのである。[49] 損失回避は神経メカニズムによって管理されている。意思決定には脳の複数の部分が関わっており、たとえば大脳辺縁系のなかにある腹側線条体は、期待収益と実現収益の処理を司る。これに対して扁桃体は、期待損失と実現損失の処理に関わっている。[50] ある実験で扁桃体に障害のあるふたりの女性の脳をスキャンしたところ、損失回避の影響は見事に消滅していた。[51] 健康な対照群にとっては、勝てば二〇ドルを獲得して負ければ一五ドルを失うギャンブルよりも、勝てば五〇ドルを獲得して負ければ一〇ドルを失うギャンブルのほうが抵抗感はない。ところが扁桃体に障害のあるふたりの女性はリスクの大きな賭けのほうを好み、潜在的な利益よりも潜在的な損失のほうが大きい場合でもリスクを厭わない。[52] 恐怖の学習に関わる扁桃体は、金融上の決断においても同じ役割を果たし、人間を損失から遠ざけていることが実験からは明らかになった。

結局のところ人間はこのような認知バイアスに影響され、時には無意識に非合理的な行動をとっている。合理的なモデルにしたがって行動するどころか、人間の心理や行動には様々なバリエーションが見られる。カーネマンとトヴェルスキーは長年にわたって人間の行動を観察・分析した結果、様々な違いを認識した。ふたりの発見によって人間の行動はより現実的に理解されるようになった。その必要性はグリーンスパンも指摘していた。ただし認知バイアスには何百ものパターンがあって、そのすべてを経済学者が金融モデルで取り上げるのは容易ではない。金融上の決断が下されるプロセスを理解するためには、わかりやすく洗練された方法が必要だろう。

そこで、行動経済学者リチャード・セイラーの研究ならびに彼が提唱したメンタルアカウンティング（心の会計）という概念に注目したい。人間にとって、お金はすべて同じというわけではない。安定した収入やリスクキャピタルなど、使い道によって別々に管理している。企業の財務担当者が給与、税金、研究開発といった目的ごとに資本を分類するのと同じだ。[53]企業と同様に人間も、お金への対処法はカテゴリーごとに異なってくる。たとえば私の父が宝くじの購入を決断した行動は、利用可能性ヒューリスティクスだけでなくメンタルアカウンティングによっても説明できる。父は自分の決断について「宝くじを買うのに退職金は使わないよ」と語るが、そこからは、父の心のなかにはギャンブル専用に〝自由に引き出せる口座〟が存在しているような印象を受ける。たとえ同じ金額であっても、メンタルアカウンティングでは目的ごとにお金が別々に処理されていく。人間はお金を用途別に管理することが、セイラーの理論からはわかる。お金はすべて平等に扱われるわけではないという現実を経済学者も認識しなければならない。

リチャード・セイラー、ダニエル・カーネマン、エイモス・トヴェルスキーら行動経済学者は、お金に関する人間の行動を理解するうえで大きく貢献した。しかし彼らの発見はそこまでで、一連の行動が促されるときに心のなかで何が進行しているのか十分に解明してくれない。お金を新たな視点から理解するためには、脳というブラックボックスのなかを覗き込まなければならない。

## 脳を研究する経済学者

ブライアン・ナットソンは、金融に関する決断を脳が下す仕組みを理解するためのミッションに取り組んでいる。スタンフォード大学の心理学と神経科学の教授で、著名な神経経済学者のひとりだ。神経経済学は、脳が金融に関する意思決定を行なうプロセスを学際的に研究する。実際に神経経済学会の会議では、出席者の専門分野が神経科学、行動経済学、〝従来の〟経済学、心理学、生物学、化学、コンピューター科学と多岐にわたる。意思決定の仕組みを理解するのは非常に複雑な作業なので、様々な分野からのアプローチが役に立つ。

神経経済学が多分野にまたがっているのは、金融に関する意思決定には様々な理由があることの証拠に他ならない。人間は高度な思考能力を獲得しているので、意思決定のプロセスは意識を司る新皮質で進行するものだと考えたくなる。しかし実際には、意思決定はシステム1で無意識のうちに進められていく。自分では気づかないだけで、システム1が自動的に高速で働きながら決断を促している。

無意識のうちに進められるのは、金融に関する決断だけではない。金融に関する動機も、自分では十分に意識しない力によって支配されている。たとえば、イギリスで行なわれたお金に関する研究では、一一八人がハンドグリップを握る実験に参加した。グリップを握る前に、被験者はコインの画像を見せられる。価値の低いペニー硬貨と価値の高いポンド硬貨の二種類で、どちらが画面に登場するかによって握る強さを変えなければならない。ペニー硬貨ならばゆるく、ポンド硬貨ならば強く握る。そしてうまくいけば、その分の額を受け取ることができる。実験では、どちらのコインか識別できるまで被験者が画像をじっくり見せられるケースもあれば、意識が十分に働かないように、画像が一瞬にして消えるケースもあった。このとき被験者は、コインの種類を識別できなかったと自己報告している。ところが、どちらのコインか被験者は意識していなくても、価値の高いコインの画像の際にはグリップを強く握った。[54] どれだけの金額が賭けられているのか、潜在意識はきちんと認識できるのだ。

お金は被験者のあいだに心理的な変化も引き起こした。価値の高いコインが画面に登場すると、被験者の皮膚伝導反射が増加したのである。先ほどとべつの研究では、参加した大学生をふたつのグループに分け、一方には一〇〇ドル紙幣を八〇枚、もう一方にはただの紙を八〇枚、数えてもらった。どちらのグループからも被験者の一部が選ばれ、数えたあとで摂氏五〇度のお湯のなかに手を入れてもらった。その結果、紙を数えたグループに比べ、紙幣を数えたグループはお湯の熱さを感じなかった。[55] お金について考えたり手に触れたりすると、生理が微妙に変化することが実験からは明らかになった。

では、こうした実験のあいだに脳のなかでは何が進行しているのだろう。ハンドグリップの実験のあいだに脳をスキャンしたところ、腹側淡蒼球《たんそうきゅう》（側坐核の存在する腹側線条体の一部）の活動がポンド硬貨を見せられると活発になることが確認された。つまり、意識の有無にかかわらず、動機は脳のこの部分で生み出されるとも考えられる。実験からは、「本人は自覚しなくても、報酬が期待されるとき人間の脳は具体的な行動を促す」という結論が得られた。[56] お金は私たちに刺激を与え、意思決定や行動を促している。気づかないだけなのだ。「MRIはゲームチェンジャーだ」とナットソンは語る。たとえば脳細胞が機能するために酸素は欠かせないが、機能的磁気共鳴映像装置（fMRI）を使うと、周辺の皮質組織の酸素使用量を測定することができる。[57] そしてこの技術を使えば、脳の奥深く、大脳皮質の〝下〟のレベルまで覗き込めるので、金融に関する意思決定が行なわれているあいだの脳の様子を神経経済学者は確認できる。ニューヨーク・タイムズ紙は、神経経済学者が脳の画像を使って調べた様々な行動についてつぎのように紹介している。「これらの研究者たちは、人間が様々な活動に従事しているときの脳の様子をスキャンしている。経済に関する決断、バーター、競争、協力、逃亡、懲罰、オークション、ギャンブル、つぎの経済的な動きの計算などが含まれる[58]」。

貨幣錯覚、損失回避、無意識の金銭的誘因について神経学的な側面から理解するため、神経経済学者が様々な実験を行なってきたことがおわかりいただけただろうか。一方で彼らは、お金が価値を失ったときの脳の様子についても研究している。ある実験では、紙幣と紙のそれぞれが折り畳まれ、引き裂かれる場面のビデオを二〇人の被験者に見てもらい、そのときの脳の様子をスキャンした。その結果、紙幣が破かれる様子を見せられた被験者の脳のなかでは、側頭頭頂部のネットワークの活動が刺激されることがわかった。スクリュードライバーやハンマーなどの道具を使うときや、手斧で何かを打ち砕くときに刺激される部分だ。そして、お金は高額なほど神経の活動を促す。[59]「要するにお金は、純粋に心理学的な立場から道具のひとつとして解釈するのが妥当だと言ってもよい……脳のなかでお金は、交換プロセスを正確に進めていくために便利なツールになっている。その事実からは、お金が比喩としてではなく、本当の意味でツールであるとも考えられる」。[60]

このような興味深い発見にもかかわらず、神経経済学は未だに初期段階のままで、脳がお金を処理するプロセスについては学ぶべき課題が多い。人間の脳にはニューロンと呼ばれる脳細胞がおよそ一〇〇〇億個存在しており、各ニューロンは刺激が入ってくると発火する。[61]つぎにそれは化学信号に変換され、シナプスと呼ばれる小さなスペースを通じてほかの脳細胞へと伝達されていく。つまりシナプスは、メッセージが伝えられていく中継局のようなものだ。ひとつのニューロンには平均すると五〇〇〇個のシナプスが存在するので、ニューロン全体ではシナプスの数がおよそ五〇〇兆個にのぼる。[62]ニューロン同士の結びつきは、知識の蓄積や増加にとって必要不可欠で、そこにはお金の使い方についての知識も含まれる。実際、ひとりの人間の脳のなかでは、何とインターネットよりもたくさんの情報が処理されるという。[63]そしてウェブサイトのリンクが変わっていくように、お金として認識する対象が塩から金、ドル紙幣へと変化するにつれ、脳細胞のネットワークは配線し直されていく。だから、ほとんど何でも貨幣として認識されるのだ。このように脳が新たな結びつきを創造する能力は、神経可塑《かそ》性として知られる。ニューロンは同期発火しながら、結びついていくと言ってもよい。[64]

私たちは子どものとき、お金は価値の象徴であることを学ぶ。学校でそう教えられるはずだが、親の行動を観察して学ぶ機会のほうが多いだろう。たとえば母親がドル紙幣でミルクを買うところを見ると、ニューロンの一部が発火する。やがて、お金とお金で手に入るもののあいだには、脳のなかで結びつきが出来あがっていく。発達心理学者のスタンリー・グリーンスパンとスチュアート・シャンカーは、幼児がシンボルを創造していく過程を研究した。その結果、〝意味のあるシンボルを創造するために〟必要な条件のひとつは、〝感情を打ち込む〟ことだという事実を発見した。[65] ただぼんやり眺めているだけでは、シンボルはただのイメージにすぎない。母親は長くて茶色い髪をした背の高い女性というだけの存在ではない。食べものや住みかを通じて快適さを提供してくれる。同様にドル紙幣も、緑色のインクで印刷された紙切れではない。家事を手伝ってくれた子どもにご褒美として与えられるものであり、チップが少なすぎれば相手は侮辱される。お金は論理や理性だけで説明できる存在ではない。感情も大きく関わっている。「感情的な経験の……関わりが大きいほど」、子どもにとってイメージは大きな意味を持つようになり、シンボルへと発展していく。[66]

ナットソンは、感情と意思決定のつながりというテーマをきっかけに神経経済学者になった。すでに大学院生のときに顔の表情や感情についての研究を進めていたが、指導教官のひとりから、脳が感情を処理するプロセスにまで研究対象を掘り下げるべきだと勧められたのである。感情神経科学、すなわち感情の神経学的側面を研究するキャリアはここから始まった。そして国立衛生研究所に博士研究員として勤務しているとき、脳画像化の技術を使えば脳の機能を実際に観察できることに気づく。それまでも彼は感情の認知に関心を持っていたが、脳というブラックボックスのなかで実際に何が進行しているのか確認できる能力を手に入れたのだ。私はナットソンのストーリーを本人の口から聞かされた。ニューヨークでディナーを一緒に楽しみながら、神経経済学という複雑な学問分野について解説してくれた。彼は自分の研究をふたつの質問にわかりやすく要約している。

1　脳のどのメカニズムが良い出来事や悪い出来事を予想するのか。

2　その活動は選択に影響をおよぼすのだろうか。

一番目の質問は脳の構造に注目している。良い出来事や悪い出来事を予想するとき、脳のどの部分が活性化されるのかナットソンは知りたいと思った。そして脳をスキャンした結果、それぞれのケースにどの場所が関わっているのか確認することができた。スキャンした画像を通じて神経経済学者は、利益を予想するときには側坐核が、損失が見込まれるときは前島《ぜんとう》の機能が活発になる事実を発見した。

ナットソンのチームが行なった実験では、お金を獲得できる可能性と失う可能性のいずれかが八人の被験者に提供され、そのときの脳の変化がスキャンされた。その結果によれば、側坐核に存在する興奮性の神経伝達物質ドーパミンのレベルが、現金が手に入るチャンスがありそうなときは上昇した。[67]実際、現金が手に入ることを期待するだけで、側坐核の活動は大きく促された。金融ライターのジェイソン・ツヴァイクはスタンフォードの研究室にナットソンを訪ね、自分でも同じ実験を経験し、そのときの様子を『あなたのお金と投資脳の秘密——神経経済学入門』（日本経済新聞出版社、二〇一一年、堀内久仁子訳）のなかでこう記している。「実際、私が報酬を受け取ったときに側坐核のニューロンの反応はどうだったかと言えば、たしかに発火していたが、報酬を期待しているときほどの勢いはなかった」。[68]お金が手に入るという期待感のほうが、お金そのものよりも神経を刺激するのだ。

要するに、お金が手に入る可能性を考えるだけで、ドラッグのような〝ハイな気分〟が引き起こされる。神経科学者のハンス・ブレイターの研究チームは、このたとえについて詳しく調べた。実験でゲームに参加した一二人の被験者は、勝てばお金を獲得できるが、負ければお金を失う。そしてゲームのあいだに被験者の脳をスキャンしたところ、予想通り側坐核の活動は盛んになったが、ほかにも活発になった箇所が観察された。そして意外にも、このときの脳画像はコカインを摂取した人の脳画像と良く似ていた。[69]「投資が利益につながりそうな人の神経細胞の活動は、コカインやモルヒネでハイになっている人のケースと区別がつかない」とツヴァイクは書いている。[70]側坐核を活性化させるために、ドラッグなど有害な化学物質を摂取する必要はない。お金が手に入ることを期待するだけで、ドラッグに劣らず大きな刺激を受ける。「お金ほど人びとに大きな影響をおよぼすものは存在しないという事実が、すぐに明らかになった。裸体も死体もかなわない。お金は人びとの心をかき乱す。食べものが犬にとってモチベーションになるのと同じく、お金は人間にとってのモチベーションである」[71]。パブロフの犬がベルの音に刺激されたように、私たちの側坐核はお金によって刺激され、期待感に涎を垂らしながら行動への準備を整えていくのだ。

一方、損失が見込まれるときには脳の中心にある前島の神経細胞が発火することが研究から明らかになった。ある実験では一九人の被験者が現金に関して様々な最終要求を受け、そのときの脳の様子がスキャンされた。実験には毎回ふたりの被験者が参加する。お金の分配方法について提案する人物と、それに対し、提案に応じるかどうか決断する人物である。〝標準的な解決方法〟においては、低い金額が提示される。それでも相手が同意するのは、何ももらえないよりはましだと判断するからだ[72]。しかし提案された金額が全体の二〇パーセント程度にすぎず、ふたりの取り分に差がありすぎると、五〇パーセントの確率で提案は拒絶された。最終要求を拒めばどちらにもお金が入らないことはわかっていても、それでも拒みたくなるような強い力が決断を促す。不当に低い金額を提示されると侮辱が怒りに発展し、自分を犠牲にしてもよいから相手を罰するため、どちらも何ももらえない選択肢が優先されるのだ。この行動は進化の立場から見ても正しい。不公平な提案を拒めば一目置かれ、コミュニティでの地位が守られる。

この実験では提案を受けるときに前頭前野が活性化されることが、スキャンから明らかになった。ここは通常、意識的かつ慎重な思考に関わる部分だ。ところが不当な提案を受けたときには、前島の神経細胞が発火した。前島はネガティブな感情と結びつくケースが多く、痛み、嫌悪、屈辱、喉の渇き、空腹などを経験すると活性化される。ツヴァイクによれば、島の部分に多い紡錘《ぼうすい》細胞は、脳よりも消化器系統のほうにたくさん存在する分子を持っていて、収縮運動によって食べものを処理する機能を備えている。「投資がうまくいかない予感がするときは、想像力を働かせているわけではない。島のなかの紡錘細胞が発火して、それに合わせて消化管が攪拌されている」[73]。実際、前島の活動が盛んな人のほうが、不公平な提案を拒む頻度は高かった[74]。まるで島が前頭前皮質よりも優位に立って、感情が理性を凌駕しているような印象を受ける。行動経済学者がかねてより観察してきた現象は、この研究からも説明できる。金融に関する意思決定は、純粋な理性以外の要因にも影響されるのだ。理性以外の要因のひとつ、すなわち感情が金融の決断を左右する事実が、脳画像のおかげで神経学的立場から明らかにされた。

金融上の決断を理解するうえで感情が欠かせない要素だという点を、ナットソンはつぎのように説明している。「感情は重要ではないと未だに思い込んでいる人たちもいるが、いまや感情は中心的存在だという事実を認識しなければならない……感情は行動に促されるときもあるが、行動を促すときもある。それは生理学の面からも行動の面からも、神経画像からも、証拠によって確認されている」[75]。ポジティブな感情はリスクに立ち向かう勇気を促し、ネガティブな感情は損失回避を引き起こす[76]。ある研究では、一五人の異性愛者の男性に一枚の写真を見せてから、金融リスクの高いギャンブルと低いギャンブルのどちらかを選んでもらった。写真にはエロチックなイメージなどポジティブな刺激を促して興奮状態を引き起こすもの、ヘビやクモなどネガティブな刺激を促すもの、家電のような中立的なイメージの三種類があった。予想通り、ポジティブな刺激からは側坐核の機能が活性化され、金融に関して大胆な決断を下すようになった。[77] そうなると、偶発的なきっかけが金融の決断を左右する可能性も十分考えられる。人間の行動を予測する際には、感情を考慮に入れるべきだという教訓がこの研究からは得られる。

ただし、脳のどの部分が活性化されるのか観察できても、人間の意思決定を正しく予測することはできない。二〇〇四年、ネイチャー・ニューロサイエンス誌につぎのような内容の論説が掲載された。「認知科学は未だに、現実の世界で人間が行なう意思決定を解明して予測する段階に近づいていない」。[78] 当時はたしかにそのとおりだったかもしれないが、今日では脳の内部を覗き込めば、金融に関する選択は予測可能であることをナットソンは発見した。そして私と食事をしながら、脳の活動は選択に影響するかという二番目の質問への答えがイエスである理由を説明してくれた。ある実験で彼は、二六人の被験者に買い物に関する決断を下してもらい、そのときの脳の様子をスキャンした。最初に被験者はスクリーン上で製品を見せられる。つぎに価格がディスプレイされ、最後に買うものを選択する。製品がディスプレイされると、報酬への期待から側坐核の神経細胞が発火する。つぎに価格が表示されると、前頭前野の一部が活性化され、理性の中枢で情報が処理されている様子がわかる。ところが価格が高すぎるときには前頭前野の活動がふるわず、その代わり島が勢いよく活動し始める。価格の高さに驚いて嫌悪感が引き起こされるからだ。研究の結果、消費者の最終的な選択は、脳の各部分の反応と正確に一致しており、十分に予測できることがわかった。「利益や損失への予想が膨らむと、脳の特定の部位の活動に変化が生じる。だからその変化を観察すれば、買い物に関する決定を予測することは十分に可能」なのだ。[79]

神経の活動からは、投資に関する意思決定も予測できる。ナットソンと同僚の神経経済学者のカメリア・クーネンのふたりは、アラン・グリーンスパンが学んだ現実に注目した。「金融に関する意思決定において、投資家はこぞって合理性から逸脱する」ことだ。[80] そのうえでふたりは、どんな神経メカニズムによってこの行動を説明できるか理解したいと考えた。そこで投資の決断に関する実験を行ない、被験者には二種類の株と一種類の債券のどちらかを購入する選択肢が与えられた。実験に先立ち、結果次第で利益を獲得するか損失をこうむるか、どちらかになることが伝えられた(損した場合にはボランティア活動への報酬からその分が差し引かれる)。そして実験中には脳がスキャンされた。それによると、過去の実績が悪い株式を選ぶなど、リスクの大きな意思決定が行なわれる前には、側坐核が活性化された。カジノでフリードリンクなどの特典が提供されるのは、ポジティブな刺激によって側坐核を活性化させたうえで、リスクの大きな行動をとるように仕向けるためだと研究者は推測している。逆に株よりも安定している債券を選ぶなど、リスクの小さな決断を下す前には、前島の活動が盛んになった。このように側坐核と島の活動を観察すれば、被験者の選択を正確に予測できる。ふたりの発見は、合理性を前提とする従来の経済モデルと一致しない。「研究の結果からは、脳神経が将来への期待で活性化されると、合理的な選択だけではなく非合理的な選択も促す実態が明らかになった。したがって金融に関する決断においては、微妙なバランスが必要になってくる。リスクをとるときと回避するときでは別個の回路が活性化されるが、リスクをいとわないメカニズムまたは回避するメカニズムの一方が活性化されすぎると失敗を招く恐れがある」[81]。脳の画像からは脳が非合理的な決断を下すプロセスが明らかになり、人間は完全に合理的に行動するという前提が間違っている理由も解明された。

ナットソンとクーネンは研究をさらに掘り下げる。ふたりの研究には神経科学者のグレゴリー・サマネッツ＝ラーキンも加わり、その結果、投資に関する非合理的な決断に遺伝子の機能が関わっている可能性を発見した。「遺伝子は認知能力に影響をおよぼすのだろうか。金融市場で物事を学んでいく方法は遺伝子によって形成されるのだろうか。リスクに対する姿勢を決定するのだろうか」という疑問を中心に研究は進められた[82]。そして三人は神経伝達物質のセロトニンに注目する。セロトニンは幸福ホルモンとして広く知られ、金融上の決断を理解するうえで鍵となる物質でもある。セロトニンの遺伝子のひとつ5-HTTLPRには、長いものと短いものの二種類のタイプがあり、誰でも短い対立遺伝子か長い対立遺伝子のどちらかを体内に持っている。三人が行なった実験では、六〇人のボランティアから唾液のサンプルを集めたうえで、一万ドルを現金と株と債券に分けてもらった。5-HTTLPRの対立遺伝子が短い人は、長い対立遺伝子を持つ人に比べて現金で保有するケースが二四パーセント多く、クレジット限度額が少なく、FICOスコア〔クレジットの審査用データの標準とされる〕の点数が高い。さらに、短い対立遺伝子を持つ人は感情がネガティブな状態で安定していることもわかった。感情がネガティブだとリスク回避に走りやすく、神経症的傾向が強く、不安や恐れなどの特徴が表れやすい。[83] しかし三人は結果について慎重で、行動を導く誘因は遺伝子だけではないという点を強調する。実際、すべての被験者が遺伝子から予想される行動をとるわけではなかった。[84] それでも、人間が金融上の決断を下すプロセスを理解するときには、生物学的な要因も考慮すべきであることが三人の研究からはわかる。

## 我々は脳を信じる

多くの神経経済学者のおかげで、脳というブラックボックスはもはやそれほど神秘的な存在ではない。心が金融に関する決断を下す仕組みへの理解は深まった。しかし疑問は残る。たとえば神経科学的な洞察が得られると、経済学者の予測は正確になるのだろうか。神経経済学者は人間の脳のなかで何が進行しているか確認したうえで、金融に関する予測を行なうことができるようになった。それならば、多くの心の集合体である市場の動きも、もっと正確に予測できるのではないだろうか。

神経経済学はまだ初期段階にあるが、従来の流れを汲む著名な経済学者の一部はこの分野に注目している。たとえばイェール大学の経済学者ロバート・シラーは、〝神経経済学の革命〟が経済学を作り変えるだろうと語っている。同様にミネソタ大学の経済学者アルド・ルスティチーニも、つぎのように述べている。「この新しいアプローチはまさに革命で、経済や戦略に関する意思決定の仕組みに新たな理論を提供してくれるはずだ。これまで意思決定のプロセスは経済学者にとってブラックボックスも同然だった」[85]。

しかし、新たな予測モデルを構築する際、神経経済学の洞察を実際に取り入れる経済学者はほとんどいない。たとえばウォール・ストリートのエコノミストやリサーチアナリストが、神経学の洞察に基づいて予測を立てているのを見たことは一度もない。有力な神経経済学者のコリン・キャメラーはつぎのように説明する。「神経経済学はおよそ九〇パーセントが神経学、一〇パーセントが経済学から成り立っている。脳のなかで何が進行しているのか解明するための手段として、これまで数学モデルはずいぶん使われてきた。それに比べ、我々のアイデアを役立てる速度は呆れるほど遅い」[86]。

一九四七年、ポール・サミュエルソンが『経済分析の基礎』(勁草書房、一九六七年、佐藤隆三訳)を刊行すると、効率的で合理的な市場理論の知的土台として高く評価された。そして二〇一〇年、ポール・グリムシャーは『*Foundations of Neuroeconomic Analysis*』〈神経経済学による分析の土台〉を出版し、これによって、経済学者が予測モデルに神経学的な洞察を含めることを期待した。実際、彼はつぎのように書いている。「一九世紀の経済学者ソースタイン・ヴェブレンの言葉を借りれば、経済学はようやく『進化論的科学』になりつつある。そしてこの科学は、人間の行動を理解するために強力なツールであることをすでに証明している」[87]。

おそらく、神経経済学による発見を経済学者が採用するようになるのは時間の問題だろう。

たとえばアラン・グリーンスパンは二〇一三年に著書のなかで自分が覚醒した瞬間について触れているが、それは一〇年前の二〇〇三年に神経学者のジョナサン・コーエンが語った言葉を連想させる。「ほとんどの経済学者は人間の実際の行動に基づいて理論を構築しない。人間の行動の理想像について研究し、利益を獲得するにはそれが最適だという前提に立っている」というのだ。[88]ところが一部の経済学者は、神経経済学という新しい分野を拒絶している。脳をスキャンすればニューロンが発火する様子を確認できるが、その理由まではわからないと指摘して、人間の行動全般を神経経済学で予測するのは不可能だと反論している。[89]

ただしそれも変わりつつある。たとえば、大学関係者向けにニュースをまとめたウェブサイト *Chronicle of Higher Education*〈高等教育クロニクル〉には、音楽業界の売上の増加を予測するためにティーンエージャーの脳がスキャンされているケースが紹介されている。[90]ここでは、被験者の側坐核の活動と全米のアルバム売上のあいだには相関関係が発見されたという。[91]そして研究者によれば、「商品に対する神経の反応からは、スキャンを受けた人の購買に関する意思決定を予測できるだけではない。その結果を大きな集団に当てはめて、文化の流行を予測することも可能だ」という。[92]神経経済学者が音楽関連の売上について予測できるならば、株価を予測できるようになる日の到来も夢ではないだろう。少なくとも、市場の動きの特徴をいまよりも明確に理解できるようになるはずだ。グリムシャーはつぎのように語る。「そのようなデータにアクセスできるようになれば、未来は変わるのだろうか。個人的なモデルに基づいて、株価のマクロレベルでの変化を予測できるようになるのだろうか……

……？　イエスと答えられる理由は存在している」[93]。神経経済学の洞察が経済モデルに組み込まれるまでにはもう少し時間がかかるだろう。しかし神経経済学は、お金についての私たちの理解をすでに深めてくれた。

脳が拡大するにつれ、私たちは協力のもたらす恩恵を意識するようになり、協力を円滑に進めるためにお金などのツールを創造した。しかし、お金を構成するのは理性や論理だけではない。私たち人間は複雑な思考能力を獲得し、お金のようなツールに感情を吹き込み、価値の象徴へと変化させた。脳のなかで何が進行しているのかわからなかったため、経済学者は長いあいだ人間の行動について何らかの前提に立ち、心がお金をどのように処理するのか想像するしかなかった。しかし脳画像化技術が登場したおかげで、いまや鏡に映る心のなかを覗き込み、仕組みをよく理解できるようになった。私たちのお金の使い方は、感情や遺伝子など様々な要因に影響されている事実も学んだ。

しかし、お金をどのように解釈して利用するかについての判断は、社会規範、文化的儀式、社会的信念など、ほかの要素によっても形成されている。私たち人間は生理学的に似ているが、お金についての考え方は同じではない。だからお金について理解するためには、このような多様性についても考慮する必要がある。では学習の場を脳から社会に移し、社会のなかで〝超頭脳〟がどのように機能しているか調べていきたい。お金というアイデアの研究を通じ、私はひとつ確実に学んだ。そう、お金に対する考え方は千差万別である。

# 第3章

# 借金にはまる理由　債務の人類学

ひとのためには何もしない。借りられるカネはいくらでも借りる。

——**古いシチリアの処世訓**[1]

〔『ライアーズ・ポーカー』ハヤカワ・ノンフィクション文庫、２０１３年、東江一紀訳、129ページより〕

贈り物は贈る人に贈られるようなものだ。ほとんど場合に見返りがあるのだから、失敗のしようがない。

——**ウォルト・ホイットマン**[2]

一年の収入が二〇ポンドで支出が一九ポンド九六ペンスならば幸せになれる。一年の収入が二〇ポンドで支出が二〇ポンド六ペンスならば惨めになるだろう。

——**チャールズ・ディケンズ**[3]

ブリティッシュ・コロンビア州でポトラッチの儀式を行なう北米先住民。

私がロンドンに住んでいたとき、知り合いにこんな男がいた。背が高くてハンサムで、太い眉毛がほとんどひとつにつながっている。ある日、仕事が終わると、彼は仲間と一緒に飲みに出かけた。席につくと、ひとりずつ順番にバーテンダーを呼んで、ギネスを四パイント注文した。みんなほろ酔い気分になり、ラスト・オーダーになった。まだ注文していないのは、例の男だけだ。みんなの視線は彼に釘づけになった。

友人のひとりが言った。「もう一杯ずつ飲むかい？」

「そうだな。でも、僕は払わないからね」

気まずい沈黙。

これは冗談ではないと判断したこの友人は、呆れた様子で言った。「しょうがないな。じゃあ、おれが払うよ」。そのあと会話は再開されるが、この男は友人の輪からはずれた。ひとりだけおごらなかったのだから無理もない。

実は、この男とは私のことだ。

私は地元のパブという和やかな環境で簡単な社会実験を行ない、支払いに関する暗黙の了解が破られたときの反応を確かめたのである。もちろん最後は料金を支払い、あれは冗談だったと説明した。しかし一瞬だが、社会的儀式に違反した私は仲間の注目を集め、友人の気前のよさにつけこんでタダ飲みするような人間だと呆れられた。

みんなにビールをおごらなければならないと、法律で決められているわけではない。しかしほとんどの人は、自分に期待されている行動がわかっている。このとき私と友人は、大昔からの伝統に支えられた現代の交換行為に関わっていた。贈り物をもらったら、その厚意に報いるパターンが小さな集団では定着しており、その社会的道徳観に則って、おごられたらすぐにお返しするのが暗黙の了解になっていたのだ。

お金に対する解釈は世界各地で、すなわち〝超頭脳〟を構成する様々な部分ごとに異なる。どのように解釈されているか知るためには、お金の使い方を理解することだ。そのために人類学者は僻地《へきち》まで出向き、めずらしい習慣を発見しただけでなく、人びとの誕生から死に至るまで、お金が重要な役割を果たしている実態について記録を残した。たとえばインドでは、新生児とその両親にお金が贈られる。日本では、結婚したカップルにお金が贈られる。[4] そしてナイジェリアでは、多くの死体がお金と一緒に葬られる。[5] お金は私たちの人生の重要な瞬間の数々を記念する存在であり、その使い方は千差万別である。

このように今日ではお金の使い方が様々に異なるが、債務を清算するための手段という機能は万国共通である。たとえばドル紙幣にはつぎの言葉が印刷されている。「本紙幣は、公的および私的なすべての債務に対する法定貨幣である」。ドル紙幣は連邦準備銀行によって発行され、同行のバランスシートに負債として記載される。このドル紙幣という負債の担保に関しては、バランスシートの資産の欄に記載されており、そのほとんどは米国財務省や連邦機関によって発行された債券が占めている。[6]要するに、ドルはアメリカ政府の債務証書のようなもので、政府機関の債務と政府の信用によって支えられているのだ。現在のアメリカの貨幣制度では、お金と債務は切り離せない。

ドル紙幣に黒いインクで印刷されている言葉からは、お金のべつの過去が浮かび上がってくる。何世紀ものあいだ経済学者は、物々交換がお金の前身だと主張してきた。しかし実際には、ほかの金融商品が広く普及していた。債務である。硬貨が発明される何千年も前から、古代メソポタミアでは利息付きの融資が存在していた。債務こそお金の前身だったのだ。今日ではお金と債務を別個のものとして考える傾向が強いが、両者は共通の源から発生している。ドルが負債、すなわち連邦準備銀行の債務と見なされることからも、人類にとって貸し借りがいかに大切な行為だったのか理解できるだろう。

なぜそれほど大切だったのかと言えば、債務には金銭的な義務だけでなく、社会的な義務も伴うからだ。このふたつのタイプの義務について考察するため、本章では人類学の面からアプローチしていく。そのうえで、債務の交換を以下のふたつの異なった領域で評価していきたい。（1）贈与経済に基づいた家族の領域。（2）市場経済に基づいた商業の領域。[7] ここでは贈与経済に重点を置くが、それはこちらのほうが曖昧で、様々な解釈が自由にできるからだ。それでも結局のところ贈与経済は、お金に関する私たちの認識を形作り、友人や家族への評価にまで影響している。

車や住宅のローンが借金の手段であることはわかりやすい。市場経済のなかでは価格が明らかにされる。しかし贈り物の授受から生まれる社会的債務や信用供与となると、量で表すのが簡単ではない。このような社会的債務を伴う贈り物の交換は、ほとんどの文化で習慣として定着している。東アジア諸国では複雑な贈与文化が定着しているし、ロンドン東部では友人にビールをおごる場面を見かける。

贈与経済にせよ市場経済にせよ、債務には義務が伴う。私たちは活動しているかぎり、社会的にも金銭的にも債務を負う機会から逃れられず、引き受けたからには尊重しなければならない。そして義務には道徳的な含意が込められている。たとえばビールをおごられてお返しをしなければ、暗黙の社会的理解に違反したものと見なされる。ローンを返済しなければ、契約上の合意を破ったことになる。債務を軽んじるのは間違った行為なのだ。義務を果たすためには恩に報い、きちんと返済しなければならない。一方、法外な金利や略奪的な条件の融資で弱者を食いものにする行為も間違っている。債務に対する宗教の厳格な姿勢についてはべつの章で紹介することにして、社会的な債務が市場の債務として計算されるとどうなるか、ここでは詳しく取り上げていきたい。そこからは債務の暗い一面が浮かび上がってくる。

他人を容赦なく支配する手段として、お金が利用される可能性が浮上する。

## お金のもうひとつの起源

経済学入門のクラスでは、お金の歴史をつぎのように教えるケースがほとんどだろう。昔々、世界の果ての地で、人びとは物々交換を行なっていました。しかし、常に満足できる形で成立するわけではなく、やがてお金が発明されました。アリストテレスの思想はこの考え方の延長線上にあるし、さらに時代を下れば、アダム・スミスなど古典派経済学者にも行き着く。アダム・スミスによれば、分業によって道具の専門化が進んだが、そのおかげで取引は複雑さを増した。それをスムーズに運ぶため、お金の役割がクローズアップされるようになった。彼は『国富論』で以下のように書いている。

たとえば肉屋が、自分が必要とする以上の肉を店に持っており、酒屋とパン屋がその一部を手に入れたがっているとする。肉屋もパン屋もそれぞれの仕事で生産したものしか持っておらず……このような状態から生まれる不便を避けるために、分業が確立した後、どの時代にも賢明な人はみな……他人が各自の生産物と交換するのを断らないと思える商品をある程度持っておく方法をとったはずである。[8]（『国富論――国の豊かさの本質と原因についての研究　上』（日本経済新聞出版社、二〇〇七年、山岡洋一訳）二五ページより引用）

さらにスミスは、スコットランド高地では釘などの商品が交換手段として使われ、初期貨幣の役目を果たしていたと述べている。やがてこれらの商品に代わり、貴金属の小片が使われるようになった。すでに本書ではお金の起源に進化生物学的な立場から取り組んできたが、食べものや手斧といった商品の物々交換がお金の誕生につながったという発想は、進化生物学的に見ても説得力がある。相互依存的な物々交換が貨幣による交換の先駆けだったという考え方は、ロマンチックであるし、わかりやすい。スミスには銀貨三枚を褒美としてあげて、この問題は解決ということにしたい。

ところがそう簡単にはいかない。あるイギリス人経済学者が一九一三年、「バンキング・ロー・ジャーナル」のなかでこの理論に疑問を寄せた。その経済学者、アルフレッド・ミッチェル－イネスは、スミスの説には歴史的な証拠がないどころか、実際のところ間違っていると主張した。さらに釘が交換手段として使われたという箇所は、ほかの人物からも誤りを指摘される。『国富論』の編集者だったウィリアム・プレイフェアは、当時の釘職人が貧困層に属していたことを挙げ、釘の原材料を関連業者から提供してもらうしかなかったと説明している。おまけに業者は原材料だけでなく、作業中の職人がパンやチーズを買えるように融資までしていたという。つまり釘職人は債務を抱えていたのだ。作業が終了すると、職人は完成品の釘を業者に提供して債務を返済したのである。[9] ミッチェル－イネスはこう書いている。「アダム・スミスは実体のある貨幣を発見したと信じたが、実際には信用取引の仕組みを発見しただけにすぎない」[10]。

ミッチェル＝イネスの論文はまずまずの注目を集め、特にジョン・メイナード・ケインズからは絶賛される。しかし一世紀近くのあいだ忘れられたままで、二一世紀になってふたたび脚光を浴びた。L・ランダル・レイなど著名な経済学者やディヴィッド・グレーバーなど著名な人類学者が、この説の長所に注目したのだ。たとえばレイは、貨幣と債務はまったく同じものだと主張して、貨幣は債務の一手段にすぎないと指摘した[11]。一方、グレーバーは著書『負債論：貨幣と暴力の5000年』（以文社、二〇一六年、酒井隆史監訳、高祖岩三郎ほか訳）のなかで、物々交換について研究した数人の人類学者の成果を紹介している。そのひとり、ケンブリッジ大学のキャロライン・ハンフリーは、つぎのような意見だ。「純粋でシンプルな形の物々交換経済の事例はどこにもないし、まして、そこから貨幣が誕生したなどとは考えられない。入手できる記録文書の内容から判断するかぎり、そんなものが存在していたとは想像できない」[12]。著書のなかでグレーバーはいくつもの点を結びつけたうえで、これほど証拠が不足しているのであれば、貨幣の起源に関する従来の説の正しさは疑うべきだと語っている。そしてさらに、貨幣の発達に関する基本理論は神話にすぎなかったとまで推測している[13]。

しかしグレーバーは、物々交換の貨幣起源説をまったくの神話として片づけてしまわず、多少のニュアンスを残している。実際、交換の一手段として物々交換を行なってきた部族は多い。ただし、モノとモノの交換は通常、他人同士に限られる。二度と出会う可能性のない相手とのあいだで、価値のある何かが交換される。[14] たとえば私はかつて、野球の試合のチケットを買ってくれた相手にビールをおごった。チケット売り場でクレジットカードを使えなかったので、後ろにいた人物が現金で購入してくれたのだ。そこで早速、球場で真っ先に見つけたレストランに入り、クレジットカードを使って冷たいビールをおごった。これに対し、知っている人と物々交換すれば、相手に対する信頼が欠如していると見なされてしまう。そこで信用取引をするわけだが、そのためには、信頼と信用に基づいた関係が欠かせない。そもそもクレジットの語源に当たるラテン語には〝信じる〟〝信用する〟という意味がある。

相手を信頼できず信用取引が成り立たない状況では、物々交換に競争的な側面が加わり、対抗意識からお互いに相手よりも優位に立とうとする可能性が生じる。グレーバーが著書で紹介しているパキスタンのパシュトゥーン族は、親族以外の相手と物々交換を行なう。シャツとシャツというように、似たようなアイテムを交換するときもあれば、ロバと自転車というように、カテゴリーの異なるアイテムを交換するときもある。取引においては相手よりも価値の高いモノを手に入れて、勝利を収めることが重視されるため、交渉ではどちらも大声を張り上げる。[15] ここでは、前述のいわゆるしっぺ返し戦略の第一段階が欠如している。その結果、ゲームは二度と繰り返されないという前提に立ち、最初の動きで利益を最大化させることにエネルギーが注がれる。これに対し、信用に基づいたシステムにおいては、相手を信頼して協力することが最初の行動を起こす大前提になる。

ミッチェル－イネスと同じくグレーバーも、貨幣が誕生する以前から債務は存在していたと考えている。利子付きの融資は古代メソポタミアで最初に登場したが、それはリディア王国で硬貨が発明されるより何千年も古い。メソポタミアでは、神殿や宮殿や有力者の家で働く人たちは、銀や大麦などの商品価格に基づいて融資の金額を計算した。ちなみにビールのつけ払いも古い習慣で、古代メソポタミアではすでに普及していたという。[16] 最終的にグレーバーは、債務が貨幣よりも先行していたか、少なくとも同時に発達したという結論に達している。このように債務は歴史的に重要な意味を持っているのだから、様々な角度から理解を試みるべきだろう。

## 異なったタイプの債務

西アフリカでは、衣服とヤムイモの交換が禁じられている。ソロモン諸島では、タロイモとターメリックの交換が禁じられている。[17] この変わったルールは交換行為の様々な形態の一例である。こうした事例では各アイテムがカテゴリーに分類され、同じカテゴリーのなかだけで取引が行なわれる。カテゴリーが異なるアイテム同士は交換することができない。なかには、食べものの分野と有形財の分野が区別される文化もある。たとえばナイジェリアのティブ族では、交換のカテゴリーが三つに分類される。(1) 穀物や野菜などの食べもの。(2) 真鍮《しんちゅう》の棒や馬など、耐久性があって重宝されるアイテム。(3) 子どもなど〝他人に頼って生活する人〟。ニューギニアのシアネ族にも三つのカテゴリーがある。(1) バナナやタロイモなどの食べもの。（2）タバコやナッツなどの贅沢品。（3）貝殻や頭飾りなどの装飾品。[18] カテゴリーを混同した交換行為は無知をさらけ出すようなもので、相手が下心を感じて気分を害するときもある。

どの社会でも取引をスムーズに進めるためには、交換しても問題の生じない組み合わせを知っておく必要がある。たとえば、車のベントレーをハグと交換することはできない（ベントレーをもらったら相手をハグするだろうが）。今日の社会では、貸し借りが複数の領域で進行している。以下のふたつのケースについて考えてみよう。

1　ミリアムから手料理でもてなしたいと招待を受けた。ハニーバーベキューソース味のミートローフがふるまわれる。

2　新築した家の住宅ローンの返済を固定金利にすることで合意した。

最初の交換行為は親しい間柄に限られ、この領域に該当する家族や知人は市場とは無関係の存在だ。この場合ミリアムから寛大さを示されたら、自分もお返しに寛大なところを見せなければいけないという気持ちが生まれる。手土産にプティ・シラーのワインを持っていこうか、きれいなカードにお礼の言葉を手書きして送ろうか、そのうちセントラルパークでのサマーピクニックに誘おうかと頭を悩ませるだろう。富や貴重品の移動を伴う贈与は、交換の一部分にすぎない。尊敬、感謝、賞賛など、ほかにも幅広い事柄がお返しの対象として考えられる。表現の仕方は様々だが、肝心なのは相手に感謝することで、それが贈与経済の土台になっている。贈与経済は昔も現在も、世界各地に存在している。

住宅ローンの付随する二番目の交換行為は商業の領域で行なわれ、大体において取引の相手は他人である。ここでは、ローンを期限までに完済することが義務づけられる。このような法的義務は、いわゆる市場経済の一部になっている。金銭の支払いを目的とする債務は、学生ローン、自動車ローン、クレジットカードの請求書など、金融商品の形で具体化される。

どちらの交換行為においても返済の義務が多少なりとも発生するが、相手に返す方法は異なる。相手が親しい間柄の場合には、たとえばミリアムに同じような形で返礼すれば取引は完了したものと見なされる。もちろん好循環が続き、将来も何らかの授受が繰り返される可能性は残るだろう。しかし、親しい人たちの領域に市場の習慣を持ち込むと、気まずい状況が発生してしまう。たとえば食前酒、前菜、ごちそう、デザートと平らげたあと、いくら払えばよいかなとミリアムに尋ねたらどうか。札入れを取り出し、一ドル二ドルと八五ドルまで声に出して数え、紙幣を彼女の手に握らせたらどう思われるだろう。ミリアムが私の友人たちと同じタイプならば、せっかくの好意を踏みにじられたと感じるはずだ。腕によりをかけた料理が、地元スーパーのトレーダー・ジョーズで購入した惣菜と同レベルになってしまう。好意に対して現金で返礼すれば、社会的状況に市場の習慣が持ち込まれてしまう。

もちろん、このふたつの領域はまったく接点がないわけではない。お互いにぶつかり合っている。たとえば企業は、ふたつの領域の境界を曖昧にすることで利益を上げようと努力する。顧客を親しい友人や家族のように扱うのは、有能な販売員にとって万国共通の戦略になっている。そのうえで得意客用の特別サービスのプログラムを提供すれば、顧客の心には忠誠心や義務感が芽生え、相手は商売目的だという事実をつい忘れてしまう。個人的な領域に踏み込んできた企業に対し、顧客は親近感を抱き、他人とは思えなくなる。そして信用の拡大は、売り上げの拡大につながる。しかしいくら親切に見えても、ベスト・バイ〔アメリカに本社を置く世界最大の家電量販チェーン〕はあなたの兄弟というわけではない。

## 贈与

マルセル・モースは多くの学問領域に精通し、頭にはアイデアがぎっしり詰まっていた。社会学者、人類学者、哲学者として活躍しており、一九二四年に出版された『贈与論』（筑摩書房、二〇〇九年、吉田禎吾・江川純一訳ほか）は、贈り物の交換について学ぶ人類学者にとって必読書になっている。[19] そもそも贈り物には、政治、経済、社会、さらには宗教の側面もあり、研究する際には広い視野で全体像をとらえなければならない。同時に、贈り物には与える人の意図が反映され、様々な意味が込められてもいる。博愛心、寛大さ、懇願、軽蔑など範囲は広い。たとえば、ミリアムがあなたを喜ばせるためディナーに招待したとしよう。あなたの通っている名門大学に息子を入学させるため、助けてもらいたいという下心があった。そうなると、素敵なディナーを素直に喜ぶわけにはいかない。予め相手の意図を知っていたら、あなたは招待を断る可能性もある。

贈与経済はユニークな儀式や習慣を伴うが、大体において三つのタイプの義務や原則が関わっていることをモースは発見した。与える、受け取る、お返しをするの三つだ。[20] この三つの義務が贈与経済を構成しており、それがサイクルとして繰り返されるプロセスについて、これから複数の文化の事例で紹介していく。そこからは、親しい間柄での貸し借りにおいて、贈り物が通貨のように機能している実態が明らかになるだろう。実際、この機能は商業の領域の貨幣とよく似ているが、営利を目的としない贈与経済では通常、貸し借りや〝取引〟が人間関係の維持を目的にしている点が異なる。友人からカプチーノをおごってもらえば、ふたりの関係は維持されるどころか強化されるときもあり、あとで何かお返しをしたいという気持ちが自然にわいてくる。贈り物が渡されるときにお金のやり取りはないが、友人・知人や社会への恩義という、べつの貨幣が流通するのだ。市場経済ならば、スターバックスのバリスタからキャラメルフラペチーノを購入すれば、ふたりの関係はその時点で終了し、あとは別々の道を歩んでいく。

ニュージーランドのマオリ族が部族同士の間柄や自然との関係を贈り物によって維持していることは、モースによって認識された。マオリ族から見ると、贈り物にはハウすなわち精霊が宿っている。ハンターは森で獲物をつかまえてくると肉の一部を祭司に渡し、儀式を執り行なってもらう。この儀式を通じて祭司は、供え物や聖なる石といったマウリを森に差し出す。なぜならマウリは、森の精霊の物理的発現なのだ。[21] したがってマウリを森に返せば、贈り物をくれた森に対して感謝の気持ちを伝えることができる。きちんと感謝しないと自然は腹を立て、あとで寛大にふるまってくれない。[22]一般に、贈り物に宿るハウ（精霊）は本来の場所に戻りたいと願い、贈り物を受けた人がお返しをするように促すとも言われる。その結果、森とハンターと祭司は状況に応じて贈る側と受け取る側のどちらにもなり、贈り物が循環するなかで与えられた役割を果たしていく。このようにモースは精霊の存在に注目したが、それに異を唱え、もっと世俗的な解釈を試みる学者もいた。贈り物のお返しをしないと、その人の名声が損なわれるというのだ。[23]しかしそれでも、贈与経済において贈り物が貨幣のように循環している点は変わらない。

ニューギニアに近いトロブリアンド諸島では、贈り物がもっと大きなスケールで循環している。この地を訪れた人類学者のブロニスワフ・マリノフスキーは、地元住民がクラという贈り物交換を行なっていることを発見した。この儀式で交換される贈り物すなわちヴァイグアには首飾りと腕輪の二種類があって、それがマッシム列島を構成する多くの島の家族のあいだで交換され、一種の貨幣として機能している。[24]どちらの贈り物も島々のあいだを循環していくが、赤い貝から作る首飾りは時計回り、腕輪は反時計回りと決められている。贈り物を交換するときは、首飾りを贈られた場合には、その場で、あるいは一年以内に腕輪で返礼しなければならない。住民は遠く離れた島までカヌーで移動しなければならないので、贈り物が各島を一巡するまでには長くて一〇年かかるときもある。[25]このように恩を受けては返礼する相互作用が大きなスケールで繰り返され、そのプロセスを通じて社会が次第に形作られてゆく。やがて信用を土台とする大きなシステムが完成し、社会における各人の相対的立場も明らかになる。たとえば、贈り物を長期間手元に置きすぎると名声や信用が損なわれてしまう。仲間に施さない人は社会的な結びつきを断ち切り、コミュニティから脱退したものと見なされるからだ。集団の立派なメンバーは、贈り物を当然施すものだと期待される。[26]

このように贈与経済では贈り物が絶えず移動し続けており、買ったものを溜めこむ傾向の強い西洋社会とは対照的だ。マリノフスキーの観察によれば、トロブリアンド諸島などいわゆる原始的社会の多くでは、「所有したものは与えること」が原則になっている。[27]現代の表現を使えば、ペイ・イット・フォーワード（恩送り）で恩を回し続けるわけだ。啓発的な著作『ギフト――エロスの交易』（法政大学出版局、二〇〇二年、井上美沙子・林ひろみ訳）のなかでルイス・ハイドは、贈り物の循環に関する文化的見解の違いを思考実験によって説明した。たとえば、イギリスから早い時期にアメリカ大陸に移住した人物が先住民のコミュニティを訪れ、パイプを贈られたとしよう。贈られた人物はパイプをありがたく受け取り、家で誇らしげに見せびらかす。やがて先住民のメンバーの訪問を受けたとき、パイプを返してもらうことを相手が期待しているのを知って、先住民が私有財産を尊重しない姿勢を嘆く。イギリス人から見れば、受け取った贈り物はもはや循環させる必要がなく、商品としてあとから売り払ってもかまわない。贈り物を返してもらいたがる人は〝インディアンギバー〟とも呼ばれるが、これは北米先住民との交易に苦労したルイス・クラーク探検隊が、偏見にとらわれたことに由来するネガティブな造語だ。[28]ハイドの思考実験では、贈り物を溜めこみ広いコミュニティに敬意を払わない開拓者に対し、先住民のほうも不満を抱く。先住民にとって贈り物は、人間関係を維持するために回し続けるものなのだ。[29]この場合には個人的な領域と商業的な領域が、不安定な形で共存している。

一部の社会では、贈り物は地位を獲得するための正式な手段になっている。たとえば一九世紀の人類学者はポトラッチという習慣の説明に多くのページを割いた。モースもそのひとりだが、先駆者となったのはブリティッシュ・コロンビア州の先住民クワキウトル族を研究したフランツ・ボアズである(英語に由来する〝ポットラック〟という言葉と似ているが、同じではない)。ポトラッチは祭りの儀式として行なわれる贈り物の交換で、北米の太平洋岸北西部の先住民のコミュニティで古くから受け継がれてきた。誕生や結婚や葬式などの記念行事の際には、ポトラッチが企画される。しかしほとんどのポトラッチは、社会的立場を誇示することが目的で、族長が死んで後継者が発表されるときや、新しい国王の戴冠式などで行なわれる。[30]通常、新しい族長には長男が選ばれ、就任するとポトラッチでみなをもてなさなければならない。部族のなかで社会的地位の移動は限られており、世襲した地位を強化するためにポトラッチの儀式は役立つのだ。[31]

この地域の先住民のコミュニティではポトラッチが独自の形で行なわれているが、一定の類似点がある。族長と親戚、クワキウトル族の社会ではヌミマと呼ばれるグループがゲストを招き、大事な儀式の目撃者になってもらうのだ。ポトラッチは一大スペクタクルで、〝贈与する側〟の族長やヌミマは饗宴を催し、演説や歌や踊りを準備する。そして儀式の最後には、ゲストに贈り物が配られる。寛大な姿勢を誇示するだけでなく、そろそろお開きだと伝えるためだ。ポトラッチでの贈り物にはゲストの希望が反映されるわけではない。中身によって贈り主の評判が左右されるので、肉や革など価値の高いアイテムが選ばれることが多い。クワキウトル族では銅も贈り物として喜ばれ、銅板には歴代の所有者の名まえが刻まれている。何世代ものあいだに銅板は多くのポトラッチで贈り物として使われ、たくさんの人の手に渡ってきた。言うなれば、銅板には贈り物交換の歴史が印されている。[32]

実際、ポトラッチは広いコミュニティで家族をまとめ、連帯を築くために役立ってきた。その一方、集団における個人の地位やランクを確認する手段としても機能してきた。贈り物の中身はゲストのランクによって異なるので、贈り主の目から見て自分がどのような立場なのか正確に理解する目安になるのだ。地位が同じゲストはひとりもいないので、贈り物の中身を見せ合えば、自分の相対的な地位が把握できる。[33] たとえばあるポトラッチの饗宴では、アザラシの胸が最高位のゲストに、ヒレがその下のゲストに贈られ、地位の低いメンバーには質の低い部位の肉が提供された。[34]

与えられた贈り物を公の場で〝破壊する〟ことは、クワキウトル族の社会では美徳と見なされる。富を蓄積して地位を獲得していく西洋社会の発想とは対照的だ。[35] 実際、一九世紀末から二〇世紀半ばにかけて、ポトラッチは文化統一の妨げになると見なされ、カナダのインディアン法で違法とされた。富の破壊行為は、私有財産を著しく軽んじていると判断されたのである。[36] さらに分析を進めると、ポトラッチには競争の要素も含まれることがわかった。

そもそもポトラッチの贈り物は寛大な気持ちから提供されるはずだが、多くの部族で中身を競い合うようになり、前回よりも、あるいは隣の部族よりも見劣りしないよう、どんどん派手になっていった。ちょうどこの時期には、外国人を通じてもたらされた感染症などの影響で部族の人口が減少したため、コミュニティが混乱して地位に空白が生じる場合もあった。そして複数の人物が同じ地位やランクに名乗りをあげるときは、ポトラッチをうまく成功させたほうが選ばれたのである。当初は社会的地位の移動を制限するために始められたポトラッチが、組織の階段を上る手段になってしまった。[37]

やがて先住民のコミュニティが西洋の開拓者との交易を始めると、新しいアイテムが調達されるようになった。まずは時計、後にはミシンなどがポトラッチの贈り物に加えられ、それと同時に商取引の規範も導入される。新しい商品は伝統を徐々に切り崩し、ついに贈り主の評判は、贈り物の金銭的価値で決定されるようになった。地位を裏付けるのは血筋ではなく市場価値となり、銅は重さが測定され、贈り物は貨幣や市場経済のレンズを通して評価される。ポトラッチはすっかり姿を変え、市場の規範が個人的な領域に入り込んでしまった。

贈与経済は何世紀も以前に成立した社会に限られた形態ではない。今日でも贈り物の交換は公の場で行なわれ、クモの巣さながら複雑に張り巡らされた関係を維持するために役立っている。実際、ワールド・ワイド・ウェブやオンライン・プラットフォームの一部も、贈与経済によって支えられている。たとえば一九九九年にP2Pの音楽共有サービス事業として設立されたナップスター社は、音楽の消費パターンを様変わりさせた。市場で音楽を購入するのではなく、ユーザーはMP3音楽ファイルのコレクションを共有または贈与し合う。誰かのところから楽曲をダウンロードしたら、それはコレクションに新たに加えられ、今度はそれをほかの誰かがダウンロードする。共有するときに楽曲を手離すわけではないが、受け取る側にとっては贈り物も同然だ。楽曲は何度も贈与され続け、クラと同じように移動が絶えない。ただしナップスターの贈与経済は循環するのではなく、根を張り巡らせていく構造で、ユーザーが世界中に広がっていく[38]。ある研究者がナップスターのユーザーの動機について理解するためにインタビューを行なった。するとユーザーからは、ナップスターの「コミュニティは音楽を共有することや贈与することができるから、連帯感が生まれる」という答えが返ってきた[39]。音楽をダウンロードする習慣を非難する人たちもいたが、音楽コレクションの共有については悪く言わなかった。「共有できないならば、利益を得るべきではない」というユーザーもいる[40]。言うなればナップスターのユーザーは、モースやマリノフスキーが研究した社会と同様の基準や義務を考案した。しかし、ナップスターのユーザーは市場から音楽を盗み出し、それをコミュニティの仲間と無料で共有しているという発想から、海賊行為に等しいと考える人たちが多いのも事実だった。結局は訴訟を起こされ、裁判所命令によりナップスターは解散させられる。このケースでは、個人的な領域で財産を広く共有することを優先させたおかげで、市場経済の生産者が犠牲になってしまった。製作者への金銭的な見返りはいっさい考慮されないまま、貴重な知的財産が世界中で共有されたのである。

これとは逆に、商業的な領域が個人的な領域の恩恵をこうむる場合もある。たとえばオンラインのクラウドファンディング・プラットフォームのキックスターターを利用すれば、誰でも芸術プロジェクトにお金を寄付することができる。アーティストが短いビデオを作成して自分のビジョンを説明すると、しばしば資金調達で驚くほどの成果が上がる。あるミュージシャンは一〇〇万ドルの調達を目指し、一〇〇万ドルを集めた。四〇万ドルを目標にして、三〇〇万ドル以上を集めたゲームデザイナーもいる。このプラットフォームで調達された金額は、全部で八億ドル以上にのぼる。[41] 資金調達が成功すると、キックスターターはかならず謝礼を受け取る。市場の仲介者のように、贈与経済で流通するお金から利益を確保するのだ。

キックスターターの台頭に驚く人は、贈与経済の普及しやすさ、人を惹きつける力、相手に与える義務感を思い出してほしい。[42] アーティストの友人から寄付を頼まれたら、何とかしてあげようと思うのが人情ではないか。寄付をしても経済的に大きな利益が得られるわけではないが、アーティストとの関係が維持されることになり、その結果、音楽が継続的にアップデートされるなど芸術面でのお返しを受ける。アルバムが無料で提供されたり、楽曲を捧げてくれたりと、時にはささやかな贈り物をもらえるかもしれない。

いま紹介した事例においては、贈り物の移動を支えるのは義務感を伴う感謝の気持ちで、社会学者のゲオルク・ジンメルはこれを〝人類の道徳的記憶〟と呼んでいる。[43] 贈り物を受け取った人が感謝の気持ちから義務感を抱き、それが記憶として残っていく。暖かく寛大な心で感謝するのは事実だが、強い力に動かされているのもまた事実である。〝感謝しなければいけない〟という思いが高じ、お返しが義務になるのだ。[44] そうなると、贈る側と贈られる側のあいだには道徳的な結びつきが生まれる。贈り物にリボンをかけてきれいに結ぶ習慣は、この事実を象徴している。[45]ただし、感謝に伴う義務感はある程度までしか機能しない。グループが大きくなりすぎると、贈り物の交換が人間関係にどんな影響をおよぼすのか、恩のやりとりから成り立つネットワークで自分はどんな立場なのか、いちいち記憶できなくなってしまう。感謝するためには記憶していることが必要で、それでこそ、贈る側と贈られる側貸し借りのバランスは回復される。

もっと大雑把な見方もある。少し前にあなたとミリアムの恩のやりとりが、個人的な意味と社会的な意味のどちらに該当するかを考えた。彼女の親切な行為を銀行預金やクレジットシステムと同様に見なすこともできる。ふたりの人間関係を記録する口座で彼女のほうは残高を増やし、あなたのほうは借方勘定が増える。実際に私たちは会話のなかで、銀行の口座や負債の残高を確認しているような言葉さえ使う。人間関係を表現するため、借金に関わる比喩が使われるケースはめずらしくない。あなたには借りがある、あなたには借りを返さなければ、彼には代償を支払ってもらうといった具合に。[46]そんなときは、信用制度の観点から考えているかもしれない。著名な言語学者によれば、比喩は巧みな自己表現というだけでなく、私たちの思考の形成にも役立っているという。[47]実際、恩を与えた相手や恩を受けた相手について頭のなかできちんと記憶している人は多く、なかには実際に書き留めておく事例も見られる。たとえばJ・P・モルガンのCEOのジェームズ・ダイモンは、〝自分に何らかの借りがある人物〟をリストに書き出し、スーツのポケットにしのばせているという。[48]市場経済で個人と取引する際には摩擦が生じるものだが、贈り物などで信用を供与しておけば、それを最小限に抑えられる。相手があなたに対して借りを持っていれば、取引に伴うコストは少なくなる。市場経済の車輪に潤滑油を塗るために、贈与経済が果たす役割は大きい。実際、ウォール・ストリートのある大物はその事実を認め、恩を売るチャンスはないかと常に警戒を怠らず、〝単なるおしゃべり〟にも気を抜かない。

ジョージ・W・ブッシュは二〇〇四年に大統領に再選されると、淡々とした口調でこう語った。「私は今回の選挙で資本を獲得しました。政治的資本です。これからはそれを使っていくつもりです」[49]。この発言は単に気の利いた比喩というだけでなく、彼の思考や二期目の政策目標を知るための手がかりにもなる。〝政治的〟資本という比喩は〝社会的〟資本と同様に恩義を表現している。どちらも〝資本〟という言葉を使っているが、何かを具体的な形の財産として所有するわけではない[50]。現金に換えられないし、お金のようにほかの通貨と交換することもできない。義務感を介して相手とのあいだに成立した関係のなかに、価値は組み込まれている。もしも相手が義務から逃げ出せば、あなたがせっかく創造した信用は価値を失ってしまう。社会的恩義に基づいた合意には、最低でも二人の関与が欠かせない。ひとりではタンゴを踊れないのと同じだ。要するに、このような社会的恩義——少なくともいま紹介した事例に関して——は、厳密には〝所有〟できるわけではない。結局、手に入れたものは与えるべきだという発想に立ち返る必要がある。社会的資本の価値は、与えてこそ認められる。贈り物にはお返しをして、循環を繰り返さなければいけない。

ただし、社会的な負債に絶えず気を配っていると、不安に付きまとわれる。そもそも、正しい形で相手に贈り物のお返しをするのは容易ではない。ある研究では、贈り物を提供することに伴う不安の原因がいくつも明らかにされた。相手と親しくない場合は、どんな人物で何を好むかわからない。逆に好みのうるさい相手には何を選べば喜ばれるか悩むなど、原因は広い範囲におよぶ。[51]たとえば、新しいボーイフレンドやガールフレンドにふさわしい贈り物を見つけるのも、決して簡単ではない。あまりにも安い贈り物だと、自分を犠牲にする精神のないケチな人間に思われてしまう。逆に高価なものを贈ると、相手から距離を置かれるリスクが発生する。真剣な交際を願う気持ちが早い段階で露骨に表現されるからだ。さらに、社会的な債務を相手に押しつけるという発想そのものが不安材料になりかねない。なぜなら権力が相手に移行するからだ。そして、相手が贈り物を拒む可能性も考えられる。交際中のカップルのあいだで贈り物の交換が果たす役割を調査した結果からは、男性からディナーをおごられるのを女性はいやがり、〝割り勘〟にして自己負担するほうを好む傾向が明らかになった。この場合の贈り物は、相手の気を惹くための手段というだけでなく、人間関係を支配するための手段として解釈される。

なかには贈り物の交換に伴う不安が原因で、贈与経済から市場経済のほうへ、移行する可能性も考えられる。そうすれば匿名性が守られ、しがらみから解放されるからだ。たとえばカナダのモントリオールでは引っ越しの際、友人に手伝ってもらう代わりに引っ越し業者に頼むケースが増えてきた。かねてよりモントリオールでは、人口の多い労働者階級が引っ越しを頻繁に繰り返さなければならなかった。ほとんどの住居は賃貸契約が一年間で、しかも開始時期が夏なので、そうなると引っ越しはいっせいに行なわれる。最近では、モントリオールでの引っ越しはちょっとした趣味や文化の一部にもなっている。たとえばカナダのビール醸造会社ラバットは、引っ越しを繰り返す住民をテーマにした広告を制作した。ロベール・シャルルボアの有名な歌には「出て行くの、それともとどまるの」という歌詞があり、移動を好む文化を連想させる雰囲気が漂っている。[52] 引っ越しは労働集約型の行為なので、贈与経済に頼り、当日は家族や友人に手伝いを頼むのが習慣になってきた。ある人物は、協力関係に基づいた贈与経済をつぎのように賞賛している。「今回引っ越しを手伝ってくれた人たちは、私が過去に引っ越しを手伝ったことがある……何て素晴らしい！ まわりにいるのは親切な人たちばかり。ひとりで途方に暮れる心配もない」[53]。しかし、贈与経済での交換行為は常にスムーズに運ぶわけではない。もしも家族や友人が現れなければ、相手に対する信頼は失われ、協力を渋られて侮辱を感じるかもしれない。なかには引っ越しに煩わしさを感じる人たちもいる。家族や友人に手伝ってもらうと、恩を受けた相手に対する義務が発生するからだ。たとえば四九歳の建築家のミラはつぎのように語る。「［従兄弟に］ペンキ塗りの仕事を任せるのは面倒くさい。相手は市場価格を請求しないのだから……義務感に束縛されるのは好きじゃない。お返しが負担になってしまう」[54]。贈与経済を逃れて市場経済に移行する傾向は、社会的な恩義を回避したい気持ちの強さの現れとも言える。

## あなたの恩を忘れない

私は今回、世界各地に足を運んで調査を行なったが、最も興味深くてユニークな贈与経済は日本のものだった。贈り物が常に行き交い、感謝と不安のあいだで感情がシーソーのように揺れ動くことは無論、品物を選んで贈るまでのプロセスには、慎重かつ細やかな配慮が行き届いている。そんな日本の贈り物交換の実態を探れば、社会的な恩義や感謝という複雑なアイデアの解明に役立つだろう。

二〇世紀半ば、人類学者のルース・ベネディクトは恩義に関する日本人の解釈、いわゆる恩と義理について詳しく研究した。恩を最も広義に解釈すれば義理となる。上司や両親から課せられる社会的負担と言ってもよい。たとえば昇進やボーナスといった形で上司から利益を受け取った労働者は、上司から恩を受けたことになる。恩を忘れないためには相手に感謝の気持ちを抱き続け、最終的にはお返しをしなければならない。

恩に伴う煩わしさから、他人との関わりをいやがる人は多い。たとえば知らない人が親切にビールやタバコをおごろうとしても、そんなさりげない厚意を拒んでしまう。今日でも、お土産を買ってくる面倒を回避するため、友人に内緒で海外旅行に出かける人たちがいる。[55]

ベネディクトによれば、日本人のあいだでは感謝の気持ちを表現する方法がいくつもあり、たとえばそのひとつありがとうは、文字通り解釈するなら〝これはあり難い事柄です〟という意味になる。[56] 感謝するときにもうひとつよく使われる言葉がすみませんで、こちらのほうには弁解的な意味が込められ、文字通りの意味は〝ごめんなさい〟〝これで終わりにはしません〟となる。このように日本では義務感が根強く、お返しにきりがないようにみえる。[57]

恩を返すプロセスは長くて複雑だ。両親に正しく恩を返すための方法は、自分が子どもを持って同じ立場になるまでわからないと言われる。たとえば子どもを慈しんで育てれば、自分が子どものとき愛情を注いでくれた親に対して恩を返すことができる。第二次世界大戦中、多くの日本人は天皇から恩を受けていることを知っていた。酒からタバコまで様々な贈り物が兵士にはふるまわれたが、いずれも天皇から受けた恩として解釈された。神風特攻隊で命を落とすのは、天皇の恩に対するお返しだったのである。[58]

ベネディクトによれば、お返しにはふたつのタイプがある。ひとつは義務で、この場合には自分が受けた恩を完全には返せない。たとえば、自分を産んでくれた親に対する恩がこれに該当する。もうひとつは義理で、この場合には受けた恩と同程度の恩を返す。[59]さらに義理には二種類あって、ひとつは仲間や親族など世間に対する義理、そしてもうひとつは体面や評判や名声を守るための、言うなれば自分に対する義理となる。義理の影響は、親族関係を表す名称にも組み込まれている。たとえば日本では〝法律上の父親〟ではなく、〝義理の父親〟という表現が使われる。[60]義理を欠くと、恩の返し方を知らない非常識な人間の烙印を押され、評判や〝信用〟を損なうリスクが発生する。ちなみに義理はバレンタインの贈り物にも仮面をかぶって登場する。義理チョコすなわち〝義理のチョコレート〟は、恋愛関係のない男性に女性から贈られるチョコレートを指す言葉だ。ある調査によれば、自分を日頃助けてくれる男性に贈り物をして恩を返す女性は八四パーセントにのぼるが、気がある男性にプレゼントする女性は二八パーセントにすぎない。[61]そしてバレンタインが終わって三月一四日になると、今度は立場が逆転し、男性が女性に対してホワイトチョコレートでお返しをする。

自分が不幸に見舞われたときにもお返しは期待される。私のアメリカ人の友人は、日本に滞在中に母親を亡くした。このとき出勤すると、お香典袋と呼ばれる封筒が山のように届けられていた。会社の同僚がお悔やみのため、現金を集めたのだ。そしてこの場合、正しい形式に従うならば、贈られたお金の半分を使い、ハンカチなどのお返しを購入しなければならない。半返し、すなわち〝半分返す〟ことが習慣になっている。

人類学者のカテリーヌ・ラップはベネディクトを受け継ぎ、日本の芸術的とも言える贈り物交換の形式について研究を掘り下げた。その結果、すべての日本人が儀式的な贈り物交換を行なうわけではないが、注目すべきパターンが存在することを確認した。日本人の贈与経済は現実のビジネスにまで影響をおよぼしているのだ。その証拠に、多くの百貨店は夏の中元と冬の歳暮の二回の贈答シーズンに年間売り上げの六〇パーセントを記録する。どの店舗も歳暮のキャンペーンを早い時期から始め、需要の増加に備えてスタッフを雇う。アメリカのクリスマスのギフトシーズンと同じだ。ちょうどこの時期には最低でも月給二カ月分のボーナスが支給されるので、人びとの財布の中身は潤っている。[62]

このような贈答シーズンの起源は中国にあり、おそらく先祖への感謝を示す機会として、仏教の伝統になったものと思われる。一九世紀に日本が明治維新で生まれ変わると、政府は国民の価値観を統一する目的で廃仏毀釈の政策を推し進めた。その結果、贈答からは仏教色が失われ、親や先祖を敬う機会、あるいは日頃受けている恩を返す機会として定着していく。今日の若い世代はさらに発想が斬新で、時期の近い歳暮とクリスマスを一緒に済ませてしまう。[63]

日本では、贈り物にきれいなリボンを使うだけでなく、包装の仕方によっても感謝の気持ちを伝える。贈与経済では細かい部分まで気配りが徹底しているのだ。たとえば結婚式や葬式など二度とあってはならない冠婚葬祭においては、贈り物のリボンは結びきりというユニークな方法で結ばれる。これは〝しっかり結ぶ〟という意味で、実際、簡単にほどくことができない。[64]これに対して誕生日や卒業や出産の祝いでは、リボンは〝蝶の姿に似た〟蝶結びで結ばなければならない。これなら簡単にほどけるので、おめでたい出来事が繰り返されますようにという願いが込められている。[65]葬式の贈り物で蝶結びが禁じられるのは、不幸が繰り返されては困るからだ。同様に結婚式はおめでたい出来事ではあるが、何度も繰り返されては困るので蝶結びが使われない。

贈り物に老舗百貨店の包装紙が使われていれば、選ぶために時間とお金をつぎ込んだことが相手に伝わる。実際、老舗百貨店は品質を管理して自分たちの評判を守るため、贈り物の包装をほかの業者にまかせたりしない。大抵は包装紙に店のブランドと所在地が印刷されており、贈り物を受け取った人はどこで購入されたものかすぐにわかる。そして新しく雇われたアルバイトは、正しい包装の仕方について何日間も研修を受ける。[66]こうして丁寧に包装された贈り物が届けられたら、受け取った人はそれを注意深く慎重に開く。冠婚葬祭のときに包む金額は偶数ではなく奇数がよいとされるのも、ユニークな文化習慣の事例だろう。偶数は数字的に割り切れるので、別れにつながるという理由で敬遠されるのだ。そして、結婚のお祝い金を包むのし袋の右上に描かれている折のしは、縁起物のあわびを模してデザインされている。このように日本では、贈り物を提供して社会的債務を成立させるプロセスが細かい手順を踏んで進行していく。実際には存在しないが、贈与経済は正式な会計制度の存在を前提にして成り立っているかのような印象を受ける。価格が設定されていないだけだ。

## 市場という荒野へ

義務をお金に換算すれば、市場経済ではお馴染みの債務となる。家を購入するための住宅ローン、リフォームのための銀行の融資など様々だ。実際、債務は文明が誕生した時点から存在しており、利息付きの融資は硬貨の発明より何千年も早く始まっている。

紀元前五〇〇〇年頃、今日の中東に該当する地域では、様々なタイプの債務の手段が登場した。一般的だったのは利息のつかない友好的な融資で、これは贈り物と似ている。価格はつけられなかったが、それでも返済の義務は存在していた。いわゆる利息付きの融資は農業の誕生と共に始まった。種子、ナッツ、オリーブ、穀物、牛などを必要とする農民が借り受け、余剰収穫物という利息付きで返済した。[67] ただし農産物による融資は困難を伴った。天候は予測不能なので、せっかく融資を受けても利益を得られる保証がなかったのである。[68]

文明が定着すると、融資の必要性は高まっていった。危機に対処できるようにするための、利息なしの短期間の融資は特に家族間で存続していたが、このような融資はむしろ贈与に近かった。古代社会における利息付きの融資の重要性を知るため、ここではウル第三王朝について考えてみよう。

紀元前二一〇〇年頃にアッカド王朝が衰退すると、今日のイラク南部に当たるウルという都市に王朝が誕生し、一〇四年間続いた。この時代は〝シュメール・ルネサンス〟として知られる。[69]指導者は、天井が傾斜したレンガ造りの建物など、高度な建造物を都市に取り入れるだけでなく、人びとが職場まで歩いていけるように歩道も建設した。現存する文書からは、文学、言語、宗教、商業の発展した豊かな社会だったことがわかる。

この時代の多くの文書には、トゥーラム・イリという商人についての記述が残されている。トゥーラム・イリに関する古文書は五九枚の粘土板で構成され、現在ではイェール大学が所蔵しているが、文書の二〇パーセント近くは融資についての記録が占めている。トゥーラム・イリは「ugula dam-gàr」すなわち「商人の監督」だったと記されている。[70]要するに、商品の売買や信用供与を手がけて斡旋人のように活動し、支払いや商品の移動が滞らないよう、ほかの商人たちと共に融資を提供していた。どんな経済にとってもこれは必要な機能だ。商人にかぎらず様々な階級を相手にした貸付業は、商売として魅力があった。利子付きの融資から得られる収入を使えば、土地や動物や奴隷を新たに調達することができたからだ。[71]当時すでに、金が金を生む仕組みが出来上がっていた。

この時代、融資に伴って発生する利子の支払い方法は様々だった。なかには労役の形で利子の返済を求められるときもあった。銀で融資が行なわれるときは熟練労働者を提供し、大麦の場合は農作業に必要な労働者を利子として差し出す。一方、歴史家のスティーブン・ガーフィンクルによれば、労働力の提供を伴わない利子の返済もあり、これは〝生産的な〟タイプと〝消耗的な〟タイプのふたつに分類される。生産的な融資の場合は商人や組織から銀が提供され、家屋の改築など債務者の生活環境を改善するために使われた。これに対し、消耗的な融資では大麦などが提供され、債務者は収穫まで飢えずに暮らすことができた。[72]どちらの形でも融資を行なえば、労働者は債権者への依存度を強めるので、当時の階層社会では地位の向上にも役立った。

ガーフィンクルによれば、当時の社会で信用供与は〝不可欠な機能〟だったという。生活の苦しい農民から裕福な個人まで、ほとんどの人が融資に頼っていた。[73]金持ちは高い生活費を支えるために、あるいはほかの人に高利で貸し出すための元金を確保するために融資を受けたと考えられる。債権者になるのは富豪やトゥーラム・イリのような商人、あるいは大きな組織だった。

神殿、宮殿、総督や役人の一族が、シュメールの社会では大きな組織と見なされ、時には銀行のように債権者として活動した。[74]彼らは税や手数料を穀物や動物や銀の形で徴収するだけでなく、国王から与えられた土地や戦争で勝ち取った土地を元手に収入を増やした。さらに、様々なアイテムを交換できるものとできないものに分類し、交換レートを公表し、貿易の基盤を築いた。そして機関融資家として、利子付きの〝消耗的な〟融資を個人に提供し、収穫の季節までの生活を援助することもあった。債権者のリストには、正義の神シャマシュの名まえもしばしば登場する。[75] ほかには債務者の名まえ、元本の額、立会人の名まえ、融資の始まった年、債務者の印章がリストには記されている。当時は読み書きのできる人がほとんどいなかったので、融資の契約は口頭で合意された。[76] 債権者は債務者の印章が押された契約書を返済されるまで保管し、返済が終了すると、記録は破棄されるのが普通だった。

ほとんどの債権者は元本に利子を付けて返済してもらうほうを好むが、時として、債務者が融資を返済できなくなる事態も発生した。その場合に自己破産を宣言する選択肢はなく、返済の代わりとなる手段が工夫されていた。たとえば銀の融資を返済できないときは、家畜や食べものを提供した。シュメール語では利子に maš という単語が使われるが、これは〝子牛〟を意味する。そこからも、支払いが家畜で行なわれていたことが推測される。[77] なかには利子の支払いを回避するため、妻や息子を手放す事例もあった。[78] そして債務残高が社会不安を引き起こしかねないレベルまで膨らむと、即位などの機会を利用して国王が介入し、農業に関する債務をすべて白紙撤回するときもあった。[79]

このような負債の恩赦は現代社会でも見られる。たとえばつい最近まで、フランスの大統領にとって就任後の最初の仕事はすべての駐車違反切符を無効にすることだった。[80]

メソポタミアでは、利子の割合は融資のタイプによって様々だった。たとえば季節ごとに変動のある大麦での融資は、銀での融資よりも利子が高く、銀なら元本の五分の一のところ、大麦では元本の三分の一に設定された。[81]これらのレートについてはハンムラビ法典に記されている。ハンムラビ法典はバビロニア国王の名まえにちなんだ名称で、一種の法令集として発布された。ただし、それが常に忠実に守られたわけではなく、ガーフィンクルの指摘によれば、〝国王のプロパガンダ〟として利用された可能性が高い。[82]一方、神殿は現代の中央銀行のように機能するときもあり、債務者の負担を軽減するために利息を引き下げることもあった。

経済に関する記録を見るかぎり、古代文明において利子の割合は時代を下るにしたがって低くなった。メソポタミアでは二〇パーセント、ギリシャでは一〇パーセント、ローマでは八パーセント強だった。利子が下がったのは市場が効率化され、貸出のリスクが少なくなった証拠であり、後の文明ほど生産性が向上して開発が進んだ事実を反映しているとも考えられる。[83]しかしバビロニア経済の専門家であるマイケル・ハドソンは、利子は経済状態よりはむしろ、数学的根拠に基づいて決められたと推測している。[84]たとえばメソポタミアでは、利子を含めてほとんどの支払いが重さによって測定された。したがって、単分数や切りのいい数を使うほうが便利だったという。シュメール人は六〇進法を採用しており、六〇がすべての数字の基準になっていた。[85]今日でさえ、秒や分を数えるときには六〇が基準になっている。六〇は簡単に割り切れるので、利子の計算にこれを使えば便利だったのは事実だ。たとえば銀を数える際の単位ミナは、六〇シェケルに等しい。したがって典型的なケースでは、一ミナの融資にひと月につき一シェケルの利子が付けられる。一年に換算すると利子は一ミナの六〇分の一二、すなわち年率二〇パーセントになる。今日でも使い勝手のよさがひとつの理由になって、一部の貸付金には一年を三六〇日と見なす六〇進法が採用されているほどだ。一方、古代ギリシャでは一〇進法、古代ローマでは一二進法に基づいて計算が行なわれた。そのためギリシャでは利息が元本の一〇分の一、すなわち一〇パーセント、ローマでは元本の一二分の一、すなわち八パーセント強に設定されたとも考えられる。[86]

このように、大昔からほとんどすべての人が信用供与を必要としていた。古代においても現代においても、利子付きの融資は経済の機能にとって不可欠な存在である。

## 邪悪な絆

ラジュは新しい仕事にありついたと思い、祖国のミャンマーからタイへ出稼ぎに行った。ところが斡旋者から〝仲介手数料〟を請求され、支払う余裕がなかったので相手から借金する形を選んだ。最終的に収入を確保すれば返済は可能だと判断したのである。ところがそれから、タイの漁船で長時間、劣悪な環境で強制労働に従事させられた。逃亡を企てた仲間についてラジュはこう語った。「そいつは柱に縛りつけられ……体に電気を流されタバコの火で拷問された挙句……頭を撃ち抜かれて殺された」[87]。ラジュは勇気を出して海に飛び込み、安全な場所まで泳ぎ切り、生還してからこの話をみなに伝えた。これは昔話ではない。人身売買に関して米国国務省が二〇一二年に発表した報告書のなかで詳しく紹介されている。こうした逸話からは、借金が地位の強化に役立つだけでなく、抑圧の手段になるケースがあまりにも多い現実が浮かび上がってくる。借金を返す能力がないと、悲惨な状況に陥って自由を奪われてしまう。借金は人を支配する手段にもなるのだ。

社会的債務においては、どの程度ならお返しとして認められるのか見極めるのが難しい。具体的な価格がつけられないと、贈り物の価値には解釈や推測の余地が大きく残されてしまう。これに対して商業経済では、貸し借りについて推測する必要がない。正確な価格が設定されているからだ。負債に名目貨幣の価値が付与されれば、誰でも自分の置かれた立場を正確に理解できる。しかし反面、返済できない人には言い逃れの余地がなくなる。負債契約のもとでは、社会的債務においては考えられないようなことが債務者に対して要求される。借金を支払うために、医者に行くな、妻を売り飛ばせ、奴隷として働けと命じられるのだ。

人類学者のアラン・テスタルは、借金による束縛の様々なタイプを大きくふたつに分類している。（1）奴隷。支払い不能の債務者が権利や市民権を失い、基本的に追放された身分になる。自由を獲得するチャンスはない。（2）人質。強制労働によって債務者が債権者に奉仕する。かならずというわけではないが、借金が返済されると最後は債務者の自由が回復される。[88]どちらの場合も債務者は自由を奪われ、人質が奴隷に変化するケースもめずらしくない。借金に高い利子が付けられているだけでなく、食費や薬代が借金の残高に加算されるからだ。

古代メソポタミアでは、人質は残酷な習慣だった。グレーバーの研究からは、男性が妻を売り飛ばす行為は禁じられていたことがわかっている。しかしハンムラビ法典には、支払い不能な債務者とその家族や奴隷を債権者が人質にとり、強制労働させてもかまわないと銘記されている。負債契約のもとでは債務者は人間として扱われず、債務を清算するためのモノや商品として見なされ、その結果、家族の領域が商業の領域に歪められてしまう[89]。そうなると、体面を守って信用を維持するためには、どんなもの、どんな人でも犠牲にしてかまわないと見なされる[90]。評判を傷つけないことは贈与経済においても大切だが、商業経済のほうが概して罰則は厳しい。贈与経済では、債務者を冷酷に扱えば評判を落としてしまう。これに対して市場経済では、どの時代の債権者も残酷な手段に訴えることができた。

ハンムラビ法典では借り手を保護する方法がいくつか紹介されている。たとえば債務者は、奴隷労働を三年間行なうと解放される。そして奴隷労働のあいだに虐待が原因で死亡した場合には、債権者は罰として息子の命を奪われる[91]。歴史を振り返ってみても、債務者の保護に努めた指導者は多い。たとえば紀元前六〇〇年頃のアテネでは、人質や奴隷による強制労働が蔓延し、市民革命の勃発が現実味を帯びていた。そこでアテネの支配者ソロンは負債を帳消しにして、債務返済のための奴隷労働を廃止した（ただしすべての形態の強制労働が対象だったわけではない）[92]。古代の専制君主の例に漏れず、膨らみすぎた債務が招く悲惨な結末を理解していたのである。債権者があまりにも優遇されると、社会全体が崩壊する恐れもある。債務者を守れば、ひいては債権者も守られるのだ。結局のところ一点にこだわりすぎると、すべてが台無しになってしまう。

債務者の拘束は古代においてもめずらしい習慣ではなかった。ローマ帝国では、債務を返済できない相手を債権者が逮捕して、法廷に引き出すことができた。有罪になった債務者は個人所有の拘置所に収監され、六〇日後から奴隷として強制労働に携わるか、あるいは命を奪われる可能性もあった。滅多にはないが、債権者は債務の状況に応じて相手の体の一部を切断する行為も許された[93]。しかしギリシャやバビロニアの指導者と同様、ローマの支配者も債務者を保護することの重要性を認識していた。そこで公共の拘置所を導入し、返済に四カ月の猶予期間を設け、最終的には債務による収監を全廃した。

しかしほかの場所では、債務による収監は継続された。一八世紀のイギリスでは、大勢の債務者がロンドンのフリート刑務所やマーシャルシー刑務所に収監され、そのなかの様子については チャールズ・ディケンズが作品のなかで言及している。たとえばある人物は一年間にわたって商売がふるわず、フリート刑務所に送り込まれた。彼は部屋から寒い戸外に引きずり出され、丈夫ではない体を打ちのめされ、看守から剣で傷つけられた。翌日には足に焼きごてを当てられて拷問される。法廷の場で残酷な罰について抗議したいと訴えるが、逆に地下牢へ連れて行かれ、三週間休みなく焼きごてで痛めつけられた。その結果、視力をほとんど失ってしまう。このような非人道的なエピソードがいくつも続いた後、一八六九年にようやく議会で債務者救済法が制定され、債務による収監は禁止された[94]。イギリスからアメリカに渡った人たちの多くは債務者で、債権者の手の届かない場所へ逃げることが目的だった。しかし植民地アメリカにも債務者専用刑務所は存在しており、入植者に共通する不満の種だった。[95]ペンシルヴェニア市を建設したウィリアム・ペンも、独立戦争で財務官として活躍したロバート・モリスも、どちらもここで過ごした経験があった。実のところ私の出身地のジョージア州は、債務者にとっての安全な避難場所として始まった。ジョージア植民地を創設したジェイムズ・オグルソープは、債務者の投獄に強く反対していた。友人が収監中に疱瘡《ほうそう》で命を落としたからだ。彼はジョージア・ソサエティという債務者のための避難所を設立し、それが最終的には国王ジョージ二世の勅許を受け、そこからジョージア植民地が始まったのである。このように債務者の収監を根絶するための努力は続けられたが、根強く存続した。一八三〇年には、一万人以上がニューヨークの債務者専用刑務所で服役している。債務と言っても、金額はほとんどの場合が微々たるものだった。たとえばフィラデルフィアでは、一ドル程度の未払いで三〇人の債務者が収監された。[96]凶悪犯罪を引き起こした囚人と比べ、債務を返済できずに収監された囚人の人数は五倍も多かった。最終的に一八三三年までに、連邦政府は債務者専用刑務所の実態に気づき、廃止に追い込んだ。[97]

借金による束縛や投獄を国が支援する事例は著しく減少した。しかし米国国務省によれば、先ほど紹介したラジュのように借金を返せず過酷な労働を強制され、困難な状況に追い込まれる債務者は南アジアにかぎらず、世界各地に何百万人も存在するという。時には、死んだ先祖の債務を返済するために働かされているケースもある。[98]

しかも、債務の負の側面は新興国に限定されない。何とアメリカでも、未だに複数の州が債務者の収監を認めており、二〇一〇年以降でも五〇〇〇件以上の逮捕状が発行されている。[99] 二〇一一年には、借金の未払いだけを理由に複数の市民が投獄された。世界的な金融危機の最中、債権取り立て業者が強硬な手段に訴えたのだ。ある女性は医療費の未払い分七三〇ドルについて法廷で証言するよう命じられるが、途中で車のマフラーに不具合が生じ、出廷できず逮捕されてしまう。取り立て業者から訴訟を起こされていた事実さえ知らなかった。[100] 借金はますます複雑になる一方で手続きが簡単になっているが、ハンムラビ法典の時代よりもさらに昔から今日に至るまで、借金には一貫して暗い影がまとわりついている。

## 心から物質へ

本書の第1部は、第2部の知的土台になっている。第1部ではまず、お金について進化の面から考察した結果、交換はすべての生物にとって欠かせない行為であることがわかった。当初、交換の対象にされたのは食べものだった。生き残りという進化の目的に適っていたからだ。しかし人間が表象的思考能力を手に入れると、耐久性のあるモノが交換されるようになった。第4章はこの考え方の延長線上にあり、商品としてのお金に焦点を当てていく。

しかし本章でお金を人類学の面から研究した結果からは、債務こそ私たちの主要通貨である可能性が浮かび上がった。すべての取引がその場で完了するわけではない。私たちはお互いに恩恵を施し合い、誰に借りがあるかを忘れない。実際、債務は硬貨が発明される何千年も前から存在していた。そうなると、お金はかならずしも有形の商品である必要はない。固有の価値を伴わなくても、象徴としての価値があれば取引は可能だ。第5章はこの考え方の延長線上にある。そして、政府などの発行機関が決定した価値を象徴する存在として、お金に焦点を当てていく。

お金を理解するためにはアイデアのルーツを把握することが先決だ。そこで私はガラパゴスからトロブリアンド諸島まで、世界各地にヒントを求めた。お金を使うのは遺伝子の影響なのか、脳神経を刺激するからなのか、それとも文化的背景があるからなのか。いずれにせよ、なぜ人間が交換行為に積極的なのか、答えは簡単に見つからない。しかしそろそろ、なぜという疑問から何がという疑問に移らなければならない。ここからは、いわばお金の精神から身体へと目を移し、外見やそれが与える印象について考察していく。ただし、お金はどのように形を変えようとも、一貫して価値の象徴であり続けている。

# 第2部 身体

## お金の物質的形態

# 第4章

## ハードな手ごたえ　ハードマネーの簡単な歴史

金《きん》には抗えない。

——ゲーテ[1]

固有の価値を備え、人生の目的に応用しやすいもの、たとえば鉄や銀などを商取引で使うことに、どの人間も異存はなかった。

——アリストテレス[2]

金貨を所有することは、商品を所有することよりも間違いなく好ましい。

——シルビオ・ゲゼル[3]

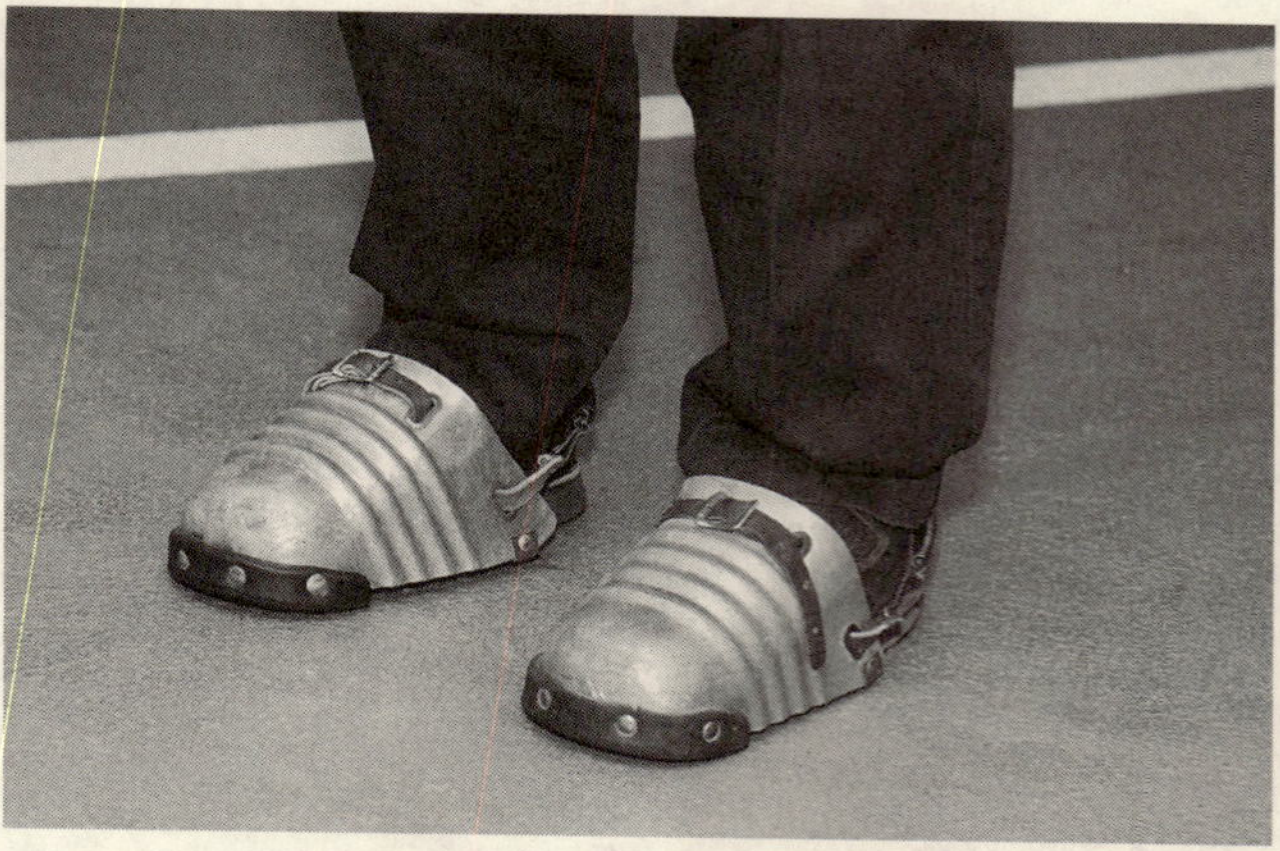

ニューヨーク連邦準備銀行の保管室内の職員。金の延べ棒を移動する際には、このようなマグネシウム製のサンダルを靴の上から履かなければいけない。

私が子どもの頃、遊び場で誰かからこう言われた。地面をずっと掘ってごらん、最後は中国にたどり着くよ。もちろんこれはでたらめだが、あながち的外れとは言えない。私の暮らすニューヨーク市の地下に潜っていくと、実際に金《きん》を掘り当てる可能性がある。

地下二六メートル。マンハッタン島の岩盤をくり抜いて作られた金庫の九〇トンの扉の向こうに、ニューヨーク連邦準備銀行は金の延べ棒を保管している。その量は、世界のどこよりも多い。合わせて五三万本の金の延べ棒の総重量は六七〇〇トンにもおよぶ[4]。私は何年も前にこの金の延べ棒の存在について知ったが、それでも素直には信じられなかった。だって、本当に金の延べ棒なんてあるのだろうか。テロリストの標的にされるかもしれない都市に、なぜわざわざ金を保管するのか。そもそも、こんな原始的で時代遅れの金属を、大量に溜めこむ必要があるのだろうか。疑問はつぎつぎとわき上がってくる。そこで答えを探すため、私は一般者見学ツアーに申し込み、地下鉄４号線に飛び乗ってウォール・ストリート駅に向かった。

ニューヨーク連邦準備銀行は大きくて、一瞥するだけでは全体を見渡せない。ルネサンス期の宮殿様式の影響を受けた二二階建ての建物は石造りで、どっしりした黒い鉄の門と共に、権力と威信の象徴としての雰囲気を漂わせている。ただし高層ビル群に埋没している印象は否めない。敷地に入ると、自動小銃を手にした守衛が待ち受けており、リストで私の名まえをチェックする。それから金属探知機を通ると、ツアーガイドに出迎えられた。ネイビーのピンストライプのスーツにオーシャンブルーのネクタイを締め、なかなかおしゃれだ。このガイドに誘導され、混雑したエレベーターに乗り込んで保管室へと向かった。いくつもの小部屋やツーリスト用の展示室の前を通り過ぎると、ようやく目当てのものを見つけた。それはあざやかな黄色で、ずっしりと重たい。そう、ここには金の延べ棒が大量に保管されている。サッカー場の半分ほどのスペースにはライトブルーの箱がいくつか置かれ、そのなかに延べ棒は詰め込まれている。ぎっしり重ねられた金属からは、ムッとしたにおいが漂ってくるようだ。長方形の延べ棒は縦およそ一八センチメートル、横およそ七・五センチメートルで、厚みはほぼ五センチメートル。一九八六年以降に作られたものは台形をしている。一本の重さはおよそ一三キログラムのはずだが、密度が濃くて倍ぐらいの重さに感じられる。どの延べ棒も純度と識別番号が刻まれており、重さを量るために大きな秤が室内に置かれている。年代物だが、一〇〇分の一オンスという小さな単位から二九〇キログラムという大きな単位まで正確に測定することができる。これらの金の延べ棒はただ保管されているだけではない。必要とあればこの秤で重さを量ってから、ほかの場所へ移動させる。移動の際、作業員は靴の上に金属製の安全靴を履くことを義務付けられている。ジュール・ヴェルヌの小説の登場人物になったつもりで、私は保管室に入り込んで確認した。間違いなく金は存在している。

でも、なぜニューヨークに金を保管するのだろう。そこには歴史的な理由が大きく関わっている。保管室は一九二〇年代に作られたもので、特に第二次世界大戦中と戦後には、世界中の金を保管するための安全な場所として重宝された。私が訪問したとき、ここにある金の価値は全部で三五〇〇億ドル以上にのぼり、世界の全供給量の二五パーセントを占めていた。しかし、FRBはこれをいっさい所有していない。政府、外国の中央銀行、国際機関など、すべてはほかの組織の持ち物だ。[5] そしてニューヨーク市が惨事に見舞われる可能性は否定できないが、それでもこの保管室には侵入できない。サイバー攻撃を避けるためにコンピューターは置かれていないし、密閉された扉は空気も水も通さない。これまで侵入に成功したケースはなく、映画「ダイ・ハード3」に登場する強盗が唯一の例外だ。仮に誰かが不法侵入を試みれば、二階の射撃練習場にいる射撃手の誰かが駆けつけ、あっという間に事態を収拾してしまう。

でも、そもそもなぜ金を保管するのだろう。答えは難しくない。金には希少価値があるからだ。現在確認されている金のすべてを高さ一六九メートルのワシントン記念塔に集めても、オベリスクの三分の一までしか埋まらない。[6] ただし、理由は希少価値だけに限らない。金には何か特別のものが備わっている。すべての金属が、特注の大きくて頑丈な金庫のなかで厳重に保管されるわけではない。金ばかりが大事にされる理由を探るため、私はニューヨーク市のべつの施設で答えを探すことにした。そしてふたたび地下鉄に飛び乗り、今度は公立図書館を目指した。

文明の誕生以来、お金については同じ質問が繰り返されてきた。お金はハードとソフトのどちらなのだろうか。質問の範囲をもう少し拡大してみよう。お金は固有の価値を備えたアイテムなのか。それとも固有の価値など持ち合わせず、何かほかのものの価値を象徴するだけの存在なのか。あるいは素材に注目するなら、金貨と紙幣のどちらなのだろう。答えは時と場所によって変わってくるし、民衆や支配者の意向にも影響される。厄介なことに、お金が価値のシンボルであるかぎりは、どちらの答えも正しい。すでに本書で紹介したが、脳には神経可塑性が備わっており、新しいアイデアを学んだり古いアイデアを更新したりする能力に優れている。結局は、社会のメンバーの脳を結集した〝超頭脳〟が、何をお金として機能させていくべきかを決定していく。かつてアステカではカカオが、ノルウェーではバターが貨幣として流通した。

お金には多くの形態があるが、経済学説においては金属主義が〝ハード〟、表券主義が〝ソフト〟に該当する。このふたつの学説を比較すれば、お金の歴史への理解は深まるだろう。どちらの名称も、二〇世紀初めの経済学者ゲオルグ・フリードリヒ・クナップによって考案されたものだ。そしてどちらも今日ではあまり使われる機会がないが、内容を覚えやすいし、お金の基本を正確に学ぶことができる。ふたつの学説は、お金の価値の源泉についての解釈が大きく異なる。金属主義では、お金の評価は固有の価値によって決まるものと考える。固有の価値とは、具体的には商品の市場価格のことで、対象とされる商品は大体が金属だが、ほかの商品が対象外というわけではない。固有の価値が市場で評価されれば、金や銀だけでなく大麦や穀物なども通貨として流通する。さらに金属主義においては、金属など固有の価値を持つアイテムの裏付けがあるかぎり、紙幣もお金として利用される。たとえば金本位制を採用する経済では、貨幣は決められた量の金との交換が可能だ。ただしハードマネーの難点は供給には限りがあることで、特に政府にとってはそれが悩みの種になっている。量を無制限に増やして総供給を調整するわけにはいかない。

一方、表券主義はラテン語の*charta*すなわちチケットに由来する言葉で、お金自体に固有の価値があるとは考えない。[7]この学説によれば、〝ソフトな〟お金に該当するのは非商品や表象である。たとえばドル紙幣は単なる紙切れで、固有の価値を伴わない。お金としての利用価値は、国家によって創造される。具体的には、連邦準備制度理事会という機関によって生み出されるものだ。さらに国家は税金や罰金や様々な料金をドルで請求することによって、貨幣に対する大きな需要を創出する。支払い義務があれば、ドルを調達して取引に使わないわけにいかない。おまけに国家は法貨に関する法律も制定している。たとえばアメリカで一九六五年に施行された貨幣法には、「アメリカ合衆国の硬貨ならびに貨幣（連邦準備券ならびに連邦準備銀行や国立銀行が発行して流通している銀行券を含む）は、すべての債務、公共料金、税金、手数料に利用される法貨である」と謳われている。[8] おまけにソフトマネーは生産コストを最小限に抑えられるので、発行者が供給量を容易に調整できるが、その分、偽造の対象になりやすい。

金属主義者と表券主義者のあいだでは、お金の起源についての考え方が異なり、たとえばアダム・スミスとアルフレッド・ミッチェル＝イネスの見解にも違いが見られる。金属主義者は、物々交換に代わってお金が登場したという前提に立っている。そしてお金は個人の取引から生まれたもので、市場が創り出したものを国家は勝手に神聖化したと見なす。一方、表券主義者は、債務や信用供与の制度がお金よりも先行していたと主張する。古代メソポタミアで利子付きの融資が行なわれていた証拠は残っているが、これはリディア王国で紀元前六三〇年頃に硬貨が登場したときよりも何千年も古い。金属主義と表券主義というふたつの学説は、言うなれば断層線で区別されているように大きく異なるが、同様に、金属を介する取引と信用取引も、市場と国家も、ハードとソフトも大きく異なる。今日のグローバルな貨幣制度では、金属の裏付けを持たないソフト貨幣への依存度が大きく、表券主義のほうが勝っているような印象を受ける。しかし、貨幣と金属の結びつきは経済理論において未だに重視されている。実際、影響力の大きい経済思想家の多くは金属主義の立場だと言われ、そこにはジョン・ロック、アダム・スミス、ジョン・スチュアート・ミル、カール・マルクスも含まれる。[9]

本章ではハードマネーに焦点を当て、ソフトマネーについては次章で取り上げる。ここでは、〝ハードマネー〟とは貴金属から作られた硬貨ならびにその裏付けを持つ紙幣という定義を採用する。

硬貨が発明される以前、すなわちカール・マルクスがC→M→Cという公式で表現した取引が行なわれる以前には、商品が貨幣の機能を果たしていた。貨幣を介さないC→Cという取引で使われる商品（C）について、経済史家は〝原始貨幣〟という呼び方をしている。大麦や宝石などの原始貨幣は、通常は栄養補給や装飾などべつの目的に使われるが、すべてがそうだったわけではない。一九世紀、西洋の探検家は太平洋のヤップ島でめずらしい貨幣に遭遇した。フェと呼ばれる大きくて丸い石灰岩の貨幣で、直径が四メートルに達するものもあった。石は六四〇キロメートルも離れた石灰岩の採石場から竹製のボートで運ばれてくる。ヤップ島の言い伝えによれば、あるとき非常に大きなフェを輸送中に船が転覆し、フェは海底に沈んでしまった。しかしそれでも海中の石貨は富の象徴として認められ、モノの購入に利用されたという。[10] フェは風変わりで希少な貨幣だが、価値の貯蔵という機能を立派に果たし、交換を円滑に進める手段として役立っていた。たとえ実際に交換されなくても、効果は変わらなかった。

今日使われている貨幣に関する言葉の一部は、原始貨幣に由来している。たとえばキャピタル（資本）とキャトル（牛）の語源のラテン語は *caput* で、これは〝頭〟を意味する。所有している牛の頭の数が、かつては富を測る基準になっていたのだ。あるいはローマ共和国の時代に兵士たちは報酬として塩すなわち *salarium* を配給されたが、これは今日のサラリーの語源になっている。[11] 一八世紀のアメリカのフロンティアではバックスキンが貨幣として使われており、そこから、バックという言葉はドルと同義語になった。ただし原始貨幣は国や権力者によって発行されないのが普通で、表示価格で正式な価値が認められているわけではなかった。今日の私たちが知っている硬貨とは違い、交換手段として正式に認められていなかった。

硬貨が形を変えると、お金は使いやすくなった。コンパクトになり、しかもお金の価値が権力者によってはじめて標準化されたので、人間同士の協力関係も円滑に進むようになった。第1章（43ページ）で紹介したオフェクならば、交換行為が進化を促した結果だと表現するところだろう。旧石器時代の手斧が何千年もかけて洗練されたように、硬貨も継続的に改善され、それに合わせて取引は便利で効率的になった。鋳造技術はハンマーを使ったものから、自動プレス機へと進化していった。紀元前七世紀頃、溶かした金属をおおよそ標準サイズの地板に成形してから、ハンマーで打って模様を打ち出す技術が生まれた。古代の終わりから中世の始めにかけては、メタルシートを貨幣の形に丸く打ち抜いてから台座に載せ、ハンマーで模様を打刻した。[12] 一六世紀のフランスではスクリュープレスが採用される。馬や水で圧延機を動かしながら金属を平らに延ばし、コインの形に打ち抜いてから、刻印台のうえで大きなねじを使って模様を打ち出した。一九世紀には、蒸気で動くプレス機が硬貨の製造に使われる。[13]

硬貨の鋳造技術が改良されるにしたがい、硬貨に刻印されるシンボルは複雑になった。文明や芸術が洞窟の外で発達していくにつれ、様々な意味を持つ様々なシンボルが硬貨には刻まれた。権力者は優秀な職人に複雑なシンボルのデザインをまかせ、国家のアイデンティティを硬貨によって表現した。[14]さらに硬貨は、発行者が文化を普及させるためにも役立った。よその領土に侵入する軍隊は建物や神殿を持ち歩けないが、これらの建造物の描かれた硬貨ならば問題はない。刻印された芸術は多くを物語っている。時代が進むと国王や女王もシンボルとして描かれるようになり、硬貨は国家や文化の象徴としての地位を確立した。しかし原始貨幣からハードマネーへの進歩は一夜にして実現したわけではない。文明の揺籃期から、何千年もの時間をかけて進行した。

## 銀の文明

紀元前二五〇〇年頃のメソポタミアでは、野菜、牛、羊など複数の商品が原始貨幣として機能していた。[15]これらの商品にはエネルギー源としての価値があったので、生き残りのチャンスを高めてくれるだけでなく、交換行為に欠かせない手段でもあった。やがて、もっと耐久性に優れて保存の利くアイテムが原始貨幣として登場する。旧石器時代がそうであったように、メソポタミア北部では手斧が貨幣のように流通し、後には象徴としての意味合いも備わった。元来メソポタミアでは重さの単位としてシェケルが使われてきたが、斧が何シェケ

ルに相当するかということが、シュメール語で記されるようになったのだ。[16] ほかにはブラと
いう粘土球も原始貨幣として機能した。粘度球のなかは空洞になっていて、そこに数字の刻
まれたトークンが収められ、取引で使われたと思われる。いわば古代の貯金箱のようなもの
だ。[17]

原始貨幣として最も広く使われたのが、銀と大麦だった。[18] 貨幣の伝統的な定義にどちらも
ふさわしい商品だったが、特に銀のほうは、交換手段、計算単位、価値の貯蔵手段として便
利な点が注目された。

銀と大麦は交換手段として、労働者への支払いに使われた。紀元前二〇〇〇年から前一〇
〇〇年頃にかけて作成された現存する文書からは、一日の労働に対して大麦四分の一ブッシ
ェルが支払われたことがわかる。[19] 一方、融資や売り上げに関する記録には、銀の重量の価格
が記されている。[20] 商人は銀塊を量って交換したのだろう。

小さな取引を円滑に進めるためには、銀の延べ棒の一部を切り取って、同じ重さのインゴ
ット、スパイラルコイル、リングなどに加工した。リングは重さが一シェケルから一〇シェ
ケルまで何段階かに分かれ、コイルから適当な長さをちぎり取るだけで簡単に出来あがった。[21]
一シェケルの銀はアメリカの二五セント硬貨にほぼ等しく、重量が一〇分の三オンス程度だ
った。[22]

計算単位として銀が使われていたことは、当時のバランスシートからわかる。入ってくる
商品も出て行く商品も重さが測定されると、それに相当する銀の価値が割り当てられた。そ

して残高も銀で表された。銀には希少価値があるので、奴隷や不動産などの取引で商品との交換に頻繁に使われるわけではなかった。それでも価格が銀で設定されていることからは、すでに銀本位制が存在していたとも推測される。

価値の貯蔵手段としては、銀そのものに価値があった。銀はメソポタミアで大量に手に入るものではなかった。ほとんどはトロス山脈など、鉱床の存在が確認されている近隣地域から輸入された。稀少な銀は貴重なアイテムとして重宝され、将来のために貯め込む人も多かった。[23]一方、地元で栽培される大麦の価値は、収穫の状況によって変動を繰り返した。ウル第三王朝には、市場経済の誕生に必要な材料が確実にそろっていた。銀と大麦という原始貨幣、正しく機能する信用供与システム、そしてトゥーラム・イリのような商人が存在していた。ただし当時は分権的な市場というものがなく、国王や宗教指導者などの権力者が富の再分配を一手に引き受けた。食べものなどの商品を集めては、ポトラッチのように、地位や職業にしたがって人民に分け与えた。[24]

さらに、国王や宗教指導者は金融業務を監督した。神殿や宮殿などの公共機関は現代の中央銀行のように利子を調整するだけでなく、銀の基準重量の設定にも取り組んだ。重さの統一には、カモやライオンの形の重りが使われた。そして、権力者は大量の銀塊を貯蔵していた。「銀は価値が高く、君主や富や権力を強く連想させる象徴だと言ってもよい。大量の余剰を国庫に貯め込まずに放出すれば、貨幣としての機能を十分に果たす可能性があった」と大英博物館の学芸員は書き記している。[25]

権力者たちは法典を制定して銀の需要を高めた。エシュヌンナという都市で制定された法典には九つの共通財の価格リストが記されているが、重量一シェケルの銀を基準にして価格が設定されている。これは基本的に銀本位制と変わらない。[26] たとえば豚脂一リットル半は銀一シェケルに相当する。[27] 罰金も銀で評価された。誰かの顔を叩けば一〇シェケル、鼻に噛みついたら六〇シェケル、すなわち一ミナの罰金が科された。[28]

この古代文明では、金属主義者と表券主義者のどちらの主張も証拠によって裏付けられる。金属主義者によれば、銀の貨幣としての利用価値はすでに民間市場で認められており、その長所に注目した権力者が便乗してきたのだという。政府の認可を受けようが受けまいが、銀は貴重品だった。[29] これに対して表券主義者は、銀で罰金を支払わせる政策などによって、国家が銀の需要を創出したと主張する。銀や大麦で融資を提供したことも、これらのアイテムの需要を膨らませたという。言うなれば、原始貨幣は債務を提供したり返済したりするための手段だった。

お金の起源を巡る論争には終わりがないが、何が貨幣として流通していたかという点については全員の意見がほぼ一致している。価値と耐久性を備えた金属が、食糧に代わる原始貨幣としての地位を手に入れたのだ。そしてこれはメソポタミアの都市国家だけでなく、ナイル川流域の村にも当てはまった。

### 測定に厳密なエジプト人

紀元前三一〇〇年頃、砂漠と山間地のあいだを縫って流れるナイル川のほとりに、まるでオアシスのようにある文明が出現した。ナイル川は毎年氾濫を繰り返し、そのたびにミネラルや有機物が堆積し、肥沃な土壌が出来あがった。[30] ここでは小麦や大麦などの作物がよく生長し、労働者に支払う原始貨幣として使われた。さらにこれらの穀物からはパンやビールが作られ、エジプト人の食事の土台を形成する。ただし、当時はビールと言ってもラガー色のスムーズな液体ではなく、栄養たっぷりのスープのようなもので、時には地元産の植物が混ぜ込まれた。ビールもパンも当時は一般に普及していた証拠に、ビールやパンの手の込んだ製造プロセスが墓の壁画に描かれている。

　エジプト人はパンの分配される割合を表すためのトークンにパンの形を選んだほどで、これが当時は原始貨幣として機能していたと考えられる。ヌビアに残されている古代エジプトの要塞跡からは、複数のトークンが発見された。いずれも直径二〇センチメートルほどの木製で、色も形も異なる様々なタイプのパンに仕上げられている。[31] そしてここにはシンボルとして、交換できるパンの数と小麦の量が象形文字で刻まれている。このようなトークンが大量に出回っていたかどうか歴史家は確認することができないが、個人間の取引で採用されていた可能性は考えられる。受け取った穀物の量に不服があったとき、トークンに印されている割合を根拠に正しさを主張できるからだ。労働者が受け取る量の標準はパン一〇個とビールが最大でジョッキ二杯。神殿や宮殿に勤務する高官はそれより多く提供される。そして一〇〇個のパンを一〇人に分けるための計算には、エジプト人が発明したと言われる分数が使われた。[32]

パンとビールは仕事の完遂時にも原始貨幣として支払われたが、エジプト学者のロザリー・デイヴィッドは著書『*Handbook to Life in Ancient Egypt*』〈古代エジプトの生活に関するハンドブック〉のなかで、べつの可能性についても指摘している。交換の媒体として使われていた小麦は、ほかの商品と同じく、紀元前一六世紀には計算単位として使われる機会が増えたのだという。[33] エジプト人は近隣の文明と銀、香辛料、銅などを交換した。こうして新しい商品が国内に流入してくると、一定の基準を設ける必要性が生じ、最初にその手段として小麦が選ばれた結果、ほかの商品も小麦を基準に測定され評価されたという。そして、交換されるふたつの商品の価値に食い違いがあるときは、差額分が小麦で支払われた。[34]

紀元前一五八〇年になると、銀と金と銅も重量の基準として使われ始め、エジプト人はこれらの金属を測るために特別の単位を考案した。九一グラムに相当するデベン、そして一デベンの一〇分の一に当たるキテのふたつだ。[35] これらの金属同士を交換する機会は滅多になく、いずれもほかの商品の価値を測り、取引を円滑に進めるために使われた。墓の壁画には、座ったライオンの形をした秤で一デベンの金属を量っている役人が描かれている。ただし、当時のエジプトにはまだ正式な経済と呼べるものはなく、しかも農業中心だったので、このシステムは広く普及しなかった可能性も考えられる。それでも決められた量の金属を持ち歩けるようになると、商人にとって取引は便利になった。メソポタミアで金や銀が使いやすく加工されたのと同様、エジプトでも金属は小さなインゴットやリングに精錬された。[36]貴金属が正確に測定されていたことは、エジプト人が貴金属の固有の価値を認めていた証拠だ。エジプトの言葉で銀はヘジというが、これには〃お金〃という意味があった可能性もある。[37]銀はほかの国から輸入され、しばらくは金よりも高く評価された。さらにエジプト人は銅、スズ、アラバスターなど、それ以外の貴金属も領土のあちこちで探し求めた。歴代のファラオの多くが軍隊を周辺地域に派遣して、鉱山で作業する労働者の監督に当たらせたが、労働者の数は時として何万人にも膨れ上がった。[38]やがて紀元前二五〇〇年頃、サフレ王は〃神の土地〃として知られるプントに軍隊を遠征させ、兵士たちは大量の没薬《もつやく》〔芳香性樹脂〕と様々な金属を持ち帰った。現存する文書によれば、紀元前一二世紀にラムセス三世は「大型船を建造し……そこにエジプトの商品を数多く積み込み……（いかなる）不幸にも遭遇せず無事プントに到着し、丁重に歓迎された」という。[39]しかしプントの存在は考古学者にとって長い間ミステリーで、未だに所在地を特定できていない。

考古学者たちが調査を進めてきた場所のひとつがヌビアという、エジプト南部に位置するナイル川沿いの沖積地だ。ここではエジプト人が金を採掘していた。[40]エジプトで金に相当する言葉は*nbw*で、ヌビアという地名がこの語源になっていると考える人は多い。[41]税金は時として金で集められ、重要な神殿のなかにある金庫に納められた。[42]ファラオの政権は金の動向を慎重に監視しており、獲得した金は正確に測定したうえで、一部は宝石や仮面など装飾品の材料として職人に提供した。貴金属で作られた装身具は単に地位や富の象徴というだけでなく、魔よけとしても重宝される。ファラオは死後の世界での護身用に、生前身に着けていた装身具と一緒に埋葬されることを望んだ。

ファラオは現世での生活においても、莫大な富に囲まれた生活に慣れていたはずだ。エジプトのファラオは事実上、パン、ビール、金などあらゆるものを所有していた。ファラオは中央集権化された経済を統括し、彼から土地を与えられた友人や親族は有力地主になった。そしてメソポタミアと同様、エジプトでも神殿は巨万の富の中心だった。なかには一〇万人近くの平民と五〇万頭の牛に加え、何百もの果樹園を管理している神殿もあった。[43]

一方、エジプトの中間層は商人、兵士、職人、書記から成り、なかでも書記はお金の目的を理解するうえで最も重要な存在である。読み書きができるエジプト人は全人口の僅か五パーセントで、その多くが書記の職に就いていた。彼らは貴金属を介して行なわれる税の徴収、穀物の検査、商取引についてパピルスに記録を残した。[44] ただし、グレーバーによれば利子付きの融資についての記録はほとんど残されていない。おそらく考古学上の記録保存に関して、パピルスは硬貨よりも耐久性に劣っていたからかもしれない。

しかし経済史家は後に発行されたエジプトの硬貨を研究し、当時の社会について理解を深めることができる。たとえば、そんな金貨のひとつには複数の文化が融合されている。片面には象形文字、もう片面にはギリシャの馬のデザインが刻まれている。これはおそらくネクタネボ二世の時代に発行されたものと思われる。エジプト古代王朝末期のファラオのひとりとして、紀元前三五九年に即位した人物である。[45] ただし、エジプトはギリシャから受けた影響を硬貨によって表現しているが、硬貨はエジプトの発明品ではなかった。

## リディアで発明された硬貨

小アジアのイオニア海に面し、かつてアナトリアと呼ばれ、今日ではトルコ領になっている場所に、紀元前七〇〇年頃、メルムダナイ朝リディア王国が出現した。特に目立った考古学的記録を残しているわけでもなく、硬貨がここから発見され、ギリシャの歴史家ヘロドトスの記述がなければ、歴史書の脚注で説明される程度の国だった。「リディアはほかのほとんどの国と違い、歴史家が驚嘆して記述したくなるものを残していない。ただひとつ、砂金が上流の山から流れてくることだけは注目に値する」[46]。このようにヘロドトスは、西側世界で初めて硬貨が発明された王国の富について言及している。

リディアの富の源は三つあった。貢物、天然資源、そして硬貨だ。リディアの国王はイオニアとギリシャで複数の都市を征服し、そこから供出される貢物によって莫大な富を蓄積した。さらにこの国は豊かな天然資源にも恵まれていた。伝説によれば、フリギアのミダス王はパクトラス川で水浴びをして体についた金を洗い流し、その金が川への贈り物として残されたという。しかしパクトラス川とヘルムス川の近くにあるトモロスの鉱山からは、べつの金属が産出しており、ヘロドトスはそれを〝白金〟と呼んだ[47]。実際にはこれは金と銀の合金で、エレクトラムとして知られる。この言葉の語源であるギリシャ語のエレクトロンは、

〝琥珀《こはく》〟を意味する。[48]

金や銀と同じく、当初エレクトラムは地金として交易に使われた。しかしエレクトラムの含有する金と銀の量は一律ではなく、価値を簡単に決めることができなかった。やがてエレクトラムの地金は小さくて持ち運びの便利な塊に分割され、最終的に硬貨に加工されるようになった。エフェソスにあるギリシャの女神アルテミスの神殿の遺跡からは、九〇枚以上のエレクトラム硬貨が発見され、いずれも紀元前六三〇年頃のものだと推定されている。[49]硬貨の洗練度は様々で、表面に何も刻まれていない金属の塊のようなものもあれば、平たく成形されてライオンのイメージが刻まれているものもある。[50]旧石器時代の手斧が洗練されたように、硬貨も徐々に便利な特徴を備えるようになり、ほどなく計量器も不要になった。エレクトラム硬貨は一四・一五グラムで統一され、それが貨幣の基準になった。そして時代が下ると、ほかのすべての商品の価値を測る新たな基準に採用されたのである。

硬貨は通常、金属の成分と表面に刻まれたシンボルに基づいて収集家から評価される。金属の含有量の額面価値が固有の価値以上に設定された硬貨は多く、なかには二〇パーセントも水増しされているケースもある。たとえばアナトリア西部から産出するエレクトラムには金が七〇パーセントから九〇パーセント含まれるが、リディアの金貨の金の含有量はおよそ五〇パーセントにすぎない。リディアの金属細工師は優秀で、金の含有量が本来よりも少ない貨幣を発行し、差益を獲得する方法、すなわちシニョリッジを考案したのだ。素材として使われる貴金属の実際の市場価値から、発行される硬貨の額面価値を差し引いた分が、貨幣の発行者には利益として入ってくる。[51]硬貨を製造するための労力を考えれば、額面価格がその分だけ高くなるのは当然だと弁護する人もいる。[52]おまけにシニョリッジを行なえば、貨幣の価値を好きなように操作できるのだから、どの時代の支配者にも好まれてきた。シニョリッジによって貨幣の製造はもうかる商売になり、今日でも多くの政府が実践している。

硬貨の表面に刻まれるシンボルは、発行者——商人、銀行家、貴族、国王など——について知る手がかりになる。この時代のある硬貨には、〝私はファネスの象徴である〟とギリシャ語で刻まれている。KALILとVALVELという言葉の刻まれた硬貨も発見されている。[53]どちらも製作者か発行者の名まえに関わっていると思われる。硬貨の多くは紀元前六世紀初め、リディアの首都サルディスで製造された可能性が高い。

古代リディアのものと思われる硬貨には数百種類のタイプがあり、イノシシ、馬、イルカ、怪獣などが刻まれている。これらのイメージは、発行者を識別するための印だった。リディア国王によって発行された硬貨には、ライオンの頭や脚が刻まれている。貨幣を鋳造する際には、イメージの彫られた刻印台にエレクトラムの塊を置き、打刻すると表面に刻印が残された。

リディア最後の国王はクロイソスで、紀元前五六〇年から前五四七年にかけて在位した。彼は純銀や純金で作られた硬貨を導入し、その表面にはライオンや雄牛が刻まれた。クロイソスの硬貨は金銀複本位制の発端となり、一定の比価でふたつの金属が貨幣として受け入れられる制度がここから始まった。

『*The Oxford Handbook of Greek and Roman Coinage*』〈ギ

リシャとローマの硬貨に関するオックスフォード・ハンドブック〉によれば、クロイソスの治世には、金と銀の交換レートは金一グラムにつき銀一三・三グラムで、金一グラムはエレクトラム一〇グラムに相当した。発行された金貨の重量は八・一グラムで、かつてのエレクトラム硬貨よりも軽量だった。[54]

硬貨の発行によってリディアはさらに豊かになり、クロイソスの富は伝説になった。いまでも"クロイソスのような富豪"という英語のフレーズを耳にすることがある。あるとき彼は大量のエレクトラムや金を神に貢ぎ、ペルシアと戦ったら結果はどうなるか伺いを立てた。すると、名高い王国は滅びるだろうという謎めいた言葉が返ってきた。クロイソスはこれを吉兆と解釈してペルシアに攻め入り、結局は大敗を喫した。[55]

リディア王国は幕を閉じたが、硬貨は地中海世界だけでなく、インドや中国にも広がって盛んに使われた。古典学が専門のデイヴィッド・シャップス教授によれば、硬貨はリディア、インド、中国など製造された場所によって外見が異なり、使われている技術もまちまちだという。たとえばインドの硬貨は形がいびつで、角を削って重量調整がされている。表面に刻印があるので、鋳造所で作られたと考えて間違いないだろう。中国の硬貨には青銅が使われ、スペード、円盤、小刀などの形をしている。中央に穴が空いているものもあり、ひもを通してつなぎ合わせることができる。[56]

これらの文明がそれぞれ独自に硬貨を考案したのか、貿易を通じてよそから影響を受けたのか、判断するのは難しい。シャップス教授でさえ決めかねている。

リディアとインドと中国は、おそらく独自に硬貨を発明したのだろう。仮にそうではないとしても、硬貨の使い方については自分たちで考案したはずだ。三つの地域で硬貨が発達した背景には異なった原因があり、お互いに影響し合ったとは考えられない。しかしそれでも、これらの地域は似たような条件を共有しており、そのおかげで硬貨が有益なイノベーションとして発達した可能性は考慮する価値があるだろう。[57]

たとえば一部の学者は、インドで硬貨が独自に発達したと主張している。その根拠として指摘されるのが銀のトークンで、紀元前二五〇〇年頃に栄えたインダス文明の遺跡モヘンジョダロで発見された。その表面には楔形文字が刻まれており、メソポタミアとの交易に使われていた可能性が考えられる。さらに、紀元前一五〇〇年に著された古代ヒンドゥーの聖典リグ・ヴェーダには金貨について言及している部分があり、それを根拠に、硬貨はインドで独自に生まれたと解釈する学者もいる。一方、硬貨は国外からインドに持ち込まれたもので、アケメネス朝ペルシアの侵攻、あるいはギリシャ帝国の拡張を目指したアレクサンドロス大王の東方遠征と共に渡来したという説もある。[58]

## 民主主義の象徴フクロウ

リディアとギリシャの人びとは強い文化的絆で結ばれていた。クロイソス王はスパルタと同盟を結び、多くのギリシャの都市を平和的手段で王国に併合した。たとえばリディアのアルファベットはギリシャ由来のもので、壺や鉢などリディアで発掘された工芸品の一部にはギリシャのデザインが取り入れられている。したがって、ギリシャの彫刻師がクロイソス王の硬貨のデザインも手がけた可能性は考えられる。

ギリシャの硬貨はほとんどが銀を材料にしている。ギリシャは同盟国から銀を貢物として提供されるだけでなく、四〇キロメートル程度しか離れていないラウレイオンに豊かな銀山を所有していた。最盛期には二〇〇〇ヵ所に坑道が設けられ、およそ三万人の奴隷が動員された。

ギリシャではペイシストラトス治世下の紀元前五四六年頃、アテネで硬貨の鋳造が始まった。傭兵に報酬を支払うため、そして大がかりな都市国家建設計画を進めるための財源を確保することが目的である。硬貨の計算単位に採用されたドラクマは、語源となったギリシャ語で〝把握する〟という意味で、そもそもは、穀物などの原始貨幣や銀塊を測るための単位として使われた。一ドラクマは六オボルで、オボルの語源となったギリシャ語は、肉を調理するときに使う鉄の〝串〟を意味する。実際に紀元前七世紀から前六世紀にかけて、鉄串が奉納品やいけにえの儀式で使われていたことは証拠として残されている。したがって、貴重品の鉄串が原始貨幣として機能していた可能性は大いにあり得る。鉄串の取引は新石器時代にまで遡る習慣で、食事の調達・分配用など生き残るためには欠かせない一品だった。[59] 一ドラクマは銀四・三二グラム、一オボルは〇・七二グラムに相当した。[60]もっと価値の高い硬貨も発行されており、たとえば広く流通していたテトラドラクマは、四ドラクマに等しく重量が一七・二八グラムだった。最大のものは一〇ドラクマに相当するデカドラクマで、これは発行される機会が限られた。

ペイシストラトス治世下の硬貨としては、一四種類のタイプが発見されている。硬貨に刻まれたシンボルは馬から車輪まで様々で、発行者が異なっていたことが推測される。しかし最も有名なシンボルはフクロウで、使われた期間も長く、銀が枯渇するまで数百年間ほぼ継続的に発行された。紀元前五二五年には、女神アテナと関わりのある表象、たとえばゴルゴン三姉妹のひとりメドゥーサなどのイメージが、テトラドラクマの表側に付け加えられた。そして数年後にはゴルゴン姉妹に代わってアテナが硬貨の表側を飾り、裏側にはアテナの従者とされるフクロウが刻まれるようになった。フクロウ硬貨のほとんどはアテネの貨幣鋳造所で作られた。鋳造所は大きな建物で、アゴラ、すなわち市場として使われていた広場に隣接していた。

ペロポネソス戦争の間、スパルタはラウレイオン銀山に至るルートを遮断したので、アテネへの銀の供給はほとんど途絶え、アクロポリスのニケ像から金をはがして硬貨が鋳造された。しかし事態は悪化する一方で、青銅のフクロウ硬貨を銀でコーティングするような工夫が凝らされた。そして使用できる金属がいよいよ限られてくると、単位の小さなフクロウ硬貨が発行される。

こうして国家は硬貨を改鋳していくが、ほかにも、偽物のフクロウ硬貨の流通という問題が発生した。アテネは完全な支配下に治めていない都市に対し、フクロウ硬貨の発行を禁じていた。しかし命令は十分に守られなかったため、エジプトなど遠方の地まで検査官が派遣され、法の順守を徹底させた。違反者には一万ドラクマの罰金も科せられている。

アレクサンドロス大王の王国では、フクロウ硬貨に代わってヘラクレスやゼウスのイメージの刻まれた硬貨が登場する。このアレクサンドロス大王の硬貨はダリク金貨に代わる存在になった。ダリク金貨とは紀元前五二〇年頃にダレイオス大王によって導入された硬貨で、ペルシア帝国全体に流通していた。アレクサンドロス大王の後継者たちはマケドニアからエジプトにかけて二〇以上の貨幣鋳造所を設立する。彼のイメージの刻まれた硬貨は国際的に流通し、王国の影響力の拡大にも貢献した。その証拠にこの硬貨はイギリスでも、最古の硬貨のひとつとして発見されている。[61]

フクロウ硬貨は紀元前三世紀にアテネで復活する。この硬貨には、発行責任者であるアテネの役人のイニシャルと、発行月が一緒に刻まれている。経済史家ピーター・ファン・アルフェンによれば、紀元前四二年、暗殺されたユリウス・カエサルの弔い合戦となったフィリッピの戦いの後、フクロウ硬貨の製造は中止された。ローマの支配力が盤石になったからだ。ローマの硬貨は帝国の領土全体の硬貨になった。[62]

フクロウ硬貨に関しては、貨幣の流通を政策が後押ししたのは間違いないが、金属主義者はこの硬貨に備わった固有の価値に注目する。貴金属が材料である点が評価され、貨幣として機能していた硬貨の利用価値に国が注目し、あとから合法化しただけだと指摘する。一方、表券主義者もフクロウ硬貨の固有の価値は認めている。貴金属が使われていなければ、硬貨はほとんど評価されなかっただろう。しかしシニョリッジが常態化していたことを考えれば、硬貨には素材以外の価値が備わっていたと考えてもおかしくない。国家がフクロウ硬貨の発行者となり、支払い手段としての使用を正式に認めた結果、付加価値が備わったのである。アテネでは、硬貨がアゴラで支払い手段として受け入れられるためのガイドラインが設定された。さらに偽のフクロウ硬貨が禁じられたという事実からは、信頼こそが貨幣の価値の根源だったとも考えられる。硬貨は本物の法定貨幣として、みなから信用されなければならない。硬貨の合法性について疑念が持ち上がれば、アゴラには不安が広がり、通貨危機が発生して権力の弱体化につながりかねない。

国家の支出が拡大すると、流通する硬貨は一気に増えた。紀元前五世紀から紀元前三世紀にかけては何百万枚もの硬貨が発行されたと推定されており、実際、硬貨は史上初の大量生産品のひとつと言ってもよい。硬貨が大量に発行された時期は、紀元前四八〇年頃にアテネがペルシアと戦うために艦隊を建造した時期と重なる。ペロポネソス戦争など戦闘の際には、兵士たちに報酬を支払うために硬貨が必要とされた。さらに国は、パルテノン神殿の建設に一万六〇〇〇ドラクマ以上を費やした。そして民会に集まり様々な問題を議論する陪審員や市民にも支払いは必要だった。宗教活動のために劇場へ出かける市民にさえ、一人につき二オドルが支払われる。こうして国家は人びとの手に渡る貨幣の量を増やしていくが、そこには外国人も含まれており、財やサービスの需要のさらなる拡大につながった。
やがて兵士や労働者や市民は持ち運び可能な財産とも言える小さな硬貨を手に、アテネの生活の中心になったアゴラに出かけるようになった[63]。硬貨はアゴラでの売り買いを促し、市民の誇り、法治国家の価値の象徴にもなった。その証拠に、ギリシャ語で硬貨を意味する *nomisma* は、法律を意味する *nomos*（ノモス）と同類の類語である。ちなみにこれらの類語から、硬貨収集を意味する *numismatics*（古銭学）という英語が生まれた。硬貨は市場を刺激した。お金も、それを使う人も、取引される商品も、どんどん増えていった。商人は品物の需要と供給の動向を詳しく観測しながら、状況に応じて価格を調整した。かつて商人以外の階級で読み書きのできない人たちは、ブローカーなど代理人に頼らざるを得なかったが、いまや自力で取引できるようになった。さらに、基本財の重さを秤で測定して固有の価値を評価する必要もなくなった（ただし、大きな商品を測定するための秤はアゴラに残された）。硬貨はほとんどすべてのものを評価するための価値基準となり、そこには小麦や大麦などの商品も含まれた。おまけに、時間や労力など実体を伴わないソフトなアイテムも、硬貨ならば価値を評価することができた。

信用取引は硬貨の導入を促した。トラペザすなわちアテネの銀行が単なる両替商や質屋以上の存在だったのかどうか、学者のあいだでは議論が続けられてきた。ただし実際のところ、銀行も店も神殿も、どこも融資を提供していた。古典学者のエドワード・コーエンによれば、銀行はアゴラのなかでも良い立地条件で、それは経済における重要な役割を認められていた証拠だという。融資は硬貨で提供されるケースが多く、硬貨の需要はさらに高まった。交易をスムーズに進行させるため、トラペザが大量の信用供与を行なっていた証拠が残されており、おかげで市場にはさらに多くの商品やダイナミズムが導入された。たとえば香水商人は大量の在庫を抱えても、銀行からの信用供与によって倒産を防ぐことができた。さらに銀行は、試掘者が採掘権を獲得する際、あるいは軍事行動の準備が進められる際にも融資を提供した。コーエンによれば、融資の対象として最も大きいのは船舶で、この場合は積み荷が担保にされた。このようにアテネでは信用取引が盛んに行なわれたが、経済は硬貨を土台にして構築された。[64]硬貨を介さない富の移動は容易ではなく、通行料金、関税、地代のほとんどが硬貨で支払われた。[65]

そして硬貨はアゴラだけでなく、より大きなアテネ社会の形成も促した。中央の権力や貴族、あるいは煩わしい家族関係に左右されるトップダウン方式の再分配制度と違い、硬貨には民主化を促す影響力があった。贈与経済では恩を受けたら返す義務が生じるが、貨幣を媒体にするだけで、煩わしさとは無縁に相互関係を網の目のように張り巡らすことができた。[66]人類学者のジャック・ウェザーフォードは『*The History of Money*』〈貨幣の歴史〉のなかで、硬貨が民主主義を拡大させた可能性について触れている。[67]当時はソロンの改革によって債務が帳消しにされただけでなく、国政参加権が平民にまで拡大された。名門一族の出身でなくても、富があれば国政に参加できるようになったのである。[68]

こうしてアテネでは起業家精神を発揮できる環境が整っていくが、アテネで市場経済が花開いたと考えるのは早計だ。それでは現代の経済のプリズムを通し、過去を歪める結果になってしまう。さらに、自由な改革を促す触媒が硬貨だけだったと考えるのも、視野が狭すぎる。レオポルド・ミゲオットは『*The Economy of the Greek Cities*』〈ギリシャ都市の経済〉のなかで、人口動態の変化、都市化の進展、輸送ルートの改良も経済の成長に重要な役割を果たしたと書いている。[69] それでも、貨幣は間違いなく民主化を促す力だった。

しかし有名なギリシャ人哲学者のなかには、そのような見解と距離を置く者もいた。たとえばプラトンとアリストテレスは、どちらも貨幣や市場の価値について懐疑的だった。その一方、ふたりは貨幣の形態についての考え方が異なっており、それぞれの価値観を土台に表券主義と金属主義という発想が生まれたと一部の学者は確信している。まずプラトンは、貨幣を強欲と堕落の象徴と見なし、金も銀も禁止するべきだと主張した。[70] さらに、交易や小売経済は「人間の心に嘘つきの習慣を植え付け、市民のあいだには邪推の種が蒔かれてしまう」とも考えた。[71] そのうえで、市場は厳しく抑制されるべきだと提唱している。これではどう見ても、プラトンは金属主義者ではない。

では彼は表券主義者なのだろうか。経済学者のヨーゼフ・シュンペーターはそう考えているようで、後の表券主義を〝支持した最初の著名人〟としてプラトンに言及している。[72] しかしこれも、現代の経済のプリズムを通して過去を歪めた軽率な見解かもしれない。ただし、プラトンは名目貨幣といわゆる実質貨幣を明確に区別している。ソフトマネーとハードマネーを区別していると言ってもよいだろう。名目貨幣は国家が発行するもので、具体的な形や当初の価格も国家が決定すると述べているのだ。したがって、名目貨幣は国家の権限の範囲内で認められ、ほかの国家の領土では受け入れられない。そうなると、国外に持ち出したり外国人との取引で利用したりできるのが実質貨幣、すなわちハードマネーということになる。[73]おそらくプラトンは、今日のドルが果たしている役割を見たら驚くだろう。ドルは名目貨幣でありながら、一〇〇ドル札は世界中で貯蔵され、たとえばパナマなどほかの主権国家で支払い手段として正式に認められているのだ。

一方、プラトンの弟子のアリストテレスが考える貨幣は「鉄や銀など同じ素材から造られ、固有の価値を備えているので、日常生活で目的を達成する手段として容易に受け渡されていく」。[74]シュンペーターはアリストテレスを金属主義の創始者と見なし、何世代にもわたって経済学者に影響をおよぼした功績を評価している。[75]しかし、アリストテレスが金属主義者だと断言はできない。[76]貨幣は人工的なもので、使用価値があり、「その存在は自然ではなく法律に支えられている……我々人間は貨幣を変化させたり無効にしたりする力を持っている」と書いているのだ。[77]貨幣の形態を決定するうえで、国家や法律が果たす重要な役割を認めている。法律が変われば、貨幣の形態も変化する可能性があるという論法にしたがえば、貨幣はソフトにもハードにもなり得る。

アリストテレスは師であるプラトンに比べ、市場についての分析が穏健で現実的だったものの、貨幣の倫理的解釈に関しては似通った印象を受ける。たとえば、貨幣によって様々な交換行為の進行がスムーズになる点をアリストテレスは認めているが、最終的には金《かね》に目がくらんでしまう可能性を指摘している。貨幣を使って市場で商品を購入しても、それをより高い価格で転売して利益を確保することが目的なら、狡猾な相場師と変わらないと考えた。このような交換行為は「モノの奪い合いにすぎず」、自然に反する行為で信用できないと述べている。[78] 当然ながらアリストテレスは高利貸しにも批判的で、高い金利で金を貸し出すのは「理性的な行為ではなく……自然に最も反する」と断言している。[79] 金を稼ぐために金を利用すれば、もっとほしいという欲望が募るだけだという考えで、そんな強欲を忌み嫌う姿勢はふたりに共通していた。

## ローマの事情

硬貨はギリシャで社会の民主化を促す影響力を発揮したが、政治の道具として権力者に利用されるときもあった。ローマ帝政期、支配者は莫大な支出を賄うため、硬貨をどんどん鋳造して貨幣供給量を増やした。その一方で、硬貨の金属含有量を減らして改鋳も行なう。ローマの歴史からはハードマネーに関する教訓が得られる。政治目的のために、発行者は貨幣の価値を操作できるのだ。この教訓は今日でも生きている。

ローマでは紀元前三〇〇年頃に硬貨の鋳造が始まった。初期の硬貨はギリシャのデザインの影響を受けており、しかも交易をスムーズに進めるため、近郊のギリシャの町で作られるときもあった。[80] 標準的な貨幣単位として流通していたのがアスという青銅貨で、そのほかにディドラクマという銀貨があった。一ディドラクマに対して一〇アスの交換レートが定められていたが、金属の含有量は市場で変動を繰り返した。たとえば銀貨の実質価値が、硬貨に印されている額面価値よりもかなり高かったとしよう。すると人びとは銀貨を貯めこみ、流通から外してしまう。その結果、額面価格よりも価値の低い青銅貨ばかりが流通する。この現象はグレシャムの法則として知られる。悪貨は良貨を駆逐するのだ。[81]共和制の時代と帝政の時代を通じ、この現象はローマで繰り返し発生した。

ピュロス率いるギリシャ人との戦いで勝利を収めると、ローマは地域の覇者としての地位を盤石にした。そして紀元前二六九年頃から自国硬貨の大量生産が始まる。ローマの硬貨のほとんどを製造した鋳造所はカピトリヌスの丘の頂上にあり、敵の攻撃を受けにくい立地だった。女神ユノ・モネタ（*Juno Moneta*）の神殿に隣接しており、そこから *money* と *mint* という言葉が生まれたと考えられる。[82]ユノがモネタという名まえを獲得したいきさつについては、いくつかの物語が残されている。ある言い伝えによれば、神託が地震について預言し、それを防ぐためには豚を犠牲に捧げるしかないと警告した。ほかには、ガリアからの侵入者に神殿内のガチョウが気づき、ローマ人に大声で警告したため大事に至らずにすんだという伝承もある。どちらの話にも共通しているのは、女神が間接的に警告を発している点だ。ラテン語の *moneo* には「警告する」という意味がある。さらに、貨幣単位がこの神殿と密接に関わっていることも道理に適っている。なぜならここは *pes monetalis* または“monetal”、すなわちローマ人の足の大きさなど、重量や大きさについての正式な記録の保管場所だったのである。[83]

紀元前二一八年から前二〇一年まで続いたカルタゴとの第二次ポエニ戦争のあいだ、ローマは財政危機に直面した。軍隊を維持するためには多くの資源が必要とされたからだ。そこで政権は銀貨を改鋳し、純銀の含有量を全体の九八パーセントから三六パーセントにまで減らした。おかげで硬貨そのものの価値は低下したが、兵士たちに支払う硬貨の数は増やすことができた。ローマは戦争には勝利を収めて地域の覇者になったものの、ハードマネーの価値は大きく損なわれ、価値の高い硬貨は退蔵されてしまう。[84]

そこでローマは巻き返しを図る。紀元前二一一年頃、ローマの指導者はデナリアルという硬貨の制度を導入した。ここには銀貨のデナリウスと青銅貨のアスが含まれる。デナリウスの語源となったラテン語には〝一〇を含む〟という意味があり、実際、一デナリウスは一〇アスに相当した。最終的には、一デナリウスが一六アスというレートに変更される。この制度は、ほぼ純銀を材料とする四種類の硬貨から成り立っていた。(1)デナリウス。重量は四・五グラムで最も大きく、最も価値が高い。(2)ウィクトリアトゥス(四分の三デナリウス)。(3)クィナリウス(半デナリウス)。(4)セステルティウス(四分の一デナリウス)となる。デナリアル制度のもとで初期に発行された硬貨の多くには、有翼の兜をかぶった女神ロマのイメージと、ROMAという文字が刻まれていた。しかし後には、ほかにも様々な文字や神々が使われるようになった。

ユリウス・カエサルは遠征先のガリアから金を大量に略奪し、ローマの貨幣史に足跡を残した。この略奪品のおかげで金貨アウレウス〔デナリウス銀貨二五枚に相当〕がかつてないほど大量に発行され、流通するようになったのだ。カエサルが最高権力者だった紀元前四九年には金融危機が発生したが、この新しい金貨の導入によって事態を収拾することができた。当時は戦続きで、軍隊に給与を支払うために大量の硬貨が必要とされていたのである。金貨を導入して貨幣供給量を増やしたおかげで、大量の硬貨が退蔵される事態には至らず、カエサルの改革は経済の回復を後押しした。

アウグストゥスは政争を勝ち抜いて紀元前二七年、カエサルの後継者として権力の座に就くが、カエサルと同様に貨幣不足という経済問題に直面した。当時はデフレが発生し、不況が長引いていた。そこでアウグストゥスはエジプトからの略奪品を使って公共工事を積極的に手がけ、福祉政策を充実させた。財源となったのは遠方の地から持ち込まれた貴金属で、溶解されてから鋳造され、兵士たちへの報酬として支払われた。さらにアウグストゥスはカエサルの貨幣政策を踏襲し、紀元前一〇年まで大量の硬貨を鋳造し続ける。やがて金利は一二パーセントから四パーセントにまで下がり、経済は回復した。ふたりの経済政策の成功は、将来のローマ指導者たちにとって教訓となった。[85]

アウグストゥスの後継者のひとりネロ帝の治世下の西暦六二年は、長引く不況の最中にあった。おまけに二年後の六四年にはローマで大火が発生し、さらにダメージが広がった。古典学者のメアリ・ソーントンはネロの政策とフランクリン・D・ルーズヴェルト大統領の政策に共通点を見出し、ネロは〝ローマのためにニューディール〟を構想したと考えている。[86]

たとえばネロは市民を対象にした食糧助成金を増やし、運河などの公共工事に投資した。フランクリン・ルーズヴェルト大統領は大恐慌の最中に政府の支出を増やしたが、それと同時に貨幣政策に変更を加えた。金に関する政策や購入計画によって、ドルの価値を意図的に引き下げようとした[87]。同様にネロも貨幣政策に積極的に取り組み、貨幣供給量の増加を目指す。具体的にはカエサルやアウグストゥスの経済戦略を見倣い、硬貨の供給量を増やす一方で改鋳を積極的に進めた。たとえばデナリウスの銀の含有量を九七・五パーセントから九三・五パーセントに、重量を三・九グラムから三・四グラムに減らし、貨幣としての価値を一五パーセント引き下げた。さらにアウレウスの重量を八グラムから七・二グラムに落とし、貨幣としての価値を一〇パーセント引き下げたのである[88]。一連の政策によって、貨幣供給量は七パーセント増加したと推定される。ハードマネーの改鋳は、景気を回復軌道に乗せるために有効な貨幣政策であることが証明された。

改鋳が積極的に進められたネロの治世は、ローマの貨幣史の転換点になった。貨幣は固有の価値を失っていくが、改鋳された硬貨が取引で使われる機会は増えていった。ただしインドなど一部の国は改鋳された硬貨の受け取りを拒んだため、銀や金、あるいは改鋳されない硬貨を国外に放出して交易の円滑化を図った[89]。当時のローマの都市ではモノづくりがさかんではなく、必要な商品を輸入に頼ったため貿易赤字が膨らみ、それを解消すべく国庫から資金がどんどん流出しているのが現状だった。一方ネロは自分の発行する硬貨に、金属としての固有の価値以上のものが備わっていることに気づいていた。硬貨は価値のシンボルであり、プロパガンダの手段でもあったのだ。ネロが皇帝になってまもなく発行された硬貨には、即位したばかりの一六歳の皇帝が後見人である母親のアグリッパと一緒に刻まれている。やがて時代が進むと、ひげをたくわえ王冠をかぶった肖像に変わり、一人前の男性になったことを誇示している。[90]

ローマ帝国の影響力は拡大し、領土は中東や北アフリカにまで広がり、総面積は四〇〇万平方マイルを超えた。多くの略奪品はローマの収入だけでなく支出も増やした。押収された金属は溶かされてから硬貨に鋳造され、増加する一方の軍隊への給与に当てられた。おまけに役人たちの贅沢な生活を支え、貧しい市民に補助金を提供する必要もあったため、国の支出は一気に増加した。[91]西暦二世紀には、ローマの年間予算は二億デナリ以上にまで膨れ上がった。

しかし、莫大な支出はついに経済への大きな圧力になった。西暦二三八年に金融危機が発生すると、金融政策の一環としてデナリウスは実質的に消滅した。銀の供給量が著しく減少したからである。それでも国は大量の貨幣を必要としていた。これに先立ち二一四年には、まったく新しい硬貨アントニニアヌスが造られていた。この名称は考案者のアントニウスにちなんでつけられたものだが、結局のところ悪貨が良貨を駆逐してしまった。当時人びとは固有の価値の高いデナリウスを貯めこんだため、ほとんど流通しなくなっていた。退蔵される硬貨が増えれば、貨幣供給量は縮小していく。こうなるとローマ当局は、さらに改鋳されたアントニニアヌス貨幣を発行するしかなかった。二七〇年に鋳造されたアントニニアヌスは、銀の含有量が僅か二・五パーセントしかなかった。こうして貨幣制度から〝良〟貨が徐々に消えていくと、物々交換や債務取引が増えていった。一方、硬貨の価値低下を補うために商人は商品価格を引き上げ、それをきっかけに今度はインフレが発生する。深刻な経済状況に市民の不満は募り、二七一年には鋳造所で職人のストライキが勃発した。

ローマの悲惨な経済状態は何年も続いた。二九三年から三〇一年にかけて、物価は一年で二三パーセント近くも上昇し続ける。三世紀末、ディオクレティアヌス帝はネロの経済政策を見倣い、軍隊を増強して道路の建設を増やすが、その一方で貨幣改革にも着手した。その結果、金銀複本位制度が復活し、額面金額は実体を正確に反映するようになった。[92]貨幣は固有の価値を持つ金属に立ち返ったのだ。しかし、金属価格が急上昇したためインフレは解消されず、またもや悪貨が良貨を駆逐した。そこで三〇一年、ディオクレティアヌス帝は最高価格に関する勅令を発し、ワイン、穀物、衣服など一〇〇〇以上の商品の価格に上限を設けた。しかしそれはほとんど無視され、インフレはさらに猛威をふるった。

ローマのインフレの原因について学者は長いあいだ議論を続けてきた。ハードマネーの供給量と価値に干渉したことが大きな影響を与えたのは間違いない。貨幣を改鋳し続けたローマの経験は、ハードマネーこそ経済問題の万能薬だと考える人たちに再考を促すはずだ。しかしハードマネーの改鋳も、今日進行しているソフトマネーの価値低下と比べれば色あせてしまう。今日のドルには金属の裏付けがない。そして一部では、長いあいだ人びとを魅惑してきた金属への回帰を求める声が聞かれている。

## 黄金の魅力

何年も前、私は南アフリカの金鉱のなかに潜った。目的地は地下数百メートルの場所にあり、エレベーターの昇降路の近くには〝二〇五日間無事故〟と書かれた貼り紙があった。何百人もの労働者がかぶっているヘルメットのライトが、奥行きの深い通路を煌々《こうこう》と照らし、何十台ものトラックや輸送用バギーが私を追い越していく。ここは危険な作業の連続だが、産出する金は僅かしかない。一トンの砕石から数グラム程度だ。それでも、この僅かな量をウォール・ストリートのアナリストは注意深く監視し続け、産出データに基づいて経済予測を調整する。地上に存在している金の総量は、二〇一二年の時点でおよそ一七万四〇〇〇トン。[93]一方、同じ年の世界の鉄鋼産出高だけでも一五億トンにのぼる。[94]

希少な金属は金だけではないが、金は執着を伴う。ウォーレン・バフェットによれば、黄金には一種異様な欲望が伴うという。以下に紹介する彼の発言を読めば、アフリカの金鉱やニューヨーク連邦準備銀行の保管室を訪問した私のおかしな行動も、納得できるのではないか。「金はアフリカなどの地下から掘り出される。それから溶かされ、ふたたび地面に穴を掘って埋め直され、スタッフを有料で雇って監視に当たらせる。何かの役に立つわけでもない。火星から眺めている人がいたら、さぞ困惑するだろう[95]」。

しかし一部の市場戦略家に言わせれば、〝金こそ貨幣〟である。[96]この発想はどこから生まれたのだろう。ニューロンが〝金〟を〝価値〟と結びつけるようになったのは大昔のことだ。誕生したばかりの人類は、金の輝きや光沢に魅せられたはずだ。自然界に存在するもののなかには、宝石や水や氷のように僅かながら、光を反射して自然の輝きを放つものがあっただろう。

光り輝く物体を好む動物は人間だけではない。サルは油断している観光客から、腕輪やカメラのレンズなどをあっという間に奪う。オーストラリアやニューギニアに生息するニワシドリの雄は手の込んだ巣を作るが、フルーツ、石、ガラスの破片、ボトルのキャップ、フォイルバッグ、ヘアゴムなど、カラフルに輝く材料を自然界や人間の世界から見つけてくる。おしゃれな巣で交尾相手の雌を呼び寄せるのだ。色彩は自然界の広告手段であり、金色は売り上げの増加につながる。[97]

黄金は長いあいだ人びとを惹きつけてきた。バビロニア人は様々な金属を太陽系の星と結びつけて考えたが、そのなかで金は太陽にたとえられた。[98] 金と太陽の関連性はほかの場所でも見られる。ラテン語の *aurora* は太陽がのぼってくる〝夜明け〟を意味するが、これは〝金〟を意味する *aurum* と同義語で、元素周期表で金は *Au* と短縮して表現される。ただし英語のゴールドは高地ドイツ語〔ドイツ中南部の方言〕の *gelo* や古英語の *geolu* を語源としており、どちらの単語も〝黄色〟を意味している。

金を掘り起こす人もいれば、錬金術の呪文で創造しようとする人もいる。昔の錬金術師は、銅、鉄、スズなどの卑金属を、エレクトラム、銀、金などの〝高貴な〟金属に作り変える実験に取り組んだ。[99] 崇高な野望ゆえ、錬金術は神秘的で神聖な雰囲気を漂わせ、〝学問〟や〝芸術〟として見なされるときもあった。錬金術は神秘的で神聖な雰囲気を漂わせ、alchemy（錬金術）という言葉そのものは、複数の単語を語源としている。*Al* はアラビア語、*chemy* はギリシャ語に由来しており、このギリシャ語には〝溶ける〟とか〝混ぜる〟といった意味がある。

錬金術は西暦三世紀にエジプトで始まったと考えられている。エジプト人はすでに何千年も前から金属加工に取り組んでいたので、錬金術師の誕生の地としてふさわしい。この時代の錬金術に関する記録の多くは処分されてしまい、歴史を知る手がかりになる史料は大して残されていない。言い伝えによれば、ローマのディオクレティアヌス帝が錬金術を禁止したのは、貨幣改鋳や通貨改革への影響を危惧したからだという。あるいは、反乱分子に資金として提供されるのを恐れたからかもしれない。[100] それでも一部のレシピは発見されており、たとえば、硫黄を銀に加えると化学反応が生じ、黄金色の物体が出来あがると記されている。[101]

やがて錬金術師は、ほかの金属に黄金の色彩を添えるだけでは満足できなくなり、ひとつの金属からまったくべつの金属に作り変えることを目指した。金に変化させるプロセスはクリソペイア、銀に変化させるプロセスはアルジロペイアと呼ばれた。[102] さらに錬金術師は、物質は何で構成されているかという謎の解明にも取り組んだ。そのためには化学的性質についての深い知識が必要とされたが、それでもハードマネーを創り出すのは困難だった。

錬金術はエジプト以外の多くの場所でも実験された。ローレンス・プリンチーペは『*The Secrets of Alchemy*』〈錬金術の秘密〉のなかで、アラブ人が錬金術に関心を持つようになった経緯について記述している。八世紀にビザンチン帝国のある皇帝が、銅を溶かして赤い粉末を混ぜると黄金に変化するという話をアラブの使節に聞かせた。俄然興味をそそられたアラブ人は、錬金術に関するギリシャ語の文献を翻訳した。[103] こうしてエジプト以外の文化も黄金の創造に取り憑かれていくが、やがてローマ帝国と同じような展開を見せた。アラブ世界の指導者たちも錬金術師を詐欺師と見なし、自然に反する学問である錬金術を完全に禁止するようになったのである。

中世のヨーロッパでは、一部の錬金術師が自分たちの行動を神聖視した。復活によって変身を遂げたイエス・キリストの生涯について、錬金術のたとえ話だと解釈したのだ。彼らにとって錬金術の実践は、自己改善への道だった。[104] たとえばマルティン・ルターの父親も錬金術師で、自分の職業はキリスト教の自己改善の教えと矛盾しないと信じていた。[105]

やがて啓蒙主義の時代のヨーロッパでは、錬金術は教育機関で化学の一環として研究された。意外にも、科学的思想の申し子と言えるアイザック・ニュートンも、錬金術を研究して実践していた。貴金属の創造には、最も〝合理的な〟精神の持ち主も魅力を感じていた証拠だ。結局のところ科学者は錬金術を放棄したが、オカルト集団に受け継がれ、知識は生き残っている。[106] 今日でも錬金術という言葉は一般に使われ、文学から映画まで様々な大衆文化で様々に解釈されている。黄金の魅力は未だに色あせない。

## 質から量へ

政治目的で貨幣を操作したのはローマ皇帝だけではない。政治的目標の達成を支援するため、中央銀行が貨幣供給量を調整するのは未だに各国共通の習慣になっている。ただし金属を採掘する必要はない。国家はソフトマネーをどんどん創造するだけでよい。たとえば日本の中央銀行は大量の国債を購入し、銀行に資金を注入する。その結果として円安が進行すれば、トヨタや日産などの輸出業者は世界市場で自社製品を安く販売できるようになる。売り上げが伸びれば新たな雇用が創出され、日本政府の目標は達成される。

このような貨幣戦略や通貨の操作は、かねてより世界の経済制度の一部だった。しかし二〇〇八年に世界を見舞った金融危機をきっかけに、通貨調整の規模は大きく膨らんだ。各国の中央銀行は景気刺激策として、大量の貨幣を新たに発行するようになった。経済のなかで流通する貨幣の量が増えれば、貨幣の価値が下がって物価や賃金が上昇し、個人も企業も将来ではなく今のうちにお金を使おうという気持ちになり、経済活動が刺激される。

貨幣の供給量や価値に国家が介入する習慣を酷評する専門家や政治家は多い。金属の裏付けのない貨幣を国家が大量に操作する行為は、かつてのハードマネーの改鋳と比べものにならないほどの悪影響をおよぼすと考えているのだ。金本位制に戻ればある程度のチェック機能が働くだろう。金の総供給量は限られているから、貨幣供給量が際限なく膨らむ展開にはならない。

金本位制の復活というアイデアは、金属主義者と表券主義者のあいだに論争を巻き起こしている。これは債権者と債務者の論争と言ってもよい。債権者は投資した財産を守ろうとするもので、返済時に貨幣の価値が変わらないことを望む。これに対して債務者は、貨幣供給量が増える展開を期待する。そうすれば返済時の金額が同じでも、価値は目減りしている。[107]

しかし、お金の性質はひと言では説明できない。借金を誰に頼るか、そしていつ申し込むかによって、問題の解決法は異なってくる。たとえば一九世紀末の銀行家は、通貨供給量の増加につながる複本位制の導入に抵抗した。貸し付けたハードマネーの質や価値が返済時にも変わらないことを望んだからだ。今日、ハードマネーへの回帰を提唱する銀行家はほとんどいない。融資の提供が限られ、事業が抑制される恐れがあるからだ。

いまや貨幣の歴史はソフトマネーへと傾いている。経済学者のグリン・デービスはこれを〝質から量へ振り子が揺れ動いた〟と表現している。この数世紀で貨幣供給量は大きく増え、それに伴い貨幣の価値は低下した。

ソフトマネーは作りやすさも幸いし、今日では大量に流通している。おそらく国家は、新たなタイプの錬金術をずっと変わらずに実践しているのだろう。

# 第5章　ソフトなのがお好き？　ソフトマネーの簡単な歴史

驚くなかれ、彼は自分のために貨幣を造らせた……それも樹皮から……ハンが所有する貨幣は大量で、世界中のすべての財宝を購入することもできる。帝国内のあらゆる属州や王国や地域への支払いもこれで済ませてしまう。敢えて受け取りを拒み、命を失う危険を冒すようなものは誰一人いない。

——**マルコ・ポーロ**[1]

貨幣は貨幣を生み出す。そして貨幣が生み出す貨幣が増えるほど、さらなる貨幣が生み出される。

——**ベンジャミン・フランクリン**[2]

株式市場が生み出す富について筆が進まなければ、貨幣の山を抱きかかえてみるとよい。

——**ビル・グロス**[3]

フビライ・ハンは元王朝を築いて紙幣を発行し、
アジアの大帝国の全域にわたって流通させた。

コンピューターのブルームバーグ端末で真っ赤な光が点滅し始めた。しかしジャスパーが見るかぎり、すべては正常だった。[4] 彼はウォール・ストリートで働きだしてまだ数年にしかならないが、このような展開を目撃したのは初めてだった。市場は大混乱へと突き進んでいくが、彼のチームがこれほど大きな利益を出している日もなかった。

ジャスパーはニューヨークにある世界的な投資銀行のFXトレーディング・デスクで勤務している。二〇〇八年九月にリーマン・ブラザーズが破綻すると、ドルは大きく揺れ動いた。まずは一週間で五パーセント以上のドル安となり、つぎに二カ月でおよそ一七パーセント上昇した。

しかし、このとき彼を驚かせたのは変動の大きさではない。そもそも通貨市場は変動を繰り返すものだ。問題は量だった。

取引されるドルがあまりにも大量だったことに、ジャスパーは驚かされたのである。

「この流れにはついていけないよ」と吐き捨てるように言った。世界の株式市場と債券市場に入り込む隙がなかったため、お金の流れは通貨市場へと洪水のように押し寄せた。現金、しかもほとんどはドルが、沿岸都市ニューヨークに津波のように襲いかかり、居座り続けた。ほかに投資する場所はなかった。ドルは安息の地、嵐のなかの安全な寄港地だったのである。

歴史を通じ、貨幣は手段として機能してきた。紀元前四世紀のアテネでは、人びとは外国の貨幣をドラクマに取り換え、アゴラでオリーブを買った。今日でも、人びとや組織は同じような理由で通貨を交換する。ブラジルの企業がインドの供給業者に現地通貨で支払うためには、インドのルピーを購入しなければならない。あるいは、もっと巧妙で理に適った取引も考えられる。ケベックからほとんどの収益を獲得しているフランス企業は、カナダドルとの交換レートを都合のよい状態でロックイン〔将来変動する可能性がある数値などを固定する〕しておく。これならば、市場の乱高下で利益が消滅する事態を回避することができる。

二〇〇八年の金融危機のあいだには、多くの投資家が貨幣を貨幣の形のままで所有し続け、通貨の種類だけを繰り返し変更した。通貨を変更する習慣はこの危機をきっかけに始まったわけではないが、その傾向を加速させたのは間違いない。所有する貨幣をほかの資産に変更するのを望まない投資家の多くは、価値の象徴にこだわり続けたのだ。人間が生き残るためにはエネルギーが必要で、それを確保しやすくするのがお金の本来の目的だったが、今日のお金は抽象的な形に進化を遂げた。しかしそれでも現金は、金融の健全性を確保する具体的な手段として多くの人たちから評価されている。

お金は金属の束縛から解放されると変動を始め、市場にさざ波を立てて漂いだした。投資家は市場の動向に目を凝らし、良いタイミングを見計らって通貨を交換しては利益を上げる。投資家によれば、いまや通貨はアセットクラス、すなわち株や不動産や貴金属のように独自の特性を備えた投資対象である。投資ポートフォリオを株式のなかで分割する代わりに、様々な通貨に投資することもできる。たとえば米ドル一万ドルを、五〇パーセントは日本円、三〇パーセントはオーストラリアドル、二〇パーセントはニュージーランドドルに振り分けるといった具合に。各通貨は政治の動向や金利の予想など、いくつもの理由で米ドルに対して独自に変動するので利益を見込める。

通貨市場は世界で最も大きくて奥行きがあり、かつ最も流動的な市場になった。一日に取引される通貨の平均量は、通貨デリバティブ取引など難解な商品も含めると、一九九〇年代末の一兆五〇〇〇億ドルから二〇一〇年には四兆ドルへと跳ね上がり、株式市場での取引量よりも多い。たとえば、アメリカの証券取引所に上場された代表的な五〇〇銘柄の取引量は、一日平均一五〇〇億ドルである。通貨市場が流動的になったのは、市場がほぼ一日オープンしているからでもある。取引は日曜日の夜にニュージーランドのオークランドで始まり、金曜日の夜にニューヨークで終わる。

この市場で米ドルが最も重要な通貨なのは、発行国であるアメリカが第二次世界大戦後、経済大国（そして一部の指摘によれば軍事大国）として世界に君臨しているからだ。米ドルは外国為替市場でほかの通貨と簡単に交換可能で、それが投資家にとって大きな魅力になっている。世界には一七〇種類以上の通貨が存在するが、通貨取引の八五パーセントには米ドルが関わっている。原油など世界的に取引される商品や多くの貿易財の価格は、たとえアメリカが取引に参加していなくてもドルで設定され決済される。その割合は、世界貿易全体のおよそ八一パーセントにおよぶ。[5] 実際、ドルが世界の支配的通貨になっているおかげで、アメリカは貨幣や経済に関して有利な立場を確保している。シャルル・ド・ゴール大統領の時代のフランス財務相が、アメリカは〝途方もない特権〟を持っていると発言したのは有名だ。[6] 私がモロッコのマラケシュでクッションを買ったときも、地元の商人はモロッコのディルハムよりも米ドルでの支払いを希望した。ドルで支払うほうがこちらは楽だが、地元の両替商は私と取引する機会を失ってしまった。アメリカにとってもうひとつ有利なのは、流動的で用途の広いドルを手に入れるために実物財を売却する必要がない点だ。経済学者のバリー・アイケングリーンはつぎのように説明している。

> 造幣局が一〇〇ドル紙幣を一枚印刷するためのコストは僅か数セントだが、ほかの国がそれを手に入れるためには一〇〇ドル相当の現品やサービスを提供しなければならない……アメリカの国外ではおよそ五〇〇〇億ドルの米国通貨が流通しており、外国人は現品やサービスの形で五〇〇〇億ドルをアメリカに支払わなければならない。[7]

世界で最も支配力のある通貨を発行するアメリカにはもうひとつ有利な点がある。国境に関わりなく通貨制度に影響をおよぼせるのだ。信用危機への対応策としてFRBは貨幣を増刷して流動性を高め、その影響は国際社会におよんだ。大量のドルが新たに押し寄せた結果、世界の資産市場は上向き始め、中国など諸外国はインフレについて不満を漏らすようになった。

しかし量が重視されると、市場価値で評価される質が犠牲にされてしまう。金融危機への対策が効果を上げ、いったんはドルの価値が上昇し、長期間続いた下降傾向は食い止められたが、結局はふたたび価値が低下し始めた。労働省労働統計局によれば、ドルの購買力は一九七一年から八三パーセントも落ち込み、一ドルから一七セントにまで下がった。[8] 大きな理由のひとつが貨幣の需給バランスだ。市場が求める以上のドルをFRBは創造してしまったのである。

確かに、ドルがふたたび弱くなってもすべての関係者が悪影響をこうむるわけではない。たとえばアメリカの輸出業者は弱いドルの恩恵にあずかる。外国市場の顧客にとっては実質価値が低くなるからだ。しかし、世界の通貨市場でドルの役割が大きくなりすぎ、その一方で価値が低下すると、投資家は行動をためらってしまう。アメリカの金融制度と抵当市場を根源とする金融危機が二〇〇八年に発生すると、特にその傾向は顕著になった。アメリカの国内総生産は世界全体の二五パーセント程度だが、海外の中央銀行が保有する準備金の六〇パーセント近くは未だに米ドルが占める。しかし一九九九年にはその割合が七〇パーセントだったのだから、中央銀行が通貨の多様化を徐々に進めていることがわかる。金融危機をきっかけに、各国中央銀行もべつのプランの必要性を認識し始めたのだが、それが徹底されないのは、ユーロも円も独自の問題を抱えているからで、近年では良い選択肢が見つからない。信頼性が高く、流動性があって兌換可能な通貨であれば、理論的にはどれでも世界の支配的通貨として機能することができる。ドルが登場する以前、イギリスのポンドは一九世紀から二〇世紀初めまで主要通貨として世界に君臨した。今日では、ポンドが通貨取引全体に占める割合は、一〇パーセントを少し超える程度でしかない。すでに市場では中国の経済的地位の大幅な向上を反映し、人民元が支配的通貨とまではいかなくても、あと一〇年もすれば主要通貨になると予測されている。

アメリカは途方もない特権を持ち続けたい。世界の準備通貨としてのドルの地位を守り抜くため、あるいは、それが無理でもせめてシェアの低下を遅らせるため、大勢の人たちが解決策を提案している。そのひとつが、ドルの量を減らして質を高めることで、金本位制の復活も考えられる。しかし、お金を創造することには誰もが抗えない魅力が備わっており、それは歴史によっても証明されている。

今日のドルはかつてと同じではない。（一九七〇年代初めから）金による裏付けはなくなり、いまではソフトマネーになった。ちなみに私は、貴金属などの商品による裏付けのない貨幣をソフトマネーと定義している。ドル紙幣には固有の価値がごく僅かしかないが、価値の象徴であり続けているのだ。ドルの価値はアメリカ政府の信頼によって裏付けられているのだ。あるいは、地下から掘り起こされる貴金属ではなく、アメリカ経済を支えるファンダメンタルズによって裏付けられていると言ってもよいだろう。しかし、最も明快なのは経済学者ミルトン・フリードマンの説明だろう。「緑色の紙切れに価値があるのは、価値があると誰もが信じるからだ」という。[9]

そもそもソフトマネーはなぜ創造されたのだろうか。正確に答えるのは難しいが、いくつかの理由が考えられる。

まずは利便性。ドル紙幣は金塊や金貨よりも扱いやすい。すでに紹介したが、交換行為は進化の観点から見て有利だった。取引や協力関係の拡大につながる道具には、広く採用されるチャンスが大きくなるだろう。

第二に抽象性。人間は表象的思考能力を発達させたおかげで、価値の源泉を目で見たり手で触れたりする必要がなくなった。生き残りに欠かせない資源の確保を助け、進化を促すことがお金の本来の目的だったが、それが抽象的な形で実現されるようになったのだ。ドル紙幣を手にすると、脳で報酬を司る側坐核の活動が刺激される様子はスキャンによって確認されている。緑色の紙切れが何か価値あるものの象徴であることを、私たち人間は明確に理解できる。

第三に普遍性。社会という〝超頭脳〟が世界に広がり相互の結びつきを強めていくと、ソフトマネーを発行する機関が万国共通の金融制度を支える形態が標準になった。脳が何か新しいことを学ぶまでに長い時間をかけるのと同じで、〝超頭脳〟がソフトマネーを支配的通貨として広く受け入れるまでには千年以上を要した。

そして最後は権力。ソフトマネーの発行者は、政治や経済に関する目標達成のために貨幣供給量を容易に変更し、望み通りの社会を形成していく。しかもソフトマネーの利用価値は、法的権限のおよぶ範囲に限定することができる。これに対してハードマネーは国境の外でも常に同じ価値を有するので、逃避していくリスクを伴う。言うなれば、ソフトマネーは金融を操る錬金術のようなものだ。発行者は無から貨幣を創造し、行動計画に資金を提供できる。しかも市民から直接税金を取り立てる必要もない。

紙切れが権力の源になるとは嘘のようだが、本当の話だ。古代の世界では、硬貨が民主化を促す力として働いた。やがて貨幣の価値を操作し始めたローマの指導者は、貨幣の発行者が政治的に有利な立場を獲得できることを学んだ。ハードマネーを大きく操作すれば目標達成しやすく、経済を好きな形に変更できる。「私に国の貨幣供給量の管理権を与えたまえ。国の法律は、誰が作ろうともかまわない」と、ロスチャイルド帝国の基礎を築いた銀行家のマイアー・アムシェル・ロートシルト（ロスチャイルド）は語っている。[10]

ハードマネーが過去に操作されてきたことを金属主義者は認めるが、その一方、国家によ、り多くの権力を与えたのはソフトマネーのほうだと論じる。たとえばネロはローマの貨幣全体に、同時に影響をおよぼしたわけではない。改鋳された貨幣を新たに発行したとき、従来の質の高い硬貨は流通し続けていた。それが流通から外されて退蔵されるまでには、長い時間がかかった。[11] しかしソフトマネーの場合、国家はすべての紙幣の価値に同時に影響をおよぼす。FRBが紙幣を発行するときには貨幣供給量全体を調整するので、あらゆるドル紙幣の価値が影響を受ける。すべての良貨が悪貨になるので、ソフトマネーの場合はグレシャムの法則も実質的に通用しない。

国家にとっては、ソフトマネーのほうが発行も変更もしやすい。デナリウス硬貨は銀の供給が減ると発行枚数が限られるが、金属を材料としないドル紙幣はいっさいの制約を受けない。二〇一三年六月の時点で一兆一〇〇〇億ドルが流通しており、その大半は海外で出回っていると思われる。[12] ほかの測定結果を見ても、貨幣供給量は増加している。マネタリーベース、すなわち流通する貨幣ならびにFRB預金残高の合計は、二〇一三年六月の時点で三兆二〇〇〇億ドルという途方もない金額に達した。[13] 経済が悪化しているときは特に、貨幣の歴史は膨張とインフレに向かう傾向が強い。二〇〇八年に世界が金融危機に見舞われてからその後にかけては、貨幣供給と信用供与の量を増やして景気浮揚を図る政策が規範となっている。資産価格の引き上げと信用供与の拡大によってリスクの高い投資を促し、価格の低下を食い止めることが狙いだ。

インフレの予想外の進行は、借り手にとってそれほど問題にはならない。時間の経過と共に貨幣の価値が損なわれるので、貸し手に返済する際の実質価値は額面価値よりも低くなるからだ。[14] たとえば私が翌年に利息なしでの返済を約束し、一〇〇ドルを借りたとしよう。その一年間で物価が三パーセント上昇すると、ドルの購買力は低下する。一〇〇ドルは、実際には九七ドルの価値になる。[15] 大した数字には見えないかもしれないが、大口の借り手にとっては非常に有利な状況であり、逆に債権者は犠牲を強いられる。たとえばアメリカが固定金利かつ期限二〇年の条件で、五〇〇〇万ドルの借り入れを行なったとしよう。その間、物価が毎年三パーセントと予想外に上昇したと仮定する。二〇年後（単純に複利計算すれば）、政府が返済すべき五〇〇〇万ドルの価値は二八〇〇万ドルに低下しているから、かなり有利な立場になるだろう。[16] では、物価が予想外に毎年三パーセントずつ下がったらどうか。二〇年目に政府は五〇〇〇万ドルの元本を返済するが、その価値はおよそ九〇〇〇万ドルの購買力に匹敵するので、大きな負担になってしまう。[17]

実際、ソフトマネーは創造するのもインフレを引き起こすのも簡単なので、発行者が大口の借り手の場合は非常に有利な立場を確保できる。ただし、ソフトマネーの性質上、発行者は悪魔と契約を交わすような結果になってしまう。ゲーテの『ファウスト』の第二部で、債権者や軍隊に支払う金が不足した皇帝に対し、悪魔は紙幣の発行を提案する。このとき担保になるものはなかったが、あとから金《きん》を掘り起こせばよいと言って悪魔は皇帝を説得した。この場合、貨幣が価値の象徴ではあっても、その価値は抽象的だ。ハーバード大学のマーク・シェル教授は、この策略を持ちかけた悪魔の見解についてこう述べている。「人間の心を掘り起こして信用を獲得できるならば、わざわざ地面を掘り起こして……金《きん》を取り出す必要もない」。ハードマネーからソフトマネーへの移行は、脳のなかで始まったことを悪魔は認識している。概して経済が調整されるときは、心理状態の変化が先行するものだ。皇帝の顧問たちが悪魔の提案に賛成したのは、「貨幣資産の獲得に興味があったからではなく……単に金持ちになりたかったからだ」[18]。当初、紙幣は莫大な富を生み出した。皇帝は債権者にも軍隊にも支払いを済ませ、仕立屋でさえ商売が繁盛する。しかし結局、この富は束の間ので、国庫の状態は悪化していく。深刻なインフレが社会不安を引き起こし、皇帝は厄介な立場に追い込まれる[19]。

これは架空の物語のような印象を受けるかもしれないが、ゲーテは現実の出来事からインスピレーションを獲得している。一八世紀のフランスでは病める経済を救済するためにソフトマネーが導入されたが、この間の事情にゲーテは精通していた。ソフトマネーは一時的に効果を発揮したものの、結局は金融を壊滅状態に追い込んでしまう。どの時代にも、そして世界のほとんどの地域で、ソフトマネーは大きな期待と危険の源だった。『ファウスト』のストーリーがアメリカの一連の不吉な出来事の予兆と言えるかどうか、現時点ではわからない。二〇〇八年の金融危機への対応策としてＦＲＢは貨幣供給量を増やし、それが経済の回復に役立ったのは間違いない。しかしこの行動が長期的にもたらす結果には未だに不透明な部分が存在する。

好景気と不景気のどちらが訪れるにせよ、そこに至るまでの道でソフトマネーは強力な道具として作用する。ソフトマネーを発行すれば、貨幣を武器に政治的目標を達成することもできる。さらにソフトマネーの発行者の政治的決断は、通貨市場を通じて世界各地に瞬く間に影響をおよぼす。限られた金属資源に制約されない貨幣制度のなかで、ソフトマネーはほぼ無限の存在になった。発行者は錬金術師さながら、供給量を好きなように決定できる。どの子どもも遊びを通じて学ぶ事実を、ソフトマネーの発行者はとっくに知っていた。そう、じゃんけんでは、パー（紙）はグー（石）よりも強い。

## ドラゴンマネー

蔡倫《さいりん》は目のつけどころのよさに我ながら感心した。彼は中国の後漢王朝は和帝の時代に宦官として宮廷に登用され、トップに上り詰めた人物である。[20] 西暦一〇五年、彼は自分の創造した自信作について皇帝に報告するが、それでもこれが貨幣の形はおろか、政府の貨幣政策まで永遠に変化させるとは思わなかった。蔡倫は桑の木の樹皮を剝《は》ぎ、そこから繊維を取り出し、叩いて平らなシート状に延ばして紙を製造したのだ。ただし一部では、紙は紀元前二世紀頃に発明され、貴重な青銅製品を包装するために使われたという説もある。

中国人は何百年もかけて紙作りの技術を洗練させ、ラタンやビャクダンや竹の繊維、あるいは海藻も原料として使った。さらに中国人は墨《すみ》を発明したとも言われ、職人や学者や政治家にとって、硯《すずり》で墨を擦ることは栄えあるたしなみのひとつだった。[21] おまけに中国人は木版印刷と活字も発明している。[22] 要するに、紙幣を製造するための材料が一通りそろっていたのだ。しかし紙幣が発明されるのはまだ先で、それまでは青銅貨が支配的な貨幣として全国に流通していた。

七世紀はじめ、短命に終わった隋《ずい》のあとを受けて唐《とう》王朝が誕生し、メトロポリタン美術館関係者の言葉を借りれば、〝中世の世界における最大の帝国のひとつ〟として栄えた。[23]九世紀まで続いた唐の時代は国が比較的安定し、文化が花開いた。ペルシアなど遠方の地から外交使節が訪れ、中央アジアの演奏家も中国まで巡業してきた。実際、唐の音楽には一〇種類のタイプがあり、そこには外国音楽のジャンルも含まれている。この国では活気ある経済とイノベーションが生まれる環境が整っており、商人たちは顧客と取引する方法の改善に努めた。たとえば商店ではパトロンの貴重品を銀行の貸金庫のように保管して、それを担保に紙の証書や受領書を発行した。この証書は取引可能だったので、一種の貨幣として機能した。[24]遠方の地域と取引して利益を移動させたいお茶商人などは、重たい青銅貨の代わりに紙の証書を携帯するほうを好んだ。[25]

一方、中国は西からはトルコ系の遊牧民、東からは朝鮮人に攻撃される恐れがあったので、軍隊を維持するための財源として税金を徴収する必要があり、政府役人はそのための方法の改善に努めた。そして遠方の地と首都のあいだの長距離を移動させる手間を最小限に抑えるため、〝飛銭《ひせん》〟という為替手形が作られた。[26]この為替手形は硬貨との交換が可能で、地方政府と中央政府の決済や商人同士の取引に利用される。ただし政府は、このような為替手形を野放しにしてはいけないことにすぐに気づいた。そして八一一年には民間機関による為替手形の作成を禁じ、国家の権力を維持するため厳密な措置を講じる。[27]一部の手形には偽造者に科せられる罰則が記されており、「罪を犯した者は即座に打ち首となる。第一通報者には…

……銀が与えられる」とあった。[28] この為替手形の利用は特別な取引に限られ、多目的型の通貨として流通したわけではないが、紙の利便性はもはや疑いようがなかった。[29]

その後、九六〇年から一二七九年にかけて中国を支配した宋《そう》王朝は、紙幣を土台とする貨幣制度を最初に導入した功績をしばしば評価されている。九七〇年には、貨幣を発行する機関である〝便銭部《べんせんぶ》〟が設立された。[30] 紙幣が盛んに使われるようになった一因は硬貨不足だった。九六〇年から一一二七年にかけての北宋の時代には、二六〇〇億枚以上の硬貨が鋳造されたと推定されるが、それでも成長著しい商人や増強する一方の軍備の需要を満たすには十分ではなかった。[31] 〝硬貨不足が深刻になれば〟、国家がほかの選択肢を検討するのも無理はない。[32] そして代わりの選択肢は、西部の四川で見つかった。

四川では、貨幣は鉄で作られていた。青銅銭の製造に必要な銅などの金属が豊富ではなかったからだ。しかもここはライバル国家と境界を接していたので、貴重な青銅銭が敵の領土に流出する事態を北宋は最小限に抑えたかった。[33] 鉄銭を金融機関に預け入れた顧客は受領書を発行され、それを取引に使うことができた。しかも四川はかねてより麻を原料にした紙を製造しており、朝廷はその紙を使って布告を発令していた。[34] これが小さな一歩となり、西暦一〇〇〇年頃には紙幣が発行されたのである。

当初、朝廷は統一感のない貨幣制度を容認し、一六の金融機関が同時に紙幣を発行する状況が続いた。しかし一〇二三年、国家はこの方針を転換する。どの機関がどの紙幣を発行しているのか判然とせず、一部で混乱が生じたからだ。しかも国家が唯一の発行者になれば、国家の権力は拡大される。そこで〝交子務《こうしむ》〟が設立され、紙幣が本格的に製造される。[35] 紙幣は交子と呼ばれ、後には銭引《せんいん》と改名され、最初は鉄で、やがて銀によっても裏付けられるようになった。はじめ、国家は年間に製造される紙幣の量に上限を設けた。貨幣の価値を安定させ、政府の支出を抑え、インフレの発生を防ぐためだ。しかし結局のところ政府は自制が利かなくなり、一〇七二年には上限を五〇パーセント緩和するが、それでも上限を超えてしまった。[36] 新たに紙幣を発行すればするほど国家の財力を誇示できるのは事実だが、あまりにも多すぎれば管理不能になってしまう。

一一二七年から一二七九年にかけて中国を支配した南宋《なんそう》も、貨幣に伴う権力を追い求めて最後は獲得に成功した。ただし、その道は平坦だったわけではない。北の領土は金《きん》王国との戦いで失われ、当初は貨幣制度に統一感がなく、四つの領土で異なった貨幣が流通していた。[37] このような貨幣制度の混乱は貿易を縮小させた。[38] しかも、青銅銭の材料となる金属の所有量が十分でなかったため、深刻な貨幣不足に陥った。

そこで宋はべつの金属、すなわち銀に注目する。銅の埋蔵量が豊富な北部の領土が失われたため、銀の価格はすでに青銅よりも大きく上昇していた。行政事務で銀が使われる機会が増えたことも、銀の価値が上昇する一因として作用した。この時期、税金や兵士たちの給与の一部は、銀で支払われていたのだ。やがて銀は、標準的な価値貯蔵手段として青銅に代わる存在になった。[39]

一一七〇年になると政府は、すでに商人たちのあいだで流通していた紙幣の会子《かいし》を貨幣として認めた。以後、会子は民間機関による発行を禁じられ、銀の裏付けを持つ法定貨幣となった。そして最終的に、四川以外の国土全域に広がったのである。[40] 当初これらの紙幣は、貨幣の価値を維持するために新札との兌換が可能だったが、経費がかさむため、一三世紀初めにこの習慣は廃止される。やがて会子の発行量が増えていくと、グレシャムの法則が繰り返された。硬貨は価値の貯蔵手段として退蔵され、最終的に流通から取り除かれてしまった。[41]

こうして交換手段として流通し始めた会子は、次第に計算単位になっていった。歴史家のリチャード・フォン・グラーンは、かつては硬貨の価値によって表示された物価が、会子によって表示されるようになったと指摘している。[42] しかも銀に裏付けられた会子は、固有の価値を持つ貴金属を要求できる権利を持つので、価値の貯蔵手段としても役に立った。ただし国家が紙幣の発行を増やし続けていくと、この公約は事実上無効になった。紙幣と金属との結びつきが完全に断ち切られるまでにはまだ時間が必要だったが、そのときは近づいていた。紙を解き放つことになる人物が戦争の準備を始めていたのである。

会子の価値を維持しようとする努力もむなしく、発行量の増加は収まる気配が見えず、宋の経済の衰退が始まると勢いはさらに加速した。[43] 一三世紀初めには金王国との戦いが続き、国は疲弊していく。そして一二三一年、首都が大火に見舞われ多くの建造物が破壊されると、復興の必要が生じた。国はその費用を賄うため会子の発行量を増やし、その結果として通貨の価値は低下した。しかも、四川の麻の木の繊維で作られた品質の高い紙幣を、地元で確保できる質の悪い紙と取り換えたため、会子の価値はさらに落ち込んだ。たしかに国も通貨の価値の回復に向けて努力した。会子の流通量を減らすため金や銀のバウチャー（交換券）まで発行し、個人が獲得できる紙幣の量を一定に制限する政策まで打ち出した。[44]しかし結局、膨れ上がる出費を賄うために大量の紙幣を発行する誘惑には勝てず、宋の経済はどんどん悪化していく。そして長年の戦いのすえ、宋はモンゴル人のフビライ・ハンに滅ぼされ、一二七九年に中国は元《げん》王朝のもとで統一されたのである。

一三世紀、モンゴル帝国はアジアから東ヨーロッパにまで版図を広げ、歴史上最大の帝国のひとつになった。この帝国は緩やかな連合から構成され、各地の族長の指導力に頼る部分が大きく、行政監督の手腕が大いに必要とされた。ところが一三世紀半ばには後継者争いが激化して帝国は分裂を始める。後継者のひとりフビライ・ハンは帝国の力の維持を目指すが、問題はその具体的な方法だった。大々的な軍事遠征で影響力のおよぶ範囲の拡大に努めるか、あるいは帝国の責任者として首都にとどまり、肥大化した官僚の監督に当たるか、どちらを選択すべきか頭を悩ませた。[45]そしてほどなく、紙は剣よりも強いという事実を学ぶ。そこで貨幣を利用して帝国を統一し、異なった地域同士の貿易を促進し、宮廷の富を増やし、自身の権力の強化を目指したのである。

フビライ・ハンの紙幣は一二六〇年に初めて印刷された。それは中統元宝交鈔《ちゅうとうげんぽうこうしょう》（中統鈔《ちゅうとうしょう》）という名まえで知られており、一一の呼称単位に分かれ、使用期限はなく、銀によって裏付けられた。[46]銀が選ばれたのは金融担当責任者たちの助言にしたがったからで、彼らはそれぞれべつの地方で銀の裏付けを持つ紙幣を発行した経験があった。さらにモンゴルでは、かねてより属国からの貢物を受け取る習慣があり、銀が地方から首都に献上される制度が確立され、価値の貯蔵手段として評価されていた。

フビライ・ハンの画期的な成果は絶対的な命令である。彼は、新しい貨幣が国内で受け入れられる唯一の貨幣だと宣言した。[47] 貨幣の偽造が発覚すれば死刑に処せられ、告発者は報酬を与えられた。すべての国民に紙幣の使用を強制し、従わない者には罰則を与えた。そして青銅銭の使用を全面的に排除するため、金額の小さい紙幣を発行する。さらに、中統鈔の存在を脅かす貨幣を排除するため、フビライ・ハンは交易において金と銀の使用を禁じ、元を訪れる外国の商人から金や銀を押収した。[48] 後に中統鈔が広く流通するようになると、これらの制約は解除される。

当初、政府は金融政策を慎重に実行した。紙幣の利用を促し、その信頼性を再確認するため、折に触れて銀と交換した。その際は腐敗した役人に着服されないよう、古い紙幣が公衆の面前で廃棄される徹底ぶりだった。やがて紙幣は全土に広がり、帝国は単一通貨のもとで統一され、今日のタイやミャンマー（ビルマ）やイランにまで紙幣は流通した。西洋の初期の銀行制度は、元王朝の貨幣制度に大きく影響されたと歴史家は指摘している。[49]

しかし一二八〇年から一三五〇年にかけて、国はたびたびインフレに苦しんだ。そもそものきっかけは南宋の領土の併合だった。六〇〇〇万の人口を擁する宋は、当初フビライ・ハンが拠点にした旧金王国とは比較にならないほど広大で、人口の増加と共にフビライの紙幣の需要は爆発的に増えた。その結果、五〇会子が一中統鈔で交換される。紙幣がどんどん発行される一方、銀の供給は枯渇した。それでも紙幣は印刷され続け、結局は通貨としての信頼性が損なわれ、銀との兌換性の維持も難しくなった。ついに中統鈔の価値は九〇パーセントも低下するが、これは維持可能なレベルではない。[50] 膨れ上がる出費を賄うため、国は通貨の価値を犠牲にしたのである。

そこでフビライ・ハンは対策に乗り出す。一二八七年には新通貨の至元鈔《しげんしょう》が発行されるが、これは従来の通貨の廃絶を目指したため、これまでと比べて価値は五倍に設定された。[51] この時点まで、ソフトマネーは金属に裏付けられた紙幣だった。しかしフビライ・ハンは、新しい紙幣と硬貨の兌換を認めず、ここではじめてソフトマネーは束縛から解放された。経済学者の言葉を借りれば、ソフトマネーは本位貨幣になったのだ。国家によって発行され、信用に基づいて流通し、人びとの信用を失えば価値も失ってしまう。

この新しい通貨の普及を促すため、国はこのときも商売における金や銀の使用を禁じた。しかしそうなると、グレシャムの法則にしたがって貴金属は退蔵され、新通貨の価値は下がる一方だった。国は新通貨の脅威になるものをすべて禁じ、個人的なバウチャーやクーポンまで対象にされた。[52] それでも従来の通貨は消滅するどころか、闇で流通し続け、結局は新通貨と同時に出回った。理論上は、未だに銀の裏付けがあったからだ。

国家の赤字は膨らみ続け、人びとはフビライ・ハンの通貨への信頼を失った。彼の後継者たちも新しい通貨の発行に取り組むが、貨幣制度の信頼が回復されるまでには至らなかった。やがて一三一一年には、二重貨幣制度が復活する。価格は中統鈔で表示され、建前上は銀への兌換が可能だったため、中統鈔が基準の貨幣になった。一方、日常の取引には至元鈔が使われる。これでしばらくは経済も比較的落ち着きを見せるが、一四世紀半ばになると元王朝の指導者の権力は衰えていった。[53]

中国の貨幣の歴史からは、国家が強大になるほど制度の信頼性は高まり、貨幣のソフト化が促されることがわかる。貨幣の価値は金属の固有の価値に由来しなくなる。人びとは発行者を信頼し、畏怖さえ感じるのだ。フビライ・ハンのように強力な指導者は、貨幣に関する決断を意のままに下すことができる。しかし、このようなソフトマネーへの初期の取り組みは、結局のところ悪魔と契約を交わしている。発行者は一時的に人民の信頼を勝ち得るが、結局は誘惑に打ち勝てず紙幣を際限なく刷り続け、支出を膨らませてインフレを引き起こした。こうして中国でのソフトマネーの興亡は数十年間続いたが、世界のべつの場所では僅か四年で幕を閉じた。

## フランスの男

私たちがフビライ・ハンについて知っている話の一部はベネチアの探検家マルコ・ポーロからの情報で、彼は遠方の地で紙幣がどのように使われているか、帰国してからみなに話して聞かせた。おそらく彼の発見に刺激され、ヨーロッパでは一四世紀に同様の金融調節手段が採用されたと思われる。しかし西洋が経済の立て直しを図るため、ソフトマネーを使った手の込んだ実験に取り組むのは、ずっと先になってからだ。有名なところでは一七一〇年代のフランスで、低迷する経済の立て直しに複数の組織が取り組んだ。しかし東洋のケースと同じく、ソフトマネーのシステムではチェック機能が働かず、通貨の価値が低下して深刻なインフレを引き起こした。

西洋での実験を主導した草分け的存在は、多彩な経歴の持ち主だ。この人物、ジョン・ローは、スコットランドはエジンバラ近郊の金細工師の息子として生まれ、名門校で教育を受けるが、ギャンブル好き、女好きとして悪名を馳せた。二三歳だった一六九四年には、女性を巡る決闘で相手を殺害し、逮捕されて死刑を宣告される。[54] しかし、有力な友人たちの手引きでボートでの脱出に成功し、大陸ヨーロッパに向かった。[55]

ローは最終的にアムステルダムに落ち着くが、当時ここは金融ハブとして栄えていた。そのため外国為替銀行業務、ジョイント・ストックカンパニー、株式市場、紙幣といった金融イノベーションをじかに学ぶことができた。[56] この地を拠点とするアムステルダム銀行は、預金する顧客に手数料を請求しない代わり、硬貨を引き出すたびに二・五パーセントの手数料を課し、営業コストを賄っていた。そのため顧客はどうしても引き出しをためらいがちだった。一六八三年、銀行は引き出しに伴うわずらわしさを解消するため、顧客から預かった硬貨と引き換えに受領書を発行する決断を下す。やがて硬貨は引き出しにくくなり、受領書は通貨のように取引され始めた。この変化のおかげで銀行は、オランダ東インド会社など大口の借り手に融資を提供しやすくなった。[57] そして、新しい仕組みは歓迎された。銀行は大量の貴金属を保管していると部外者は信じたからで、たとえばアダム・スミスもそのひとりだった。数字に明るいジョン・ローは、これはほかの場所で応用できると閃いた。[58]

一七〇五年、ローは『*Money and Trade Considered, with a Proposal for Supplying the Nation with Money*』〈貨幣と商業に関する考察ならびに国民に貨幣を供給するための提案〉を刊行し、閃いたアイデアについて紹介した。出版業者だった叔母の支援を受け、この本はスコットランドで出回った。このなかで彼は貨幣と商業というふたつの点を線で結びつけるために、貨幣の流通量が増えるほど商業活動はさかんになると論じている。さらに、ヨーロッパが貴金属すなわちハードマネーを輸入すれば物価は上昇すると指摘することによって、貨幣供給量と物価水準を関連づけた。そのうえで、貨幣不足と物価の低迷を抱えた国は貨幣供給量を増やすべきだと主張して、ハードマネーを廃止してソフトマネーに切り換えることが最善策だと指摘している。新たな錬金術で紙を黄金に変化させるわけだ。[59]紙幣はヨーロッパで古くから存在しており、その起源は中世のイタリアにまで遡る。ジョン・ローは他人のアイデアを拝借したうえで、アムステルダム銀行を見倣った国立銀行を創設し、紙幣を発行させるべきだと提案したのだ。[60]

当初、ローが売り込む計画に興味を持つ国はなかった。しかし、フランスがルイ一四世の没後に財政と金融の危機に見舞われると、それを境に潮目が変わった。[61]太陽王と呼ばれたルイ一四世の時代は戦争に明け暮れ、国家の出費も借金も利息の支払いも膨れ上がり、おまけに失業者も増える一方で、フランスが破産と債務不履行に陥る可能性は現実味を帯びていた。

さらに、貿易のスムーズな進行に欠かせない硬貨を鋳造するための貴金属も十分ではなかった。フランスの通貨不足は危機的状況だった。[62]

そこで、事実上の国家元首に当たる摂政に就任したオルレアン公〔ルイ一四世の甥〕は、通貨危機の解決を図るためジョン・ローをフランスに招いた。フランスに対するローの処方箋は、本のタイトルそのもの、すなわち貨幣と商業だった。彼はまず、深刻な貨幣不足を解消するため、フランスは貨幣供給量を増やすべきだと考えた。そしてもうひとつ、大きな貿易会社を設立すれば、国の借金は吸収され商業活動が促され、金融危機の緩和につながると彼は確信していた。

一七一六年、ローはバンク・ジェネラールを設立して計画を実行に移した。預託と融資を業務とする点は従来の銀行と変わらないが、社会的地位の高い顧客が多く、摂政もそのひとりだった。しかもこの銀行は、ハードマネーへの兌換可能な銀行券の発行を許可された。一七一七年、これらの銀行券を使った税金の支払いが国によって認められると、その利用価値は直ちに定着した。紙の銀行券は法定貨幣および通貨として通用するようになったのである。[63]ローの銀行の莫大な利益は摂政にとって大きな魅力だった。一七一八年、摂政はバンク・ジェネラールを買い取り、正式な国営銀行のバンク・ロワイアルに組織を改めた。この新しい銀行が発行する銀行券のリーブルは、フランスの通貨として流通した。ローは一連の展開を歓迎した。権力者との距離が縮まるからで、そうすれば著書で紹介したアイデアも実行しやすい。国が強くなるほど、紙幣の支配力が大きくなることをローは確信していたのである。

やがてフビライ・ハンの宮廷と同じく、フランス政府は金や銀での取引を禁じた。ローがフランスにやって来てから僅か四年後の一七二〇年には、彼の導入した制度のもとで貨幣供給量は四倍に膨らんだ。通貨不足は解消され、物価は上昇を始める。[64]

しかし、巨額の債務と高金利は不安材料として残っていた。そこでローは公的債務をべつの機関に吸収させるため、オランダのジョイント・ストックカンパニーをモデルにした会社を設立して経営権を握ろうとした。一七一七年、彼は西方会社を資本金一億リーブルで立ち上げる。[65] 歴史家のニーアル・ファーガソンは、ローの計画についてつぎのように説明している。「彼は（無分別ではなく）、独占権を持つ大きな貿易会社を民間部門に設立すれば、税収増が期待できる点に目をつけた。ずさんな管理によって国の債務は大きく膨らんでいるが、それをこの会社の株式で買い上げてしまえば、問題は解消すると考えたのだ」[66]。実際、西方会社はルイジアナでの貿易独占権を与えられ、それと引き換えに、フランスの債務の一部を引き受けた。当初、これは悪い話とは思えなかった。当時フランス領ルイジアナは北部でカナダと境界を接し、鉱物や貴金属の資源が豊富だった。十分な将来利益が見込めるので、投資家への株の払い戻しに苦慮する事態にはならないと思われた。さらに摂政の肝いりで、アフリカやアジアで活動する貿易会社と西方会社の統合が実現し、その結果、ミシシッピ会社というコングロマリットが誕生したのである。[67]

バンク・ロワイアルとミシシッピ会社はローのシステムのもとで密接に結びつき、一七二〇年には統合を果たした。バンク・ロワイアルは中央銀行のような組織で、同行が発行する貨幣は、人びとがミシシッピ会社の株を購入するために使われた。ミシシッピ会社は株をどんどん売りに出し、それを市民は貪欲に買い漁り、株価は二倍に上昇する。株に対する人びとの関心を高めるため、ローが新たな方法の実験に取り組んだことも幸いした。延べ払いが可能なプラン、庶民を対象にした価格設定など、ユニークな工夫が凝らされた。最後はオプションまで売り出し、手付金を払えば株を購入できる機会が与えられた。さらに念には念を入れ、ルイジアナが約束の地であることをローは強調し、摂政にちなんでニューオーリンズという名まえの都市の建設も計画した。[68]

一方、ローは一七一九年半ばにシステムをさらに充実させ、フランス経済への影響力を拡大するチャンスを狙った。具体的にはミシシッピ会社が豊富な現金を政府に貸し付け、政府がそれを債務の償還に充てる方式で、赤字国債の金利は三〇パーセントから四パーセント未満にまで引き下げられた。[69] そのため投資家は、保有している国債を手放してミシシッピ会社の株式を購入するよう誘導されたので、同社の株価はたった二週間で二倍近くに跳ね上がった。人びとは競って国債と株式を交換したため、僅か二年間で株価は一五〇リーブルから一万リーブルにまで大きく上昇した。投資家の資産は大きく膨らみ、一七一九年にはミリオネアという言葉が初めて使われる。[70] 手軽に金持ちになれる可能性が現実のものになると、金持ちも貧乏人も投資熱に浮かされ、株を購入するために長蛇の列が続いた。そんな時代を象徴する逸話も残されている。背中に大きな瘤のある男性は、自分の背中をテーブル代わりに使わせたうえで、トレーダーに使用料として三万五〇〇〇リーブルを請求し、自分の株を購入する資金に充てたという。[71]

ローのシステムはどこもかしこもヒートアップしていた。貨幣供給量は拡大し、ミシシッピ会社の株価は猛烈な勢いで上昇していた。少なくとも四年間、金融刺激策は効果を発揮し、国家への信頼が回復すると影響は民間部門にも波及し、フランスは国際貿易の世界でリーダーに躍り出た。ローはアーカンソー男爵に叙せられた。そして財務総監に任命されるとカトリックに改宗する。これはアメリカの財務長官に匹敵する役職で、彼は税金の徴収や国家財政の監督を担当した。[72]一介のスコットランド人が国債を株式に転換させ、それが魔法のような成果を上げたのだ。ほかの国でも夢の再現を目指し、英国南海会社など似たような組織が設立された。

しかし、上昇したものは下降するのが世の常で、やがて市場は現実の世界の重力を感じ始めた。貨幣供給量の増加に合わせて支出も大きく膨らみ、インフレが加速した。そして、フランスの通貨の価値は著しく低下する。ここにきてようやく紙幣への信頼は揺らぎだし、ハードマネーへの回帰が始まった。ところがハードマネーの使用を認めるのか禁じるのか、ローの政策が定まらなかったため、人びとの不安は増幅された。挙句の果てに、ルイジアナが鉱物や貴金属の豊富な約束の地ではなく、ただの沼沢地だという事実が判明し、ミシシッピ会社の株価は一気に落ち込んだ。実際のところルイジアナは、危険で価値のない資産で、高い株価を支える収入など生み出すことはできなかった。

投資家はパニックに襲われた。ローは株価の落ち込みを食い止めるため、銀行の資金を使って価格の維持に努めた。しかしすでに市場は強気から弱気に転じており、株価は半分にまで低下した。政府は勅令を発し、紙幣の価値と株価を徐々に引き下げていこうと目論むが、膨らんだ風船から空気を抜き取っていくようなやり方に投資家は怒りを募らせ、結局は売り注文が殺到した。[73] 投資家は市場から引き揚げる道を模索し始め、ローの収監を要求する動きも出てきた。事態を打開するため、ローは紙幣を公衆の面前で燃やして貨幣供給量の減少を具体的な形で示し、通貨価値の引き上げを狙うが、すでに遅すぎた。ついに国外へ脱出し、あとには金融の混乱状態だけが残され、フランス経済の歩みは遅くなった。[74]

ローはまさに悪魔の化身で、ソフトマネーという怪しげな取引を摂政に持ちかけた。彼のシステムは長続きしなかったが、様々な制度が結びついた状況で紙幣への依存度が高まる展開は、将来を暗示している。

## ベンジャミンに関するすべて

ベンジャミン・フランクリンはボストンでこの世に生を受け、一七歳の活発な少年だった一七二三年にフィラデルフィアへ引っ越した。偶然にもこの年には、ペンシルヴェニア州議会が初めての紙幣を発行した。植民地は貴金属の埋蔵量が豊富ではなかったので、硬貨が不足していたのだ。おまけにイギリス人は、植民地での硬貨の鋳造を禁止していた。植民地が硬貨を調達するためには、近くのスペイン領と商品を取引し、ペソまたはスペイン・ドルと呼ばれる銀貨と交換するしかなかった。[75]

貨幣が不足していたため、フィラデルフィアでは貿易や取引が停滞していた。そこでペンシルヴェニア議会は紙幣が経済の好転につながるかどうか見極めるため、実験的に発行する決断を下したのだ。しかし、ソフトマネーは急激なインフレを引き起こす恐れがあった。そこである程度の歯止めをかけるため、銀行券を借りる際には将来の税金や土地を裏付けとすることにして、[76]有効期限も決められた。これが功を奏し、紙幣は製造業や建設業や貿易を活性化させ、経済の回復に一役買った。まだ若いベンジャミン・フランクリンは紙幣の導入に積極的に関わったわけではないが、地域経済の復興に紙幣がいかに貢献するかを認識したはずだ。

やがて紙幣の有効期限が近づくが、裕福なフィラデルフィア市民は期間の延長を望まなかった。ソフトマネーの潜在的な危険に気づいていたのだ。紙幣があまりにもたくさん発行されれば支出が増大し、インフレが発生して通貨価値は下がってしまう。[77]一方、ベンジャミン・フランクリンは、一七二九年に発行したパンフレットのなかで紙幣を擁護している。「紙幣の性質と必要性のささやかな探究」というタイトルの匿名のパンフレットのなかで、[78]ジョン・ローの著書と同じ見解、すなわち紙幣は取引を促すことが指摘されている。彼は以下のように書いている。

紙幣の導入が通貨供給量を増やして取引を促すことは、すでに経験から理解されている……通貨の量が豊富になれば、それをきっかけに当地での取引や富は拡大し、人口も増えていくだろう……全体的に見て、貨幣の量を増やせば当地の貿易全般にとって最高の利益がもたらされると言ってもよい。[79]

フランクリンは紙幣が商業活動を促すと確信していただけでなく、貴金属よりも安定性に優れていると考えた。経済学者のファーレイ・グラブによれば、フランクリンもソフトマネーのリスクについては理解していた。政府への信頼など抽象的なものだけでは、貨幣の裏付けとして十分ではない。しかしフィラデルフィアの紙幣には土地による裏付けがあったので、過剰に発行されないことが土地抵当銀行によって保障されている。[80] フランクリンのパンフレットは、このような性質の紙幣の発行を議会に決断させるうえで役立った。そして紙幣の発行は、自身の利益にもつながった。紙幣の製造には、彼の会社の印刷機が選ばれたのだ。やがてフランクリンは新しい印刷の技術や方法を発明し、紙幣の改良にも貢献していく。

紙幣はペンシルヴェニアだけでなく、すべての植民地に役立つとフランクリンは考え、土地を裏付けとする全植民地共通の通貨を提案する。ただし、イギリスが土地抵当銀行の運営を行ない、植民地を巡るフレンチ・インディアン戦争に未払利息を役立てるべきだという条件付きだった。植民地の住民は自分たちの金銭問題に対するイギリスの干渉を望まなかったので、フランクリンの計画は採用されなかったが、植民地全体で通用する〝共通〟紙幣を最初に提案した点は評価されるべきだとグラブは指摘している。

一八世紀半ばになると、ニュージャージーなど一部の植民地では、ハードマネーに兌換できず土地の裏付けを持たない紙幣、すなわち〝信用状〟が使われ始めた。そして通貨不足が深刻になると、ヴァージニアをはじめ多くの植民地が同様の紙幣の導入を決断する。紙幣の大半にはポンドなどイギリスの貨幣単位が使われたが、一ポンドの価値は植民地ごとに異なっていた。[81] 当時、イギリスはフレンチ・インディアン戦争の膨大な費用をアメリカ各地の植民地に肩代わりさせていたが、そのような支払いに信用状が使われる機会は増えていった。

植民地は金融に関して独立色を強めていくが、植民地の法廷で進行する出来事はイギリス人商人を苛立たせ、アダム・スミスなどは、入植者は債権者をあざむいているといって非難した。債務に関する訴訟を経て、法定貨幣に関する法律が施行され始めたのだ。その結果、植民地の貨幣でイギリス人債権者への支払いを済ませることが可能になった。しかも、支払われる金額は紙幣に印刷された額面価格によって計算され、現行市場価格より低い場合でも額面価格のほうが優先された。[82] イギリス人は、おとなしく引き下がるつもりはなかった。

そして早速、貨幣に関して植民地が主張する権限を奪い取った。英国議会は一連の貨幣法を制定して植民地に圧力をかけ、イギリス人商人への支払いに入植者が法定貨幣を使用することを禁じたのである。さらに英国商務省は、土地の裏付けを持つ紙幣の発行を植民地に禁じた。土地の裏付けがあれば、様々な管理費の支払いに未払利息を使うことができる。[83] それが不可能になると、植民地は直接税によって資金を調達するしかない。おまけにほかの属領との貿易も禁じられ、入植者はイギリスの仕打ちへの怒りを募らせていった。[84] 時間と共に経済的な不満は鬱積し、その結果、独立宣言のなかには「世界各地と我らとの通商を遮断する」という文言が盛り込まれたのである。[85]

統一通貨というフランクリンのビジョンはまもなく実現するが、それは彼の想像した形とは違っていた。アメリカの資本家が共通通貨を望んだのは、独立戦争のあいだに植民地を統一して軍事行動に資金を提供するためだった。大陸会議は大陸共通の通貨〝コンティネンタル紙幣〟の製造を認め、建前上は決められた期日にスペイン・ドルとの兌換が可能になった。構造的には、将来の決められた期日になって初めて額面価格が支払われるゼロ・クーポン債（割引債）のようなもので、割引価格で取引された。[86]植民地の住民はかねてよりスペイン・ドルで取引していたので、この通貨の不変性や信頼性を理解していた。新しい紙幣を製造するプレートのデザインにはベンジャミン・フランクリンも関わった。[87]しかし、コンティネンタル紙幣の裏付けは土地ではなく、政府の将来の徴税能力だった。そして将来の見通しは暗かった。

イギリス人は経済戦争を仕掛けてきた。コンティネンタル紙幣の偽札を発行して貨幣供給量を増やし、通貨としての価値を低下させようとしたのだ。アメリカ植民地が四年間に発行したコンティネンタル紙幣は全部で二億ドルにのぼる。[88]そして様々な要因が重なった結果、通貨の価値は大きく損なわれた。マサチューセッツ史学会によれば、一七七七年には一・二五ドルのコンティネンタル紙幣で一ドル硬貨が購入できたが、一七八一年には一〇〇ドルが必要だったという。[89]しかしグラブは、一七七九年以降にコンティネンタル紙幣の価値が大きく低下したのは、議会が紙幣の兌換に高い税金を課すようになったからだと主張している。[90]
コンティネンタル紙幣は成果を挙げられなかったが、アメリカの建国者たちは苦い教訓を忘れなかった。一七八三年、後にアメリカの初代財務長官になるアレクサンダー・ハミルトンは、ソフトマネーの危険性についてつぎのように書いている。

> 実際、いやしくも権限を与えられた議会が資金の裏付けのない紙切れに価値を認め、大切な資源として認めるのはいかがなものか。まだ新しいこの国の役に立ち、革命の開始に欠かせない手段だったとしても、現在においても将来においても憲法で正式に認められるべきものではない。その性質上、乱用される可能性を秘めているし、詐欺や不正行為を招きかねない。誘惑の手が差し伸べられれば、政府の誠実さも人民のモラルも損なわれてしまう。[91]

議会は一七七九年にコンティネンタル紙幣の発行を停止する。しかし各州はイギリス貨幣の呼称を使って独自の貨幣を発行し続けたので、商人のあいだに混乱が広がった。一七八五年にはトーマス・ジェファーソンの強い勧めによって、政府はドルを基準価値単位として採用する。ドルという言葉の語源はターラーで、これはドイツのボヘミア地方のヨアヒムスタール（現在のチェコ共和国のヤーヒモフ）から産出した銀を原料とした硬貨を意味する。スペインで貨幣は八進法で分割されたが、ドルには十進法が採用された。アメリカのドルのシンボルになった$は、スペインとアメリカがペソを共有していた時代のものが受け継がれた。[92] そして一七九二年の貨幣法によって、ドルは一定の割合の銀と金で固定される硬貨として正式に認められた。[93] 建国の父たちは、新しい国家はもっと健全な貨幣、すなわちハードマネーに依存すべきだと考えたのだ。各州が独自の貨幣を製造する行為は禁じられ、金と銀を法定貨幣として使うことは合衆国憲法の第一条第一〇節で認められた。[94]

いかなる州も、条約、連合、もしくは同盟を締結することによって、拿捕および報復の特許状を発し、貨幣を鋳造し、信用証券を発し、金銀以外のものを債務支払いの弁済となしてはならない。[95]

この条項によって貨幣に関する各州の権限は制約され、連邦政府の権限は強化された。[96] さらに、同じく第一条の第八節では、貨幣を鋳造し、その価値および外国貨幣の価値を定め、度量衡の標準を定める権限が連邦政府に認められており、将来ソフトマネーを創造できる環境が整えられている。[97] 実際、ドルはハードマネーとしてスタートするが長続きせず、統一紙幣というベンジャミン・フランクリンのビジョンが——土地による裏付けはなかったが——最終的に実現した。一九一四年以降アメリカ合衆国で流通している紙幣のなかで最も額面価格が大きいのは一〇〇ドル紙幣だが、そこに彼の肖像画が描かれているのは妥当な判断だろう。

## もっとソフトに──南北戦争

エイブラハム・リンカーンは困難だが必要な決断を下した。南北戦争のあいだ、合衆国は北軍に資金を提供するための財源が喉から手が出るほど必要だった。しかし国庫の蓄えは乏しく、収入源もほとんどなかった。そこで彼は土地の裏付けがなく、貴金属に兌換できない貨幣の創造を支持した。しかし建国の父たちと同じく、リンカーンはソフトマネーの危険性を理解していた。放置しておくと出費は膨らみ、インフレが加速し、財政は破綻する。ほしいのはハードマネーだったが、必要なのはソフトマネーだった。一八六二年の議会での一般教書演説で、リンカーンは兌換性の停止について弁護するが、復活する可能性について含みを残した。

ほかのいかなる方法でも、軍隊への支払いやそれ以外の正当な要求をこれほど十分に満たすことはできません。経済的にこれほど優れた形では提供できないでしょう……しかし、かなり早い時期に正貨による支払いに戻る可能性は……視野に入れておくべきです。貨幣の価値の変動は常に有害なものです……兌換性、すなわち迅速に間違いなく硬貨に兌換できることは、最善かつ最も確実な予防手段になります。[98]

リンカーンが一八六二年に法貨法に署名した結果、連邦政府は不換紙幣を発行する権利を認められた。緑色のインクで印刷されたドル紙幣〝グリーンバックス〟は、官民を問わずあらゆる債務で使われることが義務付けられた。およそ一億五〇〇〇万ドルのグリーンバックスが貨幣の供給に追加され、おかげで政府は莫大な出費を賄うことができた。このときリンカーンは、ローとフランクリンが学んだ事実を発見した。紙幣は貿易や商業活動を促すのである。

しかし、フビライ・ハンの宮廷やローのバンク・ロワイアルと同様、北軍にとっても、膨大な費用を賄うための資金はいくらあっても足りなかった。戦争の当初は一万六〇〇〇人だった兵士は、最終的に一〇〇万人に膨れ上がっていた。そして国の負債は二〇億ドル以上に達した。資金を調達するためには戦債や中期国債を発行する方法もあったが、決して十分ではなかった。結局リンカーンは二度目と三度目の法貨法にも署名して、四億五〇〇〇万ドルのドル紙幣の発行を承認する。[99]この通貨の価値は北軍の戦果に合わせて変動した。一方、南部連合国のほうでは、紙幣の価値が大きく低下する。南北戦争を戦う武器は大砲、火薬、そして紙幣だったとも言える。

法貨法の調印がリンカーンにとって難しい決断だったのは、ソフトマネーの危険性を認識していたからだが、ほかにも、強力な支持層である銀行家を怒らせるおそれがあったからだ。戦前には、国全体で統一された紙幣は存在しなかった。代わりに州法銀行が硬貨の裏付けを持つ銀行券を発行しており、大きな利益を生み出していた。[100]ただしこれは発行元の銀行の信用性に左右されるため、リスクを伴った。銀行が倒産すれば、紙切れ同然になってしまう。そのため銀行券は、本来よりも低い価値で取引されるのが普通だった。これらのいわゆる〝山猫〟銀行は、不安定で価値のない銀行券を発行して国民を食いものにしていると思われていた。ちなみに山猫という言葉は、ミシガン州で倒産した銀行が発行していた銀行券に、山猫がデザインされていたことに由来していると言われる。政府が統一通貨を発行する計画について知らされると、北部の銀行は銀行券とハードマネーの兌換を中止せざるを得ず、さらに信用を失った。金属の束縛から解放された銀行券は価格の変動がさらに激しくなり、市民は抗議して対応策を求めた。追い詰められた銀行家は議会でロビー活動を展開し、利息の支払いに従来通り金を使うことだけは認められた。共和党下院議員のタデウス・スティーブンスはこう語った。「地金ブローカーの地下蔵から、そして銀行家たちの酒場から、悲しげな調べが聞こえてきた」[101]。

銀行家の抗議にもかかわらず、リンカーンと共和党議員はアメリカの通貨制度や銀行制度の再編でおおむね勝利を収めた。一八六三年と一八六四年にリンカーンが国立銀行法に署名した結果、州法銀行の銀行券には税金が課せられることになり、新規の発行は途絶えた。銀行は、連邦政府による免許制になった。さらに連邦政府は、準備金をハードマネーだけでなく、連邦債の形で保有できるようにもなった[102]。各州の銀行券は最終的に流通から外されるが、一部の州法銀行は当座預金口座を創設し、市民のあいだで好評を博した[103]。

北軍が勝利を収めると、政府はグリーンバックスを回収するだろうと銀行家や債権者の多くが予想した。結局これは非常手段であり、危機は過ぎ去ったのだ。そして少し前に指摘したように、リンカーンはグリーンバックスを導入するとき、ハードマネーを復活させる必要性について言及していた。債権者や企業もグリーンバックスの引退を望んだ。価値の高いハードマネーで返済が行なわれるからだ。しかし債務者のほうは、グリーンバックスのインフレ効果に注目して存続を願った。そのほうが、融資の返済に使われる貨幣の購買力は小さくなる。

ここで勝利を収めたのは債権者側だった。一八七五年に正貨兌換復活法が成立すると、グリーンバックスと金属の兌換性が一八七九年に復活し、三億ドル相当のグリーンバックスが回収される。反対陣営は結束し、グリーンバック党という政党まで作って法律の廃止を目指した。[104]最終的に政府は但し書きを加え、ハードマネーによる裏付けを条件にグリーンバックスの流通を認めた。一八七九年、財務省は大量の償還を見込んで金属の保有量を増やすが、ソフトマネーからハードマネーへの変換を求める人たちが津波のように押し寄せる事態にはならなかった。金属による裏付けの有無に関係なく、人びとは紙幣の利便性を頼りにするようになったのだ。紙幣を信頼する人は確実に増えた。

当初、貨幣に関する議論は紙幣がハードマネーによって裏付けされるべきか否かを巡って展開されたが、やがて焦点はどのタイプの金属で裏付けられるべきかという問題に移った。農民やポピュリスト党員などの債務者は、銀と金による複本位制を提唱した。貨幣供給量が増えるからだ。金属が増えれば貨幣が増え、支出が増えてインフレが加速する。一方、経営者や銀行家などの債権者は、金本位制を望む。関わる金属の種類が少ないほど、貨幣の価値は高くなるからだ。一九〇〇年、金本位法が議会を通過して、金は紙幣を裏付ける唯一の金属として認められた。そして新たな緊急事態が発生するまで、貴金属と紙幣の結びつきがふたたび断ち切られることはなかった。

## さらにソフトに――大恐慌

その緊急事態とは大恐慌で、このときの展開からは、時代が厳しくなるほど貨幣のソフト化が進むことがわかる。大恐慌のあいだに、アメリカ人労働者の二五パーセントが職を失い、多くの人たちが干ばつや飢えに苦しんだ。貿易もGDPも三〇パーセント近く縮小する。しかもこれはアメリカに限られた現象ではなく、世界中が影響を受けた。しかしこの時代の金融に関する決断を検証する前に、それまでの歴史について多少学んでおくべきだろう。

一八八〇年から一九一四年まで、先進国の多くは〝古典的金本位制度〟を採用しており、経済学者のマレー・ロスバードいわく〝文字通りの意味でも比喩的な意味でも黄金時代〟だった。[105] この時代は国際貿易が盛んで、物価は安定し、経済は成長し、政治も混乱とは無縁だった。アメリカのインフレ率は毎年僅か〇・一パーセントで、イギリスの輸出も好調だった。いまではGDPに占める割合が一九・三パーセントだが、当時はおよそ三〇パーセントにも達した。[106] 金本位制は明快で、それは経済学者のマイケル・デイヴィッド・ボルドによる以下の定義からもわかる。

金本位制は基本的に参加国による公約で、自国通貨が一定量の金と結びつけられて価格が固定されている。各国が金を売買する時の価格は動かず、値崩れする心配はない。[107]

しかし第一次世界大戦によってこの時代はいきなり終焉を迎える。ヨーロッパの数カ国が戦時中に金本位制から離れたのは、戦費を調達するための紙幣を印刷できるからだ。そして戦争が終わると、戦前の成功の再現を目指し、多くの国で金本位制が復活する。[108]ただしこれは〝金為替本位制〟という修正されたシステムで、ロスバードは以下のように説明している。

金為替本位制はつぎのような経過をたどった。アメリカは古典的金本位制を残し、ドルは金と交換された。しかしイギリスは一九二六年、ほかの西洋諸国も同じ時期に偽りの金本位制に回帰する。イギリスのポンドなど各国の通貨は金貨との交換が不可能になり、金の延べ棒との交換しか認められなかった。これはサイズが大きく、国際取引には問題ないが、イギリスなどヨーロッパ諸国の一般市民が日常生活で使うことはできない。その結果、大量の紙幣が流通してインフレが発生した。[109]

イギリスは大蔵大臣ウィンストン・チャーチルの強い要請によってこの制度を採用した。

戦時中に金本位制から離れた際の交換レートが、金為替本位制度にもそのまま受け継がれたが、戦時中にインフレが発生していたという事実が見過ごされてしまい、ポンドは過大評価されてしまった。「[イギリス人が]このような行動をとった理由は……国威〝発揚〟だった。〝ハードマネー〟に関してロンドンを世界の金融の中心地に復活させようと目論むが、失敗に終わった」とロスバードは書いている。[110] 物価は五〇パーセントも落ち込み、イギリスの輸出品は世界市場で競争力を回復できず、失業者が激増する。チャーチルは後にこの決断を悔やんだ。[111]

第一次世界大戦中にヨーロッパの指導者の多くは、その何十年も前にエイブラハム・リンカーンが理解した現実を認識した。経済が緊急事態に見舞われているあいだは、貴金属や現金で保有している以上の貨幣が国には必要になるのだ。さらに関係者は、金には制約が伴うことも学んだ。経済がカーブを描いても、金や交換レートが同じように動くわけではない。一九二九年、アメリカ市場は崩壊し、経済は錐《きり》もみ状態に陥った。イギリスをはじめ数カ国は、当初は金為替本位制の維持を公約する。そして投資家の資本を呼び込むために金利を引き上げるが、その結果、借り手にとっても世界市場にとっても制約的な環境が出来あがってしまった。このような困難な時期には交換レートを引き下げ、借入や取引を促すべきだったと学者たちは主張している。[112] しかし金本位制のもとでは交換レートが一定に維持され、国内にデフレが蔓延してしまう。[113]

今日ではこのような事態は発生しない。ドルは金属につなぎとめられず、ほかの通貨との兼ね合いで変動を繰り返す。デフレが発生する代わりにドルの平価が切り下げられ、アメリカからの輸出品の価格が安くなって世界市場での競争力が強まる。今日の政策立案者はデフレよりも通貨切り下げのほうを好むものだ。しかし金本位制では、経済を収縮させるためにはデフレが唯一の選択肢だった。

不況の泥沼にはまり込んだイギリスは、当時は世界の準備通貨だったポンドの価値を維持するためにレートを引き上げる。しかし結局は不本意ながら、政治の現実に屈した。国民はデフレという苦い良薬を望まなかったのだ。一九三一年九月、イギリスは金為替本位制度を廃止する。[114]それに伴い、ポンドは世界の準備通貨としての輝きを失った。まもなくイギリス以外の二五カ国も金為替本位制を撤廃する。つぎはアメリカの番ではないかと、投資家たちは憶測した。[115]

一九三三年に大統領に就任したフランクリン・D・ルーズヴェルトは、金本位制に伴う制約を認識しており、銀行の取り付け騒ぎも金本位制が一因ではないかと考えた。人びとが一斉に紙幣をハードマネーに交換しようとしたため、銀行はつぶれたのだ。[116]そこで彼は、まるでフビライ・ハンの経済戦略を見倣ったかのような政策を採用する。大統領令第六一〇二号を発し、すべての金貨と金塊と金証券（宝飾品や希少硬貨など一部を例外とする）を一オンス二〇・六七ドルのレートで政府に差し出すよう命じたのだ。商務省はケンタッキー州のフォートノックスに金塊保管所を建設し、押収した金を収めた。金の退蔵は禁じられ、発覚すれば懲役一〇年の罰則が科せられた。さらに政府は金の輸出も禁じ、鉱山会社は産出した金を政府に売却するよう義務付けられた。

そして一九三四年に制定された金準備法では、決済が金で行なわれるべきだと記した契約条項が取り除かれた。連邦最高裁は金に関する契約条項の解除を一票の差で認める。さらにこの金準備法によって、政府はドルと金の交換レートの調整が可能になった。ルーズヴェルトは金との交換レートを三五ドルに引き上げてドルを切り下げ、インフレに弾みをつけようとする。しかし結局、金の価格を上向きに調整するための科学的な方法などなかった。ルーズヴェルトはかつて何気なく、価格を二一セント増やしたらどうかと提案した〔七の三倍でラッキーナンバーだったから〕。これに対し、顧問はつぎのように語った。「我々が実際にはラッキーナンバーの組み合わせで金価格を設定していることを知ったら……誰でもぞっとしますよ」[117]。

大恐慌のあいだ、アメリカ政府は貨幣制度への支配力を強め、金本位制による制約を減らして柔軟性を増やす努力を続けた。しかし同時に、『ファウスト』に登場する皇帝のようにソフトマネーへの傾斜を強めていく。そして最後の一撃によって、金属との結びつきは完全に断ち切られたのである。

## 最後の一撃

第二次世界大戦が終わりに近づいた一九四四年、四四カ国の関係者がニューハンプシャー州ブレトンウッズのマウント・ワシントンホテルに集結した。国際通貨制度について協議する舞台として、この美しいホテルが選ばれた。アメリカはこの戦争を通じて世界の大国に躍進しており、戦後の新しい制度では有利な条件を確保することができた。たとえばブレトンウッズ会議の結果としてアメリカ以外の国の通貨は、金一オンスにつき三五ドルに設定されたドルに固定されることになった。[118]ほかの国がイギリスのグリニッジの標準時に時計を合わせるのと同じように、今回はアメリカ以外の国が米ドルに合わせて自国通貨を調整しなければならなかった。

ドルは世界の準備通貨になった。ほかの国はドル建ての債券を保有し、それに対してアメリカは利息を支払った。アメリカは金を保有しており、ある意味ドルは新しい金になったのである。ところがブレトンウッズ体制の筋書きをほとんど手がけたアメリカは、最終的にこれを放棄してしまう。[119]

アメリカがブレトンウッズ体制を捨てた要因は、コストの増大、インフレ、制度に伴う制約など色々と考えられる。一九六〇年代にリンドン・ジョンソン大統領は〝銃とバター〟すなわち軍事と民生を同時に充実させる政策を提唱した。しかしベトナム戦争と国内の偉大な社会プログラムを同時に進行させるためには大量の資金が必要とされた。たとえば貧困者や子どもや年長者を支援するためのプログラムの年間支出は、一九六五年の六〇億ドルから一九六八年には一二〇億ドルにまで増加していた。[120]しかしこの数字も、ベトナム戦争に必要な財源と比べれば見劣りする。そしてアメリカ政府は国民から嫌がられる増税には頼らず、二〇〇万人近い兵士たちの給料を支払うための資金を借金で賄ったのである。アメリカのGDPの九パーセント以上が防衛費に充てられ、一〇〇〇億ドル以上（今日の価値なら七〇〇〇億ドル以上）が費やされた。[121] 膨れ上がる一方の支出はアメリカの財政状態に悪影響をおよぼし、財政赤字は収まる気配がなかった。[122]「あばずれ女みたいな戦争が、私の愛するレディ、偉大な社会を殺してしまった」とジョンソン大統領は嘆いた。[123] そしてあばずれ女は、ブレトンウッズ体制の終焉にも加担する。

一九六五年から一九七一年にかけて、貨幣供給量は平均して年率七・四パーセントずつ増加した。やがて貨幣の増加は支出の増加とインフレを引き起こす。消費者物価の上昇率は一九六五年に僅か一パーセントだったが、一九八〇年には一三パーセントを超えてしまった。[124] この時代は大インフレ期として知られ、経済学者はその原因について議論を重ねてきた。政治家が失業率四パーセントという数値目標の達成にこだわり、経済活動を促すために財政赤字や減税などの景気刺激策を利用したからだという意見もある。[125] 経済学者のベンジャミン・クラインは、ハードマネーからソフトマネーへの移行が一九六〇年代にインフレを悪化させた一因だと主張する。[126] あるいは、連邦準備制度の研究が専門の経済学者アラン・メルツァーは、インフレが通貨現象だという点に注目し、悪いのは通貨政策の責任者だと語る。コンセンサスを構築するためにFRBが躊躇しているうちに事態は深刻化し、結局はインフレを鎮静化するため一九六五年に金利を引き上げた。[127] ところが経済が減速すると、今度は方針を転換し、一九六八年には金利を引き下げ、それがインフレの悪化を招いたのである。

インフレが深刻になるに従い、いくつもの疑問が浮上した。たとえばドルは金一オンスにつき三五ドルで固定されているが、アメリカはこの公約を尊重し続けるべきだろうか。ドル準備金を保有している外国政府は、アメリカがドルを金に兌換する能力への疑念を深めていった。そして一九六五年、フランスとスペインは何百万という金額のドルを金と交換する。僅か一〇年ほどで、アメリカの金の保有量は半減してしまう。世界経済は順調に拡大していたが、世界の金の供給量はその速度に追いつけなかった。

金の高い相場価格と一オンスにつき三五ドルという基準価格のあいだのギャップは広がる一方だった。そこで一九六一年には各国中央銀行が集まってロンドン・ゴールドプールを結成し、金の売却などを通じてブレトンウッズのペグ制の維持に努めた。しかしギャップは維持不能なほど広がり、このプールも一九六八年には崩壊する。金の大半を供給するアメリカは、低い価格での売却を望まなかったのだ。[128] ドルの価値は引き下げるべきだが、そうなると、ブレトンウッズ体制で定められた為替レートの存続が危うくなってしまう。ドルは次第に過大評価され、厄介な国際問題に発展した。たとえば、アメリカ企業はヨーロッパの企業や資産を取得しやすくなり、ヨーロッパの関係者は強いドルに不快感を示した。

アメリカ以外の国は、自国通貨の平価切上げや切下げ、あるいは変動によってブレトンウッズ体制から距離を置き始めた。たとえばドイツのマルクとオランダのギルダーは、変動相場制に移行する。一方イギリスは、輸出を促進するために通貨の切下げが必要だった。ポンドの力を維持するため様々な試みが行なわれるが、一九六七年には一四パーセント以上もの切下げが行なわれた。当時は通貨が比較的安定していたのだから、これは驚きの事態だった。そこで投資家たちは考えた。ポンドの切下げが可能ならば、ドルも危ないのではないか。そしてドル暴落を予想して金を購入するようになった。

一九六九年に大統領に就任したリチャード・ニクソンは、一九七〇年に景気後退が始まると、市場は度による制約といった問題に直面した。おまけに一九七〇年に景気後退が始まると、市場はドルの切下げが直ちに実行されることを期待した。ニクソン政権は否定したが、信じる者はいなかった。[129] 一九七一年、彼は経済顧問たちと共にキャンプ・デービッドにこもり、秘密会議を開いた。ちなみにこの顧問のなかには、後に輝かしい経歴の持ち主になった有名人も含まれている。たとえば財務長官と国務長官を務めたジョージ・シュルツ、未来のFRB議長ポール・ヴォルカーの姿もあった。チームは深刻な問題に直面していた。アメリカは国益を犠牲にしてまで国際協定を尊重すべきだろうか。アメリカにとってブレトンウッズ体制はもはやお荷物でしかなく、国益のためには絆を断ち切ってドルの切下げを実行するのが賢明であることは明らかだった。ジョン・コナリー財務長官はドルから金への兌換を禁じて〝黄金の窓を閉じる〟べきだと提案した。議会さえ、金本位制の停止を提案する報告書を発表していた。

熱を帯びた議論が交わされた後、ニクソンは行動方針を決定した。一九七一年八月一五日、彼は二二分間のテレビ演説を行ない（NBCで人気ドラマ『ボナンザ』が放送される直前だった）、通貨危機を引き起こしてドルを狙い撃ちする世界の投機家たちを非難した。そのうえで〝新経済政策〟を披露して、インフレの鎮静化を目的とする九〇日間の賃金凍結、アメリカに流入する外国製品の競争力をそぐための一〇パーセントの追徴税、ドルから金への兌換の一時的な禁止を発表する。彼は愛国心に訴えて、計画に対する国民の理解を求めた。

もしも皆さんが外国の車を購入したい、海外旅行に出かけたいと望むなら、市場の状況次第ではドルで購入できるものが少なくなります。しかし皆さんが大半のアメリカ国民と同様、アメリカ産の製品をアメリカで購入するならば、ドルの価値は今日も明日も変わらないことが保証されます。要するに、今回の行動の結果、ドルは安定するのです。[130]

国際社会の貿易相手国はアメリカの保護主義的傾向に驚き、このときの政策は〝ニクソン・ショック〟として知られるようになった。一〇パーセントの追徴税は、ドルの切下げと同様の効果を直ちにもたらした。アメリカの動きに対抗して日本は円の変動相場制を採用し、ドルに対して七パーセントの円高が進行した。その結果、ニクソンが課した一〇パーセントの追徴税を計算に入れると、アメリカで販売される日本製品の価格は一七パーセントも跳ね上がった。[131] アメリカでは株式市場が活況を呈し、報道機関はニクソンの措置を賞賛する。「大統領の大胆な決断を我々は手放しで称える」という文句がニューヨーク・タイムズ紙の社説には躍った。[132]

やがて一九七一年一二月にスミソニアン協定と呼ばれる新しい国際通貨体制が創造され、

新たな水準で固定為替制度は復活するが、長くは続かなかった。アメリカもほかの国も国内問題を抱え、通貨政策にさらなる柔軟性が求められるようになったからだ。一九七三年には、先進国の通貨の多くが変動相場制を採用していた。こうしてブレトンウッズ体制は幕を閉じ、金との結びつきは永遠に断ち切られた。それから今日まで、ドルはソフトマネーの立場を維持している。経済学者のベン・スティルは、一連の出来事の重要性について以下のように記している。

ブレトンウッズの通貨体制は崩壊した。そこに至るまでの六〇年近くにわたり、通貨と金は波乱含みながらも結びついてきた。そして過去を振り返ってみれば、金と通貨の結びつきは二五〇〇年におよび、世界のほとんどの地域に広がり、その関係が中断されたのは一時的だった。しかし今回は事情がちがった。いうなればドルは、金に係留された最後尾の船のようなもので、そこには世界のほかのすべての通貨が同乗していた。ところがアメリカは独断で錨をあげ、永遠の航海に出てしまった。[133]〔『ブレトンウッズの闘い』（日本経済新聞出版社、二〇一四年、小坂恵理訳）四三四～四三五ページより引用〕

いまでは中央銀行が船の舵を握っている。今日、貨幣の世界では様々な機関が密接に関わり合いながら錬金術を駆使しているが、その網の目状のシステムは中央銀行によって統括されている。ドルが銀行家に操られるべきでないと信じていたヘンリー・フォードは、一九二二年に発表した自伝にこう書いている。「［通貨］制度は人びとの生活を左右するが、その制度が主導者である銀行家にどれだけの権限を付与しているか理解したら、［人びとは］これをどう評価するだろうか。実に深刻な問題だ」[134]。現代の通貨制度の仕組みについては正しい理解が必要だ。この制度は非常に複雑だが、ソフトマネーに付き物の悪魔との取引が確実に存在している。

## 中央集権化された錬金術

世界最初の中央銀行の創設に関わった人物は死刑を宣告された。ヨハン・パルムストルヒはジョン・ローよりも古い時代に生きた人物だが、ふたりのストーリーは、生まれ故郷を離れて外国に移住し、銀行制度の設立に貢献した点で不気味なほど似通っている。パルムストルヒはラトビアで生まれ、アムステルダムで修業した後にスウェーデンに渡り、国王グスタフ一〇世を説得して一六五六年にはストックホルム銀行設立の認可を受けた。これはヨーロッパで最も早い時期に紙幣を発行した銀行のひとつになった。しかしローの制度と同じく、この銀行もオーバーヒートした。パルムストルヒは投獄され死刑になるところだったが、最後は釈放される。こうして銀行は消滅したが、有力な金融機関を国の中枢に据えるアイデアは魅力的で、スウェーデン国民はこれを捨てきれなかった。中央銀行は複数の企業の資金調達を助けており、使い勝手のよい紙幣は国民のあいだで人気が高かったのである。やがてスウェーデン国立銀行という世界初の中央銀行が創設され、今日まで業務を続けている。中央銀行制度はスウェーデンで誕生したときこそ危うい存在だったが、いまでは金融制度の中心的な柱にまで成長した。現在の金融制度のなかで、中央銀行は錬金術師のようにふるまって重要な役割を演じている。地下に埋蔵する金属に頼らない現代の制度において、中央銀行はいわば無から貨幣を創造している。この最新式の錬金術に登場する錬金術師は、金属を様々に工夫しながら調合するわけではない。銀行や政府機関が複雑に関わり合うシステムを設計していく様子は、過去のイメージとはかけ離れている。ここでは漏斗《じょうご》ではなく、フローチャートが使われる。

アメリカでは、貨幣の創造という錬金術に連邦準備制度と銀行部門と財務省が関わっている。一九〇七年の金融パニックでは、銀行の取り付け騒ぎや倒産が引き起こされた。そこで同じあやまちを繰り返さないため、一九一三年の連邦準備法によってFRBが設立された。当時、銀行家のJ・P・モルガンはアメリカの金融制度の救済に乗り出した。そして政府関係者は、通貨問題を監視・規制するだけでなく、支配できるような常設機関の必要性を認識したのである。FRBの役割は数十年のうちに拡大していき、銀行制度の監視から国際決済の速やかな進行まで広い範囲におよんだ。[135]

FRBの業務で最もよく知られているのは金利すなわち貸出歩合の設定だろう。具体的には、FRBは〝フェデラル・ファンド・レート〟の目標値を設定し、そのレートにしたがって民間銀行同士の貸し借りが進められる。この目標金利を達成するためには、市場への介入が行なわれる。FRBがレートを下げたいときには増刷した貨幣で国債を購入する。貨幣供給量の拡大によってお金が増えれば金利は下がる。逆にレートを上げたいときには、保有する国債の一部を売却して貨幣供給量を縮小させる。そうすればお金が減って金利が上がる。たとえばFRBが金利を下げたいとしよう。いったん決断すると、何もないところから新しい貨幣を創造し、それを使ってシティグループなどの銀行から一〇〇万ドル相当の米国債を購入する。この一〇〇万ドルの債券はFRBのバランスシートに加えられる。一方、大銀行の例に漏れずシティグループはFRBに口座を持っており、米国債の売却によって一〇〇万ドルを受け取ったことが口座には記入される。

この新たに入金された貨幣を経済全体に広く流通させるため、シティグループは借入希望者に融資を行なうが、全部を使ってはいけない。一〇パーセント程度は金庫に保管するかFRBの預金として残しておくよう義務付けられている。要するに一〇〇万ドルのうちの一〇万ドルを準備金として確保しておけば、残りの九〇万ドルを貸し出してもよい。たとえば誰かがその九〇万ドルを借り入れ、ウェルズ・ファーゴ〔アメリカ合衆国の金融機関〕に預金したとしよう。すると九万ドルは手が付けられないが、八一万ドルは貸し付けることができる。このような〝部分準備銀行制度〟のもとでは貨幣が乗数倍的に拡大するので、当初の一〇〇万ドルは一〇倍にまで増える。少しのお金で多くの信用を創造できる。こうしてマネーは造られていく。

ただし銀行の手元に預金として残されるのは現金のほんの一部なので、準備金の金額を上回る現金の引き出しを預金者が求めれば、取り付け騒ぎに発展する。映画「素晴らしき哉、人生!」(一九四六年)には、主人公のジョージ・ベイリーがパニックに襲われた顧客につぎのように説明する場面があった。「お金はここにありません……あなたのお金はジョーの家や……ほかの一〇〇人の手元に渡っています」。現代では預金者の信頼を獲得するため、政府は最大二五万ドルの預金まで保証する。

金融操作の一環として、FRBは銀行以外の機関、たとえば保険会社などから資産を購入することができる。ただしこの場合には、新たなドルが銀行システムに加わるわけではないので、経済への影響は小さい。さらにFRBは、魔法のように作り出したお金を使い、米国債などの債券を財務省から直接購入することもできる。この内輪同士で進められるプロセスは〝債務の貨幣化〟として知られ、これなら政府は増税や国債の売却に頼らず資金の調達が可能だ。このような形で貨幣供給量が増えれば、借手である政府にとってはありがたい。ドルの価値は将来的に下がる可能性があるからだ。結局のところ政府は、いかなる時代にも新札をどんどん刷りたがる。税金を集めるよりはこのほうが手軽だ。しかし貨幣の量が増えればインフレが引き起こされ、すべての人たちの貨幣の価値が低下するので、結局は税金で徴収されるのと変わらない。

有形の貨幣の動きに関して、FRBは代理店のようにふるまう。紙幣は製版印刷局によって、硬貨は造幣局によって製造されるが、どちらの組織も財務省に所属する。たとえばアトランタのサントラストバンクが、ホリデーシーズンに現金の需要が増加すると見込んだとしよう。するとＦＲＢに現金を増やしてもらうよう要請する。サントラストの口座は、全米の一二カ所にある連邦準備銀行のひとつ、アトランタ連邦準備銀行に開設されている。そこでアトランタ連邦準備銀行は保有する現金の一部をサントラストの口座の借り方に記入して、現金を提供する。二〇一二年には、ＦＲＢは全米の二八カ所にある処理センターを通じ、合計で三一七億ドルの紙幣の処理を手がけた。

このように金融操作はスケールが大きく、拡大する一方のアメリカの通貨制度は複数の機関から成り立っている。現代の錬金術は官僚によって行なわれていると言ってもよいだろう。ただし、制度は複雑で高度に洗練されているが、ソフトマネーに悪魔の取引が秘かにつきまとう現実は変わらない。通貨当局は与えられた権力を賢明かつ慎重に使わなければならない。

## 見えなくなるお金

フビライ・ハン、ヨハン・パルムストルヒ、ジョン・ロー、ベンジャミン・フランクリン、エイブラハム・リンカーン、フランクリン・ルーズヴェルト、リチャード・ニクソン。本章ではこれらの人物について紹介してきたが、ほかにも大勢の人たちがソフトマネーによってもたらされる利益を認め、そのレバーを操ろうとしてきた。ソフトマネーを使って貿易や商業を刺激すれば、苦境に陥った経済を支えることができる。増税や支出削減など、不人気な政策を決断する事態は回避される。しかし貨幣を取り扱う関係者は誰もが、ソフトマネーのリスクを警戒しなければならない。一九七〇年代には、ハードマネーからソフトマネーへの移行がおそらく引き金となり、〝スタグフレーション〟が引き起こされた。低成長と執拗なインフレが同時進行し、一九八一年にはインフレ率が一三・五パーセントに達した。インフレを収束させるため、当時FRB議長だったポール・ヴォルカーは厳しい態度で臨み、失業率が増加した時期にはフェデラル・ファンド・レートを引き上げた。

二〇〇八年の金融危機に際し、FRBは貨幣供給量を大きく増やしたが、インフレは加熱しなかった。しかしそれでも、千年におよぶ貨幣の歴史からは貴重な教訓が得られる。社会がハードマネーからソフトマネーへと移行するにつれ、そして〝超頭脳〟が貨幣に関する新しいアイデアを考案するにつれ、経済が失敗するリスクは高まるのだ。中央銀行関係者にかぎらず私たち全員が、悪魔との取引に伴う危険を認識しなければならない。貨幣のデジタル化が進む今日は、特に注意が必要だ。いまや貨幣は電子化が進行し、見えない存在になりつつある。貨幣は非常に抽象的になったので、歴史が残してくれた具体的な教訓をつい忘れがちだ。しかし貨幣が価値の象徴であるかぎり、誰かが貨幣の支配を目論む可能性は今後も消滅しない。

# 第6章　バック・トゥ・ザ・フューチャー　お金の未来

黄金は不安を掻き立てる……でもきっと、あと一、二年もしたら、いまよりもっと不安を掻き立てられるだろう。

——ウォーレン・バフェット[1]

iPadを使っているとき、iPadは消えてなくなる。あなたは本を読み、ウェブサイトを閲覧し、ウェブサイトに触れているあいだ……テクノロジーについて考えない……モバイル決済サービスのスクウェアも同じだ……テクノロジーは見えないところに消え去り、購入したばかりのカプチーノを味わうことに専念したいと願う。

——ジャック・ドーシー[2]

私たちの豊かな未来では、ドルはさらに進化する……実体のある貨幣としては存在しない……繁栄の梯子を一段上るごとに時間が節約され、余った時間で余得にあずかることができる。

——ピーター・H・ディアマンディス、スティーヴン・コトラー[3]

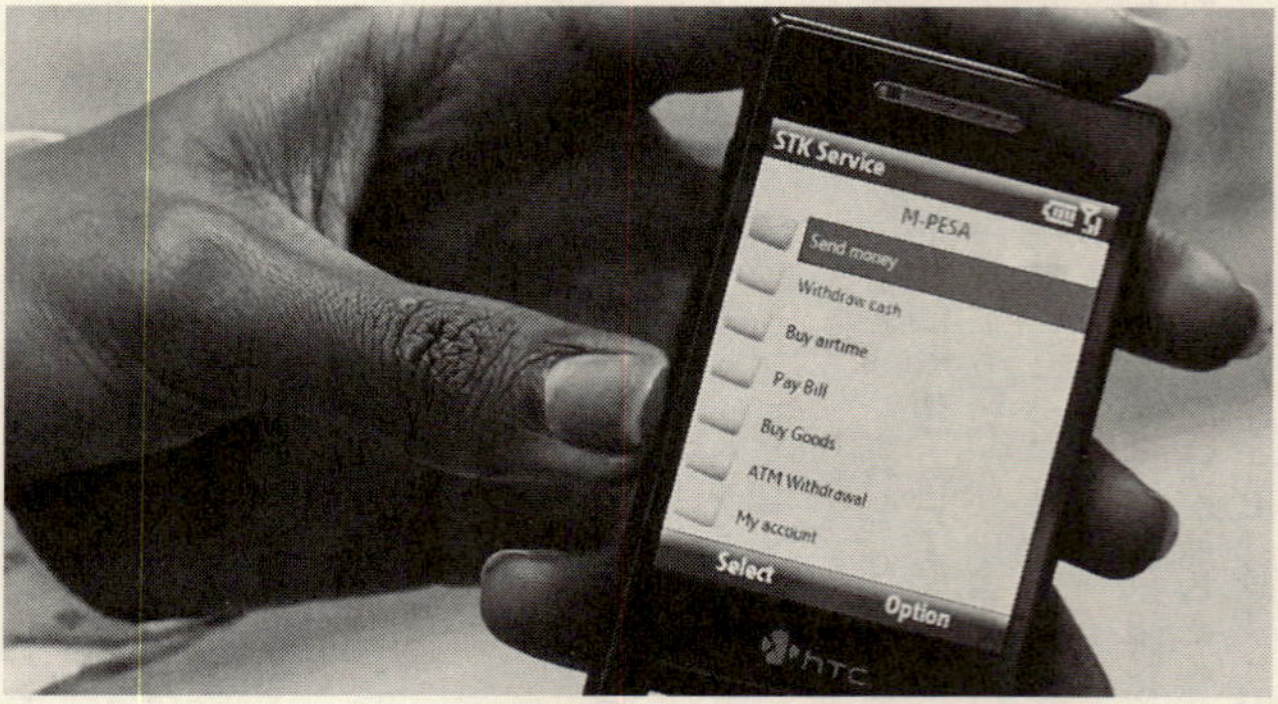


携帯電話をベースにした決済システムのMペサ。ケニアでは何百万人もの国民が、このシステムを送金に利用している。

フォーチュン・クッキーで、私はかつてこんなアドバイスを受けた。「物事の形は変化しても、根本は変わらない」。大層な予言ではないが、未来の資産形成《フォーチュン》について語っているようにも感じられる。

いまから何年ものちには、新しいタイプの貨幣や支払い方法が登場するのは間違いない。しかし何千年も続いてきた貨幣の歴史は、将来の展開を知る手がかりになり得る。お金の形がどれほど変化しようとも、所有される財産という本質は変わらない。すでに本書で見てきたように、外見がハードでもソフトでも中身は同じだ。将来はデジタル化が進み、目に見えず実体もなくなるかもしれない。

お金の形は、社会を構成する〝超頭脳〟がどう変化するかによって左右される。本章では、未来の世界の三つの可能性について考えてみよう。(1) 弱気な展開：金融危機、テロ活動の激化、自然災害などの不安要因が重なり、世界情勢が悪化していく。(2) 強気の展開：

現在と同じく技術の進歩や統合が広範囲にわたって急速に進み、世界が順調に進歩していく。

（３）夢の展開：遠い将来、人間と機械の境界線が曖昧になる。

弱気な展開においては、固有の価値を備えたハードな形にお金が回帰する可能性が考えられる。金融ライターのネイサン・ルイスは著書『*Gold: The Once and Future Money*』〈金：過去ならびに未来の貨幣〉のなかで、安定感のあるハードマネーを提唱している。時代が厳しくなると、人びとは名目貨幣への信頼を失う。名目貨幣を発行し裏付けてくれる機関の安定性が揺らぐからだ。そうなると、金のように固有の価値と交換機能を備えた原始貨幣、すなわちハードマネーがふたたび注目される。たとえば一九二九年に始まった大恐慌のあいだもドルは流通していたが、アメリカ人は金の退蔵に励み、それは政府が禁じるまで続いた。アメリカ政府が裏付けるドルよりも、金のほうが価値の貯蔵手段として優れていると考えられたことは大きい。さらに金融が不安定な時代には、物々交換に頼る傾向が強くなるだけでなく、代替通貨が創造される可能性もある。

強気の展開においては貨幣のデジタル化が進み、実体が薄れて見えなくなると、ジャック・ドーシーのような技術者は予測する。金融が安定している時代には、人びとは日常生活を淡々と営み、支払いに関しても、紙幣とクレジットカードによる電子決済のどちらを選ぶか深く悩まない。取引をスムーズに進めてくれる技術や貨幣を発行する機関への信頼が強く、貨幣の退蔵や物々交換は重視されない。肝心なのは交換行為が途切れなく進行することで、そのために役立つ技術が新たに採用されていく。技術の進歩によって、将来の世界市場には何百万もの人たちが新規参入するだろう。

ＳＦをヒントにした夢の展開においては、様々な衝撃的な可能性を未来研究者が想像している。[4] 遠くの惑星で新しい金属や素材が発見され、金に代わってハードマネーの原料になるかもしれない。あるいは、一部の能力に関して人間と機械は融合するかもしれない。ペースメーカーを体内に埋め込めるのだから、支払い装置を埋め込むことも可能なはずだ。人間と貨幣の境界が曖昧になれば、新しい市場や通貨や通貨制度が誕生するだろう。ただしせっかくの技術が悪用されれば、バラ色の未来は悪夢に変わってしまう。

では、水晶玉で未来を覗いてみよう。

## 弱気な展開

小惑星が衝突するか、あるいは世界核戦争が勃発し、文明の大半が機能不全に陥ったとしよう。道路や通信システムだけでなく、銀行ネットワーク、さらには金融・通貨制度を監督する政府機関にまで影響はおよぶ。この弱気な展開においては、あらゆる貴重品が貯めこまれ、商品貨幣が復活する。ソフトマネーの発行や硬貨の鋳造を管理する公的機関が存在しなくなれば、金属主義者が日頃から指摘するように、モノが固有の価値で評価される制度に逆戻りしてしまう。文明が誕生した頃のように、食べものや毛皮などの原始貨幣が流通するかもしれない。お金は進化の推進役という本来の立場に戻り、当面の生き残りに欠かせないエネルギーや住みかなどを確保するための手段になるだろう。今日のような抽象的な形態は考えられない。社会を構成する〝超頭脳〟も、貨幣を発行・承認する機関も、もはや当てにならないからだ。頼れるものは自分自身しかない。

「恥ずかしいことだけど、大惨事に備えてトイレットペーパーや缶詰を溜めこむ人たちと同じ気持ちになってしまって、金の延べ棒を購入してベッドの下に隠したよ」と、何十億ドルもの資産を運用している友人のポートフォリオマネージャーは語った。

二〇〇八年の金融危機は文明が崩壊する事態にまでは発展しなかったが、経済が危機に瀕したときの人びとの反応を垣間見ることはできた。国際金融制度を信頼できなくなったと友人から聞かされたとき、私は最悪の事態を恐れた。彼はナショナル ジオグラフィック チャンネルの番組『*Doomsday Preppers*』〈世界滅亡に備える人びと〉に登場する市民とは違い、終末に向けて大慌てで準備するようなタイプではない。

友人は金《きん》を安全な避難所と見なした。収入や配当金を生み出すわけではないが、経済や政治が不安定になっても金の価値が変わらないことは歴史が証明している。変動相場制の導入された通貨と違い、供給量が増えて価値が下がる展開にはならない。量が少なく価値が高く、需要が大きい。たとえば二〇〇八年にリーマン・ブラザーズが破綻した後に金価格は一二五パーセント近くも急騰し、二〇一〇年には一オンス一八〇〇ドル以上にまで達した。ブリオンマネジメントのCEOニック・バリシェフは著書のタイトルを『*$10,000 Gold: Why Gold's Inevitable Rise Is the Investor's Safe Haven*』〈金価格一万ドルの時代：上昇し続ける金が、投資家にとって安全な避難所になるのはなぜか〉とし、将来の金価格を大胆に予想している。[5] バリシェフの指摘によれば、二〇年間にわたって金を売り続けてきた各国中央銀行は、自国通貨の価値を守るために金を買い始め、刷りすぎた紙幣によって崩れたバランスの回復に努めているという。二〇一二年には金の総需要の一二パーセントが各国中央銀行によるものとなり、それまでの五年間の平均四パーセントを大きく上回っている。たとえば中国は最大の金生産国でありながら、二〇一〇年には二〇九・七トンの金を輸入しており、前年比で五倍も増えている。その背景には、金保有量に関してアメリカを追い越したいという野心があるとも言われる。そして超大国だけでなく、スリランカ、ウクライナ、カザフスタンも金の保有量を増やしている。[6] では、投資家が大量の金を購入したがるのはなぜか。市場戦略家の意見は様々だが、インフレの過熱を予想し、市場のメルトダウンを懸念している可能性は考えられる。あるいはベン・バーナンキはつぎのように説明している。二〇一一年にFRB議長として議会で証言した際、彼はFRBが金を保有するのはそれが伝統だからだという。[7] 理由はどうあれ、経済が混乱に陥ると金の信用度は高まるのだ。

しかし、金のように固有の価値を備えた商品が流通貨幣としての主役の座をドルから奪うためには、余程の大惨事が必要だろう。世界金融危機に直面した人びとはハードマネーを貯めこんだが、ソフトマネーも退蔵している。「下着を入れた引き出しのなかに、二〇ドル札の束をしまってある。まさかのときのためにね」とべつの友人から聞かされた。

金融危機のあいだは、貨幣の循環がよくなった。FRBが景気を刺激するために、貨幣供給量を大幅に増やす決断を下したからだ。流通する貨幣の量は二〇〇七年から二〇一三年にかけて四五パーセントも増えた。リーマン・ブラザーズの破綻後、一般市民の保有する一〇〇ドル紙幣の量は一〇パーセント増加した。[8] このように一〇〇ドル紙幣の〝退蔵〟量が増えたのは、価値の保存手段としての評価が変わらなかったからだと考えられる。

矛盾するようだが、人びとは銀行制度への信頼を失っても、銀行が創造した貨幣を確保しておきたいと願う。おそらく私の友人が現金を貯めこんだのは、ドルが常に受け入れられることを期待したからだろう。実際、アメリカの法定貨幣法はグレシャムの法則の効果を弱めている。ドルは公的および私的なすべての債務に対する法貨であり、たとえ価値が失われてもその有効性は変わらないと明記されているのだ。友人のタンス預金となったドル紙幣がどれだけ汚れていても、アメリカで使用する分には支障がない。

現金は少額の取引に便利で匿名性が守られるが、不衛生なローテク製品でもある。ある調査では、ドル紙幣の表面から三〇〇〇種類ものバクテリアが発見され、にきび、肺炎、ブドウ球菌感染症などを引き起こす微生物も含まれていた。この調査で使われたドル紙幣はマンハッタンの銀行で引き出されたものだが、表面に残されたDNAマーカーは一二億個におよび、しかも人間由来のものは約半分にすぎなかった。残りはウイルス、菌類、馬、犬、さらにはシロサイのDNAマーカーと思われるものまで確認された。なかには少量の炭疽《たんそ》菌が検出された紙幣まである。あるいは、イギリス人研究者が自国の紙幣を対象に行なったべつの調査では、全体の六パーセントにトイレと同量の大腸菌が付着していた。[9]

現金による取引は政府にとって追跡しづらく、税金を集めるのも難しい。二兆ドルの規模を誇る〝地下経済〟は、ベビーシッター、建設作業員、麻薬の売人、売春婦などフルタイムの仕事を持たない人たちによって構成されており、彼らは現金での取引のほうを好む。アメリカ内国歳入庁の報告によれば、二〇一二年には申告漏れが原因で五〇〇〇億ドル以上の税金が未回収だったという。[10]一方、投資家は資産の少なくとも一部を現金、できればドルで保有したがる傾向が強い。流動性があり、比較的安全な避難所になるからだ。各地の外国為替相談窓口では、資産の多様化について投資家にアドバイスを行なっている。

金、そして時には現金まで退蔵したがる傾向からは、価値の貯蔵手段という貨幣本来の役割が思い出される。すでに見てきたように、ハードマネーは食べものや水などの必需品と交換されるので、どの時代にも交換価値が維持されてきた。不安定な金融情勢のもとで国の通貨が脅威にさらされ、場合によっては通貨そのものが消滅しても、ハードマネーによる取引ならば物品との交換が可能だ。弱気な展開においてハードマネーの交換価値が認識されれば、物々交換に支えられたコミュニティが復活し、従来の貨幣制度に代わって非公式なネットワークが構築される可能性も考えられる。あるいは、取引の場で貨幣は不要になり、信頼関係、社会的債務、贈り物、便宜の図り合いなどが主要通貨の役割を担うかもしれない。マオリ族やクワキウトル族の社会に見られる贈与経済が、市場経済に取って代わることもありうる。交換行為は進化的アルゴリズムの一部なのだから、新しい通貨に頼るのは当然の成り行きだ。経済が困難な時代の物々交換の事例を確認するために、遠い過去まで遡る必要はない。二〇〇八年から二〇〇九年にかけての景気後退のとき、アン・ファイフ・パーマーという小事業主は物々交換に頼った。彼女は中産階級の出身で、質素な生活と無縁ではなかった。一九九六年、二六歳の若さでシアトルにリムズ・ヨガセンターを八店舗オープンしたとき、現金の持ち合わせは少なかったが、べつの通貨は潤沢だった。ヨガのレッスンだ。アンは開店当初、ヘアカットやマッサージと引き換えにヨガのレッスンを行なったが、二〇〇四年にビズエクスチェンジ（BizX.com）を偶然発見した。これはシアトルやオークランドなどの都市だけでなくドバイまでカバーするオンライン・バーターネットワークで、このウェブサイトを利用すれば、物々交換に伴うあつれきの一部が解消される。たとえば物々交換も課税対象に含まれるが、ビズエクスチェンジは顧客に代わって記録の保管や勘定明細の作成を引き受けてくれる。

ヨガレッスンの受講希望者はオープン当初から大勢いたが、厄介なことに、アンのほうは交換したいと思うアイテムを見つけられなかった。物々交換においては、いわゆる〝欲求の二重の一致〟がつきまとう。物々交換が機能するためには、両当事者が相手から望み通りのものを提供されなければならない。しかし、理想的な組み合わせが実現する可能性は残念ながら低い。たとえばアン・ファイフが水道の故障で困っていても、水道業者がヨガのレッスンを希望しないと取引は成立しない。経済史家によれば、欲望の二重の一致に伴う問題を解決して交換の円滑化を図るため、貨幣は発明されたのだという。

物々交換の制度への参加者が増えるほど、欲望の二重の一致が解決されるチャンスも増える。ビズエクスチェンジのコミュニティは年々拡大を続け、いまでは八〇〇〇人の個人ユーザーと二〇〇〇のビジネスユーザーを擁するまでになった。そしてアン・ファイフのヨガレッスンも最終的にヒット商品となり、二万ドル相当の利益がもたらされ、ポスターの作成や迷惑メール対策のために活用された。ビズエクスチェンジでは交換が行なわれるたびに新たなビジネスが発生するので、僅かな現金支出でも顧客は増え続け、両当事者が得をする解決策と言ってもよい。今日、ビズエクスチェンジは年間六〇〇〇万ドル相当の取引の進行に関わり、一〇〇〇万ドルもの利益を計上している。[11]

二〇〇八年に世界金融危機が発生すると景気は減速し、貨幣の循環が悪くなった。そんなとき、アン・ファイフは限度額いっぱいまで銀行から借り入れ、キッチンのフロアをセラミックタイルで張り替えることにした。それに合わせ、フリーランスのデザイナーだった夫はその張り替え工事を監督するようになり、収入源のひとつが失われた。おまけに、繁華街に立地するヨガスタジオの利益も減少していた。夫婦合わせての収入は半減し、ビズエクスチェンジで培った信用が生活を支える手段になった。物々交換という初歩的な形態の取引で、彼女は困難な時期に立ち向かったのである。

二〇一〇年にユーロ危機が発生すると、景気は減速して債務が膨らみ、通貨は混乱状態に陥った。そんななか、一部のヨーロッパ諸国ではバーターコミュニティが台頭する。そのひとつスペインでは失業率が二六パーセント、若年労働者に限れば五五パーセントにも達し、収入の途絶えた多くの国民が物々交換に頼った。[12] それと同時に、手持ちの現金を貯めこむ傾向が強くなった。たとえばスペイン経済が減速すると、コンピューター機器のオンライン小売業者サビノ・リエバナは、キャッシュフローの留保を重視するようになった。そして知恵を絞ったすえ、オフィスのレンタル料をキャッシュではなく現物、すなわちプリンターやコンピューターで支払うことにしたのだ。物々交換で節約された現金は、ほかの重要な支出に回された。

「流動性の問題を考えれば、［物々交換を］採用する企業は増えていくと思うよ。特にサービス産業では多いだろうね」とリエバナは語る。[13]

アン・ファイフは当初、物々交換経済において流動性の制約に苦しんだが、サビノはそれを好機としてとらえ、景気後退に賢明に対処した。流動性とは、商品の売買のしやすさを示す指標であり、多くの要因によって左右される。バーターネットワークのなかで欲望の二重の一致を解決できる人が何人いるか、ほかにどんなタイプの通貨が考えられるかなど、いくつもの要因が絡んでいる。サビノのケースでは景気が減速して債務危機が発生した結果、ユーロの生存能力に疑問が生じた。ソフトマネーやそれを裏付ける機関を信用できなくなると、人びとは往々にして問題の解決を自分の手に委ねる。通貨の発行者を信頼せず自分だけを信じ、生き残るために物々交換という手段を選ぶ。

バーターネットワークが創造されるのは、経済的な理由からだけではない。〝厳しい状況のなかで連帯感が強まった〟結果とも考えられる。[14] 物々交換に参加する人たちの多くは、〝自助的な〟経済制度の恩恵にあずかり、遠くから高級官僚が管理する制度よりも魅力を感じる。「すごい解放感だ。こんな自由を感じたのは初めてだよ……無意識にポケットに手を突っ込んだけれど、その必要はなかったんだ」と、ギリシャでバーターネットワークを立ち上げた男性は語った。[15] 国家機関が機能しなくなると、人びとは自分の所属するコミュニティや周辺地域への依存を強め、市場は局地化していく。

物々交換は書面による契約を伴わない非公式な交換行為で、追跡するのが難しい。したがって、ユーロ危機の際にどれだけ利用されたのか数字で表す作業には限界があるが、一部の地域の数字は残されている。たとえばこの危機の最中、スペインのカタロニアでは数十のバーターコミュニティが誕生した。[16] さらに、規模は小さいが有望な市場も存在している。あるスペインのオンライン・バーターネットワークは急成長を続け、物々交換による取引の価値は一〇〇〇万ユーロに迫る勢いだ。二〇一二年には、物々交換の世界的な組織である国際互恵取引協会に参加する企業は四〇万社以上にのぼり、メンバーが余剰能力を交換し合うことで得られた収入は一二〇億ドルに相当する。[17]

ではつぎに、経済の混乱期から混乱収拾後にかけての物々交換の実態について、広い視野から研究していきたい。ここではソ連崩壊後のロシアについて考えてみよう。当時ロシアは自由市場や新たな価格制度に順応する必要があったが、国民は提供される商品を常に購入する余裕があったわけではなく、物々交換が行なわれた。自由市場では、商品価格は需給動向によって調整されるものだ。しかしロシア政府は、生産コストを下回る価格での商品の販売を多くの企業に対して禁じた。そもそも生産コストが高すぎたのだが、その点は顧みられなかった。そこで物々交換が普及し始め、その影響はロシア経済全体におよんだ。当時ロシアの企業は現金収入が得られず、そのため労働者や供給業者に支払う現金を確保できなかった。これは弱気な展開に該当するケースで、実行可能な代替策もなかった。

物々交換は旧ソ連以来の伝統である。たとえば一九九一年、ソ連で成功を収めた家具小売店の商慣行についての調査が行なわれた。その結果、店内のウォールユニットはどれも飛ぶように売れたことが判明したが、それは物々交換の商品として価値が高かったからだ。どのアパートにも必要とされるため、ウォールユニットの需要は大きかった。家具は顧客にとって、必需品と交換できる原始貨幣のような存在だったのである。実際、家具販売店の経営陣まで物々交換に手を染めていた。[18] マサチューセッツ工科大学の研究者デイヴィッド・ウッドラフは、一九九八年のロシアでは取引の五〇ないし七〇パーセントが物々交換だったと推測している。[19] 一方、かつてはソ連の衛星国のひとつだったブルガリアでも、経済危機が深刻化するにつれて物々交換が普及した。「ポテトがあれば何でも買えるよ」と、ブルガリアのある村の村長は一九九六年に語った。[20]

このように、弱気な展開においては価値を備えたものの退蔵や物々交換が増加する傾向が見られるが、その一方で直観に反するようだが、分かち合いの精神が強くなる。二〇〇八年の金融危機のときにアメリカ政府が銀行を救済したのは、銀行を必要としたからだ。政府は銀行に貨幣の創造をまかせ、銀行は政府に大量の資金を借り受けてもらう。この持ちつ持たれつの関係は古くから存在してきたが、支出が際限なく膨らんでインフレが発生し、結局は通貨の価値が大きく損なわれてしまった。つまり、ソフトマネーに伴う悪魔との取引が悲惨な結果を招いてしまったのだ。現在の制度のもとでは、銀行と政府で構成されるカルテルの管理下で貨幣の一部が私物化される状態が定着し、しかもこれはアメリカにかぎらずほとんどの国に当てはまると、社会科学者のメアリ・メラーは指摘する。融資先についての決定権は銀行関係者が握っており、貨幣は公共財として割り当てられない。しかも、銀行が融資によって特定の個人や企業に分配する貨幣には利息が付けられる。要するに、銀行は貨幣をばらまいて金儲けをしているわけだ。しかしメラーは、貨幣は公共財、すなわち水や空気と同様の共有財産と見なされるべきだと論じる。[21] 金融危機のときも、つぶれかけた金融機関の救済には、結局のところ国民から集めた税金が使われている。政府と銀行の相互依存関係が二〇〇八年の金融危機で暴露されると、金融機関や政府機関への国民の信頼は揺らいだ。ギャラップ社の調査によれば、銀行を〝大いに〟または〝かなり〟信用している回答者の割合は、二〇〇四年には五三パーセントに達していたが、二〇〇八年の金融危機以降はおよそ二五パーセントにまで一気に落ち込んでしまった。それでもまだましな数字で、大企業を信用する回答者は二二パーセント、議会に至っては一〇パーセントでしかない。[22]

ところが金融危機を経験した後も、人びとは現在のような貨幣制度を直ちに改革するように求めるわけではないし、政府と銀行を切り離そうとはしない。実際、政府や銀行が貨幣制度における役割を縮小される場面や、支配力を放棄する場面は想像しがたい。しかし改革を誘発する要因が整っているところに、弱気な展開が実現したらどうか。深刻な経済危機が繰り返された後、怒りを募らせた国民が貨幣制度の改革を求めるとしたら、どんな制度が誕生するだろうか。

メラーは貨幣が公共財としての立場を回復する展開を思い描いている。金融制度と通貨制度は統合されたうえで中央銀行の監督下を離れ、選挙で選ばれた議員の保護下に置かれるか、あるいは国民が直接管理する可能性が考えられる。たとえばブラジルのポルト・アレグレでは、市民参加型の予算作成プロセスに何万人もの住民が関わっており、コミュニティの生活水準の向上に貢献した成果を世界銀行からも認められている。実際、水道の敷設された世帯の割合は一〇年間で七五パーセントから九八パーセントにまで増加した。[23] 政府がまず銀行を通じて貨幣を流通させるのが従来のやり方だったが、これからは地域のコミュニティや協同組合、あるいは個人に対し、直接貨幣を発行すべきだとメラーは提案している。そして選挙で選ばれた政治家が貨幣に関する権限を乱用しないために、公選されたスタッフが常駐する組織を新たに発足させ、貨幣供給量の増減についての決断をまかせるべきだという。このような改革が実現すれば、流通する貨幣の量も、政治家や銀行が金融制度においてふりかざす影響力や権力も少なくなるとメラーは論じる。選挙民が権力を獲得し、良し悪しはともかく、支出に優先順位をつける力を与えられるのだ。たしかにメラーのアイデアは弱気な展開と矛盾しているような印象も受ける。貨幣を民主的に共有するのは、貯蔵することとは正反対だ。しかし将来新たに金融危機が発生すれば、新社会主義的なコミュニティが誕生し、このような実験に取り組む可能性は考えられる。

すでに一部のコミュニティでは問題解決に自発的に取り組み、代替通貨を導入している。マサチューセッツ州バークシャー郡ではバークシェアーズ、フィラデルフィアではイコール・ドル、スイスではWIRが地域通貨として発行されている。アメリカで代替通貨の製造は違法ではないが、ふたつの条項が定められている。(1)混乱と偽造を防ぐため、新通貨をドルと似せてはならない。(2)ドルで取引しているものと想定し、同じように税金を支払わなければならない。

代替通貨のなかで最も有名なもののひとつがイサカ・アワーだ。これは一九九一年の景気後退の際、ニューヨーク州イサカで地域のまとめ役ポール・グローバーによって発行された。国の経済の衰退がコミュニティにおよぼす悪影響を減らし、地域の商業活動を活性化することが目的だった。グローバーはつぎのように説明している。

一九九一年、才能も時間も十分に持ち合わせたイサカの住民の多くが、正規の経済によって活用されない状況が続いた。そこで「イサカ・アワー」を発行し……彼らの能力を歓迎するネットワークを構築した。人びとは失業中か、仕事で本来の能力を発揮できていないか、意にそぐわない仕事に就いているか、いずれかに該当した。誰もが能力や情熱を発揮して生活を変えることを望んでいたが、求人広告も主だった経営者もそんなものには無関心だった。しかしイサカ・アワーのネットワークによって、住民の能力や情熱は歓迎された。[24]

アワーはドルと同じく、食料品店や医院で商品やサービスと交換できるが、イサカの半径三二キロメートル圏内に使用が限られる。ドルと同様に紙幣で、コミュニティのメンバーの肖像が印刷されている。紙幣の表側に、「イサカ・アワーは実物資本、すなわち我々の能力、時間、ツール、森、畑、川によって裏付けられる」と記されているものもある。あるいは一部の紙幣の裏側には、「イサカ・アワーは富を地域内で循環させることで地域の事業の振興を促し、新たな雇用創出の財源を提供する」と書かれている。[25]アワーには六つの呼称単位があり、一アワーは一〇ドル、〇・五アワーは五ドルに等しい。いまでは一三万ドル相当以上のアワーが流通しており、五〇〇社以上がこれを通貨として受け入れている。最も注目すべき点は、アワーでの融資には利息が付かないことだろう。利息を支払うために借金を重ねる必要がない。これとは対照的に銀行は、利息付きの融資を提供することによってマネーを創造する。ドルで借り入れれば、利息を支払うために新たな融資を受けざるを得ないケースが多い。

南北戦争以前のいわゆる〝山猫〟銀行の時代には、各地の州法銀行が紙幣を発行しており、代替通貨が広く流通していた。全部でおよそ八〇〇〇種類にのぼり、アメリカ政府が監督していた貨幣は全体の四パーセントにすぎなかった。[26]やがて国民は銀行家にも、彼らが発行するいかがわしい紙幣にも警戒心を抱くようになり、すでにご承知のように、最終的にグリーンバックスが採用されたのである。〝山猫〟銀行は最近、姿を変えて再登場した。経済的余裕のない市民にサブプライムローンを提供し、二〇〇八年の金融危機を引き起こした銀行の責任は大きい。そして今回、国民の怒りは銀行だけでなく、後から銀行を救済した政府にも向けられた。

一九世紀半ばとは違い、今日の代替通貨は解決策の一部になる可能性がある。著書『*The End of Money and the Future of Civilization*』〈貨幣の終焉と文明の未来〉のなかで、著名な経済学者でありコミュニティ活動家でもあるトーマス・グレコは、代替通貨に関して慎重に検討している。そして、このような通貨は鳴り物入りで導入されるケースが多いが、目新しさが失われると結局は使われなくなることを素直に認めている。弱気な展開でどんな通貨が流行するのか予測するのは困難だが、グレコは成功する代替通貨の特徴についての概略を提供している。最も重要なのは市場のどの供給業者も通貨を発行できるようになることで、そうなれば貨幣を操作する力がユーザーの手に委ねられる。

ある意味、これはすでに実現している。マイレージサービスなどのポイントサービスは、企業が発行する通貨のような存在だ。二〇〇五年にエコノミスト誌は、使われていないマイレージはドルの流通量よりも多いと指摘している。[27] あるいはスターバックスの顧客は、スターバックス・カードを入手してモバイルアプリを入力しておけば、スター・ポイントを貯めることができる。すでにアメリカでは、スターバックスの日々の取引の三〇パーセントに七〇〇万枚のアクティブカードが使われている。[28] このようなポイント制に基づいた疑似通貨は、金融機関以外の組織によって発行される。広告担当エグゼクティブのポール・ケンプ－ロバートソンは、企業が信用力のあるブランドを生かせば、支配的通貨をもっと創造できると確信している。ほとんどの人が銀行を信用しなくなった時代には、特にその可能性が高い。[29] 現在、こうした通貨は利用される範囲も流動性も限られているが、流動性が増して代替機能が拡大したらどうか。たとえばスターバックスのスター・ポイントで東京までの航空券を購入し、小石川植物園までのタクシー料金を支払えるようになるかもしれない。ドルとユーロが交換できるように、スターバックスのポイントとアマゾンのポイントを交換してもよい。実際、企業の疑似通貨同士を取り換えることができるウェブサイトもすでに存在している。

ここに未来があるとグレコは確信している。最先端のツールによってデジタルな代替通貨が誕生すれば、企業の発行する疑似通貨のすべてが互換性を持ち、地域限定的なバーターコミュニティや信用取引のすべてを統合するシステムが創造される。企業集団同士で自由に信用が供与されれば、コミュニティでは取引がスムーズに進行していく。ある意味、今日のデジタル取引と似ていなくもない。貨幣が具体的に受け渡されるわけではないが、貨幣の所有者についての記録が常に更新される点は共通している。

先例として、グレコは米国郵便公社のケースを指摘している。公社は郵便業務を独占してきたが、Eメールやショートメッセージサービスの台頭を防ぐことができなかった。そして彼は、将来的に政府や銀行による金融制度の独占を脅かしかねない要因として、ソーシャルネットワーク、P2P型決済[30]、取引相手評価システム、安全性の高い暗号化システムなどのテクノロジーに注目している。すでに新しい動きは始まっている。たとえばオンラインP2

P型貸付会社のレンディングクラブは、これまでに二〇億ドル以上の融資を提供してきたが、デフォルト率は三パーセントにすぎない。[31] このような融資について決定するのは、銀行ではなくコミュニティだ。テクノロジーが金融ネットワークを大きく変貌させる可能性について、グレコはつぎのように述べている。

eベイやアマゾンはこの機会を利用するだろうか……？　民間部門における〝バーター〟などの商取引はこの三〇年間で長足の進歩を遂げ、企業間での直接の清算が可能になった。デザインを最適化し、すべてのピースをつなぎ合わせ、これらのネットワークを拡大すれば、それが最後の仕上げとなって、貨幣や銀行制度には革命的な変化が起きるだろう。その結果、文明にはなお一層の平和と繁栄と持続可能性がもたらされる。[32]

テクノロジーが貨幣の定義を作り変えている最も顕著な例のひとつが、デジタル通貨のビットコインだろう。二〇〇八年の金融危機の後、サトシ・ナカモト（中本哲史）を名乗るひとり、または複数の人物によって創造されたもので、P2P型の接続性を利用した分散型の通貨だと言える。ビットコインを生み出すためには〝採掘〟しなければならない。採掘のプロセスにおいては、コンピューターを利用して数学の問題を解き、その答えの正しさが立証されれば台帳に取引履歴が記入される。[33] しかし、パソコンを使用するのでは膨大な電気を消費するわりに十分な量のビットコインが生み出されず、利益をあげて維持するのは難しい。[34]

そこで代わりにビットコインの採掘に特化したハードウェアを購入し、ソフトウェアをダウンロードして採掘プロセスを開始する人たちが多い。あるいは採掘プールといって採掘者を何百人も集め、集団でひとつのコンピューターと見なして採掘を行なうケースも多く、この場合はビットコインを獲得するスピードが短縮される。最終的に獲得されたビットコインはウォレットのなかで保管される。あるいはビットコインを採掘する代わりに、複数のオンライン流通市場で売買することも可能だ。ビットコインの量には二一〇〇万枚という上限が定められているが、これは二一四〇年まで実現しない見込みだ。この通貨は中央銀行ではなく、暗号学や数学や非集権型の認証に依存している。

ビットコインは登場するとすぐに成功を収めた。Bitcoin.orgによれば、二〇一三年に流通しているビットコインの価値は一五億ドルを超えたという。[35]ウォール・ストリートの銀行からも好意的に受け取られている。バンク・オブ・アメリカ・メリルリンチの外国為替戦略チームはつぎのように書いている。「電子商取引の主要な支払い手段としてビットコインが台頭し、従来の資金移動業者にとって深刻な脅威となる可能性を確信している。我々の見解では、ビットコインは交換の媒体として明らかに潜在性を秘めている」[36]。当時FRB議長だったベン・バーナンキさえ、ビットコインを認めているようだ。二〇一三年一一月、アメリカ上院に宛てた書簡につぎのように記している。

このようなタイプのイノベーションが法の執行や監督の問題に関してリスクを伴う可能

性は否定できないが、長期的に有望な分野であることも事実だ。支払システムのスピードや安全性や効率が改善されるならば、特に期待は大きい。仮想通貨をはじめ、支払システムの新たな動向全般をFRBは監視しているが、だからと言ってかならずしも、イノベーションに対して、あるいはイノベーションを市場に提供する組織に対して、直接的な監督を行なったり制約を課したりする権限を持っているわけではない。[37]

しかし、ビットコインが通貨として永続的な力を持つのか、あるいはほかの代替通貨のように消滅するのか、現時点では判断できない。価格変動はすでに経験している。二〇一三年には二〇ドルから二六六ドル、そして一三〇ドルへと僅か数カ月の間に揺れ動いた。ノーベル経済学賞を受賞した経済学者ポール・クルーグマンはこの不安定性に注目し、ビットコインは価値貯蔵手段としての信頼性に欠け、貨幣の本来あるべき姿からはかけ離れていると指摘している。[38]あるいは、ビットコインを中傷する人たちは金と同様のデフレ効果を批判して、世界の主要硬貨になれば経済の混乱期に通貨不足が深刻化すると警告している。

ビットコインには対社会関係にも問題がある。二〇一四年三月、主要なビットコイン交換所のひとつマウントゴックスがハッカー行為を受けた。このとき五億ドル近くの資産が失われたが、これはビットコインおよそ八五万枚に相当し、全流通量の七パーセントにもおよんだ。[39]二〇一三年一〇月には、シルクロードの創設者のコンピューターハードウェアから一四万四三三六枚のビットコイン、二八五〇万ドル相当が米政府当局によって回収された。シルクロードはオンラインの闇市場で、書籍や違法薬物など様々な商品の取引がビットコインのみで行なわれていた。このときにはビットコインを保護するはずの組織であるビットコイン財団の元副理事長が、シルクロードのビットコイン一〇〇万ドル相当をマネー・ロンダリングした罪で起訴された。[40] すでにFBIは、流通しているビットコイン全体の三パーセント以上を所有している。[41]

そしてビットコインが広く受け入れられるためには、政府が最大の障害になっている。貨幣の発行者は貨幣の供給に関する権力を増やしたいと願うもので、減らしたいとは思わない。それは何千年にもわたる歴史が証明している。ベン・バーナンキが上院宛ての書簡をしたためてから僅か数カ月後の二〇一四年三月には、IRS（内国歳入庁）が税金に関してビットコインを通貨ではなく資産として扱うことを規定した。ブルームバーグによれば「一杯二ドルのコーヒーの支払いを一ドルで購入したビットコインで済ませれば、コーヒーを注文した人は一ドルのキャピタルゲインが得られ、コーヒーショップは二ドルの総収入を確保できる」のだ。[42] キャピタルゲインを細かく追跡していくのは厄介で、それがビットコイン採用の妨げになっている。ドルならば代替が可能で、一〇ドル紙幣をべつの一〇ドル紙幣の代わりに使っても何ら問題はない。しかしIRSから資産に規定されたビットコインは、使うたびに税務上の影響を考慮しなければならない。

要するにアメリカは貨幣におよぼす支配力を武器に、ビットコインの使用を抑制・支配している。そしてほかの国も状況は変わらない。当初、中国の金融関係者は、自国民のビットコイン市場への参加をとりあえず支持した。[43] BTCチャイナは世界最大のビットコイン取引所のひとつにまで成長する。ところが二〇一三年一二月、中国の中央銀行は、支払いにビットコインを使わないよう支払処理業者に警告し、ビットコインの取引に関わった銀行を懲戒処分にすると脅した。[44] その結果、BTCチャイナのビットコイン取引量は八〇パーセントも減少してしまう。[45] 従来は安定している金融機関の経営が緊急事態によって揺らぎ始め、市場が弱気になってくれば、ビットコインが無制限に広がる可能性が生まれる。しかしビットコインが実際に興隆するためには、電気の十分な供給やデジタルネットワークの普及といった要素も欠かせない。

ただし、ビットコインを巡る論争は大事な点を見落としている。ビットコインを通貨としてばかり取り上げ、テクノロジーの側面に目を向けていないのだ。最近私はサンフランシスコに出かけ、ビットコインを取引する会社の経営をしている友人に会った。「たとえビットコインは失敗しても、また成功する可能性がある」と友人は切り出し、「ビットコインは単なる通貨ではなくてプロトコルなんだ」と専門的な話を始めた。プロトコルとは、コンピューター間でデータを交換するためのルールのようなものだ。たとえばウェブサイトのアドレスの冒頭の「http」とは「ハイパーテキスト・トランスファー・プロトコル」の略で、これを媒体にすれば、あなたのウェブブラウザ、たとえばグーグル・クロームとカリフォルニアのウェブサーバーの間での会話が成立する。

従来、デジタル通貨は二重支払いの問題に悩まされてきた。デジタル通貨は模倣が容易なので、詐欺行為につながるリスクが無視できない。そしてこの問題にとってビットコインのプロトコルは、シカゴ連邦準備銀行の経済学者の言葉を借りれば〝エレガントな解決策〟になるという。[46] つまり、ビットコインのプロトコルを媒体にすれば、貨幣にせよ音楽ファイルにせよ、デジタルなアイテムのすべてがコピーされることなく移動されるのだ。ベンチャーキャピタリストのマーク・アンドリーセンは、その重要性をつぎのように説明している。

インターネットのユーザーが固有のデジタル情報をべつのユーザーに送る際の安全性は、ビットコインによって初めて確保されるようになった。情報の伝達を誰もが確認できるし、その合法性に誰も異議を唱えられない……このような形で伝達されるのは、どのようなデジタル情報だろうか。デジタル署名、デジタル契約、（物理的なロックやオンライン・ロッカー用の）デジタルキー、車や住居など物理的資産のデジタル所有、デジタルな株式や債券……そしてデジタルマネーが考えられる。[47]

そのうえでアンドリーセンは思考実験を紹介している。たとえばあなたが車を所有しており、それを開ける鍵が携帯電話によって作動するとしよう。この車を売れば、所有権は購入した人へと移り、あなたの携帯電話でもはや鍵を作動させることはできない。所有権の移転を反映して情報が更新されるからだ。[48]

ビットコインの取引はこれと同じような認証プロセスを経て行なわれ、インターネット全体を網羅した公開取引簿であるブロックチェーンに記録される。いったん編集された記録は修正できない。このテクノロジーにはほかにも優れた特徴があるが、要するに、分散型ネットワークを通じてビットコインのすべての取引が正しさを証明される[49]。したがって、何が伝達されるにせよ、その合法性を銀行や仲介業者など中央集権的な機関が確認する必要はない。

技術的な説明はこのくらいにして、今度は大きな枠組みでとらえてみよう。ビットコインなどのデジタル通貨は、貨幣の進化のなかでどのように位置づけられるのだろうか。今日ではハードかソフトかを問わず、貨幣制度はデジタル技術のおかげで進歩を遂げている。ちなみに米ドルもデジタル通貨で、物理的な形態に変換しなくても取引可能だ。ただしドルでの電子取引の場合には、銀行が仲介役として機能する。これに対し、ビットコインには固有の価値が備わっていないが、それを斟酌《しんしゃく》しても、現代の金属主義者から賞賛されてもおかしくない一面を持っている。ビットコインのパラメーターによって、通貨の無制限な拡大が食い止められるのだ。たしかにビットコインはまだ生まれたばかりの段階にあるし、〝国家権力を信用せず、分散型ネットワークの力を評価する反権威主義的な科学技術〟に同調することには違和感があるかもしれないが、金属主義者が仮想通貨を非難すべき理由はないだろう[50]。

デジタルな仮想通貨は、貨幣の将来の姿なのかもしれない。しかし広く社会に普及して、主要な基軸通貨を脅かす存在になるのは容易ではない。なぜなら、国境内で何が法定貨幣として認められるか、あるいは認められないかに関しては、政府が決定する権限を握っているからだ。たとえばかつてルーズヴェルト大統領は、金の退蔵や利用を禁じた。むしろビットコインは、テクノロジーとして普及する可能性のほうが高い。譲渡証書や権原証書など価値あるものの伝達、あるいはドルなどの通貨の移動に役立つ手段として重宝されるかもしれない。

たとえ弱気な展開が実現して世界の金融機関が破綻しても、ここで紹介した五つのアイデアと同等のものが採用されるだろう。金属貨幣への回帰、現金の利用の増加、物々交換、公共財としての活用、仮想通貨の五つだ。あるいは、まったく異なった形が登場するかもしれない。

## 強気の展開

私はコーヒーが苦手だ。紅茶のほうがずっと好きで、ダージリンとアッサムのブレンドがお気に入りだ。そんなわけで最近サンフランシスコに旅行したとき、ブルーボトルコーヒーに行こうと友人から提案されたというか、むしろ要求されて当初は抵抗を試みた。ミントプラザにあるカフェに到着すると、私たちは乱れた列に並んで順番を待った。カフェはトレンディで、サンマルコ製のレバー式エスプレッソメーカーなど年代物の機具が、店内におしゃれな雰囲気を醸し出している。客はゆっくりとドリップされるコーヒーを飲みながら、iPadでテッククランチ〔主にIT系のスタートアップやウェブに関するニュースを配信するサイト〕を読んだり、タイポグラフィの最近の傾向について静かに議論を交わしたりしている。口ひげを蓄えたバリスタのひとりが私たちの注文をとった。

「ニューオーリンズ・アイスコーヒーをふたつ」と友人はリクエストした。

うーん。コーヒーはマイルドでよく冷えていて、少々暑い夏の日には申し分ない。さらにありがたいのは（そして便利なのは）、ふたりとも財布を取り出す必要がないことだ。友人が利用したスクエアというデジタル支払いシステムならば、小さな店舗でもクレジットカードによる支払いが可能なので、顧客はモバイルデバイスで商品を購入できる。何だか未来の一場面のようだが、未来はすでにここに存在している。このテクノロジーはシンプルながら画期的で、創設者のジャック・ドーシー（ツイッターの共同創設者でもある）の豊かな才能から生み出された。しかし、このスクエアのシステムは長続きしなかった。お財布携帯、すなわち〝ウォレット〟アプリへの消費者の関心は低く、撤退を余儀なくされたのである。[51]

こうした失敗例はあるものの、利便性は金融イノベーションを促す大切な要素だ。おかげで銀塊、銀貨、銀に裏付けられた紙幣、そして銀色の電話へと、支払い手段は確実に進化してきた。スクエアの登場によって取引の場から貨幣は姿を消し、現金を支払うわずらわしい経験からは解放されたように思える。ただしお金を実際に目で見ないと、脳の活動は最小限にとどめられ、お金を消費する（あるいは失う）ことへの不安が少なくなるかもしれない。実際、テクノロジー関連企業のなかには、製品をあまりにも購入しやすくしたためトラブルに巻き込まれたところもある。たとえばアップル社は、iPadでゲームを楽しんだ子どもが法外な料金を請求されたことを理由に、親からの集団訴訟で一億ドルの損害賠償を請求された。ある少女は、二〇〇ドル相当のバーチャルアイテムをパスワードなしで購入していた。両親のクレジットカードの情報がファイル上にあったからだ。[52]

スクエアや、そのライバルであるペイパル、グーグル、アップルのいずれかが、あと五年から一五年するとモバイル決済企業として主役に躍り出るかどうか予測するのは難しい。たとえば二〇〇〇年代初めには、決済関連企業が何百も立ち上げられたが、生き残って多くの消費者から受け入れられたのは、間違いなくペイパルだけだろう。しかし今日、企業そのものの存在は危ぶまれても、企業が利用している革命的なテクノロジーに不安はない。スクエアもライバル企業も、ユニオンスクエアからタハリール広場〔エジプトの首都カイロの中心部に位置する〕に至るまで世界各地で携帯電話をモバイル決済のデバイスとして活用し、グローバル市場で利用者を増やしている。

しかし携帯電話がいかに商業を様変わりさせているか考察する前に、貨幣と決済デバイスと決済ネットワークの区別を認識しておくべきだろう。私のコーヒーはスクエアウォレットを（モバイルアプリとして）使い、VISAのクレジットカード決済ネットワークを通じてドル（という通貨）で支払われた。[53] ここでは強気の展開への理解を深めるため、現在すでに重要性が認められ、途上国の貨幣制度の将来に不可欠だと評価されている決済テクノロジーに焦点を当ててみよう。クレジットカードとペイメント（支払い）ネットワークのふたつだ。

未来を見つめるために過去を再訪するのは、エドワード・ベラミーとは正反対のアプローチになる。ベラミーは一八八七年に出版された『顧みれば』（岩波文庫、一九八六年、山本正喜訳）というSF小説の作者で、ちなみにこの作品は一九世紀において『ベン・ハー』と『アンクル・トムの小屋』に次いで、ベストセラーの第三位にランクされた。この本にはジュリアン・ウェストという人物が登場し、眠りに落ちた後に目を覚ますと、そこは一〇〇年以上も先の西暦二〇〇〇年の世界だった。彼が遭遇したアメリカは社会主義者のユートピアになっており、労働時間は短縮され四五歳定年制が採用されていた。そして人びとは地元の店で商品を購入するために〝クレジットカード〟を使っているが、「他人の銀行預金口座とリンクしたデビットカードのようなものを想像すればわかりやすい。[54]政府の富はすべての市民のあいだで流通しており、誰もが必要な金額をカードで引き出すことができる。お金はメラーの思い描いたような公共財になっていた。

クレジットカードは、現実の生活がフィクションを模倣することによって誕生したケースだ。一九二〇年代、石油会社やホテル経営者が顧客との取引を円滑に進めるために初めて導入したが、ほかの場所では使われなかった。やがて一九四六年、もっと用途の広い〝チャージイット〟カードがブルックリンのフラットブッシュ・ナショナルバンクによって導入される。[55]一九五〇年には、有名なダイナースクラブカードが発案者フランク・マクナマラの苦い経験から生まれた。ある晩彼は、ディナーの支払いに必要な現金が足りずに気まずい思いをしたのだ。僅か二年のうちに、このカードの保有者は二万人に達した。引き続き一九五八年には、アメリカン・エキスプレスとバンク・オブ・アメリカがそれぞれカードを導入し、アメリカン・エキスプレスのカード保有者は最初の五年間で一〇〇万人を超えた。一方、バンク・オブ・アメリカは人口の多いカリフォルニアでカードを発行し、安定したユーザーベースを確保した。やがてほかの銀行もアメリカン・エキスプレスに参入し、後にそれはVISAカードに発展した。一九六〇年代末には、バンク・オブ・アメリカと競合する銀行グループによって、今日マスターカード（MasterCard）として知られるカードが創造される。そしてファースト・ナショナル・シティバンク、すなわち後のシティバンクがマスターカード・グループに加わった結果、大きな発展を遂げた。[56]

クレジットカードは便利で利用範囲が広く、強気な展開が実現した世界では必要不可欠な存在である。現金を持ち歩いて計算する代わりに、クレジットカードを機械に通す（あるいはオンライン取引でカードの番号を入力する）だけでよいのだから、実に便利だ。二〇一三年には、アメリカのカード保有者は一億六〇〇〇万人を超え、カードの発行枚数は一一億枚に達した。[57] カードでの購入額は三兆ドルを超え、GDPのおよそ一九パーセントを占めた。VISAだけでも、年間五〇〇億件近くの取引を処理している。[58] そこにデビットカードやプリペイドカードでの取引を加えれば、購入額は一五兆ドルに跳ね上がる。[59] 市民は言論の自由だけでなく、消費の自由も享受できる。

クレジットカードの利用が普及した背景にはいくつかの要因がある。そもそも大きな買い物をその場で決断できることは、誰にとっても快感だ。実際には借りているだけで、将来の収入で返済するのだが、この現実については考えない。クレジットカードはすべてのユーザーに悪魔との取引を持ちかけていると言ってもよい。実際、何百万人もの人たちが巨額の借金を抱え込み、返済不能に陥っている。もちろん、最初からこうだったわけではない。二〇世紀、クレジットカードは庶民が借金をしやすくするために考案された手段のひとつだった。そもそも政策立案者は、低所得層のアメリカ人が手頃な住宅ローンにアクセスしやすくなることを目的に法律を考案した。一九七四年に制定された消費者信用機会均等法では、消費者金融における男女差別や人種差別が禁じられた。そして一九七七年には地域社会再投資法が施行され、低所得者居住地域への適切な金融サービスの提供を銀行に要求した。

一九七八年、最高裁はマルケット・ナショナルバンク・オブ・ミネアポリスvsファースト・オブ・オマハ・コープの訴訟において、各州の金利関連法がよその州で免許を取得した銀行には適用されないという判決を全員一致で下した。こうして金利の規制が緩和されると、それをきっかけに低所得者のあいだではクレジットカードが普及していく。サウスダコタ州知事のビル・ジャンクローは、自分の州で定められた金利がほかの州でもそのまま通用する可能性に注目してこう発言した。「サウスダコタの金利の上限が二五パーセントならば、フロリダ州のローンにも二五パーセントの利息を請求できるようになった」[60]。クレジットカード業務で損失を出していた多くの大手銀行は、まずはサウスダコタ州、後にはデラウェア州に営業所を開設する。どちらの州も金利の上限を引き上げるか撤廃していたからだ。それと引き換えに、両州では何千人もの雇用が新たに創出される。銀行はクレジットカードの金利を自分の裁量で決定し、それを全米に適用した。こうして以前よりも高い金利を請求してリスクを分散させ、十分な環境が整ったところで、銀行は低所得者にクレジットカードを発行し始めた。クレジットカード事業は大きな利益をあげ、新たな顧客を確保するために広告に何十億ドルもの費用がかけられた。[61] たしかにクレジットカード会社は、弊害を伴う不公平な慣行に手を染めたり、法外な金利や料金を請求したりするときがある。それでも、庶民が借金しやすい環境づくりを目標にした政策によって、クレジットカードは決済手段として全米中に普及した。

しかし、どの国も同じ事情というわけではない。アメリカではクレジットカードが飽和状態になったが、世界のほかの地域では普及率が低く、世界の流通取引の八五パーセントは未だに現金で行なわれている。[62] たとえば、一三億の人口を擁する中国では、六七〇〇万枚のカードしか発行されていない。中国人は貯蓄に熱心で、借金に消極的な傾向が強い。そしてIMFによれば、中国政府は従来から国民に十分なセイフティネットを供給してこなかったが、それも一因として考えられる。[63] あるいは、男女差の偏った結婚市場で男性の魅力を増すための努力が、貯蓄率の高さにつながっていると指摘する経済学者もいる。中国では、成人年齢に達する男性が女性よりも多い。そして実際、息子のいる世帯のほうが娘のいる世帯よりも貯蓄額が高い傾向が調査で確認されている。いずれにせよ、男女間で人口のバランスが悪い地域ほど、結婚市場での競争が厳しく、それが貯蓄率の上昇につながる実態は明らかにされている。[64] 一方、クレジットカードの普及率は一部の先進国のあいだでも低い。たとえば人口が八二〇〇万のドイツでは、僅か一〇〇〇万枚のカードしか発行されていない。中国人と同じく、ドイツ人のあいだにも借金を嫌う伝統があるからだ。ドイツ語で借金に相当する

schuld には、〝罪悪〟という意味も込められている。[65] クレジットカード会社もこのような傾向に注目し、国際的な努力を強化している。一握りの先進国でカードの普及率がアメリカと同レベルに達すれば、VISAやマスターカードの取引額は二兆ドルを超えると予測されるのだ。[66] 将来は世界中で何億人もが、クレジットカードやその決済ネットワークだけを利用する可能性も視野に入れている。

政府や企業がクレジットカードの導入に積極的な姿勢をとる背景には、多くの経済的な理由がある。クレジットカードの普及と成長と輸出のあいだには正の相関関係が存在している。ムーディーズによれば、二〇〇八年から二〇一二年にかけて世界五六カ国を合わせると、電子商取引によって成長が一兆ドル近く押し上げられたという。[67] クレジットカードの利用者が増えれば、それだけ消費者市場は拡大すると米国商務省のスコット・シュミスは主張する。クレジットカードによる決済のシェアが一〇パーセント増えると、消費者支出は〇・五パーセント増加するというのだ。さらに、中国でカードの普及率が二〇〇五年を基準に二〇パーセントから二二パーセント増加すれば、新たに四三億ドルの消費者支出が生み出されると二〇〇八年には試算している。[68] すでに中国とインドの消費者支出はアメリカを上回るペースで拡大しており、途上国が世界の消費に占める割合は急速に増えている。[69] 一方、クレジットカードはコストの減少にもつながる。経済学者によれば、電子商取引は紙幣での取引よりもコストが三〇ないし五〇パーセント少ない（たとえば、電子商取引に関わる肉体労働は多くない）。銀行が紙幣による決済の代わりにクレジットカードでの電子決済を利用すれば、国の年間GDPが一パーセント節約されるとも予測されている。[70]
ただし、すべての販売店にクレジットカードでの決済を受け入れさせるのは難しい。アメリカでは、三〇〇万以上の業者がクレジットカードを受け付けない。手数料がかかり、現金収入を即座に得られないからだ。たとえカードを受け付けていても、手数料を回避するため現金での支払いのほうを好むケースもめずらしくない。たとえばニューヨーク市のタクシー運転手は、客がカードを見せると失望感を隠さない。しかしそれでも、小さな商店がクレジットカードでの決済を受け入れれば、利益は確実に得られる。というのも、三〇パーセントの消費者は、取引で最も重要なのは利便性だと考えている。そして一八歳から三四歳の年齢層の消費者の七〇パーセントが、複数の決済機能を受け付ける店舗でしか買い物をしないと語っている。[71] 幸い、小さな店舗にカードを受け入れるように説得するのは、以前よりも容易になっている。[72]
強気の展開においては、お金の将来に携帯電話やタブレットなどのモバイル機器が関わってくるだろう。その傾向は先進国でも途上国でも変わらない。なぜなら、携帯電話はクレジットカードよりもはるかに普及率が高い。国際電気通信連合によれば、世界の人口は七〇億近くだが、携帯電話の契約者数は六八億件で、普及率は先進国で一二八パーセント（複数の電話を所有する人が多い）、途上国で八九パーセントに達するという。[73]
携帯機器が広く普及している状況には、起業家も注目している。クレジット産業は二〇一一年に九〇〇〇億ドルの収益を確保したが、モバイル決済システムを構築してそこに参入し、できれば数字を大きく増やしたいと意欲を燃やしている。調査会社ガートナーによれば、現在すでにモバイル決済の利用者は世界中で一億四〇〇〇万人以上に達するという。[74]モバイル決済の取引量はカード決済の五パーセントにも満たないが、今後は六二パーセントから一〇〇パーセントの勢いで順調に成長するとマッキンゼーは予測している。[75]モバイル決済の未来は明るい。

そもそもこれらのシステムの成長は、大手クレジットカード会社の犠牲を伴わない。今日フェイスブックやツイッター、既存のネットワークであるインターネットに依存している。同様に、スクエア、ペイパル、アップルペイなどのモバイルテクノロジーは、VISA、マスターカード、アメリカンエキスプレスなどが管理する既存のクレジットカード（あるいはデビットカード）決済ネットワークに依存している。銀行間取引においては、クレジットカードのネットワークがルートを緻密に設定しているおかげで、承認や決済の作業がスムーズに進行していく。信頼性も効率も安全性も抜群で、カードを受け付けない業者でさえ、その点についてはほとんど不満を口にしない。そんな素晴らしいクレジットカードのネットワークを放棄して、新しいネットワークをわざわざ構築するとなれば、大事な個人情報や銀行口座の詳細を提供してもらわなければならず、顧客を説得するのは並大抵の努力ではない。

代わりに既存のシステムを利用した新しいモバイルシステムを構築する際には、取引時点、すなわち顧客が製品を購入する時点でのプロセスの簡素化と改善を目指せばよい。モバイル決済についての理解を深めるため、ここではテクノロジーを以下の三つのグループに分類する。（1）モバイルリーダー。（2）モバイルウォレット。（3）モバイルコマースの三つだ。[76]

モバイルリーダーを使うと、モバイル機器がクレジットカードを受け付ける。毎日ニューヨークではランチの時間になると、私のオフィスの外に数台の移動式屋台が並ぶ。スパイシーなブリトーから甘酸っぱいミートボールまで様々な種類のおいしい食べものが販売されるが、私は滅多に利用しない。クレジットカードが利用できず、私はほとんど現金を持ち歩かないからだ。一方、ハイテクの町として有名なテキサス州オースティンを訪れるときは、多くの屋台がクレジットカードを受け付けるのでランチを購入する。必要なのは、カードリーダーにモバイル機器を指しこむことだけ。味はよいし、決済のプロセスは簡単このうえない。

ダイナースクラブの創設者のフランク・マクナマラは現金の持ち合わせがなくて気まずい思いをしたが、スクエアの共同設立者ジム・マッケルビーも同様に、苦い経験からスクエア・リーダーを考案した。彼はソフトウェアのエンジニアでガラス器の製造も手がけていたが、手吹きのガラス製蛇口の受注に失敗し、二五〇〇ドルをふいにした。理由は、クレジットカードを受け付けていなかったからだ。しかしマッケルビーはこの経験をもとに新会社を立ち上げ、ひと月に一〇万件の業者を顧客として獲得することに成功し、年間の売上高は一五〇億ドルを記録した。[77] 何百万もの業者がスクエアを利用するのは、仕組みが簡単で価格設定が透明で、しかも決済の時間が短いからだ。[78] カードリーダーのなかではスクエアが最も広く利用されているが、ペイパルのヒアやインテュイットのゴーペイメントもこの市場に参入している。

一方、モバイルウォレットを使えば、顧客は電話を決済デバイスのように利用できる。ブルーボトルコーヒーで私の友人は、今はなきスクエアウォレットを使ってコーヒーを購入した。[79]友人がコーヒーショップに入っていくと、バリスタの持っているスクエアの端末が友人の携帯電話を検知して、彼の映像がレジのスクリーンに現れる。バリスタはその映像から友人を確認し、取引が成立した後にはクレジットカードによって料金を引き落とし、Eメールで領収書を送る。しかしこの確認方法は匿名性が確保できず、ほかのテクノロジーほど普及しなかった。一方、近距離無線通信（NFC）を使えば、店の決済リーダーの近くで携帯電話を振りかざすだけで取引が成立する。現在この技術はグーグル・ウォレットに利用されている。ほかにはショートメールをベースにしたタイプの決済システムもあり、ヨーロッパや途上国で広く利用されている。モバイルウォレットの仕組みはそれぞれ異なるが、カードをたくさん持ち歩く必要がなく、ペイメントネットワークに依存している点はどれも共通している。

すでに競争は激しい。アップルペイはNFCテクノロジーやアップルの膨大な顧客ベースをパスブックに役立てている。iPhoneのアプリであるパスブックを使えば、店のクーポンやギフトカードやクレジットカードの詳細をまとめて保管することができる。一方、ペイパルのモバイルウォレットを使うと、事前に注文を入れて列に並ぶ手間を省き、ラジオシャックやフットロッカーなどの小売店で商品を直接受け取ることができる。[80]スターバックスのモバイルアプリも、アメリカーノやマキアートの事前注文を可能にしてくれる。[81]そして大手のクレジットカード会社のVISAやマスターカードも、信用力のあるブランドを生かして独自のモバイルウォレットを創造している。VISAのウォレットはV.me、マスターカードのほうはペイパスという。これらのクレジットカード会社にネットワークやサービスをすでに依存している業者や銀行は多い。そしてインターネットの普及率が低い国でも独自のモバイル決済システムが構築されつつあり、競争は世界的規模で広がっている。たとえば日本では、すでに二〇〇〇万人がモバイルウォレットを利用している。日本企業のNTTドコモはマスターカードと提携し、モバイルウォレットの技術を四〇カ国以上で利用できるようにしている。[82]結局どのモバイルウォレットが業界標準になっても、消費者や業者には勝利がもたらされる。いずれにしても取引にかかる時間、つまりルートが短縮され、生産性が向上し、潜在的顧客が増えるからだ。しかしこれらの企業のほとんどは、顧客の行動を変化させることに苦労している。たとえば手持ちの携帯電話にNFCチップが搭載され、デバイスを振りかざすだけで〝送金が可能〟だとしても、クレジットカードに頼る人は未だに多い。それでもiPhoneの普及度を考えれば、アップルペイは消費者の行動に変化を起こすことになるだろう。

三番目のモバイルコマースはモバイルバンキングからモバイルショッピングまで、モバイルデバイスで行なわれる広範囲の取引を網羅している。モバイルコマースはeコマースの売上全体のおよそ一〇パーセントにすぎないが、アメリカの消費者はデスクトップコンピューターよりもモバイルデバイスでのショッピング（かならずしも購入に至るわけではないが）のほうに多くの時間をかけている。費やされる時間と売り上げとの間にギャップがあるのは、店の位置を確認し、製品を調べ、掘り出し物を見つけるために携帯電話が使われるからだ。トップの業者のあいだではモバイルによる売り上げが二〇一三年には六〇パーセント以上も跳ね上がり、三四二億ドルに達した。[83] ウォルマートやターゲットやアマゾンなど大手のオンライン小売業者はモバイルウェブサイトを最適化し、急増するモバイルユーザーを対象に決済プロセスの効率化に取り組んでいる。

しかし、モバイルのコマースや決済が途上国の市民に良い影響を与えている点は、何よりも心強い。エコノミスト誌によれば、「携帯電話を使ってタクシー料金を支払うのは、ニューヨークよりもナイロビのほうが簡単だ」という。[84] ケニアでは、Mペサという決済送金システムがサファリコムによって立ち上げられた。店舗やガソリンスタンドに設置されたサファリコムの取次店では現金の預け入れや引き出しが可能で、そのたびにMペサの通帳の記録は更新される。ケニアでは成人人口の六〇パーセント以上、実に一七〇〇万人がこのシステムを利用している。携帯電話のSMSを使うだけで、友人や家族や販売店への送金が完了する。モバイル決済に関しては途上国が先進国よりも先行していると言ってもよい。結局、優れた金融イノベーションを持続させるために最先端のテクノロジーを開発する必要はない。タクシーの支払いなど、最も基本的な取引を簡単にするだけで十分なのだ。

「電話のなかに銀行があるのだから、わざわざ店に出かける必要はないさ」と、運送会社を経営するケニアのビジネスマンは語る。[85] 何キロメートルも離れた銀行まで歩いていかなくても、電話を操作するだけで従業員への給与の支払いも速やかに完了する。

強気の展開においてはお金が消滅し、ナイロビからニューヨークまで世界中の誰もが市場で結びつく。Mペサ、ペイパル、アップルペイ、スクエアなどのテクノロジーがモバイル機器を決済システムに変更させたおかげで、お金はますますデジタル化が進み、実体がなく目に見えないものになるだろう。お金に触らなくても、実際に目で見なくても、交換は可能だ。

生き残りに必要な資源を確保して、人間の進化を支えることがお金の本来の目的だったが、お金は抽象化する傾向を強めていく。そのプロセスのなかで取引は無駄な部分をそぎ落とされ、市場の金融調整手段としての制約から解放され、家族間でお金を交換しているような雰囲気が生まれるだろう。携帯電話は決済に伴うあつれきを取り除き、協力を最適化してくれる。取引がスピードアップして交換が行なわれる機会が増えれば、世界全体で顧客基盤は拡大するだろう。

そして、新しい決済システムからは新しい商品やサービスが生まれる。硬貨が古代ギリシャの市場アゴラに変化を起こし、売買に携わる人が増えたように、新しいモバイル決済システムは未来のアゴラを変貌させるだろう。

しかし強気の展開のシナリオにも、若干の障害やリスクは存在している。したがってモバイル決済技術が世界中で採用されないうちに、標準化を進めておくのが賢明だろう。目下、アメリカでは様々な種類のモバイルウォレットが利用されているが、何らかの業界標準が登場すれば、アクセスは容易になるだろう。アプリをダウンロードするだけでよいのだから。ただし新しい業界標準のモバイルリーダーやウォレットが機能するためには、専用のチップやテクノロジーを搭載した新しいモバイルデバイスを購入しなければならない。さらに、こうしたテクノロジーを政府や銀行が脅威と見なせば、妨害される可能性も考えられる。

最も気がかりなのは安全面への影響だろう。モバイルセキュリティ関連企業のルックアウトは五〇〇〇万人の顧客のデータを分析し、チャージウェア、アドウェア〔ユーザーの画面に強制的に広告を表示させる代わりに、無料で利用できるソフトウェア〕、マルウェア〔悪質なソフトウェア〕が深刻な脅威になることを発見した。チャージウェアとは、同意していないはずの顧客に料金を請求するアプリで、言うなればスリのモバイルバージョンだ。たとえば二〇一一年には、GGトラッカーというチャージウェアのアプリが偽のサービスへの登録に人びとを誘導し、金銭をだまし取った。アメリカのユーザーが一週間でチャージウェアのアプリに遭遇する確率は、〇・二二パーセントだとルックアウトは試算している。一方、目障りで迷惑な広告アドウェアを経験する確率は一・六パーセントになる。[86] こうした問題に遭遇する頻度は増えつつあり、潜在的影響も深刻化している。さらに、犠牲者の個人情報を内緒で集めてしまうマルウェアも気がかりな存在だ。実際、モバイル決済で個人情報が盗まれる可能性を懸念するアメリカ人消費者が、五六パーセントにのぼった調査もある。[87] 強気の展開が実現する未来はたしかに大きな期待が持てるが、犯罪者が他人のお金を悪用するための新しい方法が提供されることも事実だ。

## 夢の展開

ここからはちょっと楽しんでもらおう。お金について夢を思い描いてほしい。と言っても、お金が増えたら人生がどうなるか想像するわけではない。遠い将来、たとえば何百年も先にお金はどのような姿になっているだろう。想像力を刺激するため、SFでお金がどのように描かれているか考えてみよう。さて、手始めとして絶好の場所は……。

遠い昔、遥か彼方の銀河系。映画「スター・ウォーズ」では、〝銀河標準クレジット〟あるいは簡単に〝クレジット〟と呼ばれるものが貨幣として機能していた。[88] スター・ウォーズに関するオンライン百科事典ウーキーペディアによれば、クレジットはソジョーンという月で作られるが、ここはインターギャラクティック銀行グループ（IGBC）が休暇を過ごす場所でもある。IGBCは銀行家と弁護士から成る企業集団で、多くの資産を管理している。そう、遠い銀河でも、銀行家は金融制度にとって欠かせない存在なのだ。クレジットは紙幣や硬貨やチップの形をとり、惑星ムーニリンストで大量に採掘される鉱物によって裏付けられている。この惑星は〝マネーレンド〟とも呼ばれ、IGBCグループの本拠地でもある。[89]

私たちとはべつの銀河でも問題は変わらない。映画「スター・ウォーズ」には金融が混乱して競争が激化する場面が登場する。クレジットは金属に裏付けられているが、クローン大戦が勃発するような混乱期には、各惑星から受け取りを拒否される。クレジットは後に〝インペリアル・クレジット〟と呼ばれるようになり、たとえばルーク・スカイウォーカーは惑星アルデランに向かう際、このインペリアル・クレジットで密輸業者ハン・ソロに運賃を支払った。しかし密輸業者は国の認可を受けた貨幣を使わず、代わりにプラチナなどの貴金属を利用する。ちなみに、フェレンギ同盟が使用する貨幣の原料は粉末の金とラチナムという液体金属を混ぜ合わせたもので、複製することができない。[90]

「スター・ウォーズ」は〝遠い昔〟の銀河系を舞台にしているが、〝宇宙通貨〟というアイデアは時代を先取りしており、思っているよりも早く実現するかもしれない。ヴァージン・ギャラクティック社はすでに宇宙旅行の予約を受け付けているし、ロシアには近々宇宙ホテルの開設を企画している企業もある。[91] 話に乗り遅れまいと、ペイパルは地球外生命探査研究所と協力し、ペイパル・ギャラクティックという構想のもとで宇宙通貨の創造に乗り出した。実現すれば、宇宙での交易はどのような形で営まれるのだろう。円やドルが軌道上のポッドに収められ、宇宙の旅行者はそこから現金を引き出すのだろうか。いや、レスター大学の研究者によれば、地球で使われている貨幣は宇宙で役に立たないという。クレジットカードの磁気ストリップは宇宙放射線の影響で機能しなくなるし、硬貨のように尖った部分のあるものは旅行者の安全を脅かすリスクを伴う。その代わり、英国国立宇宙センターなどに所属する科学者たちは、〝準国際銀河系単位〟別名クウィド（*Quid*）を宇宙貨幣のプロトタイプとして提案・採用している。クウィドはポリマーを原料として使い、丸い形状をしているので、空間を漂っても危害をおよぼさない。[92]

こうした提案は刺激的だが、宇宙ライターのブライアン・ドッドソンは時間の問題について憂慮している。地球上の私たちは、グローバル・コミュニケーションネットワークを介して進行する迅速な取引に慣れきっている。しかし宇宙では距離が障害となり、取引に遅れが生じるだろう。たとえば、探査機ガリレオが木星に到着するまでには六年を要した。情報伝達にもかなりの時間がかかるだろう。取引に関する情報が地球に送られるまでにはあまりにも長い時間が必要で、遅れることがわかっていれば、犯罪者に付け入る隙を与えてしまう。銀河全体に分散型の〝P2P〟ネットワークを構築する必要が出てくるが、その費用を誰が負担するのだろう。[93]

一九七八年、ポール・クルーグマンは「恒星系間の貿易の理論」という論文を発表した。彼は経済学者でニューヨーク・タイムズ紙にコラムを寄稿しているが、SFファンとしても知られ、この論文で宇宙貨幣に伴う問題を取り上げている。宇宙は相対性理論に支配されるので、惑星ごとに時間の経験は異なり、惑星間で商品を輸送する際にもその影響がおよぶ点を彼は理解している。宇宙の貿易では時間も距離も桁違いに膨らむので、膨大な投資が必要になる。[94]エコノミスト誌は宇宙貿易に関するクルーグマンの原理を以下のふたつに要約している。

1　輸送する商品に関して生じる利息費用は、宇宙船ではなく惑星の時計を使って計算されるべきだ。貿易の機会費用は……荷物と一緒に移動する実業家が相対性の影響をどのように受けようとも、惑星上の時計によって計算されるからだ。

2 移動に要する時間が長いため、貿易に従事する惑星間で物価が等しくなることはないが、金利は等しくなるだろう。金利が異なれば、投資家は魅力的な惑星の債券のほうを購入するので、貿易相手の金利もそれに合わせて変動するからだ。[95]

地球に話を戻そう。私がかつてニューヨーク市のあるレストランに到着したとき、入れておいたはずの予約が忘れられていた。そこで、急がなくてもよいからと友人にメールを打ち始めると、責任者があわてて駆け寄ってきて、「お客様、どうかイェルプに悪いレビューを投稿しないでください。お席はすぐに準備いたします」と懇願された。悪いレビューをひとつでも書かれれば、潜在的顧客を何百人も失う現実をレストランの支配人は理解していたのだ。ビジネスを動かすという点では、評判もまた一種の通貨である。

一部の企業、たとえばアメリカン航空の戦略家は、デジタルな相互接続性を利用して企業の評判を高める努力をしている。その一環として同社は、ソーシャルメディアのフォロワーが多い顧客を優遇し、その見返りにポジティブな反響を期待している。クラウトのスコアが高い人物に、空港でファーストクラスのラウンジの使用を許可するときもある。[96] クラウトとは、ソーシャルメディアに関するユーザーの影響力を測るアプリで、一から一〇〇までのスコアで計測される。ソーシャルメディアに関して複数の指標が考慮され、たとえばツイッターの投稿に対するリツイート数やフェイスブックへの反応が点数に反映される。要するに評判が高いほど、大きな利益がもたらされる。これは夢の世界ではなく、現実の世界での出来事だ。

SF作家のコリイ・ドクトロウは、『マジック・キングダムで落ちぶれて』(早川書房、二〇〇五年、川副智子訳)のなかで、評判に基づいた通貨について詳しく取り上げている。彼の想像する二二世紀の世界では、〝ウッフィー〟が主要通貨として普及する。自分の評判を高めるような行動をとればウッフィーを獲得し、逆に評判を落とせば失う。そして、誰もが脳に埋め込まれたチップによって大きな集団のネットワークに組み込まれ、ほかの人たちのウッフィーの状態を確認することができる。脳にチップを埋め込むのは大胆な手段に思えるかもしれないが、来るべき世界を暗示しているとも言える。

夢の展開においては、評判だけでなく、思考、感情、経験、夢、アイデアなどメンタルな要素のすべてが通貨として機能する可能性が考えられる。お金は脳に刺激を与え、その結果、側坐核や島など多くの部位で神経の活動が活性化されることは、脳のスキャンによって確認されている。将来の貨幣がこれらの部位を同様に活性化するかぎり、それを価値の象徴として認識し続ける可能性はあり得る。今日、クレジットカードからモバイル決済システムへとテクノロジーが進化するにしたがい、お金はますます見えにくく抽象的になっている。いつの日か、人間と機械は統合されるかもしれない。そうなれば、物理的な貨幣の〝仲介者〟としての役割は消滅し、神経の活動が貨幣そのものになるだろう。いまでもペースメーカーを埋め込めるのだから、決済システムを体内に埋め込むことは不可能ではない。いまにモバイルウォレットではなく、ニューラル（神経）ウォレットを持つようになるのだろうか。

ドクトロウの小説のように脳のチップを使うにせよ、すべての人を対象に、メンタルな情報の詰まった脳をクラウドとつなげるにせよ、未来の人間はほぼすべての神経活動を交換したり取引したり、売買するようになり、それがビットコインのような分散型のプロトコルによって認証されるかもしれない。もしもあなたがパリを訪れてフランス語を学びたければ、アーチェリーのオリンピック選手としての経験を友人に〝販売〟し、相手からフランス語の知識を〝購入〟すればよい。あるいは、恐ろしいハロウィーンを経験したければ、友人から悪夢を〝購入〟できる。そして相手が望むもの、たとえばバレンタインデーに浜辺を散策したロマンチックな記憶などを〝販売〟すればよい。このように記憶を交換する代わりに、業者が経験を特注して販売し、それを記憶として心に刻み込む展開も考えられる。そうなれば、ワールドカップで決勝ゴールを決めた記憶が自分のものとして残る。このようなタイプの通貨は他人との交流の方法を激変させ、アイデンティティにも変化を引き起こすだろう。

そしてニューラルウォレットは、エネルギーの伝達の簡素化にもつながる。将来はすべての人がエネルギーグリッドを共有し、そこに〝プラグイン〟すれば必要なものが得られるかもしれない。たとえばあなたが空腹になったら、誰かからカロリーを購入して見返りに余分なビタミンDを販売する。そうすれば体はたちまちエネルギーで満たされるだろう。これは第1章で紹介した自然界のエネルギー通貨と似ている。植物が日光を吸収するとき、あるいはサルがバナナを食べるときには、エネルギーが移動する。同様に夢の展開においては、価値の象徴として常に評価され望まれてきたもの、すなわち〝お金〟のやりとりは、神経や化学物質や生物のあいだの伝達ですまされてしまうかもしれない。そうなると交換行為はより〝直接的〟になり、あたかもお金や食べ物など具体的なものを介しているかのように、神経系統で同じ受容体が刺激されるかもしれない。お金の形が変化するほど、本来の機能に立ち返っていくのだ。

ニューラルウォレットにも不安材料は確実に存在する。映画「インセプション」のように誰かの心にハッカーが侵入するかもしれないし、アイデンティティの喪失も考えられる。夢の展開に正しい保護手段が存在しなければ、恐ろしい悪夢が訪れる。映画「TIME／タイム」では、まさにそのような悪夢が描かれている。ここでは時間が支配的な通貨になっており、すべての人が生まれたときから腕にデジタル時計を埋め込まれている。そして年齢が二五歳に達すると時計はゼロに向かって動きだし、ゼロになった時点で死を迎える。割り当てられた時間でバス料金など日々の生活費を払うことができるし、他人と時間を取引してもよい。したがって富裕層は貧困層を犠牲にして時間を蓄積する。金持ちになるほど長生きできるわけだ。

脳にチップが、腕に時計が埋め込まれるまでには数世紀もかからず、数十年後には実現するようにも思える。一方、人工知能の専門家レイ・カーツワイルは、人間と機械の境界はすでに曖昧になりつつあると信じ、こう語っている。「体や脳にコンピューターを実際に埋め込むことになっても、誰も抵抗しない。機械との融合は歓迎されるようだ。そもそも我々は機械を常に使っている。人間としての限界を克服するため、このようなテクノロジーは創造されてきた」[97]。お金に関してカーツワイルは、その普遍性を確信してつぎのように述べる。「たとえばアメリカ政府とアルカイダのように、一部の事柄に関して見解が大きく異なっていても、お金を尊重する気持ちはどちらも変わらない。お金という難解で仮想的な複合概念に対する尊敬の念が、ここまで普遍的であることには驚かされる」[98]。誰もがお金を利用し尊重している現実を考慮すれば、大きな変化が生じたときには人類に甚大な影響がおよぶだろう。私たちはお金の形態を変えようと努力するが、結局のところお金が私たちを形作っているのかもしれない。

## きみは私を夢想家だと言うが

お金の未来を想像するのは愉快な思考実験だが、想像するだけで現実の経済活動を変化させてしまう可能性がある。たとえばある研究では、なぜ人びとが老後に備えて十分な蓄えをしないのか調べ、この問題へのユニークな解決策を見つけた。短期的な利益と長期的な利益のいずれを選ぶか悩んだ挙句、未来を〝レベルダウン〟させる人は多い。アメリカ人の平均寿命が延び続けるなか、大勢の人が不愉快な現実に突然気づき、退職後は低い生活水準を受け入れざるを得なくなっている。そこで研究者たちは、このような深刻な事態を防ぐための方法を発見した。未来を想像する手助けをするのだ。バーチャルリアリティを利用して、被験者は何年も後の年老いた自分の現実の姿を見せられる。髪は白くなり、顔にしわが刻まれ、老化の顕著な弱々しい自分と遭遇するのだ。その影響はすぐに現れる。たとえば一〇〇〇ドルを割り当てられたとき、未来の年老いたアバターと対面した被験者は、その経験のない人の二倍の金額を貯金にまわす。実際、未来の自分を見せられた人は行動を改め、老後の生活のレベルを落とさずにすむことが複数の調査で確認されている。[99]

想像できれば実行できるものだ。たとえば外食をしないで一〇ドルずつ貯金すれば、短期的には大して影響がないかもしれないが、定年後には大きな見返りが得られるだろう。それだけの効果があるならば、金融リテラシーの教育プログラムにバーチャル・シミュレーションを取り入れ、老後の蓄えの充実を図ってもよいのではないか。

歴史を振り返ってみても、お金は想像力を駆使して生み出されてきた。鉄串、穀物、銀貨、紙幣と様々に形態を変えて進化してきた。ただし、そのあいだに一貫して価値の象徴であり続けたのも事実だ。弱気な展開、強気の展開、夢の展開など、どのような状況においても、お金は変化し続ける人間のニーズや欲求を反映しながら進化していくだろう。

私の友人はお金の未来について考え、〝上手に〟付き合えるように何らかの手段が発明されるべきだと提案した。浪費家が責任ある行動をとり、倹約家が気前よくなるための手段があればよいという。しかし行動を修正させるために、新しいテクノロジーの誕生を待つ必要はない。お金の形は絶えず変化し続けるが、その使い方はどの時代も変わらない。価値の象徴だという事実が忘れられないかぎりは。

# 第3部

# 魂

## 価値の象徴

# 第7章　投資家は天使のごとく　宗教とお金

金銭の欲は、すべての悪の根です。金銭を追い求めるうちに信仰から迷い出て、さまざまのひどい苦しみに突き刺された者もいます。

**――テモテへの手紙一　第六章一〇節**[1]

ベン・ゾマは言う……豊かな人は、いま持っているものに満足できる。「自分の手で獲得したものを食べて幸せになり、心が善で満たされる」(第二章一二八節)

**――『ミシュナー』ピルケイ・アボット**[2]

おお、地母神よ――蓮より生まれ、手には蓮の花を持ち、白く輝く衣は香しい花輪で飾られている。[ラクシュミーは] 心を潤し、三つの世界を豊穣で満たし、私に恩恵を施してくれる。

**――カナカダラ・ストトラム　詩一五**[3]

富と幸運を象徴するヒンドゥー教の女神ラクシュミー。

私はそれまでハンセン病患者に会ったことがなかった。しかし、ニルマル・ヒルダイ、すなわち〝清らかな心の持ち主の家〟を訪れ、いまは数人の患者に囲まれている。インドのコルカタにあるこの施設はマザー・テレサが設立したもので、死を間近にした人たちや貧困者のための家としても知られる。一九五二年に開設されたこの家は、道端で衰弱している何千人もの貧困者にとってささやかなホスピスになっている。インドの都会の道端では、ほぼ毎日のように誰かが死んでいく。

私がそのホスピスに到着したのは、どんよりと曇った秋の晩だった。男女とも病人は食事時になると、隔離された一画に集められる。男性は青いシャツとパンツ、それに黒い半そでのセーターを身に着けており、ベンチに詰め合って座っている。私の近くにいる男性のひとりは足がなく、口元は黄色い泡で汚れ、床で震えていた。その目は遠くをじっと見据えている。車いすに座っているべつの男性が激しく咳き込み、イドゥリ（蒸しパン）とサンバル

（豆シチュー）を床に吐いた。このままでは食べたものを喉に詰まらせてしまう。八人いるボランティアのひとりが駆け寄って、口のなかに手を突っ込んできれいに取り除こうとするが、指を患者に噛まれた。

患者のなかにいるボランティアはフランスのトゥールーズからやって来た一八歳の青年だった。茶色の髪をマッシュルームカットにして、若い頃のミック・ジャガーに似ている。中間層の家庭で育ち、最近高校を卒業したばかりだ。インターネットでニルマル・ヒルダイについての記事を読み、コルカタまでの片道切符を予約して、ホスピスでボランティアとして働き始めたという。

胃がんの痛みで苦しむ老人の肩に腕を回している姿からは、親しい友人を介助しているような雰囲気が感じられる。

「さあ、食事ですよ」とフランス語で語りかける。相手はおそらくベンガル語しか話さないが、顔に笑みを浮かべる。ここでは、思いやりが共通の言語になっているのだ。

衰弱した老人であふれ返った部屋のなかで、この活気に満ちた青年の姿は私の好奇心をそそった。患者たちとはむろん、私ともずいぶん違う。自分がこの年齢のときには、一流大学入学への準備に余念がなかった。名門大学に合格すれば、良い就職先を確保できるチャンスが広がる。そして現在、ウォール・ストリートの第一線で活躍するようになった私は、お金を貯めるために猛烈なペースで働いている。豊かになるほど、優位な立場が保証されるのだ。

ところがこの青年は、興味の対象が異なる。いつ大学に入学するのか、そもそも入学する気があるのか、本人も定かではない。私は思わずこう尋ねた。「きみは若くて健康なのに、老人や病人のなかで暮らすのはなぜ？　豊かな世界から貧困の世界に飛び込んだのはどうしてなの」。

「宗教の教えに従ったんです」と青年は説明してくれた。彼はカトリック教徒として育てられ、子どものときは両親が福音書を常に読み聞かせてくれたという。そしてつぎに彼が語った言葉は、私の記憶にいつまでも残った。矛盾しているようで、実は普遍的な洞察に心を打たれたのだ。「ここの人たちはみんな貧しいけれど、心は豊かなんです」。そう言われると、かねてより気がかりだったもうひとつの疑問が頭に浮かんだ。いっさいのものを所有せず、まもなく死を迎えようとする人が、果たして安らかな心のままでいられるものだろうか。

お金は誕生して以来、富を獲得する手段であることはむろん、時には価値の象徴や道徳観の試金石になってきた。お金は貯めたり使ったりするだけのものではない。その取り扱い方によって、社会の道徳律を尊重する人間かどうかが判断される。たとえば金持ちの女性が困っている人たちに寄付をしなければケチだと思われるし、貧しい女性が僅かな蓄えを寄付すれば、寛大な姿勢を評価される。貧しい人のほうが行ないは〝正しく〟、少なくとも人間的であるような印象も受ける。結局のところ、お金の使い方は良きにつけ悪しきにつけ地域社会での評判や地位に関わり、性格を評価する確実な指標になり得る。要するにお金は価値を表現する手段のひとつであり、表現の仕方が重視される。

お金を表現する方法は動機に左右される。そこで、お金を使う目的を大きくふたつに分類してみよう。まず、お金をたくさんほしいと思うケースで、多ければ多いほどよいという経済的論理に基づいている。そしてもうひとつはお金をたくさん欲しがらないケースで、ほかに追求するものがあるので関心がわかない。こちらのほうは、少なければ少ないほどよいあるいは足るを知るという精神的論理に基づいている。さらに、物質的な富を放棄すれば精神的な成長と充足感が得られるという、一見矛盾するような発想を前提にしている。

経済的論理にしたがうならば、お金はたくさんあるほうがよい。生き残りに必要な資源の獲得に役立つからだ。実際、本書はこの時点まで、多ければ多いほどよいという論理に基づいて進行してきた。進化的アルゴリズムの影響から、あるいは報酬を司る脳内回路の影響から、私たちは常にお金を増やしたいと願い続け、その結果、お金は成功や地位や特権などを象徴する存在になった。実際、金銭的成功は人類にとってほぼ共通の目標となり、達成を目指して大勢の人たちがせっせと働いている。ピュー・リサーチセンターによれば、勤勉に働けば成功すると信じるアメリカ人の割合は七七パーセントに達するという。[4]

しかし、お金や地位がもたらしてくれるのは〝外面的な成功〟で、それにこだわりすぎる結果、多くの人が熾烈な〝出世競争〟に巻き込まれてしまう。そして外面的な成功を追求しても、常に自己充足感が得られるわけではない。[5] ギャラップ社は二〇〇カ国近くの二五〇〇万人を対象に職務満足度を測定し、その結果、仕事に〝夢中になって〟〝感情を打ち込む〟人は全体の一三パーセントにすぎないことを発見した。むしろ、仕事への〝情熱がなく〟否定的で、悪い感情を抱いている人の割合はその二倍に達した。[6]実際、金儲けにこだわって働きすぎると悲惨な結果を招く恐れがある。日本には、働きすぎて死ぬことを意味する過労死という言葉まである。

外面的な成功ばかりにこだわると、何もかも経済的尺度で評価するようになり、多いほうがよいどころか、正しくなってしまう。ギャラップ社によれば、真面目に働けば金銭的成功につながると信じる人のほうが、資本主義を支持する傾向は強いという。金融危機を経験した後の二〇一〇年には、自由市場を支持するアメリカ人の割合は八〇パーセントから五九パーセントにまで落ち込んだが、それでも市場への信頼は、アメリカ経済思想の主流派の大前提であり続けている。[7]アラン・グリーンスパンをはじめ主だった経済学者の多くは、市場は自己修正機能を備えており、本質的に正しいとかねてより信じてきた。市場は「正しい」という信念は、アメリカ文学にまで広がっている。アメリカ議会図書館の実施した調査によれば、アイン・ランドの『肩をすくめるアトラス』（ビジネス社、二〇〇四年、脇坂あゆみ訳）は、「アメリカ人の生き方に関する著書としては聖書に次いで二番目に影響力の大きな本」として評価された。[8]この本はリバタリアンの見解を支持しており、自由市場の優位を唱え、企業においても市場においても規制は緩和されるべきだと主張している。一方、金融ライターのジャスティン・フォックスは、市場を〝正しい〟存在と見なす発想は中世にまで遡ると指摘して、以下の根拠を紹介している。

同じような姿勢が存在していたヒントは、アダム・スミスなど初期の経済学者、いや、中世の宗教思想家の著書にも見受けられる。中世の学者の一部は、あらゆる商品に対して法律制定者が〝正しい価格〟を設定すべきだと論じたが……たとえば聖トマス・アクィナスは、適正価格は市場によって設定されると主張した。[9]

ところで、見えざる手に最初に言及したのはアダム・スミスではなく、ジャン・カルヴァンだったと、コロンビア大学教授で人文科学が専門のマーク・C・テイラーは述べている。[10]本来は混沌としている世界に、神の手によって秩序がもたらされたとカルヴァンは考えた。スミスはこの言葉を借りてきたうえで、〝秩序の源〟に関する部分に変更を加えた。「神という部分を、市場参加者が内部で繰り広げる関係に置き換えた。このような視点に立てば、市場は自己組織化の能力を備え、自ら抑制していく」と考えてもおかしくないとテイラーは書いている。[11]

しかし市場の価値が優位になると、〝正しいもの〟と〝間違っているもの〟の境界が曖昧になり、利益さえ出せば〝正しい〟という誤解が生じかねない。今日では、ほとんどすべてのものに価格がつけられる。料金を支払えば、博士論文をまるごと誰かに執筆してもらうことも可能だ。いや、処女にも価格がつけられる。あるブラジル人女性が自分の処女をオークションにかけ、それを日本人男性に七八万ドルで落札させようとしたニュースが話題になった。これは正しい行為だろうか。本人は、「処女を奪われると言っても一生に一度の出来事だから、これは売春ではない」と説明する。[12] 結局この取引は成立せず、彼女はふたたびオークションに挑んだ。たとえば、聖書にはユダがイエス・キリストを銀貨三〇枚で裏切ったと記されており、救世主の命にさえ価格がつけられた。

何事もお金を介した売買で解決できる社会は腐敗しやすいと、ハーバード大学のマイケル・サンデル教授は書いている。[13] 以前は価格など存在しなかったものに価格がつけられれば、かつて本来備わっていた価値が損なわれてしまう。価格の設定という屈辱的な行為を通じ、かつては市場と無縁だった分野に市場の基準が導入されるからだ。たとえば第3章で紹介したように、メソポタミアの男性は利息を支払う代わりに妻を売りとばすことができた。

皮肉にも、外面的成功を求めるほど、時間や満足度や心の平穏は失われていく。結局のところ、経済論理に基づいた行動から得られる結果は最適水準に届かない。では、ほかの方法があるのだろうか。少ないほどよいという精神的論理を採用すれば、もっと満足な結果を得られるのだろうか。お金が力や権力の象徴だとすれば、それが不足している状態は正反対の要素、すなわち弱さや無力を象徴するはずだ。それなのになぜ、外面的成功は少ないほうがよいと願う人がいるのだろうか。なぜなら、精神的論理は直観と相容れないが、実は異なった目的のための手段なのだ。金銭的な富の獲得ではなく、天に富を積むことを目指している。そして神を信じる心のゆとりは、弱い立場を経験してはじめて生まれる。外面的成功の象徴であるお金から解放されれば暗い影は消滅し、神の光で照らされた心は安らぎで満たされる。

お金に関して、多くの宗教指導者は少ないほどよいという精神的論理を擁護している。彼らの教えは物質的な富へのこだわりから解放されれば精神的な豊かさが得られるという、逆説的な見識を備えている。様々な時代に様々な文明や市場が発展し、老子、ブッダ、イエス、ムハンマドなど様々な宗教指導者が登場しているが、誰もが直観とは相容れない見識の持ち主だったと言ってもよい。お金をはじめ物質的な富を欲する姿勢を諫《いさ》め、弟子たちを禁欲的な道へと導いた。これらの宗教指導者は、お金に備わった桁違いな力について人類に理解させようと努め、貪欲にまみれないよう弟子たちに警告した。道教信者の一部から神として崇拝されている老子によれば、「物事に固執するほど苦しみは大きくなる」という。[14]これほど多くの宗教指導者がお金を崇拝する姿勢の危うさについて忠告し、逆説的な見識の持ち主である点は、注目に値するだろう。

人類学者のデイヴィッド・グレーバーは、ピタゴラス、ブッダ、孔子など影響力の大きな宗教指導者が、紀元前六世紀に硬貨が発明された地域――ギリシャ、インド、中国――に暮らしていた事実を指摘する。[15]そして、お金も永続的な宗教も、どちらも紀元前八〇〇年から紀元六〇〇年にかけて誕生したのは、決して偶然ではないという。市場の重要性が高まるにつれ、組織的な宗教が広がったのではないかと考えられるのだ。たとえば、イエス・キリストの初期の弟子たちの多くは貧しかったので、物質的な富に関して逆説的かつ解放的な見識を素直に受け入れたのかもしれない。

私はホスピスで出会ったティーンエージャーの発言から、逆説的な見識に注目するようになったが、ここからはさらに詳しく、アブラハムを起源とする三つの宗教とヒンドゥー教のレンズを通して考察していく。これらの宗教の文献にはお金に関する様々な解釈が登場するが、どれにもかならず、お金に関する精神的論理の要素が含まれている。

## ふたりの主人に仕えることはできない

イエス・キリストはガリラヤを巡りながら、福音を説いて病人を癒した。そして大勢の信者が集まった機会に、最も有名な説教を行なった。この〝山上の垂訓《すいくん》〟でイエスは、いかに生きるべきかについて詳しく語った。ほとんどの聖書学者は山上の垂訓について、キリスト教徒として生きるためのテンプレートだと考えている。実際にこれは包括的な教えで、姦淫から離婚、断食、祈りまで、話題は多岐におよぶ。

お金に関してイエスが逆説的な見識を備えていることは、つぎの言葉からもわかる。「あなたがたは地上に富を積んではならない……富は、天に積みなさい」[16]。そして、地上の宝はさび付いて価値を失い、来世には意味がなくなると指摘している。墓場で大金持ちになっても意味はない。あなたが積み上げてきた富を見れば、何を優先するのか、何に忠誠を誓うのか、どんな価値観の持ち主か、一目瞭然である。イエスは「あなたの富のあるところに、あなたの心もあるのだ」と語っている[17]。そのうえでお金に関する見解をつぎのように明確にまとめている。「だれも、ふたりの主人に仕えることはできない。一方を憎んで他方を愛するか、一方に親しんで他方を軽んじるか、どちらかである。あなたがたは、神と富とに仕えることはできない」[18]。彼の教えは明快だ。現世での蓄財を拒み、神を崇めよ、と訴えている。

イエスの教えには例外的な条件が付かない。マタイの福音書でイエスは弟子たちに、お金への執着を完全に捨て、放棄するよう命じている。ある金持ちの男性が、永遠の命という天の富を手に入れるにはどうすればよいか尋ねた。最初イエスは掟を守るようにと答えるが、掟はすでに守っているという。するとハードルを上げ、少ないほどよいという逆説的な見識を受け入れさせるどころか、何もないことに勝るものはないと発想を飛躍させた。そして、「行って持ち物を売り払い、貧しい人々に施しなさい。そうすれば、天に富を積むことになる」[19]と忠告する。これを聞いた金持ちは落胆の表情を浮かべた。期待通りの答えが得られなかったからだ。

弟子たちのほうを振り返ると、イエスは自分の論点をつぎのように強調した。「はっきり言っておく。金持ちが天の国に入るのは難しい。重ねて言うが、金持ちが神の国に入るよりも、らくだが針の穴を通る方がまだ易しい」[20]。

イエスの発言は弟子たちを確実に驚かせた。天の富を得るためのハードルがあまりにも高く、地上の富をすべて放棄しなければならないからだ[21]。しかし弟子たちは地上の富を放棄し、心を神の教えで満たしているので、「一二の座に坐り」、「一〇〇倍もの報いを受け、永遠の命を受け継ぐ」[22]と約束された。

トゥールーズからコルカタにやって来たティーンエージャーには、天国での居場所が確実に約束されるだろう。物質的な幸福を捨ててハンセン病患者に尽くしているのだから、山上の垂訓におけるイエスの言葉を忠実に実行している。「心の貧しい人たちは、幸いである。天の国はその人たちのものである」とイエスは語った。[23] 心が貧しければ、神はどんな宝よりも必要であることを謙虚に認められるのだ。この青年は少ないほどよい、さらには何もないことに勝るものはないという精神的論理を受け入れ、天の富を得るために地上の富を捨てるべきだという逆説的な見識に抵抗感を持たない。

しかし多くの人にとって、キリスト教の倫理的基準は達成が不可能だ。物質的な富や外面的成功はそう簡単には捨てられない。多いほどよいという経済的発想に基づいて、お金や地位や物質的成功をいくらでも望みたくなる。もっと金持ちにしてくださいと祈るケースさえある。たとえばキリスト教信者である作家ブルース・ウィルキンソンのベストセラーである『ヤベツの祈り』（いのちのことば社、二〇〇二年、中村佐知訳）は、聖書の歴代誌・上の以下の文章に言及して物議を醸した。

> ヤベツがイスラエルの神に、「どうかわたしを祝福して、わたしの領土を広げ、御手がわたしと共にあって災いからわたしを守り、苦しみを遠ざけてください」と祈ると、神はこの求めを聞き入れられた。[24]

この祈りからは、神に物質的富を求めてもかまわないような印象を受ける。著者のウィルキンソンは、この祈りの妥当性をつぎのように説明している。「ピンクのキャデラックがほしいと祈られたら神もお困りだろうが、『新しい車が必要です』と訴えられたらノーとは言われないだろう」[25]。この祈りは歴史的背景を反映しているとも考えられる。ユダヤ人のバビロン捕囚が解かれ、イスラエルにまだ残されていた土地への帰還が実現した後、歴代誌・上は書かれた。当時のユダヤ人は領土の拡張を望んでいたのだから、この祈りは理に適っているとユニオン神学校のアラン・クーパー教授は指摘している[26]。

ヤベツの祈りは〝繁栄の福音〟の拠りどころのひとつになっている。繁栄の福音においては、神への信仰があるかぎり、キリスト教徒は経済的繁栄を授けられることを前提にしている。しかしこの教えは、それを伝えるメッセンジャーやメッセージの中身のおかげで物議を醸している。メッセンジャーの多くはテレビ伝道師で、しかも彼らの一部は金融スキャンダルに関わっているのだ。そもそもイエスは物質的な富の放棄という姿勢を明確に打ち出しているのだから、繁栄の福音はイエスの教えにも抵触している。

さらにヤベツの祈りは貪欲を認めているようにも見えるが、聖書によれば、貪欲は罪のひとつに数えられる。「そねみ……利己心……ねたみ……このようなことを行う者は、神の国を受け継ぐことはできません」とパウロは教えている[27]。コンコーディア神学校の学部長のダニエル・ガード牧師はウィルキンソンの本に反論し、つぎのように語る。「アメリカの文化は豊かな報酬や大邸宅を重視する傾向が非常に強い。基本的にこれは、敬虔な信者であると同時に物質的な富を追求しろと［奨励している］ようなものです」[28]。貪欲の事例とも言えるヤベツの祈りは目立ちやすい。しかし、金持ちになりたいという経済的論理が優勢になると、自分の内面に潜む貪欲を認識しづらくもなってしまう。貪欲が心の目を曇らせがちな点については、イエスも説教のなかでたびたび触れている。山上の垂訓では、お金に関する話の途中でこの話題を取り上げている。

体のともし火は目である。目が澄んでいれば、あなたの全身が明るいが、濁っていれば、全身が暗い。だから、あなたのなかにある光が消えれば、その暗さはどれほどであろう。[29]

貪欲は心の目を曇らせるとイエスは警告していると、ニューヨーク市のリディーマー長老教会のティモシー・ケラー牧師は語る。あなたが正しいものを尊重し、心の目が健康な状態で機能すれば、つまずいて失敗する心配はない。しかし目が正常に機能せず、間違った事柄を尊重するようになると、体全体が「暗くなる」とイエスは教えている。貪欲は罪として認めづらいので、目に光を取り入れて十分に機能させなければならない。

ケラー牧師は傲慢や淫欲など七つの大罪について、毎月の講話のなかで取り上げていた。貪欲がテーマの日は聞きに来る人が少ないでしょうねと彼の妻は予想したが、実際にその通りの展開になった。そこからは、多くの聴衆にとって貪欲は他人事でしかないという結論が得られた。自分自身の貪欲は目に入らないのだ。ケラー牧師は長年にわたって教会のメンバーにアドバイスを行なってきたが、自分は貪欲だとか物欲が強すぎるといって罪を告白された経験は一度もない。[30]イエスが指摘する通り、貪欲には目を曇らせる力があるからだ。

貪欲について考えるとき、ほとんどの人は自分よりも裕福な人を思い浮かべる。たとえば私の頭に浮かぶのはかつて出会った未公開株の運用を手がける億万長者で、ベントレー・コンティネンタルを運転し、自家用ジェット機のガルフストリームVで世界各地を飛び回る。私はと言えば、所属する投資銀行での序列は低く、定年後に備えて地道に働き貯蓄に励んでいる。でもこれは相対的な比較だ。稼ぎの少ない友人から見れば私だって、金遣いが荒く、貪欲に突き動かされている人間に見えるかもしれない。

一方、自分よりも金持ちではない人間と比較する機会はほとんどない。同様に、鏡にうつる自分自身としっかり向き合い、自分の貪欲や物欲をありのままに認識する機会も滅多にない。ジュリエット・ショアーは著書『浪費するアメリカ人――なぜ要らないものまで欲しがるか』（岩波書店、二〇一一年、森岡孝二監修・訳）のなかで、つぎのように書いている。「私たちが行なう比較はもはや、総所得のカテゴリーが同じ人たちに限定されない。ひとつ高いレベルの人たちにも限定されない。今日では、自分よりも所得が三倍、四倍、いや五倍も高い人たちが、比較『準拠集団』として選ばれる可能性が高い」。[31]その結果、多くのアメリカ人は自分の地位や経済状態に不満を抱えていることをショアーは発見した。しかも、インターネットがこのような比較を加熱させている。フェイスブックのユーザー六〇〇人を対象にした調査では、自分より優秀な人物と比較するときに嫉妬を感じる回答者は三分の一近くに達した。[32]研究者が〝激しい嫉妬〟と呼ぶ状態からは、経済的論理の行き着く先が見えてくる。自分より裕福な人とばかり比較して外面的成功を求め続ける心のなかに、内面的な生活や心の平安の入り込む余地はあるだろうか。

　同様に厄介なのが、貪欲で目がくらむと〝正しいこと〟と〝悪いこと〟の区別がつかなくなる点だ。身の回りに問題が存在していても見えなくなってしまう。たとえば私の知人は、働いていたヘッジファンドがインサイダー取引で告発された。彼いわく、自分は犯罪に個人的な関わりがないし、正直なところ、何が起きて誰が関与しているのか知りたくもないという。スキャンダルの真っただ中で、犯罪に目をつむる道のほうを選んだのだ。これは決して例外的なケースではない。企業が不適切な活動や不正な活動に従事しているとき、耳の痛い質問を投げかけることは社員にとって自殺行為に等しい。だから目を閉じ、体全体を暗くしてしまう。要するに、だんまりを決め込めば報われるわけだ。しかしキリスト教の視点からすると、これは大きな精神的コストを伴う。

　多いほどよいという経済的論理にこだわって心の目を曇らせる人は多い。結局のところ、私たちが暮らす世界では外面的成功が広く評価される。しかしそれでも、お金や貪欲が不愉快な話題として歓迎されない場面は存在している。しかしイエスは、お金や貪欲について語るのをためらわなかった。マタイによる福音書の一〇のたとえ話のうちの八つ、そしてルカによる福音書の一二のたとえ話のうちの九つで、何らかの形でお金について言及されていることが、ブリガムヤング大学の研究者によって明らかにされた。[33] なかには放蕩息子、善きサマリア人、種蒔きなど、有名な話もある。

そのひとつ、種蒔きのたとえでは、貪欲が目を曇らせるというテーマにイエスは立ち返っている。ある人物が、種をあちこちに蒔くところから話は始まる。肥沃な土地、石だらけの場所、イバラのなかへ散らばる。肥沃な土地に蒔かれた種は豊作で、一〇〇倍もの実を結ぶ。石だらけの場所の種はすぐに成長するが、根を深く張らない。そしてイバラのなかの種は実ることがない。

そしてつぎにイエスは、この話の意味を弟子たちに説明する。種とは〝神の御言葉〟またはイエスのメッセージを指す。[34]種蒔きの身元は明らかにされないが、神の御言葉を広げるイエスとも推測できる。べつのたとえでは、種蒔きについてイエスは〝人の子〟という表現を使い、自分自身であることを明らかにしているのだ。[35]どの種も、蒔かれた場所の環境によって結果が異なる。私のメッセージは〝心に蒔かれる〟とイエスが語っているのだから、地面は心の比喩であると考えてよいだろう。豊かな土壌では、心がメッセージを謙虚に受け止め、天の富が豊かに実る。石だらけの場所では、心はメッセージを受け入れるものの、献身的な気持ちが欠如している。したがって、迫害の徴候が見られるとメッセージはあっけなく消滅してしまう。そしてイエスはイバラのなかに蒔かれた種について、「御言葉を聞くが、世の思い煩いや富の誘惑が御言葉を覆いふさいで、実らない人である」と説明している。[36]

ここでもイエスは、貪欲が心の目を曇らせる傾向について警告している。お金、地位、評判など世俗的な関心事によって目が曇ると、神の御言葉を受け入れられない。全身が暗くなるので、イエスのメッセージが染み込まないのだ。この世の富であふれかえっている心や精神には、天の富の入る余地が見つからない。そうなると人間はお金の力に惑わされ、永遠の命へと至る道から大きく外れる。その結果、物質的な富を放棄すれば精神的な富を獲得できるという逆説的な見識が、正しく認められなくなるのだ。

逆説的な見識を認めるのは容易ではないが、イエスは決して楽な道を勧めない。正しい道に強くこだわる。たしかに富を拒んで放棄すれば、ほとんどの人にとって生活は様変わりするだろう。お金を素直に放棄するのは不自然で時代錯誤のようでもあり、今日ほど複雑ではなかった過去の時代にふさわしい生き方のような印象も受ける。しかも、貪欲は時の試練を生き延びてきた。ローマ教皇フランシスコは二〇一三年末、就任後に行なわれた説教のなかで、現代の社会でお金に対する盲目的崇拝が蔓延している現状を批判した。

私たちは新しい偶像を創造しました……古代には黄金の子牛が崇拝されましたが……それが形を変えて復活し、いまやお金に対する盲目的崇拝がはびこっています。人間味のない経済が幅を利かせると、人間本来の目的は顧みられません。[37]

貪欲の蔓延が〝排除の経済〟につながり、貧困層は苦しんでいると教皇は考えている。そして、貧しい人びとの窮状には無関心で、株式市場の日々の変動ばかりに注目する人たちが何と多いことかと驚きを隠さない。教皇が明確に指摘した点についてはイエスも認識しており、逆説的な質問を以下のように投げかけている。それは市場価値が支配する社会を根底から揺るがす過激な内容だ。

自分の命を救いたいと思う者は、それを失うが、わたしのため、また福音のために命を失う者は、それを救うのである。人は、たとえ全世界を手に入れても、自分の命を失ったら、何の得があろうか。[38]

魂の救済のためには、少ないほどよい、あるいは何もないことに勝るものはないという精神的論理を受け入れなければならないとイエスは教える。そうすれば、天の富という素晴らしい見返りが約束される。これは直観と相容れない見識かもしれないが、結局のところ信仰は世の中で必要とされる。

たとえば私はコルカタのホスピスを訪れ、その大きなスケールに強い印象を受けた。スタッフも食べものも医療も十分に準備されている。これをすべて調達するためにはかなりの金額がかかるはずだ。そこで、どのように資金調達しているのかシスターのひとりに尋ねた。「神の摂理です」と彼女は微笑みながら答えた。私が怪訝な表情を浮かべたからだろう、もう少しわかりやすく、「神のご意志、信仰です」と説明してくれた。

私はおよそ九ドルに相当する五〇ルピーを取り出し、シスターに手渡した。

「ほらね、神さまがあなたを遣わしたのですよ。これが摂理のなせるわざです。領収書はどうしましょうか」。

もちろんシスターたちの仕事は賞賛に値する。しかし税金からタクシー代まで、毎日の生活費を賄うために〝神の摂理〟に頼るというのは、何だか現実離れした方法のように感じられる。実際、お金など物質的な富が現世での日常生活に必要な点は、イエスも認識していたと牧師のベン・ウェザリントン三世は指摘する。その証拠に、主の祈りのなかでイエスは、今日の糧を与えたまえと祈る。一年分の食糧ではない。[39] つまりイエスは、ほしいものではなく、必要なものなら求めてもかまわないと教えている。物質的なニーズに関しては、未来よりも現在を優先するべきだと忠告しているのだ。

だから、「何を食べようか」「何を飲もうか」「何を着ようか」と言って、思い悩むな。それはみな、異邦人が切に求めているものだ。あなたがたの天の父は、これらのものがみなあなたがたに必要なことをご存じである。何よりもまず、神の国と神の義を求めなさい。そうすれば、これらのものはみな加えて与えられる。だから、明日のことまで思い悩むな。明日のことは明日自らが思い悩む。その日の苦労は、その日だけで十分である。[40]

イエスはこのように問題提起することによって、食べもの、水、衣服など、日常生活の物質的なニーズを追い求めてもかまわないと認めている。伝道活動を始める以前、イエスは大工すなわち職人として働き、おそらく仕事への報酬を受け取っていたはずだ。だから労働とお金と生計手段の関連性を理解していたのである。

要するに、イエスは天の富を約束すると同時に、物質的な富の一部については必要性を認めている。お金に備わっている強い力を警戒する一方、小さな村の出身という背景から、農業経済の実態を理解していた。農業経済では天気が大事な要素だ。収穫はむろん、農民、漁師、貿易業者、商人の経済状態も天気に左右される。しかも当時のガリラヤやユダヤでは、専門化や労働の分業が特に進んでいるわけではなかった。人びとは自給自足の生活を営み、自分の衣類の布を織って食べものを育てた。したがって、大勢の人たちが天候に恵まれるよう神に祈りをささげた。イエスのたとえ話の多くが農業に関わっているのは、農業が地元経済に欠かせないことを理解していたからだと考えられる。

イエスの生涯では、始まりにも終わりにも富を交換する場面が登場する。誕生時には、賢者たちがイエスに物質的な富を提供し、十字架にかかる直前には、愚かな弟子が銀貨でイエスを売り飛ばした。当時は多くのタイプの貨幣がユダヤ全域に流通しており、それについては新約聖書のあちこちに記述が残されている。ヘラクレスのイメージが刻まれたシェケル銀貨、銅を素材にした価値の低い硬貨、あるいは青銅を主な素材とし、ポンテオ・ピラトのようなローマ総督、すなわち〝代理長官〟によって発行される硬貨もあった。[41] ガリラヤはローマ帝国の一部だったので、ローマの貨幣に触れる機会がイエスにもあった。そしてユダヤ人には様々な税金を支払う義務があり、その一部はローマ人の支配者のもとに集められた。一四歳以上の男性と一二歳以上の女性を対象に、ひとりにつき年間一デナリウスが徴収されていた。[42]西暦一世紀に流通していたデナリウス硬貨のひとつには、「ネロ皇帝、アウグストゥスの神聖な息子」という文字が刻まれている。このギリシャ語表記をヘブライ文字に置き換えたうえで数値化すると、各文字の数字の和が六六六、すなわち当時は〝獣の数字〟と見なされていた数字になった。[43]ジョージ・エドマンソン牧師によれば、ヨハネの黙示録に登場する獣がネロだという説は〝広く認められていた〟[44]という。後に敬虔なキリスト教徒は、このイメージの刻まれた硬貨を持ち歩くことも取引で使用することも拒んだ。

デナリウスについては福音書のなかでイエスが直接コメントしているので、特に注目すべきだろう。当時ユダヤ教の有力な集団のひとつだったファリサイ派は、何度となくイエスを試そうとして論戦を挑んだ。あるとき彼らは、税金についての質問でイエスを罠にかけようとして、「皇帝に税金を納めるのは、律法に適っているでしょうか、適っていないでしょうか」[45]と尋ねた。これは底意のある質問で、どう答えても〝勝ち目はなかった〟。もしもイエスが税金を納めることに反対すれば、扇動罪で彼をローマ当局に引き渡すための根拠になる。逆に税金を認めれば、ローマの権力者に税金を納めたくないユダヤ人の同胞を怒らせてしまう。イエスは相手のたくらみをすぐに見抜くと、税金を払う手段である硬貨を見せてほしいと要求した。自分では貨幣をいっさい持ち歩かないからだ。このとき見せられたデナリウスには、皇帝の肖像が刻まれていた。そこでイエスはつぎのように答える。

それならば、皇帝のものは皇帝に、神のものは神に返しなさい。[46]

イエスは質問をうまくかわし、政治的に巧妙な回答を提供した。世俗的なものと神聖なもの、すなわち地上の富と天の富を上手に区別したのだ。これならファリサイ派はイエスを扇動罪で訴えられないし、ユダヤ人の革命家のほうも、ローマに追従する人物としてイエスを非難できない。ただし、彼は皇帝に税金を支払うべきだと提案することによって、お金という人工的な概念が現世で避けて通れないものだという事実を暗に認めている。彼の答えは、第3章で論じた〝交換の行なわれる範囲〟に触れていると言ってもよい。感謝祭のディナーを準備してくれたおばさんに現金を支払わないのと同じで、神の国とその義に至る道はお金で買うことができない。そしてイエスが神殿の中庭で両替商のベンチをひっくり返したときも、世俗的なものと神聖なものとの区別を強調したかったのだ。それが「私の家は、祈りの家と呼ばれるべきである。ところが、あなたたちはそれを強盗の巣にしている……」という発言につながった。[47] そしてもうひとつ、納税の方法に関しては、ローマの貨幣の利用範囲について触れている。ローマ皇帝の通貨は神の国では流通しない。どの硬貨にも皇帝のイメージが刻まれているが、それが流通する場所は、神の姿に似せて創造された人間の世界に限定される。

このように、お金は来世にふさわしい通貨ではないかもしれないが、現世では必要欠くべからざる存在だ。聖書でも諸悪の根源とされるのはお金を愛する気持ちであって、お金そのものではない。お金は血液のようなもので、生きるために欠かせないが、命の源ではない。

だから血液を提供するように、富を他人と共有するようにと聖書は教えている。そしてイエスは富を提供する対象について具体的に触れているが、そこには困っている人だけでなく、敵も含まれる。「あなたがたは敵を愛しなさい……人に善いことをし、何も当てにしないで貸しなさい」[48]と語っている。彼のメッセージを正しく受け止めた信者たちは、物質的な富は共有されるべきものだと理解した。

信者たちは皆一つになって、すべての物を共有にし、財産や持ち物を売り、おのおの必要に応じて、皆がそれを分け合った。そして、毎日ひたすら心を一つにして神殿に参り、家ごとに集まってパンを裂き、喜びと真心をもって一緒に食事をし、神を賛美していたので、民衆全体から好意を寄せられた。こうして、主は救われる人々を日々仲間に加え一つにされたのである。[49]

富を共有する方法の一例として、イエスは貧しい未亡人を取り上げている。金持ちはたくさんの硬貨を賽銭箱に入れたが、未亡人は価値の低い硬貨二枚だった。しかしこの女性は、誰よりもたくさん賽銭箱に入れているとイエスは指摘した。「皆は有り余る中から入れたが、この人は、乏しい中から自分の持っている物をすべて、生活費を全部入れたからである」[50]と説明している。貧しい未亡人は富をすべて分け与えた。完全に放棄したわけで、それはお金へのこだわりを完全に断ち切るべきだという、キリスト教の倫理基準に則している。深い信仰の持ち主で、逆説的な見識を備えているのだ。

いっさいの富を寄付しろと言われても、素直に従えない人がほとんどだろう。しかし、未亡人の行動をべつの角度からとらえれば、彼女は金銭的な幸福を犠牲にしているとも考えられる。ケラー牧師の解釈によれば献身的な贈り物は、自分の大事な生活様式に対する犠牲を伴うべきだという。おそらく私たちは聖書に倣い、一〇分の一税（一〇パーセント）のガイドラインに従うべきなのだろうか。いや、ケラー牧師は、〝自分の生活の何を犠牲にするか〟という問いへの答え方が大切だと主張する。[51] 作家でキリスト教徒のC・S・ルイスは、献身的な贈り物についてさらに詳しく説明している。

唯一の安全なルールは、出し惜しみせず分け与えることではないだろうか。つまり、自分と同じ所得層に属している人たちと比較して、快適さや贅沢や楽しみなどへの支出が同水準に維持されているならば、私たちが提供する金額はあまりにも少なすぎる。寄付をしてもまったく困らないならば、出し惜しみしているとしか言えない。寄付をしたらやりたいことが出来なくなったと言えるようになって、はじめて評価される。ここで取り上げているのは、一般的な意味での〝施し〟である。親族、友人、隣人、社員など、神の御名によって特別の配慮が必要な人たちの場合は、要求がもっと厳しくなる。自分の社会的立場が損なわれ、危険にさらされる可能性も覚悟しなければならない。[52]

献身的な姿勢で贈り物をするようになれば、お金をどのように使うべきか、そこには自分の価値観が正しく反映されているか、じっくり考える習慣が身に付く。金銭的な幸福を犠牲にすれば、お金を手離し、しがらみを断ち切り、物質的な富から解放された生活を実現するための第一歩を踏み出せる。少ないほどよい、何もないことに勝るものはないという精神的論理を受け入れれば、約束された天の富は確実に近づく。

## 神の豊かな贈り物

トーラー〔モーセの十戒および旧約聖書の冒頭のモーセ五書〕には、神が世界を創造するところから始まり、「神はお造りになったすべてのものを御覧になった。見よ、それは極めて良かった」[53]と記されている。神が創造したものは、鳥やミツバチから人間や鉱物に至るまで、すべてが神のものであり、神の祝福を受けているという。そして、より多くの祝福を受けるための方法に関しても、モーセは民に対して具体的に忠告している。神に従い、十戒を守って正しく生きれば、繁栄と豊かさは約束されるという。「わたしは、その季節季節に、あなたたちの土地に、秋の雨と春の雨を降らせる。あなたには穀物、新しいぶどう酒、オリーブ油の収穫がある」[54]と申命記には書かれている。

しかし往々にして人間は、恵みを与えてくれる神ではなく、恵みそのものを崇拝するようになり、神からの豊かな贈り物を一時的に管理しているだけだという事実を忘れてしまう。

「彼は母の胎から出てきたように、すなわち裸で出てきたように帰って行く。彼はその苦労によって得た何物をもその手に携え行くことができない」[55]のだから、永遠には続かない富を追い求めたり退蔵したり、崇拝してはならないのだ。モーセがシナイ山に登って神から与えられた十戒には、偶像崇拝が罪であることが明確に記されているが、禁止されている事柄のなかには富の崇拝も含まれている。

あなたはいかなる像も造ってはならない。上は天にあり、下は地にあり、また地の下の水の中にある、いかなるものの形も造ってはならない。[56]

しかし、モーセが十戒を神から授けられているあいだ、民はその教えを破っていた。兄のアロンは人びとから金の耳輪を回収し、それを溶かして黄金の子牛の鋳像を造らせ、それを神として崇めて捧げものを燃やしていたのだ。そこで神は、堕落した民のもとに戻るようにとモーセに命じる。〝黄金の神〟を造るという〝大罪〟を犯した民をモーセは戒める一方、神に許しを請うた。[57]しかし神は聞き入れず、罰として疫病をもたらしたのである。民は偽りの神を崇拝したばかりか、十戒で罪のひとつとされる貪欲もむきだしにした。貪欲に関する戒律は特に厳しく、行動はおろか思考にまで制約を加えている。

隣人の家を欲してはならない。隣人の妻、男女の奴隷、牛、ろばなど隣人のものを一切欲してはならない。[58]

十戒だけでは足りないかのように、経済優先の姿勢から生じる多くの問題について旧約聖書は詳しく取り上げている。たとえば傲慢に関しては「金持ちは横柄に答える」と書かれている。[59]さらに、物質的な富への欲望は際限がないが、この富は幻想にすぎないとも指摘されている。「金銭を好む者は金銭をもって満足しない。富を好む者は富を得て満足しない。これもまた空である」[60]のだ。そして最も厄介なのは、貪欲が人びとの目を曇らせ、豊かな恵みは神のおかげだという事実に気づかなくなる点だという。恩恵を施してくれる神の存在が忘れ去られてしまう。

牛や羊が増え、銀や金が増し、財産が豊かになって、心おごり、あなたの神、主を忘れることのないようにしなさい。主はあなたをエジプトの国、奴隷の家から導きだし……あなたは、「自分の力と手の働きで、この富を築いた」などと考えてはならない。むしろ、あなたの神、主を思い起こしなさい。富を築く力をあなたに与えられたのは主であり……[61]

貪欲には目を曇らせる性質が備わっている点は、タルムードにも記されている。タルムードはユダヤ教の教典で、西暦三世紀から五世紀にかけて編纂《へんさん》された。ここでは貪欲の一例として、アレクサンドロス大王のストーリーが紹介されている。あるとき大王は、敬意のしるしとなる貢物を差し出せとラビの集団に命じる。すると目玉をひとつ差し出されたので、大王はその重さを金や銀と比べるが、目玉のほうが重い。「これは人間の目玉で、決して満足することがありません」[62]とラビたちが説明してから目玉を塵で覆うと、今度は貴金属のほうが重くなったのである。

このストーリーでは塵が貪欲を和らげているが、旧約聖書のべつの箇所では、物質的な富を塵と見なすべきだと忠告している。ヨブが試練に遭って財産を奪われる場面では、「黄金を塵のなかに置くがよい」[63]と書かれている。彼の物質的な富は塵のように舞い上がり、最後は何もなくなってしまう。[64]だからヨブは「全能者こそがあなたの黄金、あなたにとっての最高の銀となる」[65]ことを認識しなければならない。この教えは、多いほどよいという経済的論理を否定している。同じくソロモン王も、富を追い求めない生き方を勧め、「富を得ようとして労するな。分別をもって、やめておくがよい。目をそらすや否や、富は消え去る。鷲のように翼を生やして、天に飛び去る」[66]と指摘している。一三世紀にスペインで旧約聖書の研究に携わったラベイヌ・バフヤによれば、蓄財に走る人びとの欲望をソロモン王は抑えようとしている。富を獲得する能力を手に入れても、見識が備わるわけではなく、結局のところ富は持続しない。空に飛び立つ鳥のように、消え去ってしまう。[67]

しかし『ビジネスがうまい人の賢い考え方』(オープンナレッジ、二〇〇八年、尹泰聖訳)の著者ラリー・カハナーによれば、少ないほどよいという精神的論理は、物質的な富にい、関する旧約聖書の教えを正確にとらえていない。正確を期するなら、肝心なのは足るを知ること、すなわち自己充足感だという。「自分の所有する富に満足し、それを家族や地域のために活用したいと願う気持ちが大切だ」とカハナーは書いている。[68]現状に満足できれば、神から無限に授けられる富をありがたく受け取ることができる。箴言《しんげん》にも「心が朗らかなら、常に宴会にひとしい」と記されている。[69]『*The Challenge of Wealth*』〈富の挑戦〉の著者メイル・タマリによれば、信じる者は神から大いなる恵みを与えられるという。

信仰を持ち、しかも富に恵まれた人びとに対し、ソロモン王は慈善行為を奨励する一方、欲に目がくらんで身勝手にふるまう姿勢を非難している。「貧しい人に与える人は欠乏することがない。目を覆っている者は多くの呪いを受ける」のである。[70]要するに、刈り取ったものは再び蒔かなければならない。「散らしてなお、加えられる人もある」のだ。[71]富を神からの恵みと解釈するトーラーは、貧困を深刻な問題としてとらえる。そして豊かな人は気高い後見人としてふるまい、困っている人たちを助けるために富を差し出すべきだと教えている。

この国から貧しい者がいなくなることはないであろう。それゆえ、わたしはあなたに命じる。この国に住む同胞のうち、生活に苦しむ貧しいものに手を大きく開きなさい。[72]

誰にどの程度の慈善を施すか、神は具体的に指示している。困っている人、特に未亡人や孤児に対し、財産の一〇分の一を与えるべきだという。聖書のなかで人間が神に誓った数字として最初に登場するのが一〇分の一である。兄のエサウに命を狙われたヤコブは、兄から無事に逃げおおせたら全財産の一〇分の一を提供すると神に約束している。[73]そして当時の農業経済を反映し、慈善行為に関する神の教えは具体的な収穫についてのものだ。たとえば、貧しい人びとのために畑のすみの部分は収穫せずに残しておかなければならない。さらに神は、金を貸すときにも慈善の精神を発揮するよう命じている。同胞のイスラエル人に対する高利貸しは禁じられ、融資に利息を請求することは許されない。「あなたはその人から利子も利息も取ってはならない。あなたの神を畏れ、同胞があなたと共に生きられるようにしなさい」[74]と聖書には書かれている。後にエゼキエル書で、高利貸しは「忌まわしいこと」と呼ばれている。[75]

ユダヤ教において、慈善は最高の徳のひとつに数えられる。「慈善には、ほかの戒律をすべて合わせたのと同じだけの価値がある」とタルムードは述べている。[76]ヘブライ語で慈善に相当する言葉はツェダカと言って、正義の根源という意味を持つ。[77]ユダヤ教で慈善が重視されていることは、ティックーン・オーラームという言葉からもわかる。この言葉はラビの経典に早い時期から登場し、〝世界の修復[78]〟という意味を持っている。要するに、自分自身だけでなく大きなコミュニティにも責任を持つようにとユダヤ人に訴えているのだ。ティックーン・オーラームは、現代のリベラルなユダヤ教でも重要な要素になっている。多くのユダヤ人はこの言葉に触発され、いわば塵に黄金を置くために、多額の寄付を行なっている。

## 人間としての試練

ヨブは富を失って大きな試練を経験するが、コーランのなかで強調される試練はこれとは正反対である。マールすなわち〝富〟や〝財産〟を豊富に所有することが試練とされる。[79]イスラム教徒にとっては、生きること自体が試練なのだ。コーランの教えを守って高潔に暮らし、神に従う生き方が求められ、[80]物質的な富はフィトナすなわち〝信仰の試練〟の一部と見なされる。物質的な富に取り組む姿勢には、人間の本性が表れるからだ。

コーランではこの試練について、ふたりの男性のたとえ話で説明している。ひとりは裕福な男性、もうひとりは貧しい男性である。裕福な男性のぶどう園では果樹がたわわな実をつけており、「私はおまえよりも財産が多い」と彼は貧しい男性に自慢する。ぶどう園は永遠に続くものと思い込んでいるのだ。そんな態度に貧しい男性は共感できず、神の力を忘れた生き方の愚かさをつぎのように指摘する。「私はあなたほど裕福ではないとおっしゃいますが……あなたの園よりも良い［何かを］、わが主は私に与えてくれるかもしれない」。やがてぶどう園は荒廃し、裕福な男性は自分の愚かな言動を悔やむ。[81]物質的な富に関しては、少ないほどよいという精神的論理が成り立つことを貧しい男性は理解していたのだ。これに対して金持ちの男性は、多いほどよいという経済的論理にこだわったため、フィトナの試練を乗り越えられなかった。実際、富を所有することはフィトナだと、コーランは明確に述べている。

おまえたちの財産と子供たちは試練であり、アッラーの御許には大いなる報酬があると知れ。[82]

コーランは物質的な富がフィトナだと公言するだけでなく、それを乗り越えるためには神への信仰を忘れず、貪欲に目を曇らせてはならないと明確に述べている。

おまえたちの財産やおまえたちの子供たちがアッラーの訓戒・念唱からおまえたちの気を逸らせることがあってはならない。それでもそのようなことをなす者、それらの者こそ損失者である。[83]

試練を乗り越えて神の意思に素直に従えば、精神的な富を十分に授けられる。すでに紹介した聖書と同じく、コーランも神の恵みを表現するために農業の言葉を使っている。

自分の財産をアッラーの道で費やす者たちの譬《たと》えは、ちょうど一粒の種の譬えのよう。七つの穂を出し、それぞれの穂に百粒の種。そしてアッラーはお望みの者に対し加増し給う。そしてアッラーは広大にしてよく知り給う御方。[84]

しかしこの試練を乗り越えられず、マールすなわち現世の富を切望するなら、裁きの日に重大な結果が待ち受けており、地獄に落とされる可能性すらある。

言え、もしもおまえたちの父、子、兄弟、妻、一族、おまえたちが手に入れた財産、不景気を恐れる商売、おまえたちが満足する住居がアッラー……よりもおまえたちに好ましいのであれば、アッラーが命《めい》を齎《もたら》し給うまで待機せよ。そしてアッラーは邪《よこしま》な民を導き給わない……[85]

そして、財産を溺愛する。断じて(このようであるべきでない)。大地がさんざんに取り壊され(て平坦になっ)た時、そして、おまえの主がお出ましになり、天使も列また列をなして(まかり出でる時)、そしてその日、火獄《ジャハンナム》が連れて来られ、その日、人間は思い出すが、思い出すことが彼にとって何になろうか。[86]

このようにフィトナに関して警告されても、人間は簡単にそれを忘れてしまう。マールに対する人びとのこだわりについてコーランでは、社会的地位への固執や永遠の命への願望など、様々な具体例を挙げて説明している。

災いあれ、悪口を言う者たち、中傷者たちすべてに、(つまり)財を集め、その勘定にふける者（に）。彼は己の財が己を不滅にすると考える。[87]

物質的な富への誘惑は大きい。コーランの啓示が始まった七世紀には、地域社会における地位は財産や子どもの人数で決定された。イスラムの研究者であるコリン・ターナー教授によれば、コーランのなかにはマールやその複数形のアムワールについての記述が八六カ所に見られるという。[88]一方、イスラム金融の研究者であるモンゼル・カウフは、コーランがマールを禁じているわけでないし、「［イスラム教徒は］財産や富を非難するわけではない」と解釈している。[89]結局のところ、ムハンマドの仲間のうちふたりは大金持ちだったので、彼らを非難できなかったのである。

コーランにはマールを誤用しない方法について明記している箇所があり、たとえば慈善を施しても自分の寛大な行ないを吹聴しないように諫めているが、それと同時に、マールへの執着について警告している箇所もある。[90]貪欲について取り上げている回数が多いことからは、当時のコミュニティが世俗的な富に心を奪われていたのではないかと推測される。マールに取り憑かれていると、ムハンマドを指導者として認められない。なぜなら預言者ムハンマドは孤児で、かつては貧しい羊飼いだった。富がもてはやされる社会において、世俗的な富を持たない人間が尊敬を勝ち取るのは困難だろう。

マールに関するコーランの教えで特に注目すべきは、世俗的な富と天の富を明確に区別すべきだと主張している点だ。反直観的な見識が明確に打ち出されている。現世の財産は呆気なく消えるが、神の宝は永遠に続く。

そして、彼らのある類の者たちに、われらが彼らをそれによって試みるために、われらが現世の栄華として享楽させたものにおまえの両目を向けてはならない。そしておまえの主の糧はより良く、より長く続くものである。[91]

同様にイエスも山上の垂訓で、天の富と物質的な富を区別している。モーセやヨブやイエスら預言者によって神からのメッセージは明らかにされてきたが、イスラム教徒にとってコーランは、そのメッセージを受け継ぎ完結させる存在である。実際、富への対処法に関するコーランの教えの多くは、アブラハムの流れを汲むほかの宗教の教えと類似している。たとえばコーランでは偶像崇拝が禁じられており、それがどのような結果を招くか説明するため、黄金の子牛を使って「まことに子牛を（神と）成した者たちは、彼らの主からの怒りと現世での屈辱が彼らに達するであろう」と諌めている。[92] さらにコーランは、すべては世界の創造主である神に所属するとも主張している。

彼にこそ、諸天にあるもの、地にあるもの、そして両者の間にあるすべてのもの、そして土の下にあるものは属す。[93]

神からの贈り物に対して人間は深い感謝の気持ちを抱き、豊かな恵みを一時的に委託された管理人として、正しい行動を心がけなければならない。神と人間の関係はアマナすなわち信託の関係で、正しい行ないを通じて神の意思を遂行していくことが人間には求められる。敬虔なイスラム教徒は、財産から子どもまであらゆる恵みを神の所有物と見なし、コーランで確立された原則にしたがって行動しようと努める。なかでも最高の原則は〝善行をなす〟ことで、コーランにはつぎのように記されている。

そしてアッラーがあなたに与え給うたもの（財産）のうちに、来世の住まいを求めよ。そして現世でのあなたの分け前を忘れるな。アッラーがあなたに対して至善をなし給うたように、あなたも（人々に）最善を尽くし、この地で害悪を求めるな。まことに、アッラーは害悪をなす者を愛し給わない。[94]

〝善行をなす〟ための手段のひとつが慈善だ。ザカートすなわち喜捨はイスラム教を支える柱のひとつで、コーランでも三〇カ所以上で言及されている。富を所有するイスラム教徒は、誰でも貧者に施さなければならない。ザカートの語源は〝清浄〟や〝成長〟を意味する。ザカートによって貪欲にまみれた富が浄められ、神からの贈り物が循環して他人の手に渡り、高邁な精神に基づいた贈与経済が維持されるのだ。コーランには具体的な数字で示されていないが、ムハンマドは年収の二・五パーセントという基準を示唆している。一方、施しを受けるべき集団については、コーランは明確に述べている。フカラすなわち貧者から、アルガリミンすなわち借金を返済できない者まで、様々な集団が対象になっている。[95]

〝善行をなす〟ためのもうひとつの方法は、そもそもアルガリミンを作らないことだ。そのためにコーランはリバーを禁じている。文字通りの意味は〝過剰〟あるいは〝増加〟で、そこから転じて〝利子〟など、借金の元本に付随して増えていく要素を指すようになった。[96] 高利貸しは「人々の財産を偽りによって貪る行為」であり、これに対しては「痛苦の懲罰」が準備されているとコーランには記されている。[97] コーランが編纂された時代、資本家階級と労働者階級のつながりはリバーによって断ち切られてしまうと思われた。利子から収入を得られれば、社会的価値を生み出さずに金儲けができるからだ。このリバーの具体的な意味について、イスラム学者は何世紀にもわたって議論を続けてきた。[98] もしも借金に対する利子がゼロということなら、融資に利子を付ける銀行の慣習は消滅してしまう。リバーに関する制約に対処するため、イスラム銀行では手数料の請求から分割払いまで、少なくとも二一のビジネスモデルを創造している。[99]

## 手放す

ヒンドゥー教の天空の神であるインドラは、アスラと呼ばれる鬼神から世界を守る存在だった。インドラのかたわらには豊穣と幸運を司る女神のラクシュミーが寄り添っていたため、戦いにはおおむね勝利を収めた。ある日、ドゥルヴァーサという名まえの賢者が、象に乗っているインドラと出会った。ドゥルヴァーサは聖なる花の冠を差し出し、それをインドラが象の頭にかぶせるが、象はそれを地面に振り落としてしまう。せっかくの贈り物を軽んじられたドゥルヴァーサは驚き、インドラに呪いをかけて権力や幸運を奪おうとした。一方、インドラの傲慢で貪欲な姿勢にラクシュミーは怒りを募らせ、彼のもとを離れて乳海《にゅうかい》に舞い戻ってしまう。[100] そのため、アスラとの戦いで神々は敗北続きになった。困った神々はアスラと和睦を結び、乳海を攪拌して不老不死の聖水を造る作業に共同で臨み、出来あがったアムリタを半分ずつ分け合うことにした。それから一〇〇〇年間、山を攪拌棒として、ヘビをロープとして使った攪拌作業は続くが、その途中でアスラはヘビの毒に侵されてしまう。するとようやくラクシュミーが、手に蓮《はす》の花を持ち、蓮の花に乗って現れた。それを見た聖なる象は、鼻で握っていた黄金の壺のなかの聖水を女神に降り注ぐ。熟練の職人は最高級の宝石を献上した。そしてほかの神々は、讃美歌を歌って女神の登場を歓迎する。素晴らしい贈り物の数々を受け取ったラクシュミーは、最高神のひとりであるヴィシュヌの配偶者になった。それをきっかけに繁栄の時代が訪れ、神々は世界に君臨したのである。[101]

この物語には象徴的な意味が込められている。乳海は牧畜や農業を中心とした古代経済を指し、当時ミルクが生命を維持するために欠かせない要素だったことを反映している。そしてミルクは、女性であるラクシュミーの母性も象徴している。一方、泥のなかで育ち、水上に見事な花を咲かせる蓮は、美と希望の象徴である。さらにインド史が専門のR・マハラクシュミ教授によれば、蓮は〝原始の海を漂う子宮〟のシンボルでもある。[102] そして象は忠誠心の象徴で、ラクシュミーは象から王国を授けられた。

女神ラクシュミーについては何千年にもわたって色々なストーリーが語り継がれ、様々な形で描写されてきた。よく登場するのは、豊作のシンボルとして、バナナとサトウキビを手に持っている姿だろう。子どもを膝の上に乗せ、家族の将来の富を暗示しているものもある。ほかには、黄金色の肌に黄金の宝飾類を身に着け、黄金の壺から摑み取った金貨をばらまいているものもある。

ヒンドゥー教の神話では、ラクシュミーとその様々な化身についてのストーリーが頻繁に登場する。なぜならラクシュミーは、幸運と富と美を象徴する女神だからだ。実際、ヴィシュヌ神の敬虔な妻として賞賛される存在で、ふたりの関係は結婚生活の安定を象徴している。そして、ラクシュミーがヴィシュヌの足をマッサージする場面は、どのストーリーにも共通している。従来、こうした姿はインド女性の理想とされてきたが、いまでは徐々に変化している。[103] しかしそれでもボリウッド映画では、有名な女性の登場人物がラクシュミーにちなんで命名されているケースが見られる。そして女の子の赤ん坊の誕生は、家族にラクシュミーが到来したおめでたい出来事として歓迎される。[104] さらに義理の娘もラクシュミーの象徴と見なされ、結婚式で身に着ける黄金の量によって、新しい家族にどれだけの富がもたらされるか評価される。[105] 面白いことに、ラクシュミーに祈りを捧げても、強欲な人物とは見なされない。ラクシュミーはインドラの貪欲に抗議しているからだ。彼女の高潔さは大勢の人たちから尊敬されている。

インドではラクシュミーに由来する大きな寺院が建立され、盛大な祭りも催されている。たとえば毎年秋には、ディーワーリー、別名〝光のフェスティバル〟という祭りが五日間続く。この祭りの初日に当たるダンテーラスには、ラクシュミープージャという祈りが捧げられる地域もある。この日、村人は大事な収入源である牛を飾り立てる。住居はきれいに掃除され、ラクシュミーを迎えて鬼神を撃退するためにランプに火が灯される。この日を境に会社は帳簿を新年度に切り換えることになり、新しい一年の幸運が祈願される。そしてラクシュミーの到来に備え、床には小さな足跡が描かれる。[106] 金貨や金物を購入する人は多く、ギャンブルも行なわれる。毎年この時期には、私がコルカタで利用するタクシーの運転手は五人の仲間とトランプに興じる。勝った者には、新しい一年の幸運が約束されると信じられているのだ。だから負ければ、自分が一流ホテルの運転手として採用されないのはそのせいだと言い訳できる。

私はデリーで、ヴィシュヌとラクシュミーが祀られているラクシュミーナーラーヤン寺院を訪れた。壁の銅版画を眺めていると、僧侶が私の額にティカという赤いしるしをつけてくれた。

「ラクシュミーがあなたに幸運をもたらしますように」。

いきなりそう言われて私は少々驚き、とりあえず「ありがとう」と答えた。

しかし僧侶は私をじっと見つめ続ける。私もしばらく見つめ返したが、そのうちようやく相手の真意を理解した。数ルピーを手渡すと、僧侶は私から離れた。

ところで、ラクシュミーはインドの貨幣の歴史の一部でもある。西暦四世紀から五世紀にかけてインドを支配したグプタ朝の時代、歴代国王はヴィシュヌ神からの祝福を期待して、ラクシュミーのイメージを刻んだ硬貨を発行した。[107] 一一世紀、今日のインドのラジャスタンに相当する地域の大半を支配したチャーハマーナ朝の国王たちも、ラクシュミーの肖像が刻印された銀貨を発行した。[108] 一八世紀にポンディシェリを植民地として支配したフランス人が発行した硬貨にも、ラクシュミーのイメージは描かれている。そして今日でも、ラクシュミーとお金との密接なつながりから、お金を神からの贈り物と見なす人は多い。間違って床に落とすと、神聖なお金を汚したといって謝罪する人さえいる。

ヒンドゥー教の神話のなかでラクシュミーは、ヒンドゥー教と富の結びつきを理解するための要のような存在だ。しかし、この女神だけが研究の対象というわけではない。ヒンドゥー教は古代からの様々な神話や矛盾する価値観の数々を融合した宗教で、中心的な指導者や戒律が存在しない。信仰としての統一感に欠けているが、そのなかでふたつの要素、アルタとモークシャは注目に値する。

紀元前一五〇〇年に編纂された古代ヒンドゥー教の聖典ヴェーダによれば、人生にはプルシャルタすなわち「追い求めるべき」四つの目的がある。（1）ダルマ（義務）、（2）アルタ（富）、（3）カーマ（喜び）、そして最終的な目標となる（4）モークシャ（解脱）だ。[109] アルタは外面的成功や世俗的な富の蓄積で、お金、イメージ、地位などを指す。モークシャにはこれらの事柄を放棄するという意味が込められており、逆説的な見識、すなわち精神的[110]な富にも通じるところがある。世俗的な富と精神的な富の境界は厳密に定められていないが、実のところ境界は曖昧でなければならない。ヒンドゥー教は物質的な富の追求を回避するどころか、ほぼ確実に認めているのだ。人間が生きるためにはお金など物質的な富が必要であり、アルタは大切な要素だと解釈される。誰でも貧乏を強制されたくないのだから、多いほどよいという経済的論理がある程度は認められる。アルタの象徴として神話に登場するラクシュミーに祈りを捧げるのは、貧困や不幸による苦しみを回避する手段なのだ。ほかの地域の豊穣神も例外ではない。たとえば仏教のヴァスダーラー（持世《じせい》菩薩）は貧困を和らげ、物質的な富と精神的な豊かさの両方を授けてくれる存在として敬われる。

肝心なのは、プルシャルタのあいだでバランスがとれ、相互に依存する状態が維持されることだ。たとえば、道徳的に正しい行ないを顧みず、ダルマに違反した状態でアルタを追い求めるのは好ましくない。ただし現世の富の限界を経験しないうちは、富を放棄すべきだと言われてもピンとこない。モークシャを自覚するためにも、アルタは必要なのだ[111]。多いほどよいという経済的発想に由来する空しさを経験しなければ、少ないほどよいという精神的論理の必要性は理解できない。このプロセスは、人生を積み重ねながら徐々に進行していく。プルシャルタは人生の四つの段階に呼応している。（1）ブラマチャリヤ（学生）、（2）グリハサ（世帯主）、（3）ヴァーナプラスタ（隠者）、（4）サンニャーシ（世捨て人）の四つだ[112]。人生の前半に当たるふたつの段階では、アルタを追求して生きるためのお金を稼がなければならない。そして、たとえば家族への物質的な義務を果たしたあとは、人生後半のふたつの段階に入ってモークシャを追求していく。なかには、プルシャルタは一日の時間の経過に呼応していると考える学者もいる。ダルマは朝の儀式の一部で、それがすむと昼間の活動でアルタを追求する。[113]そしてアルタを通じ、モークシャへの準備を整えていく。この相互依存性については、ヒンドゥー教の重要な聖典バガヴァッド・ギーターでも、クリシュナが弟子のアルジュナに教えている。

　アルジュナよ、外面的な目標から得られる喜びからは、苦しみが生み出される。始まれば、かならず終わりがやって来る。賢者は快楽の追求に専念しない。[114]

　こうして苦しみを経験すれば、山上の垂訓でイエスが指摘したように、現世の富は簡単に消滅することを認識できるようになる。仏教において苦しみは、四諦《したい》の法門〔苦諦《くたい》、集諦《じったい》、滅《めっ》諦《たい》、道諦《どうたい》の四つの悟り〕のひとつ目に該当し、人生はドゥッカすなわち〝苦しみ〟や〝不安〟に満ちていると教えられる。お金もこの苦しみの一部で、マーヤーすなわち幻想にすぎない。だから自分の本質を富の有無によって証明しようとすれば、自尊心は簡単に傷つけられる。そして悲しみに打ちひしがれたとき、本当に豊かなものを探し求めたいという願望がわいてくる。ラクシュミーの抗議がインドラの貪欲を抑制したように、モークシャがアルタを消滅させるのだ。

賢者はモークシャを追い求める。ヒンドゥー教の教えによれば、人間は輪廻を繰り返し、違う存在に生まれ変わったとしても人間としての感情や欲望、たとえば金銭欲を経験する。つぎの人生でどのような状況に置かれるかは、いまの人生をどう生きるかによって決定される。施しをするなど正しい生き方を心がければ、新しい人生はレベルアップする。物質世界のマーヤーから解放され、お金や市場や人類の存在しない高みに登ることができる。こうして至高の魂となったとき、モークシャすなわち解脱の域に達するのである。仏教では、モークシャはニルヴァーナとして知られ、欲望や物質的ニーズのすべてを〝消し去る〟ことを意味する。

ヒンドゥー教の聖典のひとつであるバガヴァッド・ギーターは、モークシャに至る様々な道について言及している。しかし、そこで繰り返し登場するテーマはどれも逆説的な見識に基づいており、世俗的な富へのこだわりを捨て、無欲になることの大切さが強調されている。そのとき初めて人間は解放され、永遠の命を得られるのだ。

> 世俗的な事柄へのこだわりがない人は、自己に専念する。心は清らかに解放され、不滅の喜びを得られるだろう……心を律して欲望や怒りを断ち切れば、解脱の境地に達する。神が与え給う無上の喜びに近づく自分を認識することもできる……欲望や不安や怒りを手離せば、永遠の自由を獲得できる。[115]

要するに、お金や外面的成功、あるいは所有物や地位やイメージといった世俗的な事柄のすべてを放棄すべきときが、人生のある時点で訪れる。そしていっさいを放棄するためには、あらゆる欲望や不安を捨て去らなければならない。そして、少ないほどよいという精神的論理を受け入れるまでには、現実に心の葛藤が繰り返される。ペンシルヴェニア大学の神経科学者アンドルー・ニューバーグは、瞑想によってニルヴァーナの境地へと向かう仏教僧の脳の活動を調べ、前頭前野が活性化されることを発見した。[116] 前頭前野は理性を司る場所で、意識がここで芽生えるからこそ、私たちには人間らしさが備わっている。この研究からは、精神的指導者がかねてより理解していた事実が再確認されたと言ってもよい。お金の存在を忘れることによって、私たちは初めて本当の自分を思い出せるのだ。

## 象徴への愛着

ほとんどすべてのものがお金によって評価される世界で、信仰は避難所のような存在になり得る。世界中で洪水のように氾濫するお金を、精神的なダムのように押しとどめてくれる。宗教や芸術などの人文科学においては、富の蓄積へのこだわりが少なく、いかに生きるべきかが重視される。思いやりや寛大さや自己充足感が、人間としての判断基準になっている。[117] それゆえ古代の宗教の文献や精神的指導者の教えを振り返ってみれば、お金の氾濫する世界で生きるための方法について役に立つ指針を得られるだろう。

どの宗教においても、少ないほどよい（足るを知る）という精神的論理が強調されている。コルカタのホスピスで出会ったティーンエージャーもこの教えを真摯に受け止めたから、富へのこだわりを捨ててハンセン病患者のために奉仕できるのだ。彼は信仰の力を借りて大切なものを思い出した。死の瀬戸際にいるハンセン病患者は、何も所有しない人間の心が感謝の気持ちや充足感で満たされることを教えてくれた。私はホスピスを訪れ、多いほどよいという経済的論理が自分をいかに駆り立て、人間形成に影響をおよぼしているかを学んだ。そして複数の宗教の教えについて研究した結果、お金に固執する人生においては心からの満足感を得られないという事実も学んだ。しかしその一方、使い方さえ間違えなければ、お金は誰もが共有できる手段となり、人類の繁栄を促してくれる。矛盾するようだが、お金は他人と共有するために稼ぐものなのかもしれない。

ところで、世の中にはお金という物体そのものに興味を抱く人たちもいる。貨幣の表面に刻まれている芸術は、私たちが共有する過去について物語っているからだ。貨幣に刻印されたり印刷されたりしているシンボルは、単なる公正価格の表示ではない。過去の様々な社会や文化、さらには人間が築き上げてきた現代文明全体のなかで、評価されてきたものの実態を明らかにしてくれる。そこで私は世界各地に足を運ぶことにした。そしてあちこちで出会った人たちから、お金をもっとじっくり観察し、価値の象徴としての役割に目を向けることの大切さを教えられた。

# 第8章　貨幣は語る　お金に表現された芸術

硬貨の収集は少年にとっては趣味、父親にとっては投資、祖父にとっては大きな収入である。

——D・ウェイン・ジョンソン[1]

そしてオウムは早口で繰り返した。「8レアル銀貨！　8レアル銀貨！　8レアル銀貨！」。いつまでも続きそうなので、ジョンは鳥籠にハンカチをかぶせた。

——ロバート・ルイス・スティーヴンソン[2]

あらゆる遺物のなかで硬貨は最も小さい。しかし遺物の分類のなかでは、記録として最も権威があり、利用範囲が広い。実際、硬貨の語る歴史に勝るものはない。地理的分布が完全に確認され、芸術が途切れなく表現され、利用範囲が広く、様々な神話が関わっている。無名の国王、失われた町、忘れられた神々、芸術の新しい流派やスタイルが、ここには正確に記録されている。個性が発揮され、人種的な傾向が明確に表現されている。

——レジナルド・スチュアート・プール[3]

バングラデシュの郊外にあるワリ－ベイトシュアルを訪れたスフィ・モスタビズール・ラフマーンと私（左から２人目）。この失われた古代文明の遺跡から、彼は大昔の硬貨を発掘した。

あるとき私は、失われた文明の硬貨について学ぶためにバングラデシュのダッカを訪れたが、何ともタイミングが悪かった。当時、この国は政治的混乱の最中にあったのだ。野党のメンバーが抗議デモを行ない、町じゅうの交通が妨害され、暴動まで発生していた。[4] ホテルに缶詰めになった私のところに、スフィ・モスタビズール・ラフマーンがやって来た。彼はジャハンギナガル大学に所属する考古学者で、ダッカからおよそ八〇キロメートル離れた場所にある四八の遺跡の発掘チームのリーダーを務めている。この遺跡群はワリ－ベイトシュアルといって、紀元前四五〇年のものだ。当時ガンジス川流域に栄えた古代都市のひとつ、ソウナゴラのものだとラフマーンは確信している。これらの古代都市は交易の中心地として知られ、ウェルギリウスやプルタルコスやプトレマイオスも著書のなかで言及している。[5]

「いまでは失われてしまった亜大陸の多くの都市について、プトレマイオスは書き残している。それを考古学者は発見しようとしている」とラフマーンは語った。[6] ラフマーンが遺跡の存在を確信した根拠は数々の発掘品で、そこには大量のコインも含まれていた。

そして私が関心を示すと、「遺跡を訪ねてみたい？」と小声でささやいた。「もちろんです、でもどうやって？」と私は、市内が封鎖されていることを思い出して答えた。

「早朝に出発するんだよ」。

翌朝、私たちは封鎖を破って市外に抜け出した。抗議デモの参加者はまだ数人程度しかいない。車のドアを叩かれたが振り切って逃走した。目指すは、城壁に囲まれた古代都市の壮大な遺跡群だ。[7]

「この古代文明について知るための手がかりのひとつがコインなんだ」とラフマーンは説明してくれた。当時の社会の経済や貿易ルート、政治指導者や文化の伝統などについて、コインは教えてくれるという。[8]

ワリ－ベイトシュアルからは、刻印された銀貨が一〇〇〇枚以上も発見されている。銀貨はどれも重量が五七・六グラムで、度量衡の統一された中央集権型社会で製造されたことが推測される。そして多くのコインの表側を飾る刻印は、その由来を知るための手がかりとして役立つ。ただし刻まれているのは支配者のシンボルで、名まえではない。たとえば、月と三本の矢はマウリヤ王朝の支配者を象徴している。ほかにも船、魚、花、樹木、太陽など、一〇〇種類以上のシンボルが使われている。時にはこのようなシンボルが、鋳造所の責任者や貨幣制度の監督者を象徴することもあった。一方、硬貨の裏側には当時の銀行の定めた呼称単位が表示され、法定貨幣としての地位が保証されている。学者はこれらのコインをジャナパダ（古代インドの一連の王国を指す）の時代と帝国の時代の二種類に分類している。ジャナパダシリーズのほうは、マウリヤ朝以前の紀元前六〇〇年から前四〇〇年にかけて発行された。そして帝国時代のコインは、当時は世界最大の帝国のひとつだったマウリヤ朝が君臨した紀元前四〇〇年から前二〇〇年にかけて造られた。

ジャナパダシリーズのコインは予想外の発見だった。というのも、紀元前三〇〇年までこの地域には文明が定着しなかったという従来の説を覆す可能性があるからだ。この地が都市の中心として栄え、商業や金融や貿易が亜大陸全域、いや地中海世界にまで広がっていたとも考えられる。「バングラデシュだけでなく、インド亜大陸全体で最古の国だったかもしれない」とラフマーンは説明してくれた。[9] いや、それだけではない。これらのコインはリディアのものと同時期に造られたことになり、それが本当ならば世界最古のコインのひとつになるのだ。「コインは失われた文明の象徴だよ」とラフマーンは語った。

第1章では、四万年前の旧石器時代の洞窟壁画について取り上げた。洞窟壁画は、大昔の人間の自己表現の記録であり、すでに祖先たちには表象的思考能力が備わっていたことがうかがえる。この時代のシンボリックアートから、人類の独創的なストーリーは始まったと言える。物事を象徴的に理解できるようになったおかげで、貨幣は発明された。そして、様々な単位や種類を区別するため、貨幣の表面は象徴的な芸術やイメージや記号で飾られた。シンボルにシンボルを載せたのである。したがって、貨幣は文化の歴史はむろん、私たちが共有する過去について知る手がかりにもなる。

化石と同様に貨幣は、私たちが社会について思い出したり理解したりするために役立つ。コインの材料は耐久性のある金属なので、長い時間が経過しても朽ち果てず、製造された場所や時代についてのヒントを与えてくれる。銀行の存在しなかった時代、敵の攻撃などから大事な財産を守るため、多くの人たちはコインを壺に詰めて地中に埋めた。こうして退蔵されたお金の一部は忘れ去られ、何世紀も経て、昔のままの姿で発見されるのだ。

古い貨幣の多くは熟練の職人によるデザインなので、これを一種の芸術と見なす学者は多い。たとえば、一九世紀のコインとして有名なインディアン・ヘッド・セント硬貨のデザインを手がけたジェイムズ・ロングエーカーは肖像画家で、米国造幣局の主任彫刻師でもあった。ギルバート・ステュアートが描いたジョージ・ワシントンの肖像画は、いまでは一ドル札の表側を飾り、大勢の人たちに鑑賞されている。ボストン美術館の学芸員だった故コーネリアス・ヴァーミュール三世によれば、アメリカで早い時期に発行されたコインには愛国心を掻き立てるようなイメージが刻まれており、それに触発された職工は、類似したデザインを家具、ガラス製品、刺繍、そしてクッキーの抜き型にまで採用した。たとえばセントラル・グラス・カンパニーは一八九二年に、〝コイン〟のパターンを取り入れたガラスのテーブルを製造した。コインのレプリカがデザインに使われていたが、アメリカ政府はコインの偽造を懸念して、これらの商品の製造を禁じた。[10]「一九世紀が進行するにつれ、愛国主義と広報活動と貨幣のモチーフの融合が進んだ」と、当時の耽美主義運動についてヴァーミュールは説明する。[11]そして、手に入りやすくて研究の価値がある貨幣、特にコインは、一種の大衆芸術だったとも記している。

アメリカのコインは、視覚的な美しさを介して民主主義の普及を目指す大胆な試みであり、未だにそのプロセスは続いている……コインは芸術の一形態であり、しかも鑑賞する機会がすべてのアメリカ人に常に提供されている。多くの国民が触れることのできる唯一の彫刻品と言ってもよい……コインは……政府公認の由緒ある美術品であり、あらゆる時代のアメリカ市民から支持されるように工夫されている。その事実が理解されれば、美的考察の対象としての価値も認識されるだろう。[12]

一九七〇年、UNESCOは〝文化財〟の歴史的重要性を正式に認める方針を打ち出し、一〇〇年以上昔のコインなどの取引を規制する方法について提言した。[13]コインすなわち古銭の収集家は、文化財に施されたシンボルを解釈する能力が抜きんでている。貨幣の研究・収集に関わる古銭学の歴史は古く、ローマ帝国の時代に収集されたコインも発掘されている。西暦一世紀にローマの初代皇帝となったアウグストゥスも、遠方の地のコインを収集して友人たちに贈った。西暦二五〇年頃には、皇帝の肖像を刻んだ記念コイン数種類が、ローマの造幣局によって発行されている。一四世紀のイタリア・ルネサンスの時代には、学者であり詩人だったペトラルカが古銭収集家として有名だった。一五世紀になるとヨーロッパでは、貨幣の収集は〝国王の趣味〟と呼ばれ、多くの王族や貴族がコレクションを充実させた。[14] 一六世紀に入ると古銭学のテキストが執筆され始め、収集家のギヨーム・ビュデは『*Libellus de Moneta Craeca*』〈ギリシャ硬貨のパンフレット〉を著した。一八三四年には、古銭学専門の初めての雑誌『*Blätter für Münzkunde*』〈ハノーヴァーの古銭学〉が、ドイツのハノーヴァーで出版される。[15] 二〇世紀の収集家のなかには、エジプトのファルーク一世や、巨大製薬会社イーライリリー・アンド・カンパニーの経営者ジョサイア・リリーなど著名人の名まえもあった。コインの所有者については記録が残されるので、そこに有名人の名まえが含まれていれば由緒正しさが証明され、価値も高くなった。一方、二〇世紀には、国王の趣味だった貨幣の収集に庶民が参加するようになった。コイン・クラブが各地に創設され、トレーダーの会議が開催され、オンライン市場も開設された。

米国造幣局によれば、五〇州二五セント硬貨プログラムでは、一億四七〇〇万人がコインを収集したという。古銭収集家が長年努力を続け、連邦議会の議員が議論を尽くしたすえに、このプログラムはビル・クリントン大統領の署名を経て正式な法律として一九九七年に成立し、「アメリカの各州やその歴史と地理、さらには国家遺産の豊かな多様性についての知識を、アメリカ合衆国の若者のあいだに普及させること」を目的として掲げた。[16] そして法律には、各硬貨のデザインは〝威厳を備え〟、合衆国市民が〝誇りを感じられる〟ものでなければならないとも明記されている。[17] 各州の硬貨のデザインを選ぶための厳格なプロセスも確立され、デザインの多くは、米国造幣局の芸術普及プログラムに参加するプロの芸術家によって創作された。同プログラムのウェブサイトによれば「アメリカ合衆国のコインやメダルに掲載されるデザインは、小さな円形の金属に刻まれた図版ではありますが、我が国の価値や大望や国家遺産がそこには表現されています。アメリカのエッセンスやストーリーを世界に伝えるための手段なのです」という。[18]

そんなストーリーの登場人物のひとりがシーザー・ロドニーで、彼の姿はデラウェア州のコインに刻まれている。二五セントプログラムでこのコインが第一号として発行されたのは、デラウェアが合衆国憲法を最初に批准した州だったからだ。シーザー・ロドニーはデラウェア州で生まれ、最終的にデラウェア議会上院の議長や州最高裁の判事を務めたが、喘息とガンに体をむしばまれていた。一七七六年の第二次大陸会議の際、デラウェア州から派遣された二名の代議員は、独立に賛成票を投じるかどうかで意見が分かれた。やはり代議員だったロドニーは、このとき地元で療養していた。『*A Pocketful of History*』〈ポケット一杯の歴史〉の著者ジム・ノールズによると、ロドニーには有名な伝説が残されている。大陸会議での膠着状態について知らされると、彼は病を押して馬に飛び乗り、雨のなかを全速力でフィラデルフィアに向かう。そして到着すると、居並ぶ代議員たちに向かって「私は独立に一票を投じる」と叫んだのである。[19] こうして国の運命を決めたロドニーの乗馬姿が、デラウェア州の二五セントコインには刻まれている。

アメリカで発行されるコインは二五セントコインにかぎらずすべて、アメリカについてのストーリーを語っている。首都ワシントンで発行された二五セントコインにはデューク・エリントンが、一ドルコインにはサカガウィア〔北米先住民ショショーニ族の女性〕が描かれている。アメリカ人古銭収集家のフランク・マイヤーは、すべてのアメリカ市民が時間を割いて、貨幣の語るストーリーを学ぶべきだと書いている。

> アメリカ合衆国のコインは単なる交換の媒体ではない。ここには国民の理想や大望が表現されている。コインに採用されたシンボルの意味については、すべてのアメリカ市民が理解したうえで尊重しなければならない。コインはどれも日常的に使われているが、その図柄に込められた意図や伝説については、認知も理解もほとんどされていないのが現状だ。自分の国のコインの象徴的な意味について学び、正しく評価するようになれば、学生たちは例外なく貴重な経験が得られる。[20]

しかし、自国のコインにもっと注目すべきなのはアメリカ市民だけではない。過去や現在に流通している自国の貨幣について研究すれば、世界中のどの国でも市民としての自覚は高まり、文化への理解が深まる。そこで私も、お金を理解するための今回の旅の最後に、貨幣そのものが物語る歴史について学び、それが人類をどのように形づくってきたのか確認しておきたいと考えた。

シンボルのうえに刻まれたシンボル、すなわちお金が語るストーリーについての新たな発見を求め、私は仕事の空き時間を使って多くの国の古銭収集家のもとへ出向いた。ここではほんの数例として、ベトナム、タイ、フィリピン、スリランカ、アメリカの収集家たちとの会話を紹介する。私は収集家を訪れるたびに、自分の国の象徴として最もふさわしいと思うコインをいくつか選んでくださいとお願いした。特定のシンボルがなぜどのようにして、彼らが暮らす国の象徴になったのか、収集家の意見を手がかりにして解明してみたいと思った。そうすれば、お金が国家の価値を象徴するようになったいきさつを理解できるかもしれない。そして実際に話を聞いてみると、コインは収集家の人間形成に大きく関わっているだけでなく、彼らの暮らす国や文化のアイデンティティについて多くを明らかにしてくれることがわかった。

お金を貯めることに没頭していると自分を見失う恐れがあるが、お金について研究すれば忘れていた自分を思い出す。私は古銭収集家たちとの交流を通じ、その事実を教えられた。シンボルを創造したり理解したりする作業を通じ、人類は独自の進化を遂げてきた。だからお金に描かれているシンボルは、人類共通の歴史を語るうえでも欠かせない要素だと言えるだろう。

## 悪魔の収集家

ハワード・ダニエルは、五年生まで学校に通わなかった。子どものときにリューマチ熱を患ったため、ホームスクーリングで学習した。自宅での歴史の学習を楽しくするため、両親は世界中の切手を集めてくれたが、それがダニエルの好奇心と冒険心に火をつけた。

「おれはフロリダ州のプアホワイトの家庭で育った」とハワードは自己紹介した。私たちはベトナムのホーチミン市（かつてのサイゴン）のカフェで、すっぱいレモンジュースを飲みながら会話を進めた。浪費癖の目立つ母親の様子を見て、いつか自分は金持ちになるとハワードは心に誓ったという。

一九五九年に一七歳で、彼はアメリカ陸軍に入隊した。陸軍では情報活動に従事したため、世界各地に派遣される。そして一九六四年、日本の沖縄でアメリカ空軍の上級下士官に出会ったことが彼の運命を変えた。この人物は日本の貨幣を専門とする古銭収集家で、東アジアの貨幣について研究するべきだと、ほかの兵士たちに勧めていた。しかしハワードは知性が疑われたのか、「ベトナムの貨幣は難しいから、きみには理解できないよ」と忠告された。それは決して愉快な経験ではなかった。

ベトナムは、ハワードの人生にとって欠かせない要素になった。ベトナム戦争のあいだは現地に駐留し、ベトナム人女性と結婚し、いまでも一年の半分はこの国で暮らす。

ハワードによれば、「軍隊はモノを破壊するけれど、古銭収集家はモノを創造する」という。やがて彼はコインを何千枚も収集し、いまやその価値は、少なく見積もっても四〇万ドルにのぼる。これらのコインは現在、ヴァージニア州の自宅の二台の冷蔵庫のなかに保管されている。そしてハードドライブには、三一ギガバイト分のお金のデジタル写真が保存されている。すでに彼は東南アジアの貨幣に関して数冊の著書を上梓しており、この分野では第一人者とみられている。ベトナム古銭学協会なる組織があれば、間違いなくその会長になる人物だ。しかしベトナムの共産党政府は、貨幣の収集という資本主義的な趣味に眉をひそめる。

「おれは『悪魔の収集家』って言われる。まったく遠慮がないんだ」とハワードは言った。かつてアメリカで貨幣収集家の会議が開かれたとき、評判の悪いディーラーがハワードのところにやって来て、取引をしつこくせがんだ。そこでハワードは、大声でこう叫んだ。「おれの前からとっとと失せろ！　ろくでなしめ！」。この一喝でディーラーの評判は地に落ち、ハワードは新しいニックネームを与えられたのだ。

私との会話のあいだも、評判の毒舌は絶好調だった。

「おれは生《なま》が好きだね」という。生とは封印されたケースに入れられていない貨幣を指す言葉で、これに対し、（通常プラスチックの）ケースに収められた貨幣はスラブと呼ばれる。どちらがよいかについては、古銭収集家のあいだでもかねてより意見が分かれている。「おれは現ナマの感触が好きなんだ。おれみたいな収集家は保存がていねいだから、特に問題はない。以前ベトナムの博物館には、古銭を保存する設備がなかった。このままじゃあ、ベトナムの貨幣の歴史は消えてしまう。だからおれが集めて、つぎの世代が学習する準備を整えてやるのさ」。
私たちふたりの年齢には四〇年の開きがあるのだから、私はつぎの世代に属するわけだ。そこで、ベトナムの象徴として最もふさわしいと思うコインを教えてくださいと尋ねた。「そうか。じゃあ、最初から勉強してもらおうか」と言って、ハワードの講義が始まった。
ベトナムで最初に硬貨を流通させたのはディン・ボ・リン（丁部領）である。西暦一〇世紀にベトナムが中国の南漢王朝から解放されると、内乱が勃発した。戦いや政治工作が続くが、やがてディン・ボ・リンが指導者として台頭し、分裂した国を統一して大勝明皇帝（ダイタンミン）となり、九六八年から九七九年まで君臨した。[21] そして王国をひとつにまとめるために独自の通貨を発行したのである。これは〝現金〟としてそのまま通用する硬貨で、中国の硬貨のように中央に四角い穴が空けられており、重さは二・二八グラムから四・三二グラムのあいだだった。重い硬貨が発行されたのは経済が順調な時代で、希少金属だった銅を多く含有する余裕があった。逆に軽い硬貨は、経済がふるわず戦争が続く時代に発行されており、銅の含有量は少なく、価値の低い亜鉛や鉛が多く使われている。戦争が始まると、銅などのハードメタルは武器の材料になったので、硬貨は軽くなったのだ。[22]
早い時期の硬貨の表側には大勝明王という支配者の名まえが、裏側には〝丁〟（ディン）という王朝の名まえが記された。[23] この時代の硬貨の表面には文字がはっきりと正確に刻まれており、支配者は教養が高く学者を厚遇し、国民の教育にも関心があったと考えられる。逆に文字が読みにくくて不正確なら、支配者は教養に乏しい戦国武将で、国民の幸福や教育には関心が低かったと考えられる。[24]

一見すると、この時代の硬貨は中央に穴の空けられた丸い金属にすぎない。しかしじっくり観察すれば、発行された当時は経済が好調だったか低迷していたか、戦争と平和のどちらの時代だったのか、支配者は何を優先していたのか、理解するための手がかりがシンボルのなかに込められている。私は学校で古代ベトナムの歴史を教えられなかったが、硬貨をじっくり観察するだけで、この国の過去についてある程度の知識を身に付けることができた。

## ブルックリンからベトナム、そしてバンコクへ

ブルックリンなまりは簡単に消えない。たとえ一九七四年から一度も帰郷していなくても。ブルックリンで生まれたロン・クリスタルは法律の学位を取得すると、一九六八年、法務官としてベトナム戦争に志願した。そしてベトナムに一カ月滞在した後、タイの東部まで列車で移動する。この地域で発生した火事で街が全焼し、責任を問われたアメリカ兵が告発されたのだ。

「ここはおれの場所だって直観した……家に帰った気分だったよ」とロンはブルックリンなまりの英語で話した。

一九六九年に列車で移動したことが転機となり、以後ロンは生涯にわたってタイに深く関与し続けた。まずはタイ語を学び、日常生活では困らないほど上達した。一九八八年からは

バンコクで法律事務所を経営し、一九九八年にはタイの市民になり、名まえもロナチャイ・クリサダオラーンに変更する。英語の名まえと似たような響きで、しかもタイ語では〝勝利の戦い、荘厳な力〟という勇ましい意味になるからだ。

ロナチャイは一〇歳のときからコインの収集に興味を抱き、帰化した国でも同様の情熱をかたむけた。そして最終的にはタイの貨幣の専門家になり、タイの貨幣に関して彼が共同執筆した書籍には、タイ古銭学協会の会長であり警察幹部でもある大物が序文を寄せてくれた。タイの通貨当局は新しい貨幣のデザインについてロナチャイに相談するほどで、彼はタイの文化遺産への貢献を認められ、国王からも感謝された。

私たちは、バンコクの中心部にある高層ビルの一七階にあるオフィスで対面した。オフィスは古い報道室のような雰囲気で、室内はたくさんのガラスで仕切られているが、記者の姿はない。半そでのボタンダウンのシャツ姿のロナチャイは私をひとつの部屋に招き入れた。そこには大きなオフホワイトの金庫があって、収集した硬貨が保管されている。私はハワードに会ったときと同じ質問をした。自分の国の象徴として最もふさわしいと思うコインを教えてください。

この質問に答えるのは容易ではない。というのも、タイの歴史は多様性に富んでいる。家系の異なるたくさんの王に支配され、複数の文明の影響を受けてきた。たとえば、西暦二世紀から七世紀にかけてメコン川下流域に栄えた扶南《ふなん》国の時代には、インドからの影響が大きく、ベンガル人の造ったコインが東南アジアで流通していた。これらのコインの一部には、ヒンドゥー教の富の女神であるラクシュミーのイメージが刻まれている。一九世紀初めには、タイ南部のクラ地峡でコインが鋳造され、その表面には二つまたは三つの言語が書かれている。ハワードと同じくロナチャイもよく考えたすえ、タイ国内で初めて造られた貨幣のポット・デュアンを真っ先に挙げた。

一三世紀、タイに初めての王国スコータイが建国された。このときラームカムヘーン国王が導入したと言われるのがポット・デュアンで、手造りで形が弾丸のようにずんぐりしているため、〝弾丸コイン〟としても知られる。どのコインにも、発行者のシンボルが刻まれている。たとえば、一七八二年から一八八六年にかけて発行されたポット・デュアンには、ヒンドゥー教のシンボルであるチャクラが描かれているが、これはチャクリー王朝の象徴でもある。

ポット・デュアンが通貨として使われるようになった起源については、未だに専門家のあいだで意見が分かれている。中国で通貨として機能していた宝貝に似せて造られたと、一部の専門家は考えている。当時の東南アジアでは腕輪に似た貨幣が流通しており、それに由来するという説もある。[25]導入された理由や形状はともかく、ポット・デュアンは一九〇四年まで、六〇〇年間使われ続けた。タイの貨幣の歴史を生き残り、一貫して重要な位置を占めてきた。

タイが発展していくにつれて貨幣も進歩した。ラーマ四世の統治下では、〝クルンテープ〟（「天使の都」）という文字の刻まれた手造りの金貨や銀貨がバンコクで鋳造された。現代のコインのように平たい形状で、ハンマー打ちのイギリスの初期のコインと似ている。[26]言うなればこのコインは近代の象徴であり、近代化を推進したラーマ四世は発行者としてふさわしい。当時タイではポット・デュアンが相変わらず発行されていたが、ほとんどの国は平たいコインを鋳造していたのだ。平たい貨幣を導入したラーマ四世は、タイの貨幣制度の近代化に貢献したと言ってもよい。彼はほかの分野でも近代化を進め、自分の王国を西洋列強に開放し、米英両国とのあいだで通商条約を締結した。ちなみに彼は一九四四年に出版された小説『*Anna and the King of Siam*』〈アンナとシャム王〉と、それを原作としたミュージカル『王様と私』に登場するタイ国王のモデルでもある。[27]最終的にはヴィクトリア女王から、タイで硬貨を鋳造するための手動の機械を贈られた。

ロナチャイは、大切なクルンテープコインを私の手に握らせてくれた。

「それを握っていると、タイの文化の歴史を感じられる。このコインは芸術だよ」。

「だから貨幣を収集するのですか？」。

「ランを栽培するやつもいるが、おれはコインを集めるのさ」と彼はさりげなく語った。[28]

## ふたつのコイン、四〇〇年の歴史

フィリピンでは、二種類のコインが四〇〇年の歴史を物語っている。まずドスムンドスというコインは、スペインが大国に成長してフィリピンを征服した時代の象徴である。一方、ドスムンドスの表面に新しい記号やシンボルが重ねられたコインは、スペインの衰退とフィリピンからの撤退を象徴している。

私はドスムンドスについて、ウィリアム・″ウィリー″・ヴィラレアルから学んだ。彼は一九二九年に設立されたフィリピン古銭・古物協会（PNAS）のリーダー的存在だ。まずは、フィリピンの古銭収集の現状についての見解を聞かせてくれた。待ち合わせ場所はマニラのポロクラブで、彼はそこの終身会員だ。カミソリのように鋭い人物で、右手にスコッチのタンブラーを持ちながら、愉快なジョークを威勢よく飛ばす。

「酔っぱらいたいときはかならず、ここに集まるんだ」とウィリーは笑いながら言った。「以前はカミさんを交換したものだが、いまじゃカミさんも不足状態だから、硬貨を交換するんだよ」。

そんなふざけた物言いをするが、ウィリーがPNASを尊敬する気持ちは本物だ。八五年の歴史を持つ協会はフィリピンで最も古い組織のひとつで、フィリピン文化に造詣が深いキュレーターのような存在だ。古いコインをたまたま発見したアマチュアや収集家は、コインの合法性や意味についてまずPNASに相談してから、国立博物館へ持ち込むケースが多い。一部の博物館にとって、PNASはフィルターやアドバイザーのように機能する。

「いまに誰もがつまらない人間になってしまう。体内にチップを埋め込まれてさ。だから、大事なアイデンティティを保存するために活動しているんだ」。

ウィリーは言葉を切り、私に視線を向けた。

「きみたちの世代の何が問題かといえばね、ヒーローがいないことさ。戦った経験がないだろう。マッカーサー将軍が誰か、知らないんじゃないのか」。

お金に描かれたシンボルや肖像や伝説を理解すれば、若者は国家のヒーローや歴史を記憶できるとウィリーは確信している。たとえばジョージ・ワシントンやエイブラハム・リンカーンの肖像を目にすれば、難しい決断を迫られたときの彼らの勇気ある行動を思い出すだろう。生き残ることや犠牲をささげることにはどんな意味があるのか理解できる。どちらも市民が目指すべき大切な美徳だ。さらに、お金は歴史上の人物だけでなく、ひとつの時代をまるごと知る手がかりになるともウィリーは考えている。

「いいかい、どの硬貨にもストーリーがあるのだよ」と仰々しく語った。

「ぜひ聞かせてください」。

彼はリクエストに応えてくれた。

その昔、正確には一七三二年、スペインは新しいコインのデザインに関して厳密なガイドラインを採用した。後に〝ドスムンドス〟(「ふたつの世界」)として知られるコインである。それまで発行されていた〝コブコイン〟はいびつな形の金貨や銀貨で、スペイン国王の盾印と十字架、それに発行当時の支配者の名まえや日付、鋳造所についての情報が刻まれていた。コブコインの造り方は大雑把で、金属の塊を予め定められた重さに切断し、両面に刻印が施された。ただしこれは不規則な形状ゆえ、切り取ったり削ったりするのが簡単で、改鋳や偽造もめずらしくなかった。

これに対し、ドスムンドスは海外で頻繁に利用されることを想定してデザインされた。重さと純度は一定で、エッジ部分は花びらを刻んだようにギザギザになっているので、削り取って品質を低下させることができない。こうして慎重にデザインされたおかげで、ドスムンドスは偽造や改鋳が難しく、世界の支配的通貨として頻繁に使われても磨滅しなかった。そして時間の経過と共に、歴史上最も有名な硬貨のひとつになったのである。

この硬貨のシンボルは、当時のスペインの状況を正確に表現している。誇り高き最高権力者の君臨する帝国は世界中に版図を広げ、太陽の沈まない国と言われた。硬貨の表側にはスペイン国王の紋章、それに単位を表す数字の8が刻まれている。それゆえ一般には、〝オチョレアル〟すなわち〝8の価値を持つコイン〟という名称で親しまれた。さらに、*D.G.HISPAN ET IND REX* という文字も刻まれており、これは〝神の恩寵がスペイン国王ならびにインド諸国に注がれるように〟という意味である。そして裏側にはコインが鋳造された日付と、*UTRAQUE UNUM* という文字が刻まれている。これは〝ふたつの世界はひとつ〟という意味で、新旧ふたつの世界を事実上支配下に収めたスペイン国王の言葉である。ほかには鋳造場所を特定するためのミントマークも加えられている。そして中心部分には地球のふたつの半球が描かれ、スペインの王冠の下で重なり合っている。ふたつの半球は海を漂い、両脇にはヘラクレスの二本の柱が建てられている。この柱は、ジブラルタル海峡の両岸に突き出た岬を象徴しているものだ。王冠をはさんで立つ二本の柱にはそれぞれリボンが巻かれ、一方に *PLUS*、もう一方に *ULTRA*、合わせて〝もっと先へ〟という意味の *PLUS*

ULTRAという文字が書かれている。ほかのスペイン植民地と同じくフィリピンでも、この硬貨は二本の柱にちなんでコラムナリアスとして知られ、ひいては〝ピラーダラー〟と呼ばれた。要するに、完璧な対称性を備えた美しい硬貨である。

ドスムンドスコインは、それより一〇〇〇年昔にドラクマやデナリウスが成し遂げた偉業を達成した。国境を越えて流通したのである。スペイン帝国を構成する広大な領土全域での利用を想定したことは、広く流通した理由のひとつだろう。しかも、このコインは大量に製造された。一七三二年から一七七二年にかけて、メキシコの鋳造所で造られた数は四億七八三〇万五九〇七枚に達する。[29] そして、チリ、コロンビア、グアテマラ、ペルーなど、メキシコ以外のスペイン植民地でも少しずつ鋳造され、北米大陸のイギリス植民地全域でも流通した。さらには、ガレオン船によって太平洋地域にも広がった。ガレオン船は全長およそ四八メートルの帆船で、マニラとアカプルコを結ぶ貿易ルートは一六世紀末にスペイン人の手で開かれた。片道およそ四カ月の航海によって、東の世界と西の世界は結ばれる。以後何百年にわたり、当時〝東洋の真珠〟として知られたマニラからは、香辛料、象牙、磁器、シルクなど各地の特産品が船で輸出された。これに対してアカプルコからは、ヨーロッパやアメリカの商品に加え、銀貨のドスムンドスコインが輸出されたのである。

ガレオン貿易はフィリピンの経済成長を促した。当初の思惑通り、ガレオン貿易は宗教団体やスペインの貴族階級によって支配され、どちらにも莫大な金銭収入をもたらした。ちなみにドスムンドスは輸出用のシルクを中国人商人から購入するために使われたので、〝シルクマネー〟としても知られ、コインに備わった固有の価値ならびに銀の含有量の高さが評価され、広東やマカオなどでも流通した。やがて一七七二年になると財政上の理由から、カルロス三世は銀の含有量の少ないコインを発行し、ドスムンドスの表面に自分の肖像を刻ませる。以後、歴代の国王はこの先例に倣った。その結果、種類や品質の異なる複数のコインが同時に流通するようになり、混乱が生じた。中国人の商人などはドスムンドスコインに漢字で印を刻み、信頼できるコインとして受け入れられることを表現した。

ガレオン船はたくさんの貴重な品々を運んでいたため、スペイン人は長い航海のあいだ護衛船を伴走させた。しかし時には船の到着が遅れたり、海賊につかまったり、悪天候で転覆することもあった。一六九〇年には、ヌエストラ・セニョーラ・デル・ピラール号というガレオン船がマニラへ向かう途中、現在のグアムのあたりで座礁して沈没した。この船にはドスムンドス銀貨二〇〇万枚が積み込まれていたと推定され、その価値は一〇億ドルにのぼったと言われる。[30]船がマニラに到着しないと、フィリピン経済は打撃を受ける。経済全体の浮き沈みが、当時はガレオン船の運命に左右されていた。この利益の大きな貿易ルートは最終的に一九世紀初め、メキシコ独立戦争のあいだに閉鎖され、以後スペイン帝国の衰退は加速した。この衰退については、べつのフィリピンのコインが物語っている。

物語の後半について聞かせてもらうため、私はパーシヴァル・〝ボエット〟・マニュエルという、もうひとりの古銭収集家を訪ねた。彼は八歳のとき貨幣の収集に興味を持った。父親は海軍の将校で、海外からよく外貨を持ち帰った。ボエットは現在四〇歳だが年齢より若く見え、知的な雰囲気で、古銭収集への情熱がみなぎっている。フィリピンの貨幣に関するその知識では専門家のなかでも一目置かれ、古銭収集全般について取り上げたウェブサイトを運営している。

ブルージーンズにチェックのシャツという服装のボエットと私はマニラで合流し、ランチに出かけた。チキンのアドボ〔煮込み料理〕、フレンチフライのマヨネーズ添え、人参ジュースを注文する。

「保存活動には力を入れないとね。過去の断片はあちこちに散らばっているけれど、お金はナショナルアイデンティティの形成を助けるんだ」とボエットは語った。

フィリピンは地理的に実に多様で、七〇〇〇以上の島から構成される。スペインによる植民地支配を三〇〇年以上受けたあと、今度はアメリカによって支配され、一九四六年に独立国家となった。そのため、よその文化の影響があちこちに見られる。たとえばフィリピンの食べものは、異なった国の料理の寄せ集めだ。牛ひき肉のピカディージョはスペイン、フライドチキンはアメリカ、春巻きは中国から取り入れられた。マニラにはたくさんのショッピングモールがあるが、そこで移動に使われるカラフルな〝ジープニー〟は、第二次世界大戦後にアメリカ軍のジープを払い下げたものだ。

そしてお金も多文化の要素を備えている。自分の国の象徴として、最もふさわしいコインを教えてくださいと、私はここでもボエットに尋ねた。すると躊躇なく、新しい刻印を重ねられたコインだね、という答えが返ってきた。ここにはスペイン帝国の衰退と、ふたつの文化の融合が表現されている。そんなコインを私が実際に観察できるように、ボエットはフィリピン中央銀行の貨幣博物館のガイド付きツアーに誘ってくれた。

一九世紀、ラテンアメリカの植民地の多くがスペインからの独立を求め始めた。ガレオン貿易は途絶えてしまったが、スペイン帝国の他の地域で貨幣が不要になったわけではなかった。そこで、予想外の奇策が打ち出される。革命が進行中のラテンアメリカの植民地で発行されているコイン、すなわち〝反逆者〟のコインが利用されたのだ。〝自由〟や〝独立〟など革命のモットーが刻まれたコインがフィリピンに持ち込まれ、一般に流通したのである。美しいドスムンドスコインを発行していた誇り高き国王が、嘆かわしいことに、抵抗する植民地の貨幣を利用するところまで追い込まれてしまった。アメリカが独立した後、イギリスがべつの植民地、たとえばインドにアメリカのドルを持ち込んで流通させるようなものだと言えば、いかに屈辱的か理解できるだろう。よそから持ち込まれたコインには、やがて新しい刻印が重ねられるようになった。たとえばアメリカの二五セント硬貨を想像してほしい。表側にはジョージ・ワシントンの肖像が刻まれているが、そのうえに小さな楕円形が刻印され、楕円形のなかには、イギリスの王冠などが描かれているような状態だ。

スペインはフィリピンに新しい硬貨を持ち込んだものの、これをきっかけに、革命の気運が盛り上がる事態を恐れた。そこで一八二八年、フィリピンを管轄する役人のドン・マリアノ・リカフォルトは、「革命政権の支配する地域で鋳造された貨幣は変更を加えなければならない」と命じた[31]。そしてスペイン国王を賛美するため、「*Habilitado Por El Rey N.S.D.*

*Fern VII*」といったスローガンが従来のデザインの上に重ねて刻印され、時には革命のモットーの痕跡をかき消してしまった。さらに、硬貨の利用範囲をフィリピンに限定するためにマニラという名まえも刻印されるが、刻印台を使いすぎ、五年もすると付加刻印を作るための金型がすり切れるほどだった。付加刻印は貨幣の合法性の証明になるので、ドスムンドスコインに重ね押しされるときさえあったのだ。やがて一八三四年、スペインはフィリピン国内でコインを製造することを決断し、マニラに鋳造所を設立する。しかし、優秀な職人も貴金属も十分には確保できなかった。そこで女王イザベル二世の政府関係者は仕方なく、先代の国王フェルディナンド七世の時代に始まった習慣にしたがい、付加刻印されたコインの発行を継続させた。

付加刻印には圧造機が使われ、楕円形のなかにはスペインの支配者のしるしが描かれた。たとえば、一八三〇年にメキシコで発行された八レアル硬貨には、フェルディナンド七世のしるしである〝F.7.〟が大きく押されている。一八二六年にコロンビアで発行された八エスクード硬貨には、スペイン女王イザベラ二世のしるし〝Y.II.〟が小さく付け加えられている。なかには、ふたりの支配者の時代のどちらにも有効だったことを示すため、刻印がふたつ並んで押されているコインもある。

一八三六年になると、スペインは付加刻印を中止した。製造工程の管理が難しく、しかも刻印台の模造品が製造されたからだ。実際、偽造コインは大量に流通していた。政府は流通するコインへの支配力を回復するため、付加刻印を中止する決断を下したのである。ただし、この時期にはスペインがラテンアメリカで植民地の独立を認めたため、豊富な銀を確保できなくなった。材料不足で打つ手に困ったスペインは結局、アメリカやラテンアメリカ諸国など外国のコインがフィリピンで流通することを許可した。やがて一八五二年には、紙幣ならびに補助通貨の形でペソが導入される。

スペインの経済が悪化して、かつての植民地の貨幣に刻印を重ねて再利用するようになった背景には、フィリピン国内の多くの事情が関わっていた。まず、フィリピンには国内で十分なコインを鋳造できるだけの天然資源が不足していた。つぎに、フィリピンで天然痘が流行し、おまけに地震まで発生したため医療支援のための支出が膨らみ、植民地や諸外国の硬貨にまで頼らざるを得なくなった。第三に、大きな財源だったガレオン貿易が衰退してしまった。通貨の欠乏状態が続けば政情不安が加速されることをスペインは認識したのである。

「付加刻印されたコインは、ふたつの文明の衝突を表現している」とボエットは語る。これらのコインからはスペインとフィリピン、すなわち宗主国と植民地の関係が一目瞭然だ。固有の文化に外国の文化が押し付けられている。

複数のシンボルが合成されているコインはボエットにとって魅力的で、希少価値を求めて収集活動にも熱が入る。目下の最大の関心は、コロンビアで鋳造された金貨に付加刻印されたレアものだ。

「雷に打たれる可能性のほうが高いと思うよ」と彼は冗談まじりに言った。

お金は宇宙

お金に描かれたシンボルがいかに普遍的なものか、私は宇宙物理学者と会ってはじめて理解した。

カヴァン・ラトナトゥンガは一九七八年にスリランカを離れ、オーストラリア国立大学に留学して宇宙物理学の博士号を取得した。その後、プリンストン高等研究所（アルバート・アインシュタインが後半生の二一年間を過ごした）とNASAのゴダード宇宙飛行センターに勤務する。彼はジョンズ・ホプキンス大学では自動映像分析を利用して、NASAのハッブル宇宙望遠鏡が初めて発見した重力レンズ効果の研究に取り組んだ。ひとつの超新星が四つに輝いて見えるのは、この効果の影響による（大きな物体の重力場が遠くの物体のイメージを歪めると、重力レンズの現象は発生する）[32]。二〇〇五年、カヴァンはアメリカでの仕事を切り上げて生まれ故郷に戻った。

そんなわけで私たちは、スリランカの首都コロンボで対面した。この日はうだるような暑さで、湿気も半端ではなかった。現在はスリランカ古銭学協会の会長を務めるカヴァンは、地元の貨幣についての研究成果を熱心に教えてくれた。

「かつて私は宇宙の地図作りに取り組んだが、いまではランカー島[33]［セイロン島］の貨幣の地図作りに専念している」という。

一九九八年にカヴァンが立ち上げたウェブサイトには、スリランカの六〇〇種類以上のコインの高解像度の映像が掲載されており、インターネット上でもこれほど充実したコレクションは稀だ。彼はスリランカ政府の通貨当局の高官にとって師匠のような存在で、古銭の展示会が開催されるときには相談を受ける。さらに博物館学の学位も取得しており、考古学でふたつめの博士号の取得を目指している。宇宙物理学者から考古学者に転じたこの人物は、ただ地球上に戻っただけではない。地中に埋められた硬貨を掘り起こし、その金属構造を分析している。

硬貨の物理的性質を研究するため、カヴァンは厳密なアプローチで臨む。かつて彼はランカー島での発掘で、チョーラ朝のラージャラージャ一世治世下の一〇世紀に鋳造された銅貨一〇〇枚を手に入れた。そこでコインの重さと厚みと半径を一枚ずつ計測し、結果をグラフに表してみたところ、重さと厚みのあいだに相関関係は見られたが、重さと半径のあいだに相関関係は存在しなかった。そのため、発掘された銅貨は従来とは異なるプロセスで造られているのではないかと推理した。従来は鋳型でコインの形が整えられるが、溶解した金属を少しずつ垂らし、そのまま冷却した可能性が考えられた。[34] コインの製造過程が明らかになれば、当時の社会について知る手がかりが与えられる。たとえば、鋳造に使われる技術は旧式のままか、それとも貿易相手国から高度な技術を取り入れているかによって、当時の社会への評価は変わってくる。宇宙物理学者としての経歴を持つカヴァンにとってコインの壺は、歴史についての知識を教えてくれる宝箱なのだ。

「考古学は天文学とそれほど変わらないよ。どちらも過去を観察するだろう。実験はできない。それにね、昔のランカー島のお金には、天体がシンボルとしてたくさん登場している」とカヴァンは語った。

ランカー島で発見されたいわゆるプラーナコインの最古のものは、紀元前三世紀に造られ、材料には銀が使われている。表側に刻まれた太陽は、今日のインド東部で栄えたマガダ王国のシンボルだ。ブッダのパトロンだったビンビサーラ王か、仏教伝道のため息子をランカー島に送ったアショーカ王か、いずれかの人物を象徴していると考えられる。[35] もうひとつ、お金と宇宙という異質のものに対するカヴァンの興味を同時に満たしてくれる銅貨がある。西暦三世紀のマハーセナ王の時代に鋳造されたもので、裏側に刻まれた円のなかには四つの点が見られる。表面がすり切れているので何を象徴しているのかわからないし、まずあり得ないが、重力レンズ効果によって見える四つの超新星のような印象も受ける。[36] もう少し時代が下り、九世紀に造られた銅貨のひとつは形がいびつで、前期パーンディヤ朝の影響が見られる。この王朝は六世紀から一〇世紀まで続き、インド南部からランカー島の北部まで勢力圏を拡大した。銅貨の表側には三日月が刻まれ、そこに雄牛が座っている。[37] 一六世紀には、もっと近代的なコインが流通した。ベネチアアダカット金貨で、セイロン（スリランカのかつての名称）に定住したポルトガル人が利用したものと思われる。その表面を飾る天体のシンボルは一三個の星で、それがイエス・キリストを取り囲んでいる。

太陽、月、星などの天体がシンボルとして刻まれている貨幣をカヴァンはたびたび目にした。ランカー島の長い貨幣の歴史からもわかるように、これらの天体は時代を問わず使われ続け、しかも世界各地で採用されている。アメリカで一八三八年に発行されたシーテッドリバティ・ハーフダラーには一三個の星が、一八一三年にアルゼンチンのリオ・デ・ラ・プラタ副王領で発行された一レアルコインには太陽がデザインされている。このようなシンボルを選ぶ理由は、太陽神を崇拝するため、国王を神聖化するため、各地の植民地を象徴するためなど様々だ。

同じシンボルが繰り返し使われるのは偶然ではなく、文化が広く普及していた証拠だと、美術史家のルドルフ・ウィトコウアーは説明する。たとえば、ヘビと戦うワシのデザインは、何千年にもわたって数多くの文化でシンボルとして採用されてきた。その起源について彼は、古代バビロニアのエタナ王の神話にまで遡ると考えている。この神話では、神々がエタナという人物を国王に選ぶ。ところが妻とのあいだに跡継ぎが生まれなかったため、出産を促す薬草を手に入れるため天に昇ることにした。旅の途中でエタナは衰弱したワシに出会い、介抱してやる。するとお礼に、ワシは彼を天まで運んでくれた。[38] このエタナの物語では、木の上で暮らすワシと地面に這いつくばっているヘビの争いがサブプロットになっている。どちらも仲良く暮らすことを太陽神シャマシュに約束していたが、あるときワシはヘビの子どもを食べてしまう。そこでヘビは死んだ雄牛の胃袋のなかに隠れ、雄牛を食べようとしたワシに襲いかかり、瀕死の重傷を負わせる。そこにエタナが通りかかって命拾いしたので、跡継ぎを得るための旅でワシは協力したのである。[39]

ウィトコウアーによればこのシンボルは古代の近東で初めて登場し、遠方の地に時間をかけて普及した。シンボルは何度も新しく発明されたのではなく、同じものが文化から文化へと伝えられたのだという。たとえば、ワシとヘビのシンボルは紀元前三〇〇〇年にインドで製作されたペンダントのひとつに使われているが、同じインドでも、パンジャブやシンドから発掘された装身具には使われていない。そうなると、インドで独自に発明されたシンボルとは考えにくい。しかもインドで発見されたワシとヘビのイメージは、メソポタミアのものと似ている。古代メソポタミアとインダス川流域の文明のあいだには、これ以外の結びつきも考古学者によって発見されている。

似たようなワシとヘビのシンボルは、何千年にもわたってあちこちで登場している。紀元前三〇〇〇年のバビロニアの紋章、古代ギリシャの硬貨、古代ローマの硬貨、西暦五世紀のインドの紋章、一三世紀のローマ教皇クレメンス四世のエンブレム、現在のメキシコの紋章（ペソに使われている）、ニューメキシコ州の紋章など様々だ。[40]アメリカ合衆国の貨幣に印されている国璽《こくじ》のハクトウワシはリボンをくわえているが、このリボンはヘビに似ている。ただし形は似ていても、ワシとヘビの神話は文化によって異なった意味を持ち、解釈も違う。たとえば国璽のハクトウワシは力と自由を象徴している。一方インドやスリランカでは、同じシンボルはガルーダという鳥を象徴しており、くちばしにはナガというヘビをくわえている。

貨幣のシンボルの一部は時代や場所を超越して使われてきた。私はカヴァンのおかげで、その事実を認識するようになった。一ドル札を使うときには、アメリカのエンブレムが印刷された紙切れを交換しているだけではない。何千年も昔から様々な文化で使われてきたシンボルが、交換するお札には描かれているのだ。お金のユニークな特徴を出すため、どの国もデザインに様々な工夫を凝らすが、結局のところ一部のシンボルは、いつでもどこでも愛され続けている。

## 長老

「オズの魔法使い」のドロシーは正しく理解していた。世の中に、我が家に勝る場所はない。そして古銭学に関しては、私の第二の故郷となったニューヨーク市に勝る場所はない。多くの収集家が集まり、展示会も店も充実している。なかでもスタックスは、間違いなく世界で最も有名なアンティークコイン専門店だろう。カーネギーホールに近い西五七丁目に立地する店舗は、ジョセフとモートンのスタック兄弟によって一九三〇年代に始められ、大恐慌のあいだは彫像、切手、希少コイン、果ては歯の詰め物まで、ありとあらゆるものを取引してやりくりに苦労した。しかし、あらゆる商品を商い続けるのは不可能なので、やがてコインを専門に扱うようになった。コインには固有の価値が備わっており、溶かして金属に戻すことも可能だ。以後数十年間、スタックスは八〇〇回以上の競売を開催し、希少コインの競売ではトップの評価を受けるまでになった。

どんよりとした冬の日の午前中、私はスタックスを訪問した。店内に客はひとりだけで、最近職を失った三〇代半ばの男性だった。請求書の支払いを済ませるための現金が必要で、一五年間所有していた一枚の金貨を手離そうとしていた。金貨は三五〇ドルで売れた。私は彼とコレクションについて話し合いたかったが、それでは話が進まない。ドロシーと違い私はオズを探し求めているわけではない。長老に会うために店を訪れたのだ。

ハーヴェイ・スタックは八五歳で、古銭収集に関しては生き字引のように詳しく、コインディーラーの長老的存在だ。一九四〇年代初め、モートンは息子のハーヴェイを店で働かせることにした。事務処理、ショーケースや床の掃除、郵便局へのお使いなど、彼は何でもこなした。そして一九四七年からはフルタイムで働き始め、多くの著名な古銭収集家から色々な知識を学んだ。米国古銭学協会の学芸員のヘンリー・グルンタール、スミソニアン協会でアメリカの古銭コレクションを担当する学芸員のウラジーミル・ステファネリと妻のエルヴィラをはじめ、当時は誰もがスタックスで働いていた。何十年ものあいだ、スタックスはクラブハウスとして愛され続けた。土曜日にもオープンする店には、トライステートエリア〔ニュージャージー州、コネチカット州、ペンシルヴェニア州を含む都市圏〕から収集家が集まってきたものだ。第二次世界大戦が終わって戦地から帰国した兵士たちは、爆撃で廃墟となった銀行や博物館からコインを持ち帰っており、それを売りたがっていた。ハーヴェイは彼らの会話を聞きながら多くの知識を吸収し、それを土台にして華々しいキャリアを築いていった。

古銭収集におけるハーヴェイの経歴は他の追随を許さない。プロの古銭収集家として六五年におよぶ経験があり、業界で最も数多くのオークションを開催し、米国古銭学協会のメンバーとして五〇年以上活動を続けている。一九九七年には〝年間最優秀古銭収集家〟に協会の仲間から選ばれ、さらに古銭収集家ギルドの責任者も務めている[41]。しかも、一九九五年に五〇州二五セント硬貨プログラムの創設を提案するため、議会で証言した数少ない人物のひとりだ[42]。お金の世界を陰で支える大物との対面に、私は胸を弾ませた。

「その銃は何ですか」。エレベーターのドアが開くと、銃を持った警備員が待ち構えており、私は驚いた。

「これは本物だよ」とハーヴェイは笑って説明しながら「でも、誰も撃たないからね」と小声で教えてくれた。彼はグレーのズボンにシルバーのセーター、その上からネイビーのコートを羽織り、トレードマークの黄色がかったメガネをかけている。四〇年前にはしかを患ったとき、脳炎で視神経をやられ、まぶしい光から目を守る必要が生じた。私をオフィスに案内すると、ダイエットコークを出してくれた。

私はこれまでみなに尋ねてきたのと同じ質問を準備していた。自分の国の象徴として、最もふさわしいコインを教えてください。彼は選ぶのに苦労したが、それは選択肢が多いからではなく、不足していたからだ。南北戦争以前に使われていたハーフセントやラージセントなどのコインは、ギリシャやローマのデザインの影響を受けている。当時、ギリシャ・ローマ時代の高い文化水準が評価されていたからだ。一八九二年から一九一六年にかけてチャールズ・バーバーが米国造幣局の彫刻師の主任を務めた時期、コインにはギリシャ人の顔が刻まれた。このシンボルが、アメリカを最もよく象徴しているとは言えないだろう。しかも、コインの流通を促すため、当時はデザインの変更を二五年間禁じる法律まであった。アメリカで一九世紀に発行されたコインを飾るデザインには先住民が多く、二〇世紀になると、ジョージ・ワシントンやエイブラハム・リンカーンなど大統領が使われ始めた。しかしハーヴェイはこれらのコインに美的魅力を感じられず、したがって、美しき国アメリカの真の象徴として評価していない。

最後にハーヴェイは満面の笑みを浮かべながら、「ダブルイーグルなら間違いないね」と結論を述べた。

〝ダブルイーグル〟とは一九〇七年から一九三三年にかけて発行された二〇ドル金貨で、その美しさは評価が高く、アメリカの歴史上最も有名なコインのひとつだ。この金貨が誕生した裏には、芸術家と大統領の友情があったとハーヴェイは説明してくれた。

セオドア・ルーズヴェルト大統領は、アメリカ合衆国を賞賛するためにはどうすればよいか、頭を悩ませていた。彼は南北戦争後のレコンストラクション（再建）の時代に成人したので、アメリカ国民の多くが北部や南部という出自にこだわる様子を目の当たりにしていた。そこで大統領になると、アメリカらしさを強調して国の統一を進めることを目指し、その一環として遺跡保存法に署名した。この法律によって大統領は、議会の承認を得ずに国定史跡を指定できるようになった。早速彼は一八の記念建造物と五一の鳥類保護区を指定して、全部で一億エーカー以上の森を保護下に置いた。[43] ウォルドー・エマーソンやウォルト・ホイットマンと同じく、アメリカはヨーロッパとの結びつきを断ち切るため、自国を象徴する独自の文化を持つべきだという結論に達したのである。[44]

そしてルーズヴェルトはお金に関して、国民が共有できる勝利のシンボルを採用し、国家としての一体感を表現したいと考えた。彼にとって、チャールズ・バーバーがデザインしたコインは〝ひどく醜悪〟でしかなかった。[45]そこで、友人の彫刻家オーガストゥス・セイント＝ゴーデンズに助けを求める。セイント＝ゴーデンズはすでに、副大統領当時のルーズヴェルトの就任記念メダルをデザインしており、その出来栄えは「アメリカの不滅の偉業に本物の宝が新たに加えられた」と本人から高く評価されていた。[46]一九〇四年、ルーズヴェルトは財務長官宛ての書簡をしたため、「議会の承認を得ることなく、セイント＝ゴーデンズのような人物を採用するのは可能だろうか。美しい硬貨を造ってもらいたい」と問い合わせた。[47]アメリカのコインが米国造幣局の職員以外の人物によってデザインされるのは初めてで、これはバーバーにとっても造幣局のスタッフにとっても屈辱だった。

ダブルイーグルの二〇ドル金貨は、最初は一八四九年、肖像画家のジェイムズ・ロングエーカーによってデザインされた。表側には自由の女神が刻まれ、ティアラを一三個の星が取り囲んでいる。裏側にはリースとワシの模様、そして貨幣の単位が刻まれ、縁に沿って〝アメリカ合衆国〟という文字が書かれた。このコインはデザインがあか抜けず、〝完璧とは程遠く〟、〝ワシは〝自らの姿を恥じている〟ようだと、評価もいまひとつだった。[48]

古銭収集家でもあったセイント＝ゴーデンズは、この二〇ドル金貨をはじめとするコインのデザインを改善するために五〇〇〇ドルを支払われた。彼が手がけたバージョンは〝MC

MVIIダブルイーグル”として知られる。このときルーズヴェルトはデザインを担当する権限だけでなく、芸術に関するアドバイスも提供している。

金貨にはどのようなデザインがふさわしいだろうか。ひとつ提案をしよう……アレクサンドロス大王の金貨を今日に復活させてみたい。あの深彫りの技法は印象深い。それを取り入れ、なおかつ縁を盛り上げてみてはどうだろう。もちろん縁を盛り上げれば、なかに彫刻された模様の破損を防ぐことができる。古代ギリシャのコインと同じ深彫りを採用すれば、確実に長持ちする。いかがだろう。[49]

セイント‐ゴーデンズはルーズヴェルトの提案を歓迎し、分析に賛成した。しかし彼には、米国造幣局が深彫りのコインを認めるとは思えなかった。高度な技術が要求されるうえ、デザインの作業から締め出されたバーバーは怒りを鎮めていなかった。そこでルーズヴェルトは、これは自分の「かけがえのない子どもだ」と財務長官に説明する。[50]大統領は「この問題となると頭がおかしい[51]」と長官から思われることも覚悟したが、最終的に、「ギリシャ人と同様の情熱で硬貨の美しさを追求することに、まったく異存はありません」と認められた。[52]セイント‐ゴーデンズは一九〇七年にガンで帰らぬ人となったが、彼の功績はデザインしたコインを通じて生き続けた。表側には自由の女神の立像が刻まれ、右手にはたいまつ、左手にはオリーブの枝を持っている。裏側には朝日を背にして舞い上がるワシが左向きに描かれ、貨幣の額面ならびに〝アメリカ合衆国〟という文字が上のほうに見られる。そしてセイント＝ゴーデンズが思い描いた印象的な深彫りを実現するため、七回もプレスされた。ちなみに彼のデザインには〝我々は神を信じる〟という言葉が抜けていた。この言葉の挿入はアメリカの法律で義務付けられていたわけではないが、一部で問題視されたため、議会はこれを復活させた。ダブルイーグルの素晴らしさはアメリカの数あるコインのなかでも抜きん出ており、ルーズヴェルトは大喜びだった。額面価格は二〇ドルだが、市場価格は三〇ドルにまで跳ね上がった。このコインは一九三三年まで流通する。この年、セオドア・ルーズヴェルトの五従弟《いついとこ》（一二親等）に当たるフランクリン・ルーズヴェルト大統領が金準備法を成立させ、アメリカ人は所有する金《きん》をアメリカ政府に手渡すことを義務づけられたのである。

伝説的な古銭収集家でありハーヴェイ・スタックのビジネスパートナーでもあるディヴィッド・ボワーズはつぎのように書いている。「アメリカの古銭学の歴史のなかで、「これは」抜群に素晴らしい『最高のコイン』だ……このコインは……アメリカのコイン芸術の粋を集めたと言ってもよい」[53]。今日ではおよそ五〇〇〇枚のMCMVIIダブルイーグル金貨が存在しており、オークションに登場すると、ほとんどの人がその美しさに息を呑む。ちなみに、かつてエジプトのファルーク国王が所有していた一九三三年鋳造のダブルイーグルは、一五七五ドルで購入されたものだ。それが二〇〇二年にオークションに出品されたときは七六〇万ドル（手数料も含む）で落札され、希少コインのオークションの最高額を記録した[54]。このオークションの運営を手がけた会社は？　そう、私はその会社のオフィスに坐り、長老からダイエットコークをふるまわれたところだ。

## 耳をすまして

「お金は語る」と言われるが、実際にその通りだ。表面を飾るイメージや文字を通じて語りかけてくる。私は今回出会った古銭収集家の全員から、お金をじっくり観察してシンボルについて研究するようアドバイスを受けた。今回の会話からひとつだけ印象的な部分を取り上げることはできない。どの収集家もコインを独自の方法で解釈している。しかしお金を探究し続けてきた旅が、最後に出発点に戻るのは良い形だと思う。私たち人間には独創性や表象的思考能力が備わっている。そのおかげでお金を発明し、何度も造り直してきた。私は今回の旅に影響されてコインの収集を始めたわけではないが、めずらしいコインが目に留まると、シンボルの意味を解明したいと考えるようになった。お金を飾るシンボルは、人類の生み出した文明や文化の歴史について貴重な情報を教えてくれる一方、いまや国家の価値を象徴する手段として採用されている。お金は私たちを絶えず形作っているが、逆に私たちのほうも、お金を形作っていけることをシンボルは思い出させてくれる。

# エピローグ

私はお金に対する理解を深めたいという願いから今回の旅を始めたが、バングラデシュのダッカで米国国務省の警告を無視したとき、その気持ちは強迫観念にまで発展した。政府に抗議して怒りの声をあげるデモ隊に巻き込まれる危険はあったが、それを振り切ってでもワリーベイトシュアルを訪れ、地中から掘り出されたコインを自分の目で見てやろうと決心した。私はお金を新たな角度から眺める作業に没頭し、長年の疑問への回答を探そうと努めた。「お金の何が世界を『動かしているのか』」、知りたいという願望は募るばかりだった。私は答えを求めて地球を一周したが、このスケールの大きな話題を理解するために堂々巡りに陥るときもあった。だからジョン・メイナード・ケインズがお金の起源を知るために、古文書を少なくとも五年間研究したことを知ったときは慰められた。「熱狂的と言ってもよいほど夢中になった」と彼は書いている。[1] 自分の研究について「バビロニア人にも劣らない熱情」で取り組んだとさえ言及している。[2]

私がそこまでこだわったのは、お金の研究には終わりがないからかもしれない。お金は常に変化している。私たちのニーズによって定義が見直され、想像力によって作り直される。そんな多彩なトピックに関して論理の明快な本を執筆するためには、最初にお金の本質を理解しておかなければならない。いくら様々なレンズをとおして眺めようとも、お金は本質的に価値の象徴であり続ける。

今回、交換行為の起源について生物学の視点から研究した結果、人類は協調的行動や表象的思考の能力を手に入れたがゆえに、価値のシンボルであるお金が創造されたのではないかと私は推理するようになった。物事に潜在的に備わっている象徴的な価値を理解できるようになったことの影響は大きい。つぎに私は、心理学のレンズを通してお金を理解しようと努めた。金銭的利益について考えるときには、脳のなかで報酬を司る部分の側坐核が活性化される。つまり、お金が価値のシンボルとして望ましいものであることは、脳に確実に記録されているのだ。人類学者もお金のユニークな一面を発見している。ニュージーランドのマオリ族からモントリオールの引っ越し好きの市民まで、様々な人たちのコミュニティで価値のシンボルは交換され、人間関係や社会の輪郭を形成している。一方、お金にはハードとソフトの分類があり、いまや実体を伴わないケースもあるが、形はともかく常に望ましい存在であり、一部の人はコントロールしたいと願う。宗教もお金について取り上げている。どの宗教においても、お金が価値のシンボルであることは神でさえ認めていると考え、物質的な富の扱い方について細かく指示している。そして、コインをよく観察してみよう。過去においても現在においても、コインには価値のシンボルとなる印象的なイメージが刻まれていることとがわかる。

私たちがお金をどのような角度から眺めるにせよ、お金のほうでも私たちを見返している。しかし、お金は私たちを待ってくれるわけではない。常に変化や移動を繰り返し、私たちの生活の様々な部分に入り込んでくる。しかも私たちは、往々にしてその事実に気づかない。お金についてじっくりと考えるようになってはじめて、その歴史が人間を形作ってきたことを理解できるようになる。人間が社会を支配したり民主化したり、生きるために必要な資源を確保できるのはお金のおかげだ。さらにこの価値のシンボルは、私たちの心に刺激を与え、体を操り、心の在り方を決定している。

誰もがお金という価値のシンボルを様々に解釈する。したがって、自分にとってどんな意味があるのか、あなたも真剣に考えて答えを見つけてほしい。そのプロセスで、本書が役に立てば幸いだ。

最近、イラン出身でアメリカ国籍の友人と食事をしたとき、私は本書のために取り組んだ研究内容の一部について話した。すると、つぎのような話を聞かされた。イランで政府への抗議運動が盛んになった二〇〇九年、市民は反政府的なメッセージを紙幣に書いた。[3] この方法は効果的で、コミュニティ全体にメッセージが迅速に広がったという。

翌日、私は職場に向かって歩いているとき、ギャバジンのスカートをはいて藍色のスカーフを巻いた背の高い女性を見かけ、一ドル紙幣を一枚手渡した。彼女はびっくりして、最初は私の申し出を拒んだ。おそらく、返済できる見込みのないものを贈られることに負い目を感じたのだろう。しかし結局は受け取ってくれた。この一ドル札に、私はメッセージを走り書きにした。いつの日かそれが、読者であるあなたのもとに届くのを願って。これからは、自分の手元に巡ってきたお金をもっとじっくり観察してもらいたい。お金は、あなたに何を語りかけているだろうか。

# 謝辞

イタリア語に *culo quadrato*（正方形のケツ）という言葉がある。椅子に長時間座って働き続けると〝四角いケツ〟になるという意味だ。私は一部の友人からこのイタリア語のニックネームを頂戴した。本書の完成までに何年もの歳月を要したからだ。J・P・モルガンで働き、しかもアメリカ海軍の予備兵としての義務を果たしながら、私は早朝や深夜、週末や休日（ママ、申し訳ない！）に、飛行機で、電車で、自動車で、さらには潜水艦の基地でも執筆作業に取り組んだ。私がこれまで関わったプロジェクトのなかで、これほど頭を使ったものはなかったし、これほど満足感を与えてくれたものもなかった。

本書は幅広い分野を網羅しているので、異なった学問分野に関して最新情報を手に入れる必要があった。そのため、どの章でも多くの専門家のお世話になった。ありがたいことに、皆さんが原稿を読んで間違いを見つけてくれたおかげで、私は（ほとんどについて）正しく理解できるようになった。以下の方々に心から感謝する。

第1章・レイチェル・ギットマンとリンゼイ・カー。どちらもチャペルヒルのノースカロライナ大学（UNC）で博士号取得を目指して学んでいる。ガラパゴス科学センターの研究所に所属するフィールドコーディネーターのレアンドロ・ヴァカ。UNCの地理学教授で、ガラパゴス科学センターの副所長のスティーブン・ウォルシュ。ガラパゴス科学センターに所属する進化生物学教授のカルロス・ヴァーリ。ビンガムトンのニューヨーク州立大学の経済学教授ハイム・オフェク。

第2章：ニューヨーク大学（NYU）の神経科学センターの特任助教授ケンウェイ・ルーイ。NYUのポストドクターで博士研究員のジィズ・ブラウワー。スタンフォード大学の心理学ならびに神経科学准教授のブライアン・ナットソン。ノースカロライナのケナン－フラグラー・ビジネススクールの金融学准教授カメリア・クーネン。トロント大学のロットマンビジネススクールでマーケティングを教えるディリップ・ソマン。ブラックロックのケヴィン・バイナム。ハーディング・ローブナーのティム・クバリッチ。

第3章：カンザスシティのミズーリ大学の経済学教授ランダル・レイ。ノートルダム大学の人類学教授ジョン・シェリー。ウェスタン・ワシントン大学の歴史学教授スティーブン・ガーフィンクル。ダートマス大学の人類学教授で北米先住民の研究を行なっているセルゲイ・カン。ブラックロックのダン・チャンビー。J・P・モルガンの元執行役員のシェーン・エブド。

第4章：米国古銭学協会の常任理事ウテ・ワーテンベルグ・ケーガン。スティーブン・ガーフィンクル。かつてB・A・シービーに所属し、『*Roman Coins and Their Values*』〈ローマの硬貨とその価値〉の著者であるデイヴィッド・シア。『*Ancient Coin Collecting*』〈古銭収集〉の著者ウェイン・G・セイルス。ランダル・レイ。スタックス・ボワーズギャラリーのローレンスならびにハーヴェイ・スタック。
第5章：外交問題評議会の国際経済担当ディレクターのベン・スティル。デラウェア大学の経済学教授ファーレイ・グラブ。オッペンハイマーのジャスティン・レバーンズ。NFTEのスティーブ・マリオッティ。アーティザン・パートナーズのニコラス・ロドリゲス-ブリズエラ。香港のスタックス・ボワーズギャラリーのニラット・ラートチットヴィクル。ハーヴェイ・スタック、ローレンス・スタック、チラグ・ガルグ、シェーン・エブド、ケヴィン・バイナム。
第6章：アンドリーセン・ホロウィッツのバラジ・スリニヴァサン。サンズキャピタルのトム・トレントマン。ペイパルの元シニア・プロダクトマネージャーのスチト・ダス。J・P・モルガンのティエンツィン・ホワン。ビットコインショップのチャールズ・アレン。ビットコインショップのマイケル・ハンダーハン。コロンビア大学のモシェ・コーエン。
第7章：スティーブン・ポーリカス牧師。イスラム金融の研究家モンゼル・カウフ。エモリー大学の宗教学教授ポール・コートライト。ダートマス大学教授でユダヤ教の研究者スザンナ・ヘッシェル。ラリー・カハナー、ウマル・モグールス、ニコラス・ロドリゲス-ブリズエラ、チャールズ・ボクセンバウム。
第8章：ハワード・ダニエル、クオック・ホアン・グエン、ロナチャイ・クリサダオラーン、ウィリー・ヴィラレアル、パーシヴァル・〝ボエット〟・マニュエル、カヴァン・ラトナトゥンガ、ハーヴェイ・スタック、ローレンス・スタック。カルカッタ古銭学協会の書記ラヴィ・シャンカル・シャルマ。カルカッタ古銭学協会の会計H・S・サッグ。PNASのモレナ・ラモス。PNASのエド・ノコム。ハノイのティエル氏。D・ウェイン・ジョンソン。イー・サイラム誌の編集者ウェイン・ホムレン。

以下の優秀な方々の貢献に対しても、この場をかりてお礼を述べたい。ジョン・アンダーソン、アルジュン・デヴ・アロラ、サンディープ・アフージャ、ジョン・バクスター、ダニエル・バーンスタイン、フランク・ビジニャーノ、ヴィッキ・ブラック、マイケル・ボシディ、ジョシュ・ボアー、ケイティ・クラーク、ビシャウジット・ダス、マイク・ダーハム、ミトゥル・デサイ、ジャスミン・エイクラー、コリン・ファーハット、フセイン・ファザル、デイヴィッド・ガードナー、ジョノ・ガスパッロ、ソフィー・ゲング、ヘネディナ・ソモザ・ゴンザレス、アダム・ジャクソン、モウシュミ・カーン、サラ・ラボウィッツ、デニス・ロックハート、フレデリック・ムバリ、リサ・ミラー、シーマ・モディ、マルーフ・モーシン、ラミヤ・モーシェッド、ラクシャイ・ニルラ、ジャレド・オコンネル、アン・ファイフ・パーマー、チラユ・パテル、スフィ・モスタビズール・ラフマーン、ベンジャミン・リヒター、ジャファル・リズヴィ、ソリン・ロイブ、パトリック・ショルテス、ジェフ・シュワルテン、マヌエル・セヴィリアーノ、カサリン・スネデカー、ヴィヴェク・ソデラ、アダム・スター、レヴ・スヴィリドフ、ポール・ヴォルカー、マイケル・ウェルチ、デイヴィッド・ワータイム、ブライアン・ウェストーヴァー、ジョン・ウィリアムス、アンドレアス・ゼナキス、アンドルー・ヤング、ムハマド・ユヌス。これ以外の方たちにも、本書の内容の正しさを証明してもらったり、写真の入手を助けてもらったり、大変お世話になった。ジュリアン・ボクセンバウム大公には特に感謝したい。いつでも必要なときはそばにいて、本書の内容について話し合い、改善するための方法を提案してくれた。友人であり編集者のアリアナ・パイパーも忘れてはいけない。長年にわたる執筆作業の相棒を務めてくれた。原稿に目を通し、丹念に調べ物を行ない、丁寧に校正作業をしてくれた。優れた能力と惜しみないサポートには大いに助けられた。

J・P・モルガンは私にとって素晴らしい場所だ。私はここでお金や資本市場について学んだ。上司や同僚は、私がこれまで出会ったなかでもとびきり優秀で勤勉な人たちだ。ニューヨーク公共図書館は資料も調査図書館員も驚くほど充実している。それから、友人でありアシェット社の有能な編集者であるグリッチェン・ヤング教授も紹介しておきたい。本書の構想を練る段階から力になってくれて、成功へと導いてくれた。途中で貴重な助言を提供し、私を励ましてくれたおかげで、本書の中身は大きく改善された。誰の人生にもグリッチェンのような人物は必要だ。そして、アシェット社とグランドセントラル・パブリッシング社のチームの全員に感謝したい。ジェイミー・ラーブ、リック・ウォルフ、アリソン・ルドルフ、ジェイミー・スナイダー、マレーネ・プラセンシア、ケイトリン・マルルーニ-リスキ、トーマス・ピトニアク、みんな素晴らしい人たちばかりだ。それから私のエージェントのギリアン・マッケンジーは、原稿の方針を決定する際に協力を惜しまず、貴重なアドバイスを与えてくれた。

愛する家族は、今回のプロジェクトで私の支えになってくれた。ラグビール、スリシュサ、カシ、どうもありがとう。そして私は執筆に疲れると、マディソン・スクエア・パークを歩き回りながら母と会話を交わし、賢明な助言をもらった。

私のメンターのダグラス・ブリンクリーはとにかく素晴らしい人物で、時間や場所を問わず仕事の相談に乗ってくれた。おかげで本書の内容は洗練された。彼も彼の妻のアンも、長年にわたって私に惜しみない愛情を注いでくれた。生涯にわたって彼の生徒であり弟子であることは、私にとって大きな誇りだ。そして最後に読者の皆さんには、この旅に最後までお付き合いいただいたことを心から感謝したい。

# 訳者あとがき

学校の歴史の授業では、お金のはじまりは物々交換だったと教えられることが多いのではないでしょうか。大昔の人たちが、たとえば魚と肉を交換しているイラスト入りの教科書などもあるでしょう。

本書『貨幣の「新」世界史』（原題 *Coined: The Rich Life of Money and How Its History Has Shaped Us*、二〇一五年刊）は、私たちの生活に欠かせない存在であるお金を様々な角度から分析しながら、今日に至るまでの長い歴史を紹介していきます。貨幣の世界史というと純粋な経済書のようなイメージがありますが、そうではないところが本書の大きな特徴です。生物学、脳科学、心理学、人類学、宗教、芸術など、網羅する範囲は実に幅広く、そこから『貨幣の「新」世界史』というタイトルも生まれました。従来の貨幣史と異なる点は主にふたつ。まず、生き残りをかけた生物同士の共生関係こそが貨幣の出発点だと見なし、ミトコンドリアの細胞内共生や光合成にまで起源を遡っていること。そしてもうひとつ、人間にとっての貨幣の起源は物々交換ではなく、実は債務だったのではないかと指摘したうえで、貨幣がモノやサービスを交換するための手段だという大前提は揺るぎないけれども、価値の象徴として貨幣そのものを評価する見方がある一方、単なる計算単位としてのみ評価する見方もあることを紹介しています。前者には硬貨などのハードマネー、後者には紙幣などのソフトマネーが該当します。

さらに本書では、経済を市場経済と贈与経済に分類しています。贈与経済においては、恩を受けたら返す義務があるという発想を前提に、細かく定められた社会的慣習にしたがって人間関係が進められていきます。その具体例として第3章では、日本のお歳暮やお中元、バレンタイン・デーの義理チョコなど、細かいルールにしたがって贈り物がやりとりされるプロセスが詳しく説明されており、日本人の読者ならば興味をそそられるのではないでしょうか。当事者にはわかりませんが、外国の方々から見ると、非常にユニークな習慣のようです。ギブ・アンド・テイク、すなわち借りたものは返すという関係から、お金のやりとりは発展した可能性もあると著者は論じています。本書によると今日では、金融上の決断を下すときの脳の反応を断層写真で確かめることができます。あるいは、親から受け継いだ遺伝子の種類によって、お金に対する姿勢が慎重なのか大胆なのかが決定されるそうです。こうした情報を参考にすれば、お金に関する人びとの行動を正確に予測して、たとえばビジネスに役立てられそうに思えますが、そう簡単にはいきません。どのような歴史的・文化的背景を持つ社会に所属するかによって、行動は様々に変わっていきます。さらに宗教の存在も見逃せません。キリスト教もイスラム教も仏教も、お金をどう扱うべきかについて細かく定めているので、信者ならば確実に影響されるでしょう。どの宗教も金儲けそのものを否定しているわけではなく、社会のためにお金を役立てるにはどうすればよいか、賢明なアドバイスを行なっています。

もちろん、本書は貨幣の歴史について詳しく取り上げています。貨幣が誕生したのは紀元前六三〇年頃のリディア王国（今日のトルコの一部）。一方、債務の仕組みができあがったのはそれより何千年も古く、古代メソポタミアの時代（ハンムラビ法典には債務に関する記述が残されています）。どちらが出発点とは断定できませんが、まずは生きるために必要な食糧が原始貨幣として取引され、やがて銀など希少金属で硬貨が鋳造されるようになり、時代と共に洗練されていきました。時代が下り、版図を大きく広げた元王朝のフビライ・ハンの時代、広大な領土のなかで持ち運びに便利な紙幣が注目され、それをきっかけにソフトマネーが普及しました。原始貨幣からハードマネー、ソフトマネーへと発展していく経緯についての記述は、なかなか読みごたえがあります。景気を回復させるために紙幣を乱発し、それが結局はインフレを引き起こし、対策が失敗に終わるパターンが、過去に何度も繰り返されてきたこともわかります。しかも本書は歴史だけでなく、貨幣の未来にまで目を向けています。第6章には、電子商取引、ポイントカード、おサイフケータイ、ビットコインなど、今日すでに使われている様々なマネーが紹介されていますが、その種類には驚かされるばかり。どれも一昔前までは想像もできませんでしたが、いまや当たり前のように利用されています。ビットコインも弊害が指摘されてきましたが、利用者は増え続けているようです。一体全体、お金はどこまで変化していくのでしょう。本書によれば、頭のなかに埋め込まれた装置によって、お金を介さず直接取引が行なわれる可能性もあるとのこと。そうなると、せっかく時間をかけて進化してきたお金は、この世の中から消滅してしまいます。

それが便利だと素直に喜べないのは、お金には芸術的価値があるからでしょう。これまでの長い歴史を通じ、世界各地で様々な硬貨が鋳造されてきましたが、その表面には様々な模様が刻まれており、発行された当時の社会について知る大きな手がかりになっています。硬貨の美しさに魅了された収集家たちを著者は訪ね歩き、それぞれの人生にどれだけ深い影響をおよぼしているかを確認しています。一枚の硬貨の図柄からは、発行した国の歴史や地理について学び、品質からは当時の経済状態を知ることができます。そんな貴重な存在であるお金が、そう簡単に実体を伴わなくなるとは思えません。

本書の著者カビール・セガール（Kabir Sehgal）は本書執筆時、J・P・モルガンの新興市場担当ヴァイス・プレジデントでした。現在は、米電子決済サービス企業のファースト・データで、企業戦略を担当しています。ほかにも外交問題評議会のメンバーであり、大統領選挙のスピーチライターを務めるかと思えば、児童書を執筆し（*Walk in My Shoes*。アンドルー・ヤングとの共著ほか）……実に多才ですが、それだけではありません。何と、ジャズのベーシストでもあり、グラミー賞を受賞した作品をプロデュースしています。二足、いや何足ものわらじを上手に履きこなしている金融アナリスト、といったところでしょうか。そんな八面六臂の活躍が、お金に多彩な角度から取り組んだ本書を執筆した原動力なのかもしれません。本書は実に多くの分野を網羅しています。セガールは各分野の専門家の様々な研究結果を集めて一冊の本にまとめるため、膨大な量の文献を読み漁ったそうです。文献に関しては巻末に紹介されていますが、これだけのものをよく読破したと驚かされます。お金の様々な側面について面白いエピソードをまじえて紹介している本書は、ニューヨーク・タイムズ紙とウォール・ストリート・ジャーナル紙でベストセラーとして高く評価されました。ポール・ヴォルカー、ムハマド・ユヌス、ヴァージン・グループのリチャード・ブランソン、カーター元大統領、クリントン元大統領など、多くの著名人から賞賛されているのも納得できます。

誰でもお金について考えない日はないでしょう。日々暮らすため、将来を設計するため、お金はなくてはならないものです。大金持ちにならなくても、平凡に生活できれば満足だという人でも、その平凡な生活を実現するためにお金は必要です。いまやマイナス金利の時代となり、お金をどのように活用すべきか、頭を悩ませている人も多いでしょう。株価には一時のような勢いがないので、金に投資しようかと考えている人もいるはずです。大胆に発想できれば、ビットコインに積極的に投資するのもよいかもしれません。そう言えば、マイナス金利をきっかけに、金庫の売上が好調だそうです。タンス預金が増えるのでしょうか。金儲けが人生のすべてではありませんが、幸せをつかむためにお金は大事な手段のひとつであり、誰もが蓄財のために知恵を絞るのは当然です。そんな身近な存在であるお金について、本書をきっかけに見直してみてはいかがでしょう。お金は私たち個人個人や社会を豊かにしてくれる媒体ですが、お金そのものにじっくり目を向けてみてはどうでしょうか。一枚の硬貨は、高度な技術を駆使してきれいな形に仕上げられ、表面には発行する国の文化や歴史を象徴する図柄が描かれています。日本の十円硬貨も百円硬貨も、よく見ると本当に見事な出来栄えです。穴の空いた五円玉は、世界でもめずらしいでしょう。お金そのものに親しみがわけば、お金を大切にしようとする気持ちが育まれ、その気持ちが社会全体に広がれば、将来どのような形になろうとも、お金は良い方向に進化していくでしょう。ちなみに私は、電子商取引よりは、お金を実際にやりとりする形のほうが好きです。カードが何枚も入っている薄いお財布よりは、お札や硬貨で膨らんだお財布を手に持っているほうが、心は安らぎを感じます。

最後になりましたが、本書の翻訳中は、早川書房の三村純さんに大変お世話になりました。多分野にまたがる本書は翻訳も簡単ではありませんでしたが、常に温かく見守り、サポートしてくださいました。本当にありがとうございました。本書『貨幣の「新」世界史』が、少しでも多くの読者の皆さまに楽しんでいただけますように。

二〇一六年三月

## 文庫版　訳者あとがき

『貨幣の「新」世界史』が刊行されてから二年経ち、このたび文庫版が出版されることになりました。この二年のあいだにはアメリカでトランプ大統領が誕生し、米国第一主義が物議を醸していますが、いまのところ、市場が大混乱に陥るような事態は発生していません。ただし、未来の貨幣のひとつとして注目されるビットコインは、相変わらず相場が不安定です。かりにクレジットカードのように普及するとしても、それはまだ遠い先のことでしょう。

二年前と現在の自分の生活を比べてみると、カード決済する機会は確実に増えています。紙幣の手触りが安心感を与えてくれるといっても、たとえば海外旅行にたくさんの現金を持ち歩くのは不安です。一般社会でも、普段の生活で現金よりもカードが好まれる傾向は強くなるでしょう。カードが使えないのは、人間関係を円滑にするためにお金が役立つ場面に限られるかもしれません。たとえば孫にお年玉をあげるときや、結婚祝いとしてお金をあげるときには、現金が絶対条件でしょう。ただし、飲み会の料金の割り勘は、スマホで簡単にできるようになったようです。

ところで第6章には、将来は脳に埋め込まれたチップを介して取引が行なわれる可能性もあると書かれています。翻訳していた当時は夢物語のように感じられましたが、最近のＡＩのめざましい進歩を見るかぎり、そんな日は意外と早く実現するかもしれません。お金に関してはこれからも様々な選択肢が提供されていくでしょうが、そんなときには第7章に書かれているように、お金を稼ぐことは大切であっても、足るを知ることを忘れず、独り占めしない姿勢が肝心だと思います。

最後になりましたが、今回の文庫版の企画では、早川書房の金田裕美子さんに大変お世話になりました。ありがとうございました。

二〇一八年九月

# 解　説

京都大学大学院教授
根井雅弘

本書の原著（*Coined: The Rich Life of Money and How Its History Has Shaped Us*）が刊行されたのは二〇一五年だが、海外では、いち早くニューヨーク・タイムズ紙の電子版に書評が載った（二〇一五年三月二〇日付）。その後、早川書房から日本語版（『貨幣の「新」世界史——ハンムラビ法典からビットコインまで』二〇一六年）が出たとき、たまたま私も日本経済新聞に書評を書く機会があった（二〇一六年六月五日付）。その二年後にまた文庫版で刊行されるというのは、本書に対する世間の関心がよほど高いのだろう。

原題のCoinedというのは、「貨幣の起源」か「貨幣の創造」というくらいの意味だが、このテーマで学者に本を書かせてもあまり面白いものにはならない。彼らは貨幣の歴史や理論などについては誰よりも詳しいのだけれども、一般の読者を飽きさせないようにする工夫には長けていない。その点、本書の著者カビール・セガールは企業戦略を担当する実務家なので、退屈な貨幣論にはなっていない。もちろん、急いで補足しなければならないが、これは著者の文献渉猟が十分ではないという意味ではない。著者がこの問題に関心をもったきっかけが二〇〇八年の金融危機だったとしても、使われている文献は、経済史、生物学、心理学、脳科学、人類学、宗教、芸術などあらゆる分野に及んでいる。これだけの文献が必要だったのは、ふつうの「貨幣論」と違って、いわば貨幣の「文明論」を展開したかったからだろう。

本書を丁寧に読んでいけば、タイトルにあるような「貨幣の世界史」についての広い知見が得られることは間違いない。だが、そう言っただけでは、本書の面白みは半減する。

著者によれば、人類は生き残るという生物学的な目標を達成するための象徴的かつ社会的な道具として貨幣を創造した。貨幣は、最初は「商品貨幣」だったが、時代の流れとともに「硬貨」や「紙幣」へと姿を変えるとともに、次第に価値の「象徴」としての意味を持ち始めたと。これが著者の着眼点である。そして、貨幣の表面には芸術的なシンボルが描かれるようになったが、それは、「人類の生み出した文明や文化の歴史について貴重な情報を教えてくれる一方、いまや国家の価値を象徴する手段として採用されている」という。

「象徴」としての貨幣観は、貨幣の「モノ」としての価値ではなく、誰もがそれを「貨幣」として受け取ってくれるという予想の自己循環論法から独自の貨幣論を展開した岩井克人氏の見解に似ていなくもない（『貨幣論』ちくま学芸文庫、一九九八年）。岩井説では、恐慌よりはハイパーインフレこそがそのような予想の自己循環論法を崩壊させ、「貨幣」が「貨幣」でなくなる危機を招くということになるのだが、実務家の著者の関心はそのような本質論には向かわず、もっと日常生活にかかわる問題を取り上げる。ここでも、著者の幅広い読書が役に立っている。

例えば、最先端の経済学の一つに神経経済学という分野があるが、その実験によって、本人が自覚せずとも、報酬が期待されるとき、人間の脳は具体的な行動を促すことが明らかになった。他方で、お金の使い方は、社会規範や文化的儀式などにも左右される。具体例として挙げられているのは、日本における中元や歳暮のような「贈与経済」である。お金のやり取りが、独自のギブ・アンド・テークの社会的習慣から生み出されたというのは、日本人にはわかりやすい。

もっと実践的な関心をもつ読者は、最近の仮想通貨、「ビットコイン」の動向に関心をもっているかもしれない。意外なことに、本書にはビットコインへの言及は比較的少ない。ただ、一つ言えるのは、ビットコインが「象徴」としての役割を超えて、それ自体がモノとしての価値をもつ資産として受けとられているなら、それがいまの「貨幣」に取って代わるものにはなりにくいのではないか、ということである。たしかに、新聞や雑誌はビットコインの価値の騰落の記事であふれているのだが、それが新しい「貨幣」になる兆候とは決して言えないと思われる。イェール大学教授でノーベル経済学賞受賞者のロバート・J・シラーはもっと辛辣で、ビットコインのような例は歴史上何度もあり、興味深い社会現象ではあるものの、それが「新通貨」になるというのは「幻想」に過ぎないと断言している（『プロジェクト・シンジケート』二〇一八年五月二一日）。

さて、著者の関心は、お金と宗教との関係にも及んでいるが、ここでは、世界三大宗教（キリスト教、イスラム教、仏教）のいずれも、お金が「多いほどよい」という経済的論理に否定的で、「足るを知る」という精神的論理（「論理」というより「倫理」かもしれないが）を強調していることに注目している。興味深いのは、ある人類学者（デイヴィッド・グレーバー）が、影響力の大きな宗教指導者が、紀元前六世紀に硬貨が発明された地域（ギリシャ、インド、中国）に暮らしていた事実を紹介している件である。「お金も永続的な宗教も、どちらも紀元前八〇〇年から紀元六〇〇年にかけて誕生したのは、決して偶然ではないという。市場の重要性が高まるにつれ、組織的な宗教が広がったのではないかと考えている。たとえば、イエス・キリストの初期の弟子たちの多くは貧しかったので、物質的な富に関して逆説的かつ開放的な見識を素直に受け入れたのかもしれない」と。

だが、そうだからといって、著者はお金の「効用」を否定する見方には与《くみ》していない。「使い方さえ間違えなければ、お金は誰もが共有できる手段となり、人類の繁栄を促してくれる。矛盾するようだが、お金は他人と共有するために稼ぐものなのかもしれない」と。

著者はもちろんマイクロクレジットで有名なグラミン銀行の創設者、ムハマド・ユヌス氏のことをよく知っているに違いないが、ユヌス氏も本書を読んで何らかの示唆を得たので、原著に序文を寄せたのだろう。

ところで、毎年、多少の書評を書いてきたせいか、私は、本書のような広い意味でのビジネス書を読むコツについて尋ねられることがある。学術書であろうとビジネス書であろうと、本の読み方は基本的に変わりはない。だが、書評を依頼された本についていえば、私はまず巻末の参考文献をながめることにしている。決して序文やあとがきや日本語版解説などからは読まない。本書のように文献の渉猟範囲が広い場合と、参考文献が比較的少ない読み物の場合とでは、読んでいくスピードが変わる。もちろん、前者より後者のほうが数倍速く読んでも正確に意味がとれる。だが、後者のような本ばかり読んでは頭の訓練にならないので、ときには前者のような本（本書もその一つだが）を丁寧に読んだほうがよい。

最後になったが、文庫版として生まれ変わった本書が、学生、社会人、研究者など、さまざまなバックグラウンドをもつ人たちに広く読まれることを願ってやまない。

二〇一八年九月

# 原 注

## エピグラフ

1. Voltaire, *A Philosophical Dictionary*, n.d., University of Adelaide, retrieved March 11, 2014, from http://ebooks.adelaide.edu.au/v/voltaire/dictionary/chapter332.html.
2. Italo Calvino, *Invisible Cities*, Kindle ed. (Orlando, FL: Harcourt, 2012).（イタロ・カルヴィーノ『見えない都市』河出書房新社、2003 年、米川良夫訳）

## 第１章　ジャングルは危険がいっぱい

1. William Whewell, *History of the Inductive Sciences*, vol. 2 (London: J. W. Parker, 1837), p. 185.
2. Adam Smith, *The Wealth of Nations* (New York: Knopf, 1991), p. 13.（アダム・スミス『国富論：国の豊かさの本質と原因についての研究』日本経済新聞出版社、2007 年、山岡洋一訳ほか）
3. Charles Darwin, *The Origin of Species* (Amherst, NY: Prometheus Books, 1991), pp. 47–48.（チャールズ・ダーウィン『種の起原』岩波書店、改版、1990 年、八杉龍一訳ほか）
4. Richard L. Lesher and George J. Howick, *Assessing Technology Transfer* (Washington, DC: National Aeronautics and Space Administration, 1966), p. 9.
5. BBC, *History of Life on Earth*, retrieved March 3, 2013, from http://www.bbc.co.uk/nature/history_of_the_earth.
6. Darwin, *The Origin of Species*, pp. 1–20.（ダーウィン『種の起原』）
7. Paul D. Stewart, *Galápagos: The Islands That Changed the World* (New Haven, CT: Yale University Press, 2007), pp. 147–50.
8. National Oceanic and Atmospheric Administration（アメリカ海洋大気庁）, *National Ocean Service Education*, March 25, 2008, http://oceanservice.noaa.gov/education/kits/corals/media/supp_coral02bc.html.
9. E. M. Bik, "Composition and Function of the Human-Associated Microbiota," *Nutritional Reviews* 67 (2009): S164–71.
10. Haim Ofek, *Second Nature: Economic Origins of Human Evolution*, Kindle ed. (Cambridge: Cambridge University Press, 2001), loc. 67.

11. Ian Sample, "With a Little Help from Your Friends You Can Live Longer," *Guardian*, July 27, 2010, http://www.theguardian.com/lifeandstyle/2010/jul/27/friendship-relationships-good-health-study.
12. Robert W. Bauman, *Microbiology* (San Francisco: Pearson, 2006), pp. 85–86.
13. Victor Fet, "Kozo-Polyansky's Life," in Boris Mikhaylovich Kozo-Polyansky, *Symbiogenesis: A New Principle of Evolution* (Cambridge, MA: Harvard University Press, 2010).
14. Jeanna Bryner, "Dinosaur-Era Insects Frozen in Time During Oldest Pollination," *Live Science*, May 14, 2012, retrieved March 3, 2013, from http://www.livescience.com/20304-amber-insects-oldest-pollination.html.
15. 進化生物学において繁殖成功度（RS）は、自然淘汰における貨幣のような存在として知られるようになった。個体がどれだけの数の子孫を産み出し、その子孫のどれだけの割合が生き残り繁殖活動を行なうかによって、ＲＳは決定される。このRSを高めるうえで、エネルギーは優れた媒体として機能するとカルロス・ヴァーリ教授は指摘する。たとえば最適採食理論によれば、個体はエネルギーを貨幣のように利用して、エネルギーの最大化を目指すという。
16. William C. Burger, *Flowers: How They Changed the World* (Amherst, NY: Prometheus Books, 2006), pp. 81–90.
17. Adam Cole, "Honey, It's Electric: Bees Sense Charge on Flowers," NPR, February 22, 2013, retrieved March 3, 2013, from http://www.npr.org/2013/02/22/172611866/honey-its-electric-bees-sense-charge-on-flowers.
18. Bauman, *Microbiology*, pp. 141–63.
19. Jack Weatherford, *The History of Money* (New York: Three Rivers Press, 1997), p. 48.
20. Anahit Galstyan et al., "The Shade Avoidance Syndrome in Arabidopsis: A Fundamental Role for Atypical Basic Helix-loop-helix Proteins as Transcriptional Cofactors," *Plant Journal* 66, no. 2 (2011): 258–67.
21. Mark Kurlansky, *Salt* (New York: Penguin, 2002), pp. 10–11.（マーク・カーランスキー『「塩」の世界史：世界を動かした、小さな粒』扶桑社、2005年、山本光伸訳）
22. Karl Marx, *Capital*, vol. 1 (1887), online ed. (Progress Publishers, n.d.), https://www.marxists.org/archive/marx/works/1867-c1/ch04.htm.（カール・マルクス『資本論１』大月書店、1972年、岡崎次郎訳ほか）

23. Lynne McTaggart, *The Bond* (New York: Free Press, 2011), pp. xx–xxi.
24. John A. Moore, *Heredity and Development*, 2nd ed. (Washington, DC: National Academies Press, 1972), pp. 7–18.
25. Charles Darwin, *The Descent of Man* (New York: Appleton, 1871), p. 79.（チャールズ・ロバート・ダーウィン『人間の進化と性淘汰 1・2』文一総合出版、1999-2000 年、長谷川眞理子訳ほか）
26. Robert Axelrod, *The Evolution of Cooperation*, Kindle ed. (New York: Perseus Book Group, 2009), pp. 7–9.（ロバート・アクセルロッド『つきあい方の科学：バクテリアから国際関係まで』ミネルヴァ書房、1998 年、松田裕之訳）
27. Ibid., pp. 50–51.
28. Ibid., pp. 40–41.
29. Ibid., p. 123.
30. Richard Dawkins, *The Selfish Gene* (Oxford: Oxford University Press, 1989), p. 229.（リチャード・ドーキンス『利己的な遺伝子』紀伊國屋書店、2006 年、日高敏隆、岸由二、羽田節子、垂水雄二訳）
31. Ibid., p. 203.
32. Ludwig von Mises, *Human Action: A Treatise on Economics* (San Francisco: Fox & Wilkes, 1996), http://mises.org/Books/humanaction.pdf, p. 144.（ルートヴィヒ・フォン・ミーゼス『ヒューマン・アクション：人間行為の経済学』春秋社、増補新版、2008 年、村田稔雄訳）
33. McTaggart, *The Bond*, p. 80.
34. Ibid.
35. Bernadette Boden-Albala et al., "Social Isolation and Outcomes Post Stroke," *Neurology* 64, no. 11 (2005): 1888–92.
36. McTaggart, *The Bond*, p. 80; Julianne Holt-Lunstad, Timothy B. Smith, and J. Bradley Layton, "Social Relationships and Mortality Risk: A Meta-analytic Review," *PLOS Medicine* 7, no. 7 (July 10, 2010), http://www.plosmedicine.org/article/info:doi/10.1371/journal.pmed.1000316.
37. Dawkins, *The Selfish Gene*, p. 258.（ドーキンス『利己的な遺伝子』）
38. Susanne Shultz, Christopher Opie, and Quentin D. Atkinson, "Stepwise Evolution of Stable Sociality in Primates," *Nature* 479 (November 10, 2011): 219–22.
39. Celia W. Dugger and John Noble Wilford, "New Hominid Species

Discovered in South Africa," *New York Times*, April 8, 2010, retrieved March 4, 2013, from http://www.nytimes.com/2010/04/09/science/09fossil.html?pagewanted=all&_r=0.
40. Martin Reuter et al., "Investigating the Genetic Basis of Altruism: The Role of the COMT Val158Met Polymorphism," *Social Cognitive and Affective Neuroscience* (2010), http://scan.oxfordjournals.org/content/early/2010/10/28/scan.nsq083.full.
41. "Researchers in Bonn Find an 'Altruism Gene,'" press release, University of Bonn, Bonn, Germany, http://www3.uni-bonn.de/Press-releases/researchers-in-bonn-find-an-201caltruism-gene201c.
42. Adam L. Penenberg, "Social Networking Affects Brains like Falling in Love," *Fast Company*, July 1, 2010, http://www.fastcompany.com/1659062/social-networking-affects-brains-falling-love.
43. Mark Honigsbaum, "Oxytocin: Could the 'Trust Hormone' Rebond Our Troubled World?," *Guardian*, August 20, 2011, http://www.guardian.co.uk/science/2011/aug/21/oxytocin-zak-neuroscience-trust-hormone.
44. Zack Lynch, *The Neuro Revolution* (New York: St. Martin's Press, 2009), pp. 97–108.（ザック・リンチ『ニューロ・ウォーズ：脳が操作される世界』イースト・プレス、2010年、石浦章一監修、杉本詠美訳）
45. C. H. Declerck, Christopher Boone, and Toko Kiyonari, "The Effect of Oxytocin on Cooperation in a Prisoner's Dilemma Depends on the Social Context and a Person's Social Value Orientation," *Social Cognitive and Affective Neuroscience* (2013), http://www.ncbi.nlm.nih.gov/pubmed/23588271.
46. Axelrod, *The Evolution of Cooperation*, p. 94.（アクセルロッド『つきあい方の科学』）
47. Peter T. Boag and Peter R. Grant, "Intense Natural Selection in a Population of Darwin's Finches (Geospizinae) in the Galapagos," in Kathleen Donohue, ed., *Darwin's Finches* (Chicago: University of Chicago Press, 2011), p. 286.
48. Martin H. Wikelski, "Darwin's Finches," *eLS* (2001): 3–4.
49. Smith, *The Wealth of Nations*, pp. 4–7.（スミス『国富論』）
50. Ann Gibbons, *The First Human* (New York: Anchor Books, 2007), pp. 36–39.（アン・ギボンズ『最初のヒト』新書館、2007年、河合信和訳）
51. British Museum, "A History of the World in 100 Objects: Olduvai

Handaxe," n.d., retrieved March 18, 2013, from http://www.bbc.co.uk/ahistoryoftheworld/about/transcripts/episode3.
52. Francisco J. Ayala, *Am I a Monkey?* (Baltimore: Johns Hopkins University Press, 2010), pp. 3–10.
53. Mises, *Human Action*, p. 176.（ミーゼス『ヒューマン・アクション』）
54. John F. Hoffecker, *Landscape of the Mind* (New York: Columbia University Press, 2011), pp. 15–66.
55. Ofek, *Second Nature*, locs. 1499–1503.
56. Michael Balter, "On the Origin of Art and Symbolism," *Science* 323 (February 6, 2009): 709–11, http://www.sciencemag.org/content/323/5915/709.full?ijkey=PVlAWrnJDMlhE&keytype=ref&siteid=sci.
57. Marek Kohn and Steven Mithen, "Handaxes: Products of Sexual Selection?," *Antiquity* 73 (1999): 518–26.
58. Catherine de Lange, "Our Ancestors Had to Grow Bigger Brains to Make Axes," *New Scientist*, November 4, 2010, retrieved March 18, 2013, from http://www.newscientist.com/article/dn19677-our-ancestors-had-to-grow-bigger-brains-to-make-axes.html.
59. Peter N. Peregrine and Melvin Ember, eds., *Encyclopedia of Prehistory*, vol. 1 (New York: Springer, 2001), pp. 3–7.
60. Jonathan Kingdon, *Self-Made Man* (New York: John Wiley, 1993), pp. 47–49.（ジョナサン・キングドン『自分をつくりだした生物：ヒトの進化と生態系』青土社、1995年、管啓次郎訳）
61. Maev Kennedy, "Invention of Cooking Made Having a Bigger Brain an Asset for Humans," *Guardian*, October 22, 2012, http://www.theguardian.com/science/2012/oct/22/cooking-supports-increased-human-brain-power.
62. Ferris Jabr, "Does Thinking Really Hard Burn More Calories?," *Scientific American*, July 18, 2012, http://www.scientificamerican.com/article.cfm?id=thinking-hard-calories.
63. "Bigger Brains: Complex Brains for a Complex World," Smithsonian National Museum of Natural History, n.d., retrieved March 20, 2013, from http://humanorigins.si.edu/human-characteristics/brains.
64. "Glacial and Interglacial Cycles of the Pleistocene," *Encyclopaedia Britannica*, retrieved March 20, 2013, from http://www.britannica.com/EBchecked/topic/121632/climate-change/275791/Glacial-and-interglacial-

cycles-of-the-Pleistocene.
65. Stanley I. Greenspan, *The First Idea* (Cambridge, MA: Da Capo Press, 2004), pp. 169–71.
66. Hoffecker, *Landscape of the Mind*, pp. 3–8.
67. R. Dale Guthrie, *The Nature of Paleolithic Art* (Chicago: University of Chicago Press, 2005), pp. 7–26, 335–39.
68. Hoffecker, *Landscape of the Mind*, p. x.
69. Ibid., pp. 5–6.
70. Ibid., p. 77.

## 第2章 私の心のかけら

1. Alan Greenspan, *Age of Turbulence* (New York: Penguin, 2008), p. 47.（アラン・グリーンスパン『波乱の時代』日本経済新聞出版社、2007年、山岡洋一、高遠裕子訳）
2. Daniel Kahneman, *Thinking, Fast and Slow*, Kindle ed. (New York: Farrar, Straus & Giroux, 2011), p. 288.（ダニエル・カーネマン『ファスト&スロー：あなたの意思はどのように決まるか？』早川書房、2014年文庫、村井章子訳）
3. Adam Levy, "Brain Scans Show Link Between Lust for Sex and Money," *Bloomberg*, February 1, 2006.
4. Michael S. Sweeney, *Brain: The Complete Mind* (Washington, DC: National Geographic Society, 2009), pp. 1–2.
5. Conor Dougherty and Kelly Evans, "Economy in Worst Fall Since '82," *Wall Street Journal*, February 28, 2009.
6. Alan Greenspan, *The Map and the Territory* (New York: Penguin, 2013), p. 7.（アラン・グリーンスパン『リスク、人間の本性、経済予測の未来』日本経済新聞出版社、2015年、斎藤聖美訳）
7. Ibid., p. 8.
8. Ibid., p. 3.
9. Gregory S. Berns et al., "Predictability Modulates Human Brain Response to Reward," *Journal of Neuroscience* 21, no. 8 (2001): 2793–98.
10. Jason Zweig, *Your Money and Your Brain*, Kindle ed. (New York: Simon & Schuster, 2007), loc. 2995.（ジェイソン・ツヴァイク『あなたのお金と投資脳の秘密：神経経済学入門』日本経済新聞出版社、2011年、堀内久仁子訳）

11. Walter A. Friedman, *Fortune Tellers* (Princeton, NJ: Princeton University Press, 2014), p. iv.

12. Ibid., p. 6.

13. Ibid., p. 8.

14. 効率的市場仮説は、合理的期待仮説の応用である。以下を参照。Thomas J. Sargent, "Rational Expectations," *The Concise Encyclopedia of Economics*, n.d., retrieved May 3, 2014, from http://www.econlib.org/library/Enc/RationalExpectations.html.

15. Justin Fox, *The Myth of the Rational Market* (New York: HarperCollins, 2009), pp. xiv–xv.（ジャスティン・フォックス『合理的市場という神話：リスク、報酬、幻想をめぐるウォール街の歴史』東洋経済新報社、2010年、遠藤真美訳）

16. Ibid., pp. xiii–xiv.

17. Ibid., pp. 47–57.

18. Zweig, *Your Money and Your Brain*, locs. 98–100.（ツヴァイク『あなたのお金と投資脳の秘密』）

19. ディリップ・ソマン教授はつぎのような興味深い点を指摘している。私たちは金融に関して自ら決断を下すとき、いつのまにか感情の影響を受ける。しかし、資産管理のプロなど他人が私たちに代わって金融的決断を下す際には、感情に左右されない傾向が強くなる。したがってこの場合にマーコウィッツは、お金の配分に感情を持ち込まない資産アドバイザーに決断を任せれば、利益を得られたかもしれない。

20. Toshio Yamagishi et al., "In Search of *Homo economicus*," *Psychological Science* (2014), http://www.ncbi.nlm.nih.gov/pubmed/25037961?dopt=Abstract.

21. Peter Coy, "What Good Are Economists Anyway?," *Bloomberg Businessweek*, April 15, 2009.

22. "Why Economists Failed to Predict the Financial Crisis," Knowledge@Wharton, May 13, 2009, retrieved May 5, 2014, from http://knowledge.wharton.upenn.edu/article/why-economists-failed-to-predict-the-financial-crisis.

23. David Colander et al., "The Financial Crisis and the Systemic Failure of Academic Economics," March 9, 2009, Social Science Research Network, http://papers.ssrn.com/sol3/papers.cfm?abstract_id=1355882.

24. Fox, *The Myth of the Rational Market*（フォックス『合理的市場という神

話』), p. xi. に引用。

25. Greenspan, *The Map and the Territory*（グリーンスパン『リスク、人間の本性、経済予測の未来』), p. 8. に引用。

26. Ibid., p. 14.

27. Kahneman, *Thinking, Fast and Slow*, p. 211.（カーネマン『ファスト&スロー』)

28. Ibid., pp. 7–8.

29. Michael R. Cunningham, "Weather, Mood, and Helping Behavior: Quasi Experiments with the Sunshine Samaritan," *Journal of Personality and Social Psychology* 37, no. 11 (1979): 1947–56.

30. David Hirshleifer and Tyler Shumway, "Good Day Sunshine: Stock Returns and the Weather," *Journal of Finance* 58, no. 3 (2003): 1009–32.

31. Leonard Mlodinow, *Subliminal*, Kindle ed. (New York: Random House, 2012), pp. 23–24.

32. Adrian C. North, "The Effect of Background Music on the Taste of Wine," *British Journal of Psychology* 103, no. 3 (2012): 293–301.

33. Kahneman, *Thinking, Fast and Slow*, pp. 130–31.（カーネマン『ファスト&スロー』)

34. Ibid., p. 216.

35. Ibid., pp. 212–15.

36. David F. Swensen, *Unconventional Success*, Kindle ed. (New York: Simon & Schuster, 2005), locs. 3532–37.（デイビッド・スウェンセン『イェール大学CFOに学ぶ投資哲学』日経BP社、2006年、瑞穂のりこ訳)

37. Kahneman, *Thinking, Fast and Slow*, p. 216.（カーネマン『ファスト&スロー』)

38. George A. Akerlof and Robert J. Shiller, *Animal Spirits* (Princeton, NJ: Princeton University Press, 2009).（ジョージ・A・アカロフ、ロバート・J・シラー『アニマルスピリット：人間の心理がマクロ経済を動かす』東洋経済新報社、2009年、山形浩生訳)

39. Markus K. Brunnermeier and Christian Julliard, "Money Illusion and Housing Frenzies," *Review of Financial Studies* 21, no. 1 (2008): 135–80.

40. Carl R. Chena, Peter P. Lung, and F. Albert Wang, "Stock Market Mispricing: Money Illusion or Resale Option?," *Journal of Financial and Quantitative Analysis* 44, no. 5 (2009): 1125–47.

41. Louis N. Christofides and Amy Chen Peng, "The Determinants of Major Provisions in Union Contracts: Duration, Indexation, and Non-Contingent Wage Adjustment," unpublished paper, University of Cyprus, 2004.
42. Bernd Weber et al., "The Medial Prefrontal Cortex Exhibits Money Illusion," *Proceedings of the National Academy of Sciences* 106, no. 13 (2009): 5025–28.
43. Daniel Kahneman and Amos Tversky, "Prospect Theory: An Analysis of Decision Under Risk," *Econometrica* 47 no. 2 (1979): 263–92.
44. Daniel Kahneman, "Daniel Kahneman—Biographical," 2002, retrieved April 27, 2013, from http://www.nobelprize.org/nobel_prizes/economics/laureates/2002/kahneman-autobio.html.
45. Mebane Faber, "Dow 300 Point Days and Volatility Clustering," MEB Faber Research, August 7, 2008, retrieved May 30, 2014, from http://mebfaber.com/2008/08/07/dow-300-point-days-and-volatility-clustering.
46. Gary Belsky and Thomas Gilovich, *Why Smart People Make Big Money Mistakes* (New York: Simon & Schuster, 2009), pp. 48–49.（ゲーリー・ベルスキー、トーマス・ギロヴィッチ『お金で失敗しない人たちの賢い習慣と考え方』日本経済新聞出版社、2011 年、鬼澤忍訳）
47. Stephen J. Brown and Onno W. Steenbeek, "Doubling: Nick Leeson's Trading Strategy," *Pacific-Basin Finance Journal* 9, no. 2 (2001): 83–99.
48. Paul Pierson, "The New Politics of the Welfare State," *World Politics* 48, no. 2 (1996): 143–79.
49. Devin G. Pope and Maurice E. Schweitzer, "Is Tiger Woods Loss Averse? Persistent Bias in the Face of Experience, Competition, and High Stakes," *American Economic Review* 101 (2011): 129–57.
50. Christopher Trepel, Craig R. Fox, and Russell A. Poldrack, "Prospect Theory on the Brain? Toward a Cognitive Neuroscience of Decision Under Risk," *Cognitive Brain Research* (2005): 34–50.
51. Benedetto De Martino, Colin F. Camerer, and Ralph Adolphs, "Amygdala Damage Eliminates Monetary Loss Aversion," *Proceedings of the National Academy of Sciences* 107, no. 8 (2010): 3788–92.
52. Katie Moisse, "What Happens in the Amygdala . . . Damage to Brain's Decision-Making Area May Encourage Dicey Gambles," *Scientific American*, February 9, 2010.

53. Richard H. Thaler, "Mental Accounting Matters," *Journal of Behavioral Decision Making* 12 (1999): 183–206.
54. Mathias Pessiglione et al., "How the Brain Translates Money into Force: A Neuroimaging Study of Subliminal Motivation," *Science* 316 (2007): 904–6.
55. Xinyue Zhou, Kathleen D. Vohs, and Roy F. Baumeister, "The Symbolic Power of Money," *Psychological Science* 20, no. 6 (2009): 700–706.
56. Mathias Pessiglione, "How the Brain Translates Money into Force: A Neuro-imaging Study of Subliminal Motivation," *SCitizen*, May 24, 2007.
57. J. F. Stein and Catherine Stoodley, *Neuroscience* (New York: Wiley, 2006), pp. 36–37.
58. Sandra Blakeslee, "Brain Experts Now Follow the Money," *New York Times*, June 17, 2003.
59. Cristina Becchio et al., "How the Brain Responds to the Destruction of Money," *Journal of Neuroscience, Psychology, and Economics* 4, no. 1 (2011): 1–10.
60. Ibid.
61. Dean Buonomano, *Brain Bugs* (New York: Norton, 2011), pp. 19–46.（ディーン・ブオノマーノ『バグる脳：脳はけっこう頭が悪い』河出書房新社、2012 年、柴田裕之訳）
62. David Linden, *The Accidental Mind* (Cambridge, MA: Belknap Press of Harvard University Press, 2007), pp. 28–32.（デイヴィッド・リンデン『脳はいいかげんにできている：その場しのぎの進化が生んだ人間らしさ』河出書房新社、2017 年、夏目大訳）
63. Don Ross, "Introduction to Neuroeconomics: Neural Information Processing," Society for Neuroeconomics, n.d., retrieved April 27, 2013, from http://www.neuroeconomics.org/teaching/course-introduction-to-neuroeconomics-ec-490-syllabus-lectures/EC%20490%20lecture%203%20neural%20information%20processing.pdf/at_download/file.
64. Buonomano, *Brain Bugs*, pp. 19–46.（ブオノマーノ『バグる脳』）
65. Stanley I. Greenspan, *The First Idea* (Cambridge, MA: Da Capo Press, 2004), pp. 24–27.
66. Ibid.
67. Brian Knutson et al., "Anticipation of Monetary Reward Selectively Recruits Nucleus Accumbens," *Journal of Neuroscience* 21 (2001): RC159.

68. Zweig, *Your Money and Your Brain*, loc. 729.（ツヴァイク『あなたのお金と投資脳の秘密』）

69. Hans C. Breiter et al., "Acute Effects of Cocaine on Human Brain Activity and Emotion," *Neuron* 19, no. 3 (1997): 591–611; Patricia Wen, "An Addictive Thrill: MGH Study Finds Gambling, Cocaine Affect Same Region of Brain," *Boston Globe*, May 24, 2001, p. A.1.

70. Zweig, *Your Money and Your Brain*, loc. 143.（ツヴァイク『あなたのお金と投資脳の秘密』）

71. Adam Levy, "Mapping the Trader's Brain," *Bloomberg Markets*, February 1, 2006.

72. Alan G. Sanfey et al., "The Neural Basis of Economic Decision-Making in the Ultimatum Game," *Science* 300 (2003): 1755–58.

73. Zweig, *Your Money and Your Brain*, loc. 3890.（ツヴァイク『あなたのお金と投資脳の秘密』）

74. Sanfey et al., "The Neural Basis of Economic Decision-Making in the Ultimatum Game."

75. Brian Knutson, "Emotion Is Peripheral," *Edge*, January 15, 2004, retrieved May 15, 2014, from http://edge.org/print/response-detail/25466.

76. Brian Knutson et al., "Distributed Neural Representation of Expected Value," *Journal of Neuroscience* 25, no. 19 (2005): 4806–12.

77. Brian Knutson et al., "Nucleus Accumbens Activation Mediates the Influence of Reward Cues on Financial Risk Taking," *NeuroReport* 19 (2008): 509–13.

78. "Brain Scam?," editorial, *Nature Neuroscience* 7, no. 683 (2004).

79. Brian Knutson et al., "Neural Predictors of Purchases," *Neuron* 53, no.1 (2007): 147–56.

80. Camelia M. Kuhnen and Brian Knutson, "The Neural Basis of Financial Risk Taking," *Neuron* 47 (2005): 763–70.

81. Ibid.

82. Camelia M. Kuhnen, Brian Knutson, and Gregory R. Samanez-Larkin, "Serotonergic Genotypes, Neuroticism, and Financial Choices," *PLoS ONE* 8, no. 1 (2013): e54632.

83. Ibid.

84. Paul Gabrielsen, "Stanford Scholar Looks to Genes to Make Sense of the

Dollars You Invest," Stanford News Service, March 4, 2013, retrieved April 4, 2013, from http://news.stanford.edu/pr/2013/pr-genes-invest-attitude-030413.html.

85. Blakeslee, "Brain Experts Now Follow the Money."
86. Josh Fischman, "The Marketplace in Your Brain," *Chronicle of Higher Education*, September 4, 2012.
87. Paul W. Glimcher, *Foundations of Neuroeconomic Analysis* (New York: Oxford University Press, 2011), p. 427.
88. Blakeslee, "Brain Experts Now Follow the Money."
89. Fischman, "The Marketplace in Your Brain."
90. Ibid.
91. 側坐核は（被殻や尾状核と共に）腹側線条体を構成する要素だが、側坐核と腹側線条体を同じ意味で使用する人は多い。
92. Gregory Berns and Sara E. Moore, "A Neural Predictor of Cultural Popularity," *Journal of Consumer Psychology* (2011).
93. Anna Teo, "Spotlight on Neuroeconomics," *Business Times*, March 1, 2013.

## 第３章　借金にはまる理由

1. Michael Lewis, *Liar's Poker* (New York: Norton, 1989), p. 99.（マイケル・ルイス『ライアーズ・ポーカー』早川書房、2013 年、東江一紀訳）
2. Lewis Hyde, *The Gift* (New York: Random House, 2007), p. 13.（ルイス・ハイド『ギフト：エロスの交易』法政大学出版局、2002 年、井上美沙子、林ひろみ訳）
3. Charles Dickens, *David Copperfield* (New York: Random House, 2000), p. 166.（チャールズ・ディケンズ『デイヴィッド・コパフィールド』新潮社、1967 年、中野好夫訳ほか）
4. Katherine Rupp, *Gift-Giving in Japan: Cash, Connections, Cosmologies* (Stanford, CA: Stanford University Press, 2003).
5. Benjamin Okaba, *Why Nigerians Bury Their Money: An Ethnography of Ijo Contemporary Burial Ceremonies* (Port Harcourt: Emhai, 1997).
6. "Factors Affecting Reserve Balances," Federal Reserve, March 27, 2014, http://www.federalreserve.gov/releases/h41/20140327.
7. スティーブン・ガーフィンクル教授は、市場の領域という言葉よりも商業の領域という言葉のほうを好む。経済学において市場という言葉は、「資

本家」を暗示しているからだという。

8. Smith, *The Wealth of Nations* (New York: Knopf, 1991), pp. 19–22.（スミス『国富論』）
9. Smith, *An Inquiry Into the Nature and Causes of the Wealth of Nations*, vol. 1, ed. W. Playfair (Hartford: O. D. Cooke, 1811), p. 17.（スミス『国富論』）
10. L. Randall Wray, ed., *Credit and State Theories of Money: The Contributions of A. Mitchell Innes* (Cheltenham, England, and Northampton, MA: Edward Elgar, 2004), pp. 16–18.
11. Ibid.
12. Caroline Humphrey, "Barter and Economic Disintegration," *Man* 20, no. 1 (March 1985): 48–72.
13. David Graeber, *Debt: The First 5,000 Years*, Kindle ed. (Brooklyn: Melville House, 2011), loc. 540.（デヴィッド・グレーバー『負債論：貨幣と暴力の5000年』以文社、2016年、酒井隆史監訳、高祖岩三郎、佐々木夏子訳）
14. Ibid., loc. 627–29.
15. Ibid., loc. 648–60.
16. Ibid., loc. 773–89.
17. Paul Sillitoe, "Why Spheres of Exchange?," *Ethnology* 45, no. 1 (2006): 1–23.
18. Ibid.
19. Marcel Mauss, *The Gift* (London: Norton, 1990).（マルセル・モース『贈与論』筑摩書房、2009年、吉田禎吾、江川純一訳ほか）
20. Hyde, *The Gift*, pp. xx–xxii.（ハイド『ギフト』）
21. Ibid., pp. 20–25.
22. Aafke E. Komter, *Social Solidarity and the Gift* (Cambridge: Cambridge University Press, 2005), pp. 58–60.
23. Ibid.
24. Mauss, *The Gift*, pp. 23–24.（モース『贈与論』）
25. Hyde, *The Gift*, pp. 13–20.（ハイド『ギフト』）
26. Komter, *Social Solidarity and the Gift*, pp. 58–59.
27. Hyde, *The Gift*, p. 18.（ハイド『ギフト』）
28. Lakshmi Gandhi, "The History Behind the Phrase 'Don't Be an Indian Giver,'" NPR, September 2, 2013, http://www.npr.org/blogs/codeswitch/2013/09/02/217295339/the-history-behind-the-phrase-dont-be-an-indian-

giver.

29. Hyde, *The Gift*, pp. 3–5.（ハイド『ギフト』）

30. Ibid., pp. 35–40. クワキウトル族は、クワクワキワクと呼ばれる大きな社会集団の一部に属する。

31. Gail Ringel, "The Kwakiutl Potlatch: History, Economics, and Symbols," *Ethnohistory* 26, no. 4 (1979): 347–62. トリンギット族などの母系社会では、旧族長の姉妹に当たる女性の長男もしくは最も優秀な息子が、新しい族長に選ばれる可能性もあるとセルゲイ・カンは指摘している。

32. Ibid.

33. Homer G. Barnett, "The Nature of the Potlatch," *American Anthropologist* 40, no. 3 (1938): 349–58.

34. Ringel, "The Kwakiutl Potlatch."

35. Barnett, "The Nature of the Potlatch."

36. Joseph Masco, "Competitive Displays: Negotiating Genealogical Rights to the Potlatch at the American Museum of Natural History," *American Anthropologist* 98, no. 4 (December 1996): 837–52.

37. Ringel, "The Kwakiutl Potlatch."

38. Markus Giesler, "Consumer Gift Systems," *Journal of Consumer Research* (2006): 283–90.

39. Ibid.

40. Ibid.

41. "Kickstarter Stats," retrieved March 27, 2014, from http://www.kickstarter.com/help/stats.

42. Rob Trump, "Why Would You Ever Give Money Through Kickstarter?," *New York Times Magazine*, February 8, 2013, http://www.nytimes.com/2013/02/10/magazine/why-would-you-ever-give-money-through-kickstarter.html?pagewanted=all&_r=0.

43. Komter, *Social Solidarity and the Gift*, p. 67.

44. Ibid., pp. 56–57.

45. Ibid., pp. 42–43.

46. George Lakoff, *Moral Politics: How Liberals and Conservatives Think* (Chicago: University of Chicago Press, 2002), pp. 4–8.（ジョージ・レイコフ『比喩によるモラルと政治：米国における保守とリベラル』木鐸社、1998年、小林良彰、鍋島弘治朗訳）

47. George Lakoff and Mark Johnson, "Conceptual Metaphor in Everyday Language," *Journal of Philosophy* 77, no. 8 (1980): 453–86.
48. Shawn Tully, "The Toughest Guy on Wall Street," *Fortune*, March 2006, http://features.blogs.fortune.cnn.com/2012/05/13/jamie-dimon-jpmorgan.
49. Marc Sandalow, "Bush Claims Mandate, Sets 2nd-term Goals," *San Francisco Chronicle*, November 5, 2004, http://www.sfgate.com/politics/article/Bush-claims-mandate-sets-2nd-term-goals-I-2637116.php.
50. Wilfred Dolfsma, Rene van der Eijk, and Albert Jolink, "On a Source of Social Capital: Gift Exchange," *Journal of Business Ethics* 89, no. 3 (October 2009): 315–29.
51. David B. Wooten, "Qualitative Steps Toward an Expanded Model of Anxiety in Gift-Giving," *Journal of Consumer Research* 27, no. 1 (2000): 84–95.
52. Jean-Sébastien Marcoux, "Escaping the Gift Economy," *Journal of Consumer Research* 36, no. 4 (2009): 671–85.
53. Ibid.
54. Ibid.
55. Rupp, *Gift-Giving in Japan*, pp. 1–3.
56. Ruth Benedict, *The Chrysanthemum and the Sword* (New York: First Mariner Books, 2005), pp. 100–108.（ルース・ベネディクト『菊と刀：日本文化の型』講談社、2005 年、長谷川松治訳ほか）ベネディクトの記述はやや時代遅れになったが、論点の重要性は今なお色あせず、今日の日本の贈答文化にも当てはまる。
57. Ibid.
58. Ibid., pp. 100–104.
59. Ibid., pp. 112–18.
60. Ibid., pp. 132–36.
61. Ibid., pp. 146–48.
62. Takie Sugiyama Lebra, *Japanese Patterns of Behavior* (Honolulu: University Press of Hawaii, 1976), pp. 96–100.
63. Rupp, *Gift-Giving in Japan*, pp. 105–8.
64. ジョン・シェリー教授は、西洋社会のウェディング・レジストリ〔新郎新婦が欲しいものをリストアップし、友人や親族が手分けしてプレゼントする風習〕に関して示唆に富む指摘を行なっている。式に招待されたゲストには、新郎新婦への贈り物という社会的債務が発生する。自分たちの経済

力では入手困難な品をレジストリにリストアップすれば、新郎新婦は金銭的負担なくして欲しいものを手に入れることができるのだ。こうして贈り物がやりとりされる環境では、新郎新婦は贈り物を受け取った後、今度は自分たちがお返しとして贈り物をする立場にまわる。レジストリを通じて贈り物に費やされる金額は、年間でおよそ190億ドルにのぼる。詳しくは以下を参照。Tonya Williams Bradford and John F. Sherry Jr., "Orchestrating Rituals Through Retailers: An Examination of Gift Registry," *Journal of Retailing* 89, no. 2 (2013): 158–75.

65. Rupp, *Gift-Giving in Japan*, pp. 57–59.

66. Ibid., pp. 68–70.

67. Fritz M. Heichelheim, *An Ancient Economic History* (Leiden: A. W. Sijthoff, 1958), pp. 54–56.

68. Ibid.

69. Jamie Stokes, ed., *Encyclopedia of the Peoples of Africa and the Middle East* (New York: Facts on File, 2009), pp. 664–65.

70. Steven J. Garfinkle, "Turam-ili and the Community of Merchants in the Ur III Period," *Journal of Cuneiform Studies* 54 (2002): 29–48.

71. Steven J. Garfinkle, "Shepherds, Merchants, and Credit: Some Observations on Lending Practices in Ur III," *Journal of the Economic and Social History of the Orient* 47, no. 1 (2004): 1–30.

72. Ibid.

73. Ibid.

74. Steven Garfinkle, email correspondence, June 22, 2014（著者によるインタビュー）.

75. Douglas Garbutt, "The Significance of Ancient Mesopotamia in Accounting History," *Accounting Historians Journal* 11, no. 1 (1984): 83–101.

76. Garfinkle, "Shepherds, Merchants, and Credit."

77. Michael Hudson, "How Interest Rates Were Set, 2500 BC–1000 AD: Máš, Tokos and Fœnus as Metaphors for Interest Accruals," *Journal of the Economic and Social History of the Orient* 43, no. 2 (2000): 132–61. スティーブン・ガーフィンクルによれば、*máš* は「山羊」を意味する。

78. Garbutt, "The Significance of Ancient Mesopotamia in Accounting History."

79. Hudson, "How Interest Rates Were Set, 2500 BC–1000 AD."

80. Suzanne Daley, "Paris Journal; A Green Light for Sinful Drivers: It's Election Time," *New York Times*, March 26, 2002, http://www.nytimes.com/2002/03/26/world/paris-journal-a-green-light-for-sinful-drivers-it-s-election-time.html.
81. Marvin A. Powell, "Money in Mesopotamia," *Journal of the Economic and Social History of the Orient* 39, no. 3 (1996): 224–42.
82. Steven Garfinkle, email correspondence, June 22, 2014（著者によるインタビュー）.
83. Hudson, "How Interest Rates Were Set, 2500 BC–1000 AD."
84. Ibid.
85. François Thureau-Dangin, "Sketch of a History of the Sexagesimal System," *Osiris* (1939): 95–141.
86. Hudson, "How Interest Rates Were Set, 2500 BC–1000 AD."
87. U.S. Department of State, "Trafficking in Persons Report," 2012, http://www.state.gov/documents/organization/192587.pdf.
88. Alain Testart, "The Extent and Significance of Debt Slavery," *Revue française de sociologie* 43 (2002): 173–204.
89. ハンムラビ法典は純粋な国家統治の手段ではなかったとガーフィンクルは指摘している。かならずしも厳密に実行されていない点を考えれば、「国王によるプロパガンダ活動」の一環だった可能性があるという。
90. Graeber, *Debt*, locs. 3591–92.（グレーバー『負債論』）
91. Testart, "The Extent and Significance of Debt Slavery."
92. Edward M. Harris, "Did Solon Abolish Debt-Bondage?," *Classical Quarterly* 52, no. 2 (2002): 415–30.
93. Richard Ford, "Imprisonment for Debt," *Michigan Law Review* 25, no. 1 (November 1926): 24–49.
94. Walter Thornbury, "The Fleet Prison," *Old and New London* 2 (1878): 404–16, http://www.british-history.ac.uk/report.aspx?compid=45111.
95. Jason Zweig, "Are Debtors' Prisons Coming Back?," *Wall Street Journal*, August 28, 2012, http://blogs.wsj.com/totalreturn/2012/08/28/are-debtors-prisons-coming-back.
96. Ford, "Imprisonment for Debt."
97. Charles J. Tabb, "The History of the Bankruptcy Laws in the United States," *American Bankruptcy Institute Law Review* (1995): 5–51.

98. U.S. Department of State, "Trafficking in Persons Report."
99. Jessica Silver-Greenberg, "Welcome to Debtors' Prison, 2011 Edition," *Wall Street Journal*, March 16, 2011, http://online.wsj.com/article/SB10001424052748704396504576204553811636610.html.
100. Susie An, "Unpaid Bills Land Some Debtors Behind Bars," NPR, December 12, 2011, http://www.npr.org/2011/12/12/143274773/unpaid-bills-land-some-debtors-behind-bars.

## 第４章　ハードな手ごたえ

1. ニューヨーク連邦準備銀行の地下にある保管室に通じる扉の隣の壁に、この引用文は刻まれている。
2. Aristotle, *Politics*. trans. Benjamin Jowett (New York: Dover, 2000), p. 42.（アリストテレス『政治学』岩波書店、1961 年、山本光雄訳ほか）
3. David Boyle, ed., *The Money Changers* (London: Earthscan, 2002), p. 41.
4. Federal Reserve Bank of New York, "Gold Vault," retrieved June 16, 2013, from http://www.newyorkfed.org/aboutthefed/goldvault.html.
5. Ibid.
6. HowStuffWorks, "How Much Gold Is There in the World?," retrieved June 20, 2013, from http://money.howstuffworks.com/question213.htm.
7. Georg Friedrich Knapp, *The State Theory of Money* (London: Macmillan, 1924).
8. U.S. Department of Treasury, "Legal Tender Status," retrieved June 1, 2014, from http://www.treasury.gov/resource-center/faqs/currency/pages/legal-tender.aspx.
9. Paul Davidson, "Monetary Policy in the Twenty-First Century in the Light of the Debate Between Chartalism and Monetarism," in Jeff Biddle, John B. Davis, Steven G. Medema, eds., *Economics Broadly Considered* (New York: Routledge, 2001), pp. 335–47.
10. Jacob Goldstein and David Kestenbaum, "The Island of Stone Money," NPR, December 10, 2010, retrieved May 25, 2013, from http://www.npr.org/blogs/money/2011/02/15/131934618/the-island-of-stone-money.
11. Kurlansky, *Salt* (New York: Penguin, 2002), p. 63.（カーランスキー『「塩」の世界史』）
12. Wayne G. Sayles, email correspondence, June 28, 2014（著者によるインタ

ビュー).

13. François Velde, "A Brief History of Minting Technology," June 18, 1997, retrieved April 5, 2014, from http://frenchcoins.net/links/technolo.pdf.

14. Ute Kagan, email correspondence, June 16, 2014 (著者によるインタビュー).

15. J. N. Postgate, *Early Mesopotamia: Society and Economy at the Dawn of History* (London: Routledge, 1994), p. 18.

16. Ibid., p. 204.

17. Ibid., p. 53.

18. Ibid., p. 51.

19. Stephen Bertman, *Handbook to Life in Ancient Mesopotamia* (Oxford: Oxford University Press, 2005), p. 249.

20. Postgate, *Early Mesopotamia*, pp. 202–203.

21. Karen Rhea Nemet-Nejat, *Daily Life in Ancient Mesopotamia* (Peabody, MA: Hendrickson, 2002), pp. 267–68.

22. Bertman, *Handbook to Life in Ancient Mesopotamia*, p. 257.

23. Luca Peyronel, "Ancient Near Eastern Economics: The Silver Question Between Methodology and Archaeological Data," *Proceedings of the 6th International Congress on the Archaeology of the Ancient Near East* (2010): 926–27.

24. Catherine Eagleton et al., *Money: A History* (New York: Firefly Books, 2007), p. 17.

25. Ibid., p. 19.

26. Ibid., p. 18.

27. Nemet-Nejat, *Daily Life in Ancient Mesopotamia*, p. 264.

28. Eagleton, *Money*, p. 18.

29. Ibid., p. 19.

30. Wendy Christensen, *Empire of Ancient Egypt* (New York: Chelsea House, 2009), pp. 9–10.

31. Barry J. Kemp, *Ancient Egypt: Anatomy of a Civilization* (London: Routledge, 1989), pp. 124–25.

32. Ibid., pp. 124–26.

33. A. Rosalie David, *Handbook to Life in Ancient Egypt* (New York: Facts on File, 2003), pp. 318–20.

34. Ibid.
35. Ibid., pp. 318–21.
36. Eagleton, *Money*, p. 21.
37. British Museum, "The Wealth of Africa," retrieved July 1, 2013, from http://www.britishmuseum.org/explore/online_tours/africa/the_wealth_of_africa/ancient_egypt.aspx.
38. David P. Silverman, ed., *Ancient Egypt* (New York: Oxford University Press, 1997), pp. 64–65.
39. Peter Tyson, "Where Is Punt?," December 1, 2009, retrieved April 22, 2014, from NOVA: http://www.pbs.org/wgbh/nova/ancient/egypt-punt.html.
40. David, *Handbook to Life in Ancient Egypt*, pp. 334–56.
41. Silverman, *Ancient Egypt*, p. 40.
42. Rosemarie Klemm and Dietrich Klemm, *Gold and Gold Mining in Ancient Egypt and Nubia* (New York: Springer, 2013), pp. 20–28.
43. David, *Handbook to Life in Ancient Egypt*.
44. Christensen, *Empire of Ancient Egypt*, pp. 73–89.
45. G. K. Jenkins, "An Egyptian Gold Coin," *British Museum Quarterly* 20, no. 1 (1955): 10–11.
46. "Lydia," *The Metropolitan Museum of Art Bulletin* 26, no. 5 (1968): 199–200.
47. Koray Konuk, "Asia Minor to the Ionian Revolt," in W. E. Metcalf, ed., *The Oxford Handbook of Greek and Roman Coinage* (New York: Oxford University Press, 2012), pp. 43–60.
48. 手元にある研究結果によれば、エレクトラムは人工的に作られたもので、山中や近辺の川に自然に存在する物質ではなかったという。
49. Donald Kagan, "The Dates of the Earliest Coins," *American Journal of Archaeology* 86, no. 3 (1982): 343–60.
50. Glyn Davies, *A History of Money: From Ancient Times to the Present Day* (Cardiff: University of Wales Press, 1994), p. 63.
51. Robert W. Wallace, "The Origin of Electrum Coinage," *American Journal of Archaeology* 91, no. 3 (1987): 385–97.
52. Richard Seaford, *Money and the Early Greek Mind* (Cambridge: Cambridge University Press, 2004), pp. 136–46.
53. Eagleton, *Money*, p. 24.

54. Konuk, "Asia Minor to the Ionian Revolt."
55. Jack M. Balcer, "Herodotus, the 'Early State,' and Lydia," *Historia: Zeitschrift für Alte Geschichte* 43, no. 2 (1994): 246–49.
56. David M. Schaps, "The Invention of Coinage in Lydia, in India, and in China," 2006, retrieved July 6, 2013, from XIV International Economic History Congress, Session 30.
57. Ibid.
58. Madhukar K. Dhavalikar, "The Beginning of Coinage in India," *World Archaeology* 6, no. 3 (1975): 330–38.
59. Seaford, *Money and the Early Greek Mind*, pp. 102–14.
60. アテネで採用されていたもの以外にも、重量の基準は存在していたとウテ・ワーテンベルグ・ケーガンは指摘している。
61. Davies, *A History of Money*, p. 80.
62. Peter G. Van Alfen, "The Coinage of Athens, Sixth to First Century B.C.," in *The Oxford Handbook of Greek and Roman Coinage*, ed. William E. Metcalf (New York: Oxford University Press, 2012), pp. 88–104.
63. アテネでは、物々交換や債務取引が相変わらず存在していた。ギリシャのそれ以外の地域では、硬貨が普及するまでにさらに時間がかかった。
64. Edward E. Cohen, "The Elasticity of the Money-Supply at Athens," in W. V. Harris, ed., *The Monetary Systems of the Greeks and Romans* (Oxford: Oxford University Press, 2008), pp. 66–83.
65. C. J. Howgego, *Ancient History from Coins* (New York: Routledge, 1995), pp. 1–23.
66. Jack Weatherford, *The History of Money* (New York: Three Rivers Press, 1997), pp. 34–35.
67. Ibid.
68. Ron Owens, *Solon of Athens* (Portland, OR: Sussex Academic Press, 2010), pp. 130-34.
69. Léopold Migeotte, *The Economy of the Greek Cities* (Berkeley: University of California Press, 2009), pp. 173–79.
70. Weatherford, *The History of Money*, pp. 41–42.
71. Plato, *The Laws*, trans. T. J. Saunders (London: Penguin Books, 1970), p. 159.（プラトン『法律』岩波書店、1993 年、森進一、加来彰俊、池田美恵訳ほか）

72. Davidson, "Monetary Policy in the Twenty-First Century in the Light of the Debate Between Chartalism and Monetarism."
73. Shahzavar Karimzadi, *Money and Its Origins* (New York: Routledge, 2013), pp. 139–50.
74. Aristotle, *The Politics and Economics of Aristotle*, trans. E. Walford (London: George Bell, 1876), pp. 21–22.
75. Joseph A. Schumpeter, *History of Economic Analysis* (New York: Oxford University Press, 1994), pp. 62–64. (J・A・シュンペーター『経済分析の歴史』岩波書店、2005 年、東畑精一、福岡正夫訳)
76. Barry J. Gordon, "Aristotle, Schumpeter, and the Metalist Tradition," *Quarterly Journal of Economics* 75, no. 4 (1961): 608–14.
77. Scott Meikle, "Aristotle on Money," *Phronesis* 39, no. 1 (1994): 26–44.
78. Ibid.
79. Aristotle, *The Politics and Economics of Aristotle*, p. 25.
80. Tenney Frank, *An Economic History of Rome* (New York: Cooper Square, 1962), pp. 69–89.
81. "Gresham's Law," *Encyclopaedia Britannica*, retrieved August 6, 2013, from http://www.britannica.com/EBchecked/topic/245850/Greshams-law.
82. Bernhard E. Woytek, "The Denarius Coinage of the Roman Republic," in W. E. Metcalf, ed., *The Oxford Handbook of Greek and Roman Coinage* (New York: Oxford University Press, 2012), pp. 315–34.
83. Andrew Meadows, "J. W. Moneta and the Monuments: Coinage and Politics in Republican Rome," *Journal of Roman Studies* 91 (2001): 27–49.
84. Eagleton, *Money*, pp. 39–61.
85. Alfred Wassink, "Inflation and Financial Policy Under the Roman Empire to the Price Edict of 301 A.D.," *Historia: Zeitschrift für Alte Geschichte* 40, no. 4 (1991): 465–93.
86. Mary E. Thornton, "Nero's New Deal," *Transactions and Proceedings of the American Philological Association* 102 (1971): 621–29.
87. Gary Richardson, Alejandro Komai, and Michael Gou, "Roosevelt's Gold Program," Federal Reserve History, retrieved April 22, 2014, from http://www.federalreservehistory.org/Events/DetailView/24.
88. Wassink, "Inflation and Financial Policy Under the Roman Empire to the Price Edict of 301 A.D."

89. Thornton, "Nero's New Deal."
90. Ulrich W. Hiesinger, "The Portraits of Nero," *American Journal of Archaeology* 79, no. 2 (1975): 113–24.
91. Weatherford, *The History of Money*, pp. 46–63.
92. C. H. V. Sutherland, "Denarius and Sestertius in Diocletian's Coinage Reform," *Journal of Roman Studies* 51 (1961): 94–97.
93. World Gold Council, "Demand and Supply," retrieved July 29, 2013, from http://www.gold.org/about_gold/story_of_gold/demand_and_supply.
94. World Steel Association, "World Crude Steel Output Increases by 1.2% in 2012," January 22, 2013, retrieved July 29, 2013, from http://www.worldsteel.org/media-centre/press-releases/2012/12-2012-crude-steel.html.
95. Andrew Ross Sorkin, "Render Unto Caesar, but Who Backs Bitcoin?," *New York Times*, November 25, 2013.
96. James Grant, "All About Gold" (Charlie Rose, interviewer), December 5, 2010.
97. Virginia Morell, "Feature Article: Bowerbirds," *National Geographic*, July 2010.
98. Paul T. Keyser, "Alchemy in the Ancient World: From Science to Magic," *Illinois Classical Studies* 15, no. 2 (1990): 361.
99. Ibid., 353–78.
100. Lynn Thorndike, *A History of Magic and Experimental Science* (New York: Columbia University Press, 1923), p. 194.
101. Keyser, "Alchemy in the Ancient World."
102. Lawrence Principe, *The Secrets of Alchemy* (Chicago: University of Chicago Press, 2013), pp. 13–18.
103. Ibid., pp. 30–38.
104. Ibid., pp. 65–70.
105. Lawrence Principe, "Alchemy Restored," *Isis* 102, no. 2 (2011): 305–12.
106. Ibid., p. 307.
107. Davies, *A History of Money*, pp. 29–30.

**第5章　ソフトなのがお好き？**

1. Marco Polo, *The Travels*. trans. Ronald Latham (London: Penguin Books, 1958), pp. 147–48.（マルコ・ポーロ『東方見聞録』岩波書店、2012年、月

村辰雄、久保田勝一訳ほか）

2. Lawrence Lande and Tim Congdon, "John Law and the Invention of Paper Money," *RSA Journal*, 139, no. 5414 (January 1991): 916–28.
3. Bill Gross, "Investment Outlook: The Scouting Party," January 2002, http://www.pimco.com/EN/Insights/Pages/IO_01_2002.aspx.
4. この話は、ウォール・ストリートのある為替トレーダーからヒントを得た。名まえは変更されている。
5. Neil Irwin, "This One Number Explains How China Is Taking Over the World," *Washington Post*, December 3, 2013, http://www.washingtonpost.com/blogs/wonkblog/wp/2013/12/03/this-one-number-explains-how-china-is-taking-over-the-world.
6. Barry J. Eichengreen, *Exorbitant Privilege*, Kindle ed. (New York: Oxford University Press, 2011).（バリー・アイケングリーン『とてつもない特権：君臨する基軸通貨ドルの不安』勁草書房、2012 年、小浜裕久監訳）
7. Ibid.
8. "All Signs Pointing to Gold," U.S. Global Investors, September 17, 2012, http://www.usfunds.com/investor-resources/frank-talk/all-signs-pointing-to-gold/#.Uiky_Dash8E.
9. Milton Friedman and Rose D. Friedman, *Free to Choose* (New York: Harcourt, 1980), p. 249.（ミルトン・フリードマン、ローズ・D・フリードマン『選択の自由［新装版］：自立社会への挑戦』日本経済新聞出版社、2012 年、西山千明訳）
10. "Monetarists Anonymous," *Economist*, 2012, http://www.economist.com/node/21563752.
11. Gordon Tullock, "Paper Money—A Cycle in Cathay," *Economic History Review* 9, no. 3 (1957): 393–407.
12. Federal Reserve, "How Much U.S. Currency Is in Circulation?," August 2, 2013, retrieved August 8, 2013, from http://www.federalreserve.gov/faqs/currency_12773.htm.
13. 連邦準備理事会は通貨供給量に関して複数の統計を採用しているが、なかでも標準的なものが M1 と M2 である。どちらにも市場で流通する通貨が含まれるが、連邦準備銀行に保管されている銀行準備金は対象外である。M1 は最もアクセスしやすいタイプの貨幣に関する統計で、流通している通貨、トラベラーズチェック、要求払預金もしくは「当座預金」に類似し

た預金が含まれる。M2にはこれ以外に、家計の貯蓄や投資など、それほど流動性の高くないものが加わる。たとえば貯蓄や短期金融勘定、10万ドル未満の譲渡性預金（CDもしくは小口定期預金）、個人投資家向けの市場金利連動型投資信託などである。2013年6月の時点で、M1は2兆5000億ドル、M2は10兆5000億ドルを記録した。

14. 経済学者アーヴィング・フィッシャーの研究成果によって、名目金利と実質金利は初めて明確に区別されるようになった。フィッシャーの説明によれば、実質金利にインフレ率を加算した値がおおよその名目金利となる。したがって、名目金利においては、予想されるインフレ率の変化が反映される。以下を参照。"Irving Fisher," *Concise Encyclopedia of Economics*, retrieved June 1, 2014, from http://www.econlib.org/library/Enc/bios/Fisher.html.
15. この事例での合計は97.09ドルになる。
16. この事例での合計は2768万3000ドルになる。
17. Hunter Lewis, *How Much Money Does an Economy Need?* (Mount Jackson, VA: Axios Press, 2007), pp. 6–7.
18. Marc Shell, "Money and the Mind: The Economics of Translation in Goethe's Faust," *MLN* 95, no. 3 (April 1980): 516–62.
19. Jack Weatherford, *The History of Money* (New York: Three Rivers Press, 1997), pp. 137–40.
20. Mark Levine, "Can a Papermaker Help to Save Civilization?," *New York Times Magazine*, February 17, 2012, http://www.nytimes.com/2012/02/19/magazine/timothy-barrett-papermaker.html?pagewanted=all.
21. Tsuen-Hsuin Tsien, "Raw Materials for Old Papermaking in China," *Journal of the American Oriental Society* 93, no. 4 (1973): 510–19.
22. Thomas F. Carter, *The Invention of Printing in China and Its Spread Westward* (New York: Ronald Press, 1955).（トーマス・F・カーター『中国の印刷術：その発明と西伝』平凡社、1977年、藪内清、石橋正子訳注）
23. Metropolitan Museum of Art, "Tang Dynasty (618–906)," retrieved April 10, 2014, from http://www.metmuseum.org/toah/hd/tang/hd_tang.htm.
24. Tullock, "Paper Money—A Cycle in Cathay."
25. Liansheng Yang, *Money and Credit in China: A Short History* (Cambridge, MA: Harvard University Press, 1952), pp. 51–52.
26. ニラット・ラートチットヴィクルは、この時代の紙幣を「軍閥紙幣」と

呼んでいる。中央から任命された長官や地域の軍閥に大きく依存していたからである。

27. Yang, *Money and Credit in China*, pp. 51–52.
28. Kojiro Tomita, Andrew McFarland Davis, and Ch'üan Pu Tung Chih, "Ancient Chinese Paper Money as Described in a Chinese Work on Numismatics," *Proceedings of the American Academy of Arts and Sciences* 53, no. 7 (June 1918): 467–647.
29. Yang, *Money and Credit in China*, pp. 5–6.
30. Ibid., p. 52.
31. Richard Von Glahn, "Monies of Account and Monetary Transition in China, Twelfth to Fourteenth Centuries," *Journal of the Economic and Social History of the Orient* (2010): 463–505.
32. Richard Von Glahn, "Cycles of Silver in Chinese Monetary History," in Billy K. L. So, ed., *The Economy of Lower Yangzi Delta in Late Imperial China: Connecting Money, Markets, and Institutions* (New York: Routledge, 2013), pp. 17–71.
33. Von Glahn, "Monies of Account and Monetary Transition in China, Twelfth to Fourteenth Centuries."
34. Tsien, "Raw Materials for Old Papermaking in China."
35. Yang, *Money and Credit in China*, p. 53.
36. Tullock, "Paper Money—A Cycle in Cathay."
37. Von Glahn, "Cycles of Silver in Chinese Monetary History."
38. Richard Von Glahn, "Silver and the Transition to a Paper Money Standard," Von Gremp Workshop in Economic and Entrepreneurial History, 2010, University of California, Los Angeles, pp. 1–31, http://www.econ.ucla.edu/workshops/papers/History/Von%20Glahn.pdf.
39. Von Glahn, "Cycles of Silver in Chinese Monetary History."
40. Yang, *Money and Credit in China*, p. 55.
41. Von Glahn, "Monies of Account and Monetary Transition in China, Twelfth to Fourteenth Centuries."
42. Ibid.
43. Ibid.
44. Richard Von Glahn, "The Origins of Paper Money in China," in William N. Goetzmann and K. Geert Rouwenhorst, eds., *The Origins of Value: The*

*Financial Innovations That Created Modern Capital Markets* (New York: Oxford University Press, 2005), pp. 65–91.

45. John W. Dardess, "From Mongol Empire to Yüan Dynasty: Changing Forms of Imperial Rule in Mongolia and Central Asia," *Monumenta Serica* (1972–73): 117–65.
46. Von Glahn, "Monies of Account and Monetary Transition in China, Twelfth to Fourteenth Centuries."
47. "Kublai Khan," *Encyclopaedia Britannica*, http://www.britannica.com/EBchecked/topic/324254/Kublai-Khan/3994/Social-and-administrative-policy.
48. Weatherford, *The History of Money*, pp. 125–28.
49. Yang, *Money and Credit in China*, pp. 64–66.
50. Von Glahn, "Monies of Account and Monetary Transition in China, Twelfth to Fourteenth Centuries."
51. Yang, *Money and Credit in China*, pp. 64–66.
52. Tullock, "Paper Money—A Cycle in Cathay."
53. Von Glahn, "Monies of Account and Monetary Transition in China, Twelfth to Fourteenth Centuries."
54. Lande, "John Law and the Invention of Paper Money."
55. Antoin E. Murphy, *John Law: Economic Theorist* (Oxford: Oxford University Press, 1997), pp. 31–40.
56. Niall Ferguson, *The Ascent of Money* (New York: Penguin Group, 2008), p. 132.（ニーアル・ファーガソン『マネーの進化史』早川書房、2015 年文庫、仙名紀訳）
57. Stephen Quinn and William Roberds, "How Amsterdam Got Fiat Money," Federal Reserve Bank of Atlanta, December 2010, https://www.frbatlanta.org/documents/pubs/wp/wp1017.pdf.
58. Earl J. Hamilton, "John Law of Lauriston: Banker, Gamester, Merchant, Chief?," *American Economic Review* 57, no. 2 (1967): 273–82.
59. H. Montgomery Hyde, *John Law: The History of an Honest Adventurer* (London: Home & Van Thal, 1969), p. 83.
60. Antoin E. Murphy, "John Law," in William N. Goetzmann and K. Geert Rouwenhorst, eds., *The Origins of Value: The Financial Innovations That Created Modern Capital Markets* (New York: Oxford University Press, 2005),

pp. 225–38.
61. Ibid.
62. Earl J. Hamilton, "Prices and Wages at Paris under John Law's System," *Quarterly Journal of Economics*, 51, no. 1 (November 1936): 42–70.
63. Ibid.
64. Ferguson, *The Ascent of Money*, pp. 138–49.（ファーガソン『マネーの進化史』）
65. Lande, "John Law and the Invention of Paper Money."
66. Ferguson, *The Ascent of Money*, pp. 140–45.（ファーガソン『マネーの進化史』）
67. Murphy, "John Law."
68. Ferguson, *The Ascent of Money*, pp. 138–49.（ファーガソン『マネーの進化史』）
69. Lande, "John Law and the Invention of Paper Money."
70. Ferguson, *The Ascent of Money*, pp. 138–49.（ファーガソン『マネーの進化史』）
71. Lande, "John Law and the Invention of Paper Money."
72. Murphy, "John Law."
73. Lande, "John Law and the Invention of Paper Money."
74. Ferguson, *The Ascent of Money*, pp. 138–57.（ファーガソン『マネーの進化史』）
75. Eichengreen, *Exorbitant Privilege*, pp. 10–11.
76. Farley Grubb, "Benjamin Franklin and the Birth of Paper Money," Federal Reserve Bank of Philadelphia, March 3, 2006, https://www.philadelphiafed.org/publications/economic-education/ben-franklin-and-paper-money-economy.pdf.
77. Ibid.
78. Charles W. Calomiris, "Institutional Failure, Monetary Scarcity, and the Depreciation of the Continental," *Journal of Economic History* 48, no. 1 (1988): 47–69.
79. Benjamin Franklin, "A Modest Enquiry into the Nature and Necessity of a Paper-Currency," in *Colonial Currency Reprints* (Boston: John Wilson, 1911), pp. 335–57.
80. Grubb, "Benjamin Franklin and the Birth of Paper Money."

81. Robert Garson, "The US Dollar and American Nationhood, 1781–1820," *Journal of American Studies* 35, no. 1 (2001): 21–46.
82. Farley Grubb, email correspondence, May 27, 2014（著者によるインタビュー）. これは時間割引のためだとグラブは指摘している。植民地の紙幣は米国貯蓄債券と似たような仕組みになっていた。
83. Ibid.
84. Calomiris, "Institutional Failure, Monetary Scarcity, and the Depreciation of the Continental."
85. Declaration of Independence, July 4, 1776, http://www.archives.gov/exhibits/charters/declaration_transcript.html.
86. Grubb, email correspondence, May 27, 2014（著者によるインタビュー）.
87. Robert Shaw, "History of the Dollar," *Analysts Journal* 14, no. 2 (1958): 77–79.
88. Farley Grubb, "The Continental Dollar: How Much Was Really Issued?," *Journal of Economic History* 68, no. 1 (March 2008): 283–91.
89. Massachusetts Historical Society, "United States Continental Paper Currency," http://www.masshist.org/findingaids/doc.cfm?fa=fao0005.
90. Grubb, email correspondence, May 27, 2014（著者によるインタビュー）.
91. Alexander Hamilton, *The Works of Alexander Hamilton*, vol. 2, ed. John C. Hamilton (New York: J. F. Trow, 1850), p. 271.
92. Garson, "The US Dollar and American Nationhood, 1781–1820."
93. Eichengreen, *Exorbitant Privilege*, pp. 10–14.（アイケングリーン『とてつもない特権』）
94. Grubb, email correspondence, May 27, 2014（著者によるインタビュー）.
95. Constitution of the United States of America, http://www.archives.gov/exhibits/charters/constitution_transcript.html.
96. Weatherford, *The History of Money*, pp. 136–40.
97. Ronald W. Michener and Robert E. Wright, "State 'Currencies' and the Transition to the U.S. Dollar: Clarifying Some Confusions," *American Economic Review* 95, no. 3 (June 2005): 682–703.
98. Abraham Lincoln, *Abraham Lincoln: Speeches and Writings, 1859–1865* (New York: Library of America, 1989), p. 397.
99. Heather Cox Richardson, *The Greatest Nation on Earth* (Cambridge, MA: Harvard University Press, 1997), pp. 1–7.

100. Marc Egnal, "The Greenback Is Born," *New York Times*, February 27, 2012, http://opinionator.blogs.nytimes.com/2012/02/27/the-greenback-is-born/?_php=true&_type=blogs&_r=0.
101. Ibid.
102. Grubb, May 27, 2014. (著者によるEメールでのインタビュー)
103. University of Groningen, "American History: From Revolution to Reconstruction and Beyond," retrieved May 31, 2014, from http://www.let.rug.nl/usa/essays/general/a-brief-history-of-central-banking/national-banking-acts-of-1863-and-1864.php.
104. "Resumption Act of 1875," *Encylopaedia Britannica*, retrieved September 8, 2013, from http://www.britannica.com/EBchecked/topic/499805/Resumption-Act-of-1875.
105. Murray N. Rothbard, "What Has Government Done to Our Money?," Ludwig von Mises Institute, https://mises.org/money/4s1.asp.
106. Nathan Lewis, "The 1870–1914 Gold Standard: The Most Perfect One Ever Created," *Forbes*, January 3, 2013, http://www.forbes.com/sites/nathanlewis/2013/01/03/the-1870-1914-gold-standard-the-most-perfect-one-ever-created.
107. Michael David Bordo, "The Classical Gold Standard: Some Lessons For Today," Federal Reserve Bank of St. Louis, May 1981, http://research.stlouisfed.org/publications/review/81/05/Classical_May1981.pdf.
108. Barry Eichengreen and Peter Temin, "The Gold Standard and the Great Depression," June 1997, *NBER Working Paper Series*, http://www.nber.org/papers/w6060.pdf?new_window=1.
109. Murray N. Rothbard, "The Monetary Breakdown of the West," Ludwig von Mises Institute, http://mises.org/money/4s3.asp.
110. Ibid.
111. James Rickards, *Currency Wars* (New York: Penguin, 2011), p. 66. (ジェームズ・リカーズ『通貨戦争：崩壊への最悪シナリオが動き出した！』朝日新聞出版、2012年、藤井清美訳)
112. Eichengreen, "The Gold Standard and the Great Depression."
113. Benn Steil, *The Battle of Bretton Woods* (Princeton, NJ: Princeton University Press, 2013), p. 24. (ベン・ステイル『ブレトンウッズの闘い：ケインズ、ホワイトと新世界秩序の創造』日本経済新聞出版社、2014年、

小坂恵理訳)
114. Eichengreen, "The Gold Standard and the Great Depression."
115. Steil, *The Battle of Bretton Woods*, p. 25.(ステイル『ブレトンウッズの闘い』)
116. Jacob Goldstein and David Kestenbaum, "Why We Left the Gold Standard," NPR, April 21, 2011, http://www.npr.org/blogs/money/2011/04/27/135604828/why-we-left-the-gold-standard.
117. Steil, *The Battle of Bretton Woods*, p. 27.(ステイル『ブレトンウッズの闘い』)
118. Joanne S. Gowa, *Closing the Gold Window: Domestic Politics and the End of Bretton Woods* (Ithaca, NY: Cornell University Press, 1983), pp. 34–40.
119. Rickards, *Currency Wars*, p. 78.(リカーズ『通貨戦争』)
120. Miller Center, "American President: A Reference Resource," http://millercenter.org/president/lbjohnson/essays/biography/4.
121. Stephen Daggett and Nina M. Serafino, "Costs of Major U.S. Wars," Congressional Research Service, 2010, http://www.fas.org/sgp/crs/natsec/RS22926.pdf.
122. Leonard Dudley and Peter Passell, "The War in Vietnam and the United States Balance of Payments," *Review of Economics and Statistics* 50, no. 4 (1968): 437–42.
123. Julian E. Zelizer, "The Nation: Guns and Butter; Government Can Run More Than a War," *New York Times*, December 30, 2001, http://www.nytimes.com/2001/12/30/weekinreview/the-nation-guns-and-butter-government-can-run-more-than-a-war.html.
124. Robert J. Samuelson, *The Great Inflation and Its Aftermath* (New York: Random House, 2008), p. 4.
125. Ibid., pp. 63–65.
126. Benjamin Klein, "Our New Monetary Standard: The Measurement and Effects of Price Uncertainty, 1880–1973," *Economic Inquiry* 13, no. 4 (December 1975): 461–84.
127. Allan H. Meltzer, "Origins of the Great Inflation," *Review* (2005): 145–76, http://research.stlouisfed.org/publications/review/05/03/part2/Meltzer.pdf.
128. Joseph E. Gagnon and Marc Hinterschweiger, *Flexible Exchange Rates for*

*a Stable World Economy* (Washington, DC: Peterson Institute for International Economics, 2011), pp. 12–13.
129. Gowa, *Closing the Gold Window*, pp. 140–50.
130. President Richard M. Nixon, "Address to the Nation Outlining a New Economic Policy: 'The Challenge of Peace,'" August 15, 1971, http://www.presidency.ucsb.edu/ws/?pid=3115#axzz2f ZeubBDa.
131. Rickards, *Currency Wars*, pp. 85–93.（リカーズ『通貨戦争』）
132. Roger Lowenstein, "The Nixon Shock," *Bloomberg Businessweek*, August 4, 2011, http://www.bloomberg.com/news/articles/2011-08-04/the-nixon-shock.
133. Steil, *The Battle of Bretton Woods*, p. 353.（ステイル『ブレトンウッズの闘い』）
134. Henry Ford, *My Life and Work* (Garden City, NY: Doubleday, Page, 1922), p. 179.
135. Board of Governors of the Federal Reserve System, *The Federal Reserve System: Purposes and Functions* (Washington, DC: Publications Committee of the Board of Governors of the Federal Reserve System, 2005), p. 1.

## 第6章 バック・トゥ・ザ・フューチャー

1. Alex Crippen, "CNBC Buffett Transcript Part 2: The 'Zebra' That Got Away," CNBC, March 2, 2011, http://www.cnbc.com/id/41867379.
2. Erick Schonfeld, "Jack Dorsey on Charlie Rose: 'It's Really Complex to Make Something Simple,'" Tech Crunch, January 11, 2011, http://techcrunch.com/2011/01/11/jack-dorsey-charlie-rose.
3. Peter H. Diamandis and Steven Kotler, *Abundance: The Future Is Better than You Think* (New York: Free Press, 2012).（ピーター・H・ディアマンディス、スティーヴン・コトラー『楽観主義者の未来予測：テクノロジーの爆発的進化が世界を豊かにする』早川書房、2014年、熊谷玲美訳）
4. Andrew Ross Sorkin, "A Revolution in Money," *New York Times*, April 1, 2014, http://dealbook.nytimes.com/2014/04/01/a-revolution-in-money/?_php=true&_type=blogs&_r=0.
5. Nick Barisheff, *$10,000 Gold: Why Gold's Inevitable Rise Is the Investor's Safe Haven* (Mississuaga, Ontario: John Wiley & Sons Canada, 2013).
6. Ibid., pp. 164–68.

7. Natasha Lennard, "Ben Bernanke Tells Ron Paul What Gold Is," *Salon*, July 14, 2011, http://www.salon.com/2011/07/14/bernanke_ron_paul_is_gold_money.

8. John C. Williams, "Cash Is Dead! Long Live Cash!," Federal Reserve Bank of San Francisco 2012 Annual Report, http://www.frbsf.org/files/2012_Annual_Report_Essay.pdf.

9. Robert Lee Hotz, "Why You Shouldn't Put Your Money Where Your Mouth Is," *Wall Street Journal*, April 18, 2014, http://online.wsj.com/news/articles/SB10001424052702303456104579489510784385696.

10. Mark Koba, "$2 Trillion Underground Economy May Be Recovery's Savior," CNBC, April 24, 2013, http://www.cnbc.com/id/100668336.

11. John Cook, "After Bootstrapping to $10M in Sales, BizX Scores Real Cash for Virtual Currency," Geek Wire, April 16, 2013, http://www.geekwire.com/2013/after-bootstrapping-to-10m-in-sales-bizx-scores-cash-for-virtual-currency.

12. Meritxell Mir, "In Hard-Hit Spain, Bartering Becomes Means of Getting By," *USA Today*, February 20, 2013, http://www.usatoday.com/story/news/world/2013/02/20/spanish-bartering/1894365.

13. John Stonestreet, "Spain Barter Economy Wins Followers in Grip of Crisis," Reuters, February 20, 2010, http://www.reuters.com/article/2012/02/20/us-spain-barter-idUSTRE81J0NJ20120220.

14. Rachel Donadio, "Battered by Economic Crisis, Greeks Turn to Barter Networks," *New York Times*, October 1, 2011, http://www.nytimes.com/2011/10/02/world/europe/in-greece-barter-networks-surge.html?_r=0&adxnnl=1&pagewanted=all&adxnnlx=1381862981-8waQus1MLcdWO4mVYjdxsA.

15. Ibid.

16. Mir, "In Hard-Hit Spain, Bartering Becomes Means of Getting By."

17. International Reciprocal Trade Association, "Modern Trade and Barter," http://www.irta.com/index.php/about/modern-trade-barter.

18. Michael Burawoy and Pavel Krotov, "The Soviet Transition from Socialism to Capitalism: Worker Control and Economic Bargaining in the Wood Industry," *American Sociological Review* (1992): 16–38.

19. David M. Woodruff, "The Russian Barter Debate: Implications for Western

Policy," *PONARS*, 1998, http://personal.lse.ac.uk/woodruff/_private/materials/pm_0038.pdf.

20. Barbara A. Cellarius, "'You Can Buy Almost Anything with Potatoes': An Examination of Barter During Economic Crisis in Bulgaria," *Ethnology* (2000): 73–92.

21. Mary Mellor, *The Future of Money: From Financial Crisis to Public Resource* (New York: Pluto Press, 2010), pp. 152–76.

22. "Confidence in Institutions," Gallup, June 1, 2013, http://www.gallup.com/poll/1597/confidence-institutions.aspx#1.

23. World Bank, "Participatory Budgeting in Brazil," http://www-wds.worldbank.org/external/default/WDSContentServer/WDSP/IB/2009/11/03/000333037_20091103015746/Rendered/PDF/514180WP0BR0Bu10Box342027B01PUBLIC1.pdf.

24. Dana Khromov, "Ithaca Hours Revival Would Require Community Support," April 13, 2011, http://www.ithaca.com/news/article_175100c4-65d6-11e0-bd73-001cc4c002e0.html.

25. Gretchen M. Herrmann, "Special Money: Ithaca Hours and Garage Sales," *Ethnology* 45, no. 2 (2006): 125–41.

26. "The Birth of the Dollar Bill," NPR, December 7, 2012, http://www.npr.org/blogs/money/2012/12/07/166747693/episode-421-the-birth-of-the-dollar-bill.

27. "Funny Money," *Economist*, December 20, 2005, http://www.economist.com/node/5323615.

28. Cary Stemle, "Starbucks Reports Continued Growth in Mobile App Usage," MobilePaymentsToday.com, January 24, 2014, http://www.mobilepaymentstoday.com/articles/starbucks-reports-continued-growth-in-mobile-app-usage.

29. Paul Kemp-Robertson, "Bitcoin. Sweat. Tide. Meet the Future of Branded Currency," TED, July 2013, http://www.ted.com/talks/paul_kemp_robertson_bitcoin_sweat_tide_meet_the_future_of_branded_currency.html.

30. Thomas H. Greco, *The End of Money and the Future of Civilization*, Kindle ed. (White River Junction, VT: Chelsea Green, 2009), loc. 3442.

31. Kathleen Gallagher, "Peer to Peer Lending Sites Attracting Investors," *Milwaukee Wisconsin Journal Sentinel*, November 9, 2013, http://www.

jsonline.com/business/peer-to-peer-lending-sites-attracting-investors-b99137303z1-231300731.html.
32. Greco, *The End of Money and the Future of Civilization*, loc. 3486.
33. bitcoinmining.com, "What is Bitcoin Mining?," April 9, 2013, https://www.youtube.com/watch?v=GmOzih6I1zs.
34. "Getting Started," Bitcoin Mining, http://www.bitcoinmining.com/getting-started.
35. "Frequently Asked Questions," http://bitcoin.org/en/faq.
36. David Woo, Ian Gordon, and Vadim Iaralov, "Bitcoin: A First Assessment," Bank of America Merrill Lynch, 2013.
37. Steven Perlberg, "Bernanke: Bitcoin 'May Hold Long-Term Promise,'" *Business Insider*, November 18, 2013, http://www.businessinsider.com/ben-bernanke-on-bitcoin-2013-11#ixzz2nDsX0xSR.
38. Paul Krugman, "Bitcoin Is Evil," *New York Times*, December 28, 2013, http://krugman.blogs.nytimes.com/2013/12/28/bitcoin-is-evil/?_php=true&_type=blogs&_r=0.
39. Robin Sidel, Eleanor Warnock, and Takashi Mochizuki, "Almost Half a Billion Worth of Bitcoins Vanish," *Wall Street Journal*, February 28, 2014, http://online.wsj.com/news/articles/SB1000142405270230380130457941001 0379087576.
40. Patricia Hurtado, "Ex-Bitcoin Foundation's Shrem Indicted After Plea Talks," Bloomberg, April 14, 2014, http://www.bloomberg.com/news/2014-04-14/ex-bitcoin-foundation-s-shrem-indicted-by-u-s-after-plea-talks.html.
41. Scott Lee, "FBI Seized $28.5 Million In Bitcoins from Silk Road Owner Ross Ulbricht," TechBeat, October 29, 2013, http://techbeat.com/2013/10/fbi-seized-28-5-million-bitcoins-silk-road-owner-ross-ulbricht.
42. Richard Rubin and Carter Dougherty, "Bitcoin Is Property, Not Currency, in Tax System: IRS," Bloomberg, May 25, 2014, http://www.bloomberg.com/news/2014-03-25/bitcoin-is-property-not-currency-in-tax-system-irs-says.html.
43. Michael Carney, "Bitcoin, You Have a China Problem," *PandoDaily*, November 6, 2013, http://pando.com/2013/11/26/bitcoin-you-have-a-china-problem.

44. Alex Hern, "Chinese Bitcoin Exchange Closes Deposits After Central Bank Clampdown," *Guardian*, April 3, 2014, http://www.theguardian.com/technology/2014/apr/03/chinese-bitcoin-exchange-closes-after-central-bank-clampdown.
45. Matthew Philips, "Bitcoin Isn't Really Banned in China—and It's Quickly Gaining Ground," *Bloomberg Businessweek*, March 20, 2014, http://www.businessweek.com/articles/2014-03-20/btc-chinas-bobby-lee-bitcoin-isnt-really-banned-in-china-and-its-quickly-gaining-ground.
46. François R. Velde, "Bitcoin: A Primer," Chicago Fed Letter, December 2013, http://www.chicagofed.org/digital_assets/publications/chicago_fed_letter/2013/cfldecember2013_317.pdf.
47. Marc Andreessen, "Why Bitcoin Matters," *New York Times*, January 21, 2014, http://dealbook.nytimes.com/2014/01/21/why-bitcoin-matters/?_php=true&_type=blogs&_r=0.
48. Brian Fung, "Marc Andreessen: In 20 Years, We'll Talk About Bitcoin like We Talk About the Internet Today," *Washington Post*, May 21, 2014, http://www.washingtonpost.com/blogs/the-switch/wp/2014/05/21/marc-andreessen-in-20-years-well-talk-about-bitcoin-like-we-talk-about-the-internet-today/?tid=pm_business_pop.
49. 以下の説明は優れている。Andreessen, "Why Bitcoin Matters."
50. Timothy Carmody, "Money 3.0: How Bitcoins May Change the Global Economy," *National Geographic*, October 14, 2013, http://news.nationalgeographic.com/news/2013/10/131014-bitcoins-silk-road-virtual-currencies-internet-money.
51. Kevin Fitchard, "Square Retools Consumer Mobile Payments, Replacing Wallet with a New App Called Order," GigaOm, May 12, 2014, http://gigaom.com/2014/05/12/square-retools-consumer-mobile-payments-replacing-wallet-with-a-new-app-called-order.
52. Jane Martinson, "Apple's In-App Game Charges: How My Kids Ran Up Huge Bills," *Guardian*, March 26, 2013, http://www.theguardian.com/technology/shortcuts/2013/mar/26/apples-in-app-game-charges-kids-bills.
53. 私はCNP（カードが対面で提示されない）取引を行なっていたわけだが、これはリスクが大きい（しかもスクエアやVISAの利益が少なくなる可能性がある）。私が実際にクレジットカードを所有していることを、売り手

は証明できないからだ。いくつかの詐欺の事例が報告されている。
54. Edward Bellamy, *Looking Backward* (New York: Dover Thrift Editions, 1996).（エドワード・ベラミー『顧みれば』岩波文庫、1986年、山本正喜訳）
55. "Credit Card," *Encyclopaedia Britannica*, http://www.britannica.com/EBchecked/topic/142321/credit-card.
56. Jack Weatherford, *The History of Money* (New York: Three Rivers Press, 1997), pp. 225–32.
57. US Census Bureau, "2012 Credit Cards—Holders, Number, Spending, and Debt, 2000 and 2009, and Projections, 2012," http://www.census.gov/compendia/statab/2012/tables/12s1188.pdf; Tien-tsin Huang, "Payment Processing: Payments Market Share Handbook," J. P. Morgan, 2013.
58. Emily Steel, "Using Credit Cards to Target Web Ads," *Wall Street Journal*, October 11, 2011, http://wsj.com/articles/SB10001424052970204002304576 27030651339352.
59. "War of the Virtual Wallets," *Economist*, November 17, 2012, http://www.economist.com/news/finance-and-economics/21566644-visa-mastercard-and-other-big-payment-networks-need-not-be-victims-shift/print.
60. "Secret History of the Credit Card," *Frontline*, PBS, November 23, 2004, http://www.pbs.org/wgbh/pages/frontline/shows/credit/etc/script.html.
61. Bradley Johnson, "100 Leading National Advertisers," *Advertising Age*, June 20, 2011, http://adage.com/article/news/ad-spending-100-leading-national-advertisers/228267/.
62. "MasterCard Advisors' Cashless Journey," MasterCard, September 2013, http://newsroom.mastercard.com/wp-content/uploads/2013/09/Cashless-Journey_WhitePaper_FINAL.pdf.
63. Steve Barnett and Nigel Chalk, "Building a Social Safety Net," International Monetary Fund, September 2010, http://www.imf.org/external/pubs/ft/fandd/2010/09/pdf/barnett.pdf.
64. Shan-Jing Wei, "Why Do the Chinese Save So Much?," *Forbes*, February 2, 2010, http://www.forbes.com/2010/02/02/china-saving-marriage-markets-economy-trade.html.
65. Simon Kuper, "Debt: Another Word for Guilt," *FT*, January 14, 2011, http://www.ft.com/intl/cms/s/2/a2c51e14-1ded-11e0-badd-00144feab49a.html#axzz2zOkYgJ7C.

66. Huang, "Payment Processing."
67. Mark Zandi, Virendra Singh, and Justin Irving, "The Impact of Electronic Payments on Economic Growth," Moody's, February 2013, http://corporate.visa.com/_media/moodys-economy-white-paper.pdf.
68. Scott Schmith, "Credit Card Market: Economic Benefits and Industry Trends," Visa, March 2008, http://corporate.visa.com/_media/ita-credit-card-report.pdf.
69. Chris G. Christopher Jr. and Erik Johnson, "Emerging Consumer Markets: The New Drivers of Global Economic Growth," *Supply Chain Quarterly*, 2011, http://www.supplychainquarterly.com/columns/201104monetarymatters.
70. David Humphrey et al., "What Does It Cost to Make a Payment?," *Review of Network Economics* 2, no. 2 (June 2003), http://www.riksbank.se/Upload/Dokument_riksbank/Kat_foa/Cost%20of%20Making.pdf.
71. Community Merchants USA, "The Benefits of Small Business Card Acceptance," http://community-merchantsusa.com/resources/the-benefits-of-small-business-card-acceptance.
72. しかしクレジットカード会社がもっと良好な経済環境を整えるまでは、中小店舗のあいだでクレジットカードが大量採用されることはないだろう。
73. International Telecommunication Union, 2013 Facts and Figures, http://www.itu.int/en/ITU-D/Statistics/Documents/facts/ICTFactsFigures2013.pdf.
74. "Gartner Says Worldwide Mobile Payment Users to Reach 141 Million in 2011," Gartner, July 21, 2011, http://www.gartner.com/newsroom/id/1749114.
75. Huang, "Payment Processing."
76. Ibid.
77. Jennifer Van Grove, "Square Sets New Record: $2M Processed in One Day," Mashable, April 29, 2011, http://mashable.com/2011/04/29/square-payments.
78. Leena Rao, "Visa Makes a Strategic Investment in Disruptive Mobile Payments Startup Square," Tech Crunch, April 27, 2011, http://techcrunch.com/2011/04/27/visa-makes-a-strategic-investment-in-disruptive-mobile-payments-startup-square.

79. スクエアの加盟店には高いリスクが伴う。スクエアはすべての顧客の情報を集約し、「アクワイアラー」として加盟店に関する業務を行なっていくが、利益を確保するためには、クレジットカード会社から請求される決済手数料が手頃でなければならない。しかしスクエアの顧客は入れ替わりが激しい点が問題で、そのためクレジット会社がスクエアに請求する手数料も高くなってしまう。
80. Donna Tam, "PayPal Wants to Get Rid of Your Wallet," *CNET*, May 21, 2013, http://www.cnet.com/news/paypal-wants-to-get-rid-of-your-wallet. スクエアが「注文アプリ」を始めたおかげで、ユーザーはレストランに事前注文ができるようになった。
81. Jason Del Rey, "Starbucks Has Bigger Plans in Mobile Payments than Most People Realize," *Re/code*, July 17, 2014, http://recode.net/2014/07/17/starbucks-has-bigger-plans-in-mobile-payments-than-most-people-realize.
82. Sarah Clark, "NTT Docomo to Take Japanese Mobile Wallet Global," NFC World, October 11, 2012, http://www.nfcworld.com/2012/10/11/318353/ntt-docomo-to-take-japanese-mobile-wallet-global.
83. Bill Siwicki, "It's Official: Mobile Devices Surpass PCs in Online Retail," Internet Retailer, October 1, 2013, http://www.internetretailer.com/2013/10/01/its-official-mobile-devices-surpass-pcs-online-retail.
84. "Why Does Kenya Lead the World in Mobile Money?," *Economist*, May 27, 2013, http://www.economist.com/blogs/economist-explains/2013/05/economist-explains-18.
85. Fiona Graham, "M-Pesa: Kenya's Mobile Wallet Revolution," BBC, November 22, 2010, http://www.bbc.co.uk/news/business-11793290.
86. "Mobile Threats Around the World," Lookout, retrieved April 20, 2014, from https://www.lookout.com/resources/know-your-mobile/mobile-threats-around-the-world.
87. "Mobile-Payments Fraud Concerns Consumers," *ISO & Agent*, July 14, 2011.
88. Jon M. Chang, "PayPal Galactic Looks to Solve Payments in Space," ABC News, June 27, 2013, http://abcnews.go.com/Technology/paypal-galactic-launches-answer-questions-space-transactions/story?id=19498683.
89. "Galactic Credit Standard," Wookieepedia, retrieved November 12, 2013, from http://starwars.wikia.com/wiki/Galactic_Credit_Standard.

90. "PayPal, SETI Launch Program to Explore Space Currency," *International Business Times*, June 27, 2013.
91. Matt Peckham, "Space Payments: PayPal Galactic Aims for Infinity and Beyond," *Time*, June 27, 2013, http://techland.time.com/2013/06/27/space-payments-paypal-galactic-aims-for-infinity-and-beyond.
92. "New Currency for Space Travellers," BBC, October 5, 2007, http://news.bbc.co.uk/2/hi/business/7029564.stm.
93. Brian Dodson, "PayPal Galactic—Don't Leave Earth Without It," *GizMag*, July 2, 2013, http://www.gizmag.com/paypal-galactic-financial-infrastructure-for-space-travel/28116.
94. Paul Krugman, "The Theory of Interstellar Trade," July 1978, http://www.princeton.edu/~pkrugman/interstellar.pdf.
95. "Starship Enterprises," *Economist*, October 23, 2013, http://www.economist.com/news/science-and-technology/21588350-dismal-scientists-also-speculating-about-space-flight-starship-enterprises.
96. Cotton Delo, "Your Klout Score Could Get You into American Airlines' First Class Lounge," *Advertising Age*, May 7, 2013, http://adage.com/article/digital/american-airlines-opens-lounge-high-klout-scorers/241336.
97. "Man or Machine," *Wall Street Journal*, June 29, 2012, http://online.wsj.com/news/articles/SB10001424052702304782404577490533504354976.
98. Andrew Ross Sorkin, "A Revolution in Money," *New York Times*, April 1, 2014, http://dealbook.nytimes.com/2014/04/01/a-revolution-in-money/?_php=true&_type=blogs&_r=0.
99. Hal E. Hershfield et al., "Increasing Saving Behavior Through Age-Progressed Renderings of the Future Self," *Journal of Marketing Research* 48 (November 2011): S23–S37.

## 第７章　投資家は天使のごとく

1. *New American Standard Bible* (Carol Stream, IL: Creation House, n.d.), p. 324.〔邦訳の引用はすべて日本聖書協会の新共同訳聖書より〕
2. *Pirke Avot* (New York: UAHC Press, 1993), p. 56.
3. R. Mahalakshmi, *The Book of Lakshmi* (New Delhi: Penguin, 2009), p. 96.
4. "The Casualties: Faith in Hard Work and Capitalism," Pew Research Global Attitudes Project, July 2, 2012, http://www.pewglobal.org/2012/07/12/

chapter-4-the-casualties-faith-in-hard-work-and-capitalism.
5. このトピックに関する最も有名な研究のひとつは、プリンストン大学のアンガス・ディートンとダニエル・カーネマンの両教授によって行なわれた。個人の幸せと収入についてのギャラップ社の調査から、45万人のアメリカ人の回答をふたりは分析した。その際、幸せは以下のふたつのタイプに分類された。1）日々の幸せ、すなわち主観的な幸福感。2）長期的な満足、すなわち人生に対する評価。分析の結果、人生に対して感じる幸福と収入のあいだには相関関係が存在することがわかった。お金をたくさん稼ぐほど、人生に対する満足感は大きくなる。一方、主観的な幸福感と収入のあいだにも相関関係は存在するが、日々感じる幸福は、年収が7万5000ドルを超えた時点で相関関係が消滅する。たとえば、ぜんそく患者を対象にした調査結果によれば、年収が7万5000ドル未満の階層の場合、不幸だという回答者の割合が41パーセントに達したが、7万5000ドル以上の階層では21パーセントにすぎなかった。所得が低い人は、病気のような個人的な悩みを抱えるだけでなく、基本的なニーズを満たせるかどうか気がかりなので、すでに悪い状況がさらに悪化してしまう。人生に対する満足感は収入が高くなるほど大きくなるが、日々の幸せには限界があると著者らは結論づけている。「高収入は幸福をもたらさなくても、生活が改善されることは間違いなく実感できる」のだ。幸福に関する研究は、経済学や心理学で新興分野として注目されている。世界の果ての地域の政策立案者が、自分の国の富ではなく幸福度を最大化させる方法に関して学ぶために役立つ。カナダでは複数の都市が、市民の幸福のレベルを追跡調査している。そしてブータンの国民総幸福量（GNH）においては、文化の多様性から生活水準まで、九つの属性が考慮される。GNHが採用された背景には、ブータンの国教である仏教の影響があるようだ。
6. "State of the Global Workplace," Gallup, 2013, http://www.gallup.com/strategicconsulting/164735/state-global-workplace.aspx.
7. "Market of Ideas," *Economist*, April 7, 2011, http://www.economist.com/node/18527446.
8. Duncan Campbell, "Greed Is Good: A Guide to Radical Individualism," *Guardian*, March 9, 2009, http://www.theguardian.com/world/2009/mar/10/ayn-rand-capitalism.
9. Fox, *The Myth of the Rational Market* (New York: HarperCollins, 2009), p. xiii.（フォックス『合理的市場という神話』）

10. Mark C. Taylor, *Confidence Games* (Chicago: University of Chicago Press, 2004), p. 4.
11. Ibid.
12. Laura Davis, "After Woman Sells Virginity for $780,000, Here Are the Results of Our Prostitution Survey," *Independent*, October 25, 2012, http://www.independent.co.uk/voices/comment/after-woman-sells-virginity-for-780000-here-are-the-results-of-our-prostitution-survey-8226025.html.
13. Michael J. Sandel, *What Money Can't Buy* (New York: Farrar, Straus & Giroux, 2012).（マイケル・サンデル『それをお金で買いますか：市場主義の限界』早川書房、2014年文庫、鬼澤忍訳）さらにサンデルは、何でも買えるときには結果として不平等が生じるとも論じている。富裕層には、貧困層にとって購入不可能なものを購入する余裕があるからだ。Steve Hargreaves, "How Income Inequality Hurts America," *CNNMoney*, September 25, 2013, http://money.cnn.com/2013/09/25/news/economy/income-inequality.
14. Lao Tsu, *Tao te Ching* (New York: Random House, 1997), p. 87.（老子『老子道徳經』グレートラーニングジャパン、2014年、呉怡、中野ゆみ訳ほか）
15. David Graeber, *Debt: The First 5,000 Years*, Kindle ed. (Brooklyn: Melville House, 2011), p. 223.
16. Matthew 6:19–21 (New International Version), http://www.biblica.com/niv.
17. Matthew 6:21 (NIV), http://www.biblica.com/niv.
18. Matthew 6:24 (NIV), http://www.biblica.com/niv.
19. Matthew 19:16–22 (NIV), http://www.biblica.com/niv.
20. Matthew 19:23–24 (NIV), http://www.biblica.com/niv.
21. 誰が救われるかという問題に関しては、他の節でも明らかにされている。たとえばマタイによる福音書の第19章26節には、「それは人間にできることではないが、神は何でもできる」と書かれている。そしてエフェソの信徒への手紙の第2章8節から9節にかけては、「あなたがたは、恵みにより、信仰によって救われました。このことは、自らの力によるのではなく、神の賜物です。行ないによるのではありません」とある。さらにマタイによる福音書の第5章3節には「心の貧しい人々は幸いである。天の国はその人たちのものである」と書かれている。
22. Matthew 19:28–30 (NIV), http://www.biblica.com/niv.
23. Matthew 5:3 (NIV), http://www.biblica.com/niv.

24. 1 Chronicles 4:10 (NIV), http://www.biblica.com/niv.
25. Nanci Hellmich, "Is 'Jabez' for the Needy or Greedy?," *USA Today*, July 17, 2001, http://usatoday30.usatoday.com/life/books/2001-05-24-the-prayer-of-jabez.htm.
26. Laurie Goodstein, "A Book Spreads the Word: Prayer for Prosperity Works," *New York Times*, May 8, 2001, http://www.nytimes.com/2001/05/08/us/a-book-spreads-the-word-prayer-for-prosperity-workshtml?pagewanted=print&src=pm.
27. Galatians 5:19–21 (NIV), http://www.biblica.com/niv.
28. Erin McClam, "Greed or Godliness? Prayer Book Creates Controversy in Georgia," *Kingman Daily Miner*, June 8, 2001, http://news.google.com/newspaper?nid=932&dat=20010608&id=DtPAAAAIBAJ&sjid=pg71IDAAAAIBAJ&pg =7211,5960921.
29. Matthew 6:22–23 (NIV), http://www.biblica.com/niv.
30. Timothy Keller, "Treasure vs. Money," May 2, 1999, Redeemer Presbyterian Church, http://sermons2.redeemer.com/sermons/treasure-vs-money.
31. Juliet Schor, *The Overspent American* (New York: Harper Perennial, 1999), http://www.nytimes.com/books/first/s/schor-overspent.html.
32. Hanna Krasnova et al., "Envy on Facebook: A Hidden Threat to Users' Life," *Wirtschaftsinformatik Proceedings*, 2013, http://warhol.wiwi.hu-berlin.de/~hkrasnova/Ongoing_Research_files/WI%202013%20Final%20Submission%20Krasnova.pdf.
33. "Know What the Scriptures Say About Money and Giving," Brigham Young University, retrieved December 16, 2013, from http://personalfinance.byu.edu/?q=node/1061.
34. Luke 8:11 (NIV), http://www.biblica.com/niv.
35. Matthew 13:37 (NIV), http://www.biblica.com/niv.
36. Matthew 13:1–23 (NIV), http://www.biblica.com/niv.
37. Pope Francis, "Apostolic Exhortation Evangelii Gaudium," http://www.vatican.va/holy_father/francesco/apost_exhortations/documents/papa-francesco_esortazione-ap_20131124_evangelii-gaudium_en.html#No_to_the_new_idolatry_of_money.
38. Mark 8:35–36 (King James Version), http://www.biblegateway.com/

versions/King-James-Version-KJV-Bible/#books; Matthew 16:26 (NIV), http://www.biblica.com/niv.
39. Ben Witherington III, *Jesus and Money* (Grand Rapids, MI: Brazos Press, 2010), p. 64.
40. Matthew 6:31–34 (NIV), http://www.biblica.com/niv.
41. Witherington, *Jesus and Money*, pp. 52–54.
42. Ibid., p. 51.
43. Ibid., p. 53.
44. Henry A. Sanders, "The Number of the Beast in Revelation," *Journal of Biblical Literature* 37 (1918): 95–99.
45. Luke 20:22 (NIV), http://www.biblica.com/niv.
46. Luke 20:25 (KJV), http://www.biblegateway.com/versions/King-James-Version-KJV-Bible/#books.
47. Matthew 21:13 (NIV), http://www.biblica.com/niv.
48. Luke 6:35 (NIV), http://www.biblica.com/niv.
49. Acts 2:42–47 (NIV), http://www.biblica.com/niv.
50. Mark 12:43–44 (NIV), http://www.biblica.com/niv.
51. Keller, "Treasure vs. Money."
52. C. S. Lewis, *Mere Christianity* (New York: HarperCollins, 1980), pp. 86–89.（C・S・ルイス『キリスト教の精髄（C. S. ルイス宗教著作集 4）』新教出版社、新装版、1977 年、柳生直行訳）
53. Genesis 1:31 (Revised Standard Version), http://quod.lib.umich.edu/r/rsv/browse.html.
54. Deuteronomy 11:14 (RSV), http://quod.lib.umich.edu/r/rsv/browse.html.
55. Ecclesiastes 5:15 (RSV), http://quod.lib.umich.edu/r/rsv/browse.html.
56. Exodus 20:4 (RSV), http://quod.lib.umich.edu/r/rsv/browse.html.
57. Exodus 32:1–35 (RSV), http://quod.lib.umich.edu/r/rsv/browse.html.
58. Exodus 20:17 (RSV), http://quod.lib.umich.edu/r/rsv/browse.html.
59. Proverbs 18:23 (RSV), http://quod.lib.umich.edu/r/rsv/browse.html.
60. Ecclesiastes 5:10 (RSV), http://quod.lib.umich.edu/r/rsv/browse.html.
61. Deuteronomy 8:13–18 (RSV), http://quod.lib.umich.edu/r/rsv/browse.html.
62. Larry Kahaner, *Values, Prosperiy, and the Tulmud* (Hoboken, NJ: John Wiley & Sons, 2003), p. 15.（ラリー・カハナー『ビジネスがうまい人の賢

い考え方』オープンナレッジ、2008年、尹泰聖訳）一次資料：Babylonian Talmud, *Tamid* 32b.

63. Job 22:24 (RSV), http://quod.lib.umich.edu/r/rsv/browse.html.
64. *Encyclopedia of Torah Thoughts*, trans. Charles B. Chavel (New York: Shilo, 1980), pp. 484–89.
65. Job 22:25 (RSV), http://quod.lib.umich.edu/r/rsv/browse.html.
66. Proverbs 23:4–5 (RSV), http://quod.lib.umich.edu/r/rsv/browse.html.
67. *Encyclopedia of Torah Thoughts*, pp. 484–89.
68. Larry Kahaner, email correspondence, May 27, 2014（著者によるインタビュー）.
69. Proverbs 15:15 (RSV), http://quod.lib.umich.edu/r/rsv/browse.html.
70. Proverbs 28:27 (RSV), http://quod.lib.umich.edu/r/rsv/browse.html.
71. Proverbs 11:24 (RSV), http://quod.lib.umich.edu/r/rsv/browse.html.
72. Deuteronomy 15:11 (RSV), http://quod.lib.umich.edu/r/rsv/browse.html.
73. Joseph Telushkin, *Biblical Literacy* (New York: William Morrow, 1997), p. 483.
74. Leviticus 25:36 (RSV), http://quod.lib.umich.edu/r/rsv/browse.html.
75. Ezekiel 18:12–13 (RSV), http://quod.lib.umich.edu/r/rsv/browse.html. ユダヤ教が高利貸しをどのようにとらえていたか、そして金貸しが広く社会でどのように受け止められていたか詳しく調べるためには、ジョセフ・シャッツミラーの以下の著書が参考になる。*Shylock Reconsidered: Jews, Moneylending, and Medieval Society* (Berkeley: University of California Press, 1990).
76. Telushkin, *Biblical Literacy*, pp. 473–74. 一次資料：Babylonian Talmud, *Bava Bathra* 9a.
77. Geoffrey Wigoder, ed., *The New Encyclopedia of Judaism* (Jerusalem: Jerusalem Publishing House, 2002), pp. 161–62.
78. Gerald J. Blidstein, "Tikkun Olam," in *Tikkun Olam* (Lanham, MD: Rowman & Littlefield, 1997), pp. 17–60.
79. Colin Turner, "Wealth as an Immortality Symbol in the Qur'an: A Reconsideration of the ml/amwl Verses," *Journal of Qur'anic Studies* 8, no. 2 (2006): 58–83.
80. Asad Zaman, "Islamic Economics: A Survey of the Literature: II," *Islamic Studies* 48, no. 4 (2009): 525–66.

81. *Qur'ān* (Sahih International), www.quran.com, Surat Al-Kahf 18:32–43.〔邦訳の引用はすべて中田考［監訳］『日亜対訳クルアーン』（作品社、2014年）より〕
82. Ibid., Surat Al-'Anfāl 8:28.
83. Ibid., Surat Al-Munāfiqūn 63:9.
84. Ibid., Surat Al-Baqarah 2:261.
85. Ibid., Surat At-Tawbah 9:24.
86. Ibid., Surat Al-Fajr 89:20–23.
87. Ibid., Surat Al-Humazah 104:101–103.
88. Turner, "Wealth as an Immortality Symbol in the Qur'an."
89. Monzer Kahf, correspondence about Islam and wealth, May 25, 2014（著者によるインタビュー）.
90. Turner, "Wealth as an Immortality Symbol in the Qur'an."
91. *Qur'ān* (Sahih International), www.quran.com, Surat Ṭāhā 20:131.
92. Ibid., Surat Al-'A`rāf 7:152.
93. Ibid., Surat Ṭāhā 20:6.
94. *Qur'ān* 28:77, cited in Zaman, "Islamic Economics: A Survey of the Literature: II."
95. Michael Bonner, "Poverty and Economics in the Qur'an," *Journal of Interdisciplinary History* 35, no. 3 (2005): 391–406.
96. Muhammad Arkam Khan, *Islamic Economics and Finance: A Glossary* (New York: Routledge, 1990), p. 157.
97. *Qur'ān* (Sahih International), www.quran.com, Surat An-Nisā' 4: 161.
98. M. Siddieq Noorzoy, "Islamic Laws on Riba (Interest) and Their Economic Implications," *International Journal of Middle East Studies* 14, no. 1 (1982): 3–17.
99. Muhammad Anwar, "Islamicity of Banking and Modes of Islamic Banking," *Arab Law Quarterly* 18, no. 1 (2003): 62–80.
100. "Lakshmi," BBC, August 24, 2009, http://www.bbc.co.uk/religion/religions/hinduism/deities/lakshmi.shtml.
101. Mahalakshmi, *The Book of Lakshmi*, pp. 1–20.
102. Ibid., p. 72.
103. Sharada Sugirtharajah, "Picturing God," in P. Bowen, ed., *Themes and Issues in Hinduism* (London: Cassell, 1998), pp. 161–203.

104. Mahalakshmi, *The Book of Lakshmi*, pp. 6–8.

105. Ibid., pp. 71–94.

106. "Dhanteras Symbolizes Arrival of Goddess Lakshmi," *Times of India*, November 1, 2013, http://articles.timesofindia.indiatimes.com/2013-11-01/kanpur/43591930_1_dhanteras-dhanavantri-goddess-lakshmi.

107. Wendy Doniger, *The Hindus: An Alternative History* (New York: Penguin, 2009), p. 378.

108. Albert Hall Museum, Jaipur, "Gallery Collection: Coins," http://alberthalljaipur.gov.in/display contents/view/49.

109. Donald R. Davis Jr., "Being Hindu or Being Human: A Reappraisal of the Puruṣārthas," *International Journal of Hindu Studies* 8, no. 1/3 (2004): 1–27; Ṣ R. Bhatt, "The Concept of Moksa—An Analysis," *Philosophy and Phenomenological Research* 364 (1976): 564–70.

110. Arvind Sharma, "The Puruṣārthas: An Axiological Exploration of Hinduism," *Journal of Religious Ethics* (1999): 223–56.

111. フランス人経済学者のトマ・ピケティは著書『21 世紀の資本』のなかで、資本主義には格差を広げる傾向があると主張している。もしもその通りなら、市場は配分される資源に基づいて人びとを区別していることになる。ピケティの言い分が正しいならば、市場はアダルマ（悪）すなわち本質的に不道徳だと、エモリー大学のポール・コートライト教授は指摘する。その悪を正すためには、市場の流れを変えることが必要で、もっと公平な形で資本を配分し直さなければならない。稼いだお金は手放さなければならないだろう。

112. "Ashrama," *Encyclopaedia Britannica*, http://www.britannica.com/EBchecked/topic/38363/ashrama.

113. Sharma, "The Puruṣārthas."

114. Bhagavad Gita, 5:18–22, trans. Stephen Mitchell (New York: Harmony Books, 1998), p. 85.

115. Ibid., 5:18–29, pp. 85–87.

116. "Meditation Mapped in Monks," BBC, March 1, 2002, http://news.bbc.co.uk/2/hi/science/nature/1847442.stm.

117. Joshua Landy, "In Defense of Humanities," December 7, 2010, http://news.stanford.edu/news/2010/december/humanities-defense-landy-120710.html.

## 第8章 貨幣は語る

1. D. Wayne Johnson, email correspondence, March 4, 2014 (著者によるインタビュー).
2. Robert Louis Stevenson, *Treasure Island* (New Jersey: J. P. Piper Books, 2013), p. 58.（ロバート・ルイス・スティーブンソン『宝島』新潮社、改版、1951年、佐々木直次郎、稲沢秀夫訳ほか）
3. この引用文は、以下で発見した。R. S. Poole, "LakdivaCoins Collection," retrieved March 2, 2014, from http://coins.lakdiva.org. 一次資料：R. S. Poole, "On the Study of Coins," *Antiquary* 9 (1884): 7–10.
4. 私がダッカに滞在中、以下のような見出しが新聞に掲載された。「反政府勢力の支持者、ラジシャヒで警察車両に火炎瓶を投げる」「衝突で10人が負傷。手製の爆弾の爆発で警官に被害」「午前6時から72時間、道路は封鎖。大使館は自国民の旅行を事実上禁止。十分に警戒し、注意を怠らないこと」
5. Wari-Bateshwar, retrieved February 5, 2014, from http://www.parjatan.gov.bd/wari_arc.php.
6. Reema Islam, "A Family's Passion," *Archaeology*, October 13, 2013, http://archaeology.org/issues/112-1311/letter-from/1406-wari-bateshwar-ptolemy-sounagoura-indo-pacific-beads.
7. これは劇的な経験だった。封鎖を突破するために、救急車を雇ってはどうかと私は友人から提案された。説明によれば、4000バングラデシュタカ、すなわち50米ドルを出せば、着色ガラス付きの救急車両を確保して封鎖を突破できるし、暴徒たちもだまって通過させてくれるだろうという。私には安全だとも倫理に適った行動だとも思えず、決断を躊躇した。するとつぎに、テレビのプロデューサーで、今回同行しているべつの友人がこう提案してくれた。「メディアの車両を使えば安全に突破できると思うが、それには早朝、5時に出発しなければならない」。そこで私は午前4時に起床した。不要なアイテムを財布から抜き取り、万が一の事態に備え、ホテルのレストランから持ってきたフォークをジーンズのポケットにしのばせ、ロビーで待機した。5時……5時15分……5時半。ようやく、車体に何も描かれていないバニラホワイトのバンが到着する。「メディアの取材許可証はどこにあるの」と私が尋ねると、「あそこだよ」と言って、ダッシュボードの上の白い紙を指差した。そこには、メディアという言葉だけが黒

いインクで印刷されている。怒り狂った暴徒から私を守ってくれるものが、オフィスにあるヒューレットパッカードのインクジェットプリンターから取り出された紙だけとは。私はドアを閉め、目を固く閉じた。

8. Sufi Mostafizur Rahman, "Coins and Currency System," in Rahman, ed., *Archaeological Heritage* (Dhaka: Asiatic Society of Bangladesh, 2007), pp. 108–44.

9. Emran Hossain, "Wari-Bateshwar One of Earliest Kingdoms," *Daily Star*, March 19, 2008, http://archive.thedailystar.net/newDesign/news-details.php?nid=28431.

10. "1890s Glass Pattern Has Value Far Beyond a Few Coins," *Milwaukee Wisconsin Journal Sentinel*, March 25, 2007, http://www.jsonline.com/realestate/29340799.html.

11. Cornelius C. Vermeule, *Numismatic Art in America* (Cambridge, MA: Belknap Press of Harvard University Press, 1971), pp. 20–24.

12. Ibid., Preface.

13. UNESCO, "Convention on the Means of Prohibiting and Preventing the Illicit Import, Export and Transfer of Ownership of Cultural Property," November 14, 1970, http://portal.unesco.org/en/ev.php-URL_ID=13039&URL_DO=DO_TOPIC&URL_SECTION=201.html.

14. "Coin Collecting," *Encyclopaedia Britannica*, retrieved February 9, 2014, from http://www.britannica.com/EBchecked/topic/124774/coin-collecting.

15. James A. Mackay, *The World Encyclopedia of Coins* (Leicestershire: Lorenz Books, 2012), pp. 58–59.

16. James L. Noles, *A Pocketful of History* (Cambridge, MA: Da Capo Press, 2008), pp. xxii–xxiii.

17. Ibid., p. xxiv.

18. "United States Mint Call for Artists: Seeking Artists to Design United States Coins and Medals," National Endowment for the Arts, retrieved May 28, 2014, from http://arts.gov/grants-individuals/united-states-mint-call-for-artists.

19. Noles, *A Pocketful of History*, pp. 1–6.

20. Frank Meyer, "The Coins of the U.S.: Symbols of a People," *Clearing House* 29, no. 2 (1954): 100–104.

21. "Dinh Bo Linh," *Encyclopaedia Britannica*, retrieved February 11, 2014,

from http://www.britannica.com/EBchecked/topic/163870/Dinh-Bo-Linh.

22. ハワード・ダニエルによれば、1948年のベトナムの硬貨も注目に値するという。素材は金で、3つの呼称単位があったが、一般には流通しなかった。いずれもホーチミン大統領のために作られたもので、インドシナ戦争で支援してくれたソ連と中国の高官に対し、感謝のしるしとして贈られた。残った硬貨を大統領は、戦争で目覚ましい活躍をしたベトナム人に与えた。これらの硬貨は国民の英雄であり父親的存在でもある大統領からの贈り物なので、特別な意味があるとハワードは語る。収集活動を何十年も続けてきたが、この硬貨を見たことは一度しかなく、しかも場所は博物館だったという。手に入れるためには、1枚に最低で1万ドルを支払ってもよいとハワードは考えている。

23. R. Allan Barker, "The Historical Cash Coins of Viet Nam," 2004, http://vietnam.sudokuone.com/d1_dinh.htm.

24. Howard Daniel, email correspondence, May 28, 2014 (著者によるインタビュー).

25. Ronachai Krisadaolarn and Vasilijs Milhailovs, *Siamese Coins: From Funan to the Fifth Reign* (Bangkok: River Books Press, 2010), pp. 12–13.

26. Manote Tripathi, "Coins of the Realm," *Nation*, October 22, 2012, http://www.nationmultimedia.com/life/Coins-of-the-realm-30192703.html.

27. "Mongkut," *Encyclopaedia Britannica*, retrieved February 14, 2014, from http://www.britannica.com/EBchecked/topic/389268/Mongkut.

28. それ以外の理由もあると私は考えている。兵役がとっくに終了しても現地にとどまり続け、古銭収集家になったベトナム退役兵と私が会ったのは、このときが二度目だった。古銭収集家になったのは偶然ではない。臨床心理学者のレイチェル・フェラーによれば、収集というのは一種のセラピーで、困難な経験に対処するために役立つという。彼女は多くの収集家をインタビューして、この主題に関して学術論文を執筆した。実際、研究から浮上してきたテーマのひとつは、本書ではお馴染みの「シンボル」だった。収集家にとってコレクションは、心の傷のシンボル、あるいはかつて破壊を試みた社会のシンボルになっている。しかも古銭収集家になれば、硬貨のコレクションが退役兵の生活を形作る。硬貨の収集は心の傷を思い出す手段だけでなく、過去の傷が身の破滅につながらないことを認識できる手段なのだ。退役兵から収集家に転じたある男性は、フェラーにこう語った。「コレクションのなかには、戦友たちの衝撃的な経験を連想させる

ものも含まれています。それを目にすると、かつての仲間たちをよく思い出します」。さらに収集家にとってコレクションは、自分自身のシンボル、すなわちアイデンティティの一部でもある。収集活動は一種の自己発見と言ってもよい。なかにはコレクションが自分の延長であるかのように、自分自身よりもコレクションについて語るほうを好む収集家もいる。ロナチャイのコレクションは、タイの多彩な歴史について学ぶために役立った。さらに、タイの友好的で温かい文化を発見するためにも役立った。これはアメリカのいわゆる「猛烈な生存競争」とは対照的である。最終的にロナチャイは、自分の研究対象であるタイ人になった。その結果、彼のコレクションはもはやタイのシンボルというだけでなく、自分自身のシンボルにもなったのである。

29. Gilbert Perez, *The "Dos Mundos" Pillar Coins,* Philippine Numismatic Monographs (Manila: Philippines Numismatics and Antiquarian Society, 1948).

30. Michael Richardson, "Can the Pilar Be Found? And What's in It? Deep in the Pacific a Plunge for Riches," *New York Times*, June 14, 2001, http://www.nytimes.com/2001/06/14/style/14iht-spang_ed3_.html.

31. Filipino Numismatist, http://www.filipinonumismatist.com/2011/10/revalidados-rare-holed-coins-of.html.

32. "Hubble Discovers New Class of Gravitational Lens for Probing the Structure of the Cosmos," HubbelSite, October 18, 1995, http://hubblesite.org/newscenter/archive/releases/1995/1995/43.

33.「スリランカ」は1948年以降使われているこの国の現在の国名。かつては「ランカー」として知られていた。

34. Kavan Ratnatunga, "Size & Weight Analysis of 100 Copper Massa Coins," retrieved March 4, 2014, from http://coins.lakdiva.org/medievalindian/rajaraja/massa_100coins.html.

35. Kavan Ratnatunga, "Ruhuna—'Punch Mark' Silver," retrieved March 2, 2014, from http://coins.lakdiva.org/punch/punch_marked_GH442.html.

36. Kavan Ratnatunga, "Maneless Lion Type Ancient Lanka—Mahasena: 277–304," retrieved March 3, 2014, from http://lakdiva.com/coins/ancient/maneless_lion.html.

37. Kavan Ratnatunga, "Ancient Lanka—Bull and Fish Type: Pandya Influence 824–943," retrieved March 2, 2014, from http://coins.lakdiva.org/

medievalindian/pandya_bull_2lrfish.html.
38. "Etana Epic," *Encyclopaedia Britannica*, retrieved March 6, 2014, from http://www.britannica.com/EBchecked/topic/193803/Etana-Epic.
39. British Museum, "Cuneiform Tablet Telling the Legend of Etana," retrieved May 6, 2014, from https://www.britishmuseum.org/explore/highlights/highlight_objects/me/c/cuneiform_the_legend_of_etana.aspx.
40. Rudolf Wittkower, "Eagle and Serpent. A Study in the Migration of Symbols," *Journal of the Warburg Institute* 2, no. 4 (April 1939): 293–325.
41. "Harvey and Larry Stack to Rejoin Stack's Bowers Galleries," *CoinWeek*, May 26, 2011, https://www.coinweek.com/featured-news/harvey-and-larry-stack-to-rejoin-stacks-bowers-galleries.
42. Harvey Stack, "The Phenomena of the 50-State Commemorative Quarters," Stack's Bowers, July 10, 2012, http://www.stacksbowers.com/NewsMedia/Blogs/TabId/780/ArtMID/2678/ArticleID/478/The-Phenomena-of-the-50-State-Commemorative-Quarters.aspx.
43. "Theodore Roosevelt (1858–1919)," PBS, http://www.pbs.org/nationalparks/people/historical/roosevelt.
44. *American Experience*, PBS, March 5, 2014, http://www.pbs.org/wgbh/amex/whitman/more/e_literary.html.
45. Q. David Bowers, *A Guide Book of Double Eagle Coins,* Kindle ed. (Atlanta: Whitman, 2004), loc. 5552.
46. Ibid., loc. 838.
47. William E. Hagans, "Recreating a Masterpiece," *Coins*, November 16, 2009, http://numismaster.com/ta/numis/Article.jsp?ad=article&ArticleId=8456.
48. Bowers, *A Guide Book of Double Eagle Coins*, loc. 789.
49. Ibid., loc. 5569.
50. Ibid., loc. 5604.
51. Ibid., loc. 5605.
52. Ibid., loc. 5606.
53. Ibid., loc. 5687.
54. Susan Berfield, "The Mystery of the Double Eagle Gold Coins," *Bloomberg Businessweek*. August 29, 2011, http://www.today.com/id/44288821/ns/today-today_news/t/mystery-double-eagle-gold-coins.

## エピローグ

1. ジェフリー・インガムの "'Babylonian Madness': On the Historical and Sociological Origins of Money," ならびにジョン・スミシン編の *What Is Money?* (New York: Routledge, 2000) に引用。ジョン・メイナード・ケインズの以下の著作が原資料である。*The Collected Writings of John Maynard Keynes*, vol. 11 (Cambridge: Cambridge University Press, 1983), pp. 1–2.(『ケインズ全集』第11巻（東洋経済新報社、1979年〜）
2. ジェフリー・インガムの以下に引用 "'Babylonian Madness.'"
3. 詳しくは以下を参照。"Money Talks," *Economist*, September 29, 2012.

# 主要参考文献

Akerlof, George A., and Robert J. Shiller. *Animal Spirits.* Princeton, NJ: Princeton University Press, 2009.（ジョージ・A・アカロフ、ロバート・J・シラー『アニマルスピリット：人間の心理がマクロ経済を動かす』東洋経済新報社、2009 年、山形浩生訳）

Andreessen, Marc. "Why Bitcoin Matters." *New York Times*, January 21, 2014. http://dealbook.nytimes.com/2014/01/21/why-bitcoin-matters/?_php=true&_type=blogs&_r=0.

Aristotle. *The Politics and Economics of Aristotle.* Trans. E. Walford. London: George Bell & Sons, 1876.

Balter, Michael. "On the Origin of Art and Symbolism." *Science* 323 (February 6, 2009): 709–11. http://www.sciencemag.org/content/323/5915/709.full?ijkey=PVlAWrnJDMlhE&keytype=ref&siteid=sci.

Beinhocker, Eric D. *The Origin of Wealth.* Boston: Harvard Business School Press, 2006.

Belsky, Gary, and Thomas Gilovich. *Why Smart People Make Big Money Mistakes.* New York: Simon & Schuster, 2009.（ゲーリー・ベルスキー、トーマス・ギロヴィッチ『賢いはずのあなたが、なぜお金で失敗するのか』日本経済新聞社、2000 年、鬼澤忍訳）

Benedict, Ruth. *The Chrysanthemum and the Sword.* New York: First Mariner Books, 2005.（ルース・ベネディクト『菊と刀：日本文化の型』講談社、2005 年、長谷川松治訳ほか）

Bhatt, S. R. "The Concept of Moksa—An Analysis." *Philosophy and Phenomenological Research* 36, no. 4 (1976): 564–70.

Board of Governors of the Federal Reserve System. *The Federal Reserve System: Purposes and Functions.* 9th ed. Washington, DC: Publications Committee of the Board of Governors of the Federal Reserve System, 2005.

Bordo, Michael David. "The Classical Gold Standard: Some Lessons for Today." Federal Reserve Bank of St. Louis, May 1981. http://research.stlouisfed.org/publications/review/81/05/Classical_May1981.pdf.

Brooks, David. "The Inverse Logic of Life." Aspen Institute, July 16, 2013.

https://www.youtube.com/watch?v=WlJnNRdVHHw.

Buchanan, Mark. *The Social Atom.* Kindle ed. New York: Bloomsbury USA, 2007.（マーク・ブキャナン『人は原子、世界は物理法則で動く：社会物理学で読み解く人間行動』白揚社、2009 年、阪本芳久訳）

Cobert, Beth, Brigit Helms, and Doug Parker. "Mobile Money: Getting to Scale in Emerging Markets." McKinsey & Company, Insights and Publications, May 2012. http://www.mckinsey.com/insights/social_sector/mobile_money_getting_to_ scale_in_emerging_markets.

Colander, David, et al. "The Financial Crisis and the Systemic Failure of Academic Economics." Social Science Research Network, March 9, 2009. http://papers.ssrn.com/sol3/papers.cfm?abstract_id=1355882.

Coyle, Daniel. *The Talent Code.* Kindle ed. New York: Random House, 2009.

Darwin, Charles. *The Descent of Man.* New York: D. Appleton, 1871.（チャールズ・ロバート・ダーウィン『人間の進化と性淘汰 1・2』文一総合出版、1999-2000 年、長谷川眞理子訳ほか）

———. *The Expression of the Emotions in Man and Animals.* Oxford University Press, 1998.（『人及び動物の表情について』岩波書店、1991 年、浜中浜太郎訳）

———. *The Origin of Species.* Amherst, NY: Prometheus Books, 1991.（『種の起原』岩波書店、改版、1990 年、八杉龍一訳ほか）

Davidson, Paul. "Monetary Policy in the Twenty-First Century in the Light of the Debate Between Chartalism and Monetarism." In Jeff Biddle et al., eds., *Economics Broadly Considered.* New York: Routledge, 2001, pp. 335–47.

Dawkins, Richard. *The Greatest Show on Earth.* New York: Free Press, 2009.（リチャード・ドーキンス『進化の存在証明』早川書房、2009 年、垂水雄二訳）

———. *The Selfish Gene.* Oxford: Oxford University Press, 1989.（『利己的な遺伝子』紀伊國屋書店 増補新装版、2006 年、日高敏隆、岸由二、羽田節子、垂水雄二訳）

d'Errico, Francesco, and Lucinda Blackwell, eds. *From Tools to Symbols.* Johannesburg: Wits University Press, 2005.

Duhigg, Charles. *The Power of Habit.* Kindle ed. New York: Random House, 2012.（チャールズ・デュヒッグ『習慣の力』講談社、2013 年、渡会圭子訳）

Eagleton, Catherine, et al. *Money: A History.* New York: Firefly Books, 2007.

Eichengreen, Barry. *Exorbitant Privilege*. Kindle ed. New York: Oxford University Press, 2011.（バリー・アイケングリーン『とてつもない特権：君臨する基軸通貨ドルの不安』勁草書房、2012 年、小浜裕久監訳）

Eichengreen, Barry, and Peter Temin. "The Gold Standard and the Great Depression." *NBER Working Paper Series*. June 1997. http://www.nber.org/papers/w6060.pdf?new_window=1.

Erwann, Michel-Kerjan, and Paul Slovic, eds. *The Irrational Economist*. New York: PublicAffairs, 2010.

Federal Reserve Bank of Boston. "History of Colonial Money." http://www.bos.frb.org/education/pubs/historyo.pdf.

Feller, Ray. "Collecting Away Their Suffering: Meaningful Hobbies and the Processing of Traumatic Experience." Diss., Antioch University New England, 2001. https://etd.ohiolink.edu/ap/0?0:APPLICATION_PROCESS%3DDOWNLOAD_ETD_SUB_DOC_ACCNUM:::F1501_ID:antioch1317735299%2Cattachment.

Ferguson, Niall. *The Ascent of Money*. New York: Penguin Group, 2008.（ニーアル・ファーガソン『マネーの進化史』早川書房、2015年文庫、仙名紀訳）

Fet, Victor. "Kozo-Polyansky's Life." In B. M. Kozo-Polyansky, ed., *Symbiogenesis: A New Principle of Evolution*. Cambridge, MA: Harvard University Press, 2010.

Ford, Brian J. *The Secret Language of Life: How Animals and Plants Feel and Communicate*. New York: Fromm International, 1999.

Fox, Justin. *The Myth of the Rational Market*. New York: HarperCollins, 2009.（ジャスティン・フォックス『合理的市場という神話：リスク、報酬、幻想をめぐるウォール街の歴史』東洋経済新報社、2010 年、遠藤真美訳）

Francis, Pope. "Apostolic Exhortation Evangelii Gaudium. Vatican." 2013. http://www.vatican.va/holy_father/francesco/apost_exhortations/documents/papa-francesco_esortazione-ap_20131124_evangelii-gaudium_en.html#No_to_the_new_idolatry_of_money.

Frank, Tenney. *An Economic History of Rome*. New York: Cooper Square, 1962.

Franklin, Benjamin. "A Modest Enquiry Into the Nature and Necessity of a Paper-Currency." *Colonial Currency Reprints*. Boston: John Wilson & Son, 1911, pp. 335–57.

Friedman, Milton, and Rose D. Friedman. *Free to Choose*. New York: Harcourt Brace Jovanovich, 1980.（ミルトン・フリードマン、ローズ・D・フリードマン『選択の自由［新装版］：自立社会への挑戦』日本経済新聞出版社、2012 年、西山千明訳）

Friedman, Walter A. *Fortune Tellers*. Princeton, NJ: Princeton University Press, 2014.

Glimcher, Paul W. *Foundations of Neuroeconomic Analysis*. New York: Oxford University Press, 2011.

Gordon, Barry J. "Aristotle, Schumpeter, and the Metalist Tradition." *Quarterly Journal of Economics* 75, no. 4 (November 1961): 608–14.

Gordon, Deborah. *Ants at Work: How an Insect Society Is Organized*. New York: Free Press, 1999.（デボラ・ゴードン『アリはなぜ、ちゃんと働くのか』新潮社、2001 年、池田清彦、池田正子訳）

Gowa, Joanne S. *Closing the Gold Window: Domestic Politics and the End of Bretton Woods*. Ithaca, NY: Cornell University Press, 1983.

Graeber, David. *Debt : The First 5,000 Years*. Kindle ed. Brooklyn: Melville House, 2011.（デヴィッド・グレーバー『負債論：貨幣と暴力の 5000 年』以文社、2016 年、酒井隆史監訳、高祖岩三郎、佐々木夏子訳）

Graham, Benjamin. *The Intelligent Investor*. New York: Harper, 2006.（ベンジャミン・グレアム『賢明なる投資家：割安株の見つけ方とバリュー投資を成功させる方法』パンローリング、2000 年、土光篤洋監修）

Greco, Thomas H. *The End of Money and the Future of Civilization*. Kindle ed. White River Junction, VT : Chelsea Green, 2009.

Greenspan, Alan. *Age of Turbulence*. New York: Penguin, 2008.（アラン・グリーンスパン『波乱の時代』日本経済新聞出版社、2007 年、山岡洋一、高遠裕子訳）

———. *The Map and the Territory*. New York: Penguin, 2013.（『リスク、人間の本性、経済予測の未来』日本経済新聞出版社、2015 年、斎藤聖美訳）

Greenspan, Stanley I., and Stuart Shanker. *The First Idea*. Cambridge, MA: Da Capo Press, 2004.

Grubb, Farley. "Benjamin Franklin and the Birth of Paper Money." Federal Reserve Bank of Philadelphia, March 3, 2006. https://www.philadelphiafed.org/publications/economic-education/ben-franklin-and-paper-money-economy.pdf.

Guthrie, R. Dale. *The Nature of Paleolithic Art.* Chicago: University of Chicago Press, 2005.

Hamilton, Alexander. *The Works of Alexander Hamilton.* Vol. 2. Ed. J. C. Hamilton. New York, 1850.

Harris, William V. *The Monetary Systems of the Greeks and Romans.* Oxford Scholarship Online ed. New York: Oxford University Press, 2008.

Hyde, Lewis. *The Gift.* New York: Random House, 2007.（ルイス・ハイド『ギフト：エロスの交易』法政大学出版局、2002年、井上美沙子、林ひろみ訳）

Ingham, Geoffrey. "'Babylonian Madness': On the Historical and Sociological Origins of Money." In John N. Smithin, ed., *What Is Money?* New York: Routledge, 2000.

Jacob, Margaret C. *The Enlightenment: A Brief History with Documents.* Boston: Bedford / St. Martin's, 2001.

Kahaner, Larry. *Values, Prosperity, and the Talmud.* Hoboken, NJ: John Wiley & Sons, 2003.（ラリー・カハナー『ビジネスがうまい人の賢い考え方』オープンナレッジ、2008年、尹泰聖訳）

Kahneman, Daniel. *Thinking, Fast and Slow.* Kindle ed. New York: Farrar, Straus & Giroux, 2011.（ダニエル・カーネマン『ファスト&スロー：あなたの意思はどのように決まるか？』早川書房、2014年文庫、村井章子訳）

Kahneman, Daniel, and Angus Deaton. "High Income Improves Evaluation of Life but Not Emotional Well-being." *PNAS* 107, no. 38 (September 21, 2010): 1–5. http://www.pnas.org/content/107/38/16489.long.

Kahneman, Daniel, and Amos Tversky. "Prospect Theory: An Analysis of Decision Under Risk." *Econometrica* 47, no. 2 (1979): 263–92.

Karimzadi, Shahvazar. *Money and Its Origins.* New York: Routledge, 2013.

Keller, Timothy. "Treasure vs. Money." Redeemer Presbyterian Church, May 2, 1999. http://sermons2.redeemer.com/sermons/treasure-vs-money.

Keynes, John Maynard. *The Collected Writings of John Maynard Keynes.* Vol. 11. Cambridge: Cambridge University Press, 1983.（ジョン・メイナード・ケインズ『ケインズ全集』第11巻、東洋経済新報社、1979年〜）

———. *Treatise on Money: The Pure Theory of Money.* New York: Palgrave Macmillan, 1971.（『貨幣の純粋理論』東洋経済新報社1979年、小泉明、長澤惟恭訳）

Khan, Muhammad Arkan. *Islamic Economics and Finance: A Glossary.* New

York: Routledge, 1990.
Kindleberger, Charles P., and Robert Z. Aliber. *Manias, Panics, and Crashes.* 6th ed. New York: Palgrave Macmillan, 2011.（チャールズ・P・キンドルバーガー、ロバート・Z・アリバー『熱狂、恐慌、崩壊：金融危機の歴史』日本経済新聞出版社、2014年、高遠裕子訳）
Knapp, Georg Friedrich. *The State Theory of Money.* London: Macmillan, 1924.
Knutson, Brian. "Emotion Is Peripheral." January 15, 2014. http://edge.org/print/response-detail/25466.
Knutson, Brian, et al. "Anticipation of Monetary Reward Selectively Recruits Nucleus Accumbens." *Journal of Neuroscience* 21 (2001): RC159.
Komter, Aafke E. *Social Solidarity and the Gift.* Cambridge: Cambridge University Press, 2005.
Krugman, Paul. "The Theory of Interstellar Trade." Princeton University, July 1978. http://www.princeton.edu/~pkrugman/interstellar.pdf.
Kurlansky, Mark. *Salt.* New York: Penguin, 2002.（マーク・カーランスキー『「塩」の世界史：歴史を動かした、小さな粒』扶桑社、2005年、山本光伸訳）
Landy, Joshua. "In Defense of Humanities." Stanford University, December 7, 2010. http://news.stanford.edu/news/2010/december/humanities-defense-landy-120710.html.
Lebra, Takie Sugiyama. *Japanese Patterns of Behavior.* Honolulu: University Press of Hawaii, 1976.
Lewis, C. S. *Mere Christianity.* New York: HarperCollins, 1980.（C・S・ルイス『キリスト教の精髄（C.S.ルイス宗教著作集4）』新教出版社、新装版、1977年、柳生直行訳）
Lewis, Hunter. *How Much Money Does an Economy Need?* Mount Jackson, VA: Axios Press, 2007.
Lewis-Williams, David P. *Inside the Neolithic Mind.* London: Thames & Hudson, 2005.
Lowenstein, Roger. *When Genius Failed.* New York: Random House, 2000.（ロジャー・ローウェンスタイン『最強ヘッジファンドLTCMの興亡』日本経済新聞社、2005年、東江一紀、瑞穂のりこ訳）
Luscombe, Belinda. "Do We Need $75,000 a Year to Be Happy?" *Time,* September 6, 2010. http://content.time.com/time/magazine/

article/0,9171,2019628,00.html.

Mahalakshmi, R. *The Book of Lakshmi*. New Delhi: Penguin, 2009.

Martin, Felix. *Money: The Unauthorized Biography.* London: Bodley Head, 2013.（フェリックス・マーティン『21世紀の貨幣論』東洋経済新報社、2014年、遠藤真美訳）

Marx, Karl. *Capital*. Vol. 1. 1867. Online ed. Progress Publishers. https://www.marxists.org/archive/marx/works/1867-c1/ch04.htm.（カール・マルクス『資本論１』大月書店、1972年、岡崎次郎訳ほか）

Mauss, Marcel. *The Gift*. London: Norton, 1990.（マルセル・モース『贈与論』筑摩書房、2009年、吉田禎吾、江川純一訳ほか）

McTaggart, Lynne. *The Bond*. New York: Free Press, 2011.

Mellor, Mary. *The Future of Money: From Financial Crisis to Public Resource.* New York: Pluto Press, 2010.

Mills, Cynthia L. *The Theory of Evolution.* Hoboken, NJ: John Wiley & Sons, 2004.

Mises, Ludwig von. *Human Action: A Treatise on Economics.* San Francisco: Fox & Wilkes, 1996. http://mises.org/Books/humanaction.pdf.（ルートヴィヒ・フォン・ミーゼス『ヒューマン・アクション：人間行為の経済学』春秋社、増補新版、2008年、村田稔雄訳）

———. *The Theory of Money and Credit.* New Haven, CT: Yale University Press, 1953.

Mlodinow, Leonard. *Subliminal.* Kindle ed. New York: Random House, 2012.（レナード・ムロディナウ『しらずしらず：あなたの９割を支配する「無意識」を科学する』ダイヤモンド社、2013年、水谷淳訳）

Murphy, Antoin E. *John Law: Economic Theorist.* Oxford: Oxford University Press, 1997.

Noles, James L. *A Pocketful of History.* Cambridge, MA: Da Capo Press, 2008.

Ofek, Haim. *Second Nature: Economic Origins of Human Evolution.* Kindle ed. Cambridge: Cambridge University Press, 2001.

Piketty, Thomas. *Capital in the Twenty-First Century.* Cambridge, MA: Harvard University Press, 2014.（トマ・ピケティ『21世紀の資本』みすず書房、2014年、山形浩生、守岡桜、森本正史訳）

Plato. *The Laws.* Trans. T. J. Saunders. London: Penguin Books, 1970.（プラトン『法律』岩波書店、1993年、森進一、加来彰俊、池田美恵訳ほか）

Principe, Lawrence. *The Secrets of Alchemy.* Chicago: University of Chicago Press, 2013.

Rand, Ayn. *Atlas Shrugged.* New York: Penguin, 2005.（アイン・ランド『肩をすくめるアトラス』ビジネス社、2004年、脇坂あゆみ訳）

Rickards, James. *Currency Wars.* New York: Penguin, 2011.（ジェームズ・リカーズ『通貨戦争：崩壊への最悪シナリオが動き出した！』朝日新聞出版、2012年、藤井清美訳）

Roach, John. "Ant Study Shows Link Between Single Gene, Colony Formation." National Geographic News, January 24, 2002. http://news.nationalgeographic.com/news/pf/17495718.html.

Roberts, Renea, dir. *Gifting It: A Burning Embrace of Gift Economy.* 2002.

Rothbard, Murray N. "The Monetary Breakdown of the West." Ludwig von Mises Institute, n.d. http://mises.org/money/4s3.asp.

———. "What Has Government Done to Our Money?" Ludwig von Mises Institute, n.d. https://mises.org/money/4s1.asp.

Rupp, Katherine. *Gift-Giving in Japan: Cash, Connections, Cosmologies.* Stanford, CA: Stanford University Press, 2003.

Samuelson, Robert J. *The Great Inflation and Its Aftermath.* New York: Random House, 2008.

Sandel, Michael J. *What Money Can't Buy.* New York: Farrar, Straus & Giroux, 2012.（マイケル・サンデル『それをお金で買いますか：市場主義の限界』早川書房、2014年文庫、鬼澤忍訳）

Sapp, Jan. *Evolution by Association: A History of Symbiosis.* New York: Oxford University Press, 1994.

Schumpeter, Joseph A. *History of Economic Analysis.* New York: Oxford University Press, 1994.（J・A・シュンペーター『経済分析の歴史』岩波書店、2005年、東畑精一、福岡正夫訳）

Seaford, Richard. *Money and the Early Greek Mind.* Cambridge: Cambridge University Press, 2004.

Smith, Adam. *The Wealth of Nations.* New York: Knopf, 1991.（アダム・スミス『国富論：国の豊かさの本質と原因についての研究』日本経済新聞社出版、2007年、山岡洋一訳ほか）

Smith, Vernon L. *Rationality in Economics.* New York: Cambridge University Press, 2008.

Smithsonian National Museum of Natural History. "Bigger Brains: Complex Brains for a Complex World." http://humanorigins.si.edu/human-characteristics/brains.

Sowell, Thomas. *On Classical Economics.* New Haven, CT: Yale University Press, 2006.

Steil, Benn. *The Battle of Bretton Woods.* Princeton, NJ: Princeton University Press, 2013.（ベン・ステイル『ブレトンウッズの闘い：ケインズ、ホワイトと新世界秩序の創造』日本経済新聞出版社、2014 年、小坂恵理訳）

Swensen, David F. *Unconventional Success.* Kindle ed. New York: Simon & Schuster, 2005.（デイビッド・スウェンセン『イェール大学 CFO に学ぶ投資哲学』日経 BP 社、2006 年、瑞穂のりこ訳）

Taylor, Mark C. *Confidence Games.* Chicago: University of Chicago Press, 2004.

Thaler, Richard H. "Mental Accounting Matters." *Journal of Behavioral Decision Making* 12 (1999): 183–206.

Tien-tsin Huang. *Payment Processing: Payments Market Share Handbook.* J. P. Morgan, 2013.

Vermeij, Geerat J. *Nature: An Economic History.* Princeton, NJ: Princeton University Press, 2004.

Weatherford, Jack. *The History of Money.* New York: Three Rivers Press, 1997.

Wenger, Albert. "Bitcoin as Protocol." Union Square Ventures, October 31, 2013. http://www.usv.com/posts/bitcoin-as-protocol.

Witherington, Ben, III. *Jesus and Money.* Grand Rapids, MI: Brazos Press, 2010.

Woo, David. "Bitcoin: A First Assessment." Bank of America Merrill Lynch, 2013.

Wray, L. Randall. *Credit and State Theories of Money: The Contributions of A. Mitchell Innes.* Cheltenham, England, and Northampton, MA: Edward Elgar, 2004.

Xinyue Zhou, Kathleen D. Vohs, and Roy F. Baumeister. "The Symbolic Power of Money." *Psychological Science* 20, no. 6 (2009): 700–706.

Zaman, Asad. "Islamic Economics: A Survey of the Literature: II." *Islamic Studies* 48, no. 4 (2009): 525–66.

Zweig, Jason. *Your Money and Your Brain.* Kindle ed. New York: Simon &

Schuster, 2007.（ジェイソン・ツヴァイク『あなたのお金と投資脳の秘密：神経経済学入門』日本経済新聞出版社、2011 年、堀内久仁子訳）

# 写真クレジット

36ページ
自然界での交換行為を介した共生の一例。魚がアオウミガメの甲羅を掃除している。(iStock.com/triggerfishsaul)

78ページ
脳が金融上の意思決定を行なう仕組みを理解するため、神経経済学者は脳のスキャンを利用する。(iStock.com/yumiyum)

120ページ
ブリティッシュ・コロンビア州でポトラッチの儀式を行なう北米先住民。(U'mista Cultural Society)

164ページ
ニューヨーク連邦準備銀行の保管室内の職員。金の延べ棒を移動する際には、このようなマグネシウム製のサンダルを靴の上から履かなければいけない。(Federal Reserve Bank of New York)

208ページ
フビライ・ハンは元王朝を築いて紙幣を発行し、アジアの大帝国の全域にわたって流通させた。(Chinese School via Getty Images)

264ページ
携帯電話をベースにした決済システムのMペサ。ケニアでは何百万人もの国民が、このシステムを送金に利用している。(Bryan Warambo)

318ページ
富と幸運を象徴するヒンドゥー教の女神ラクシュミー。(Mkistryn/Bigstock.com)

366ページ

バングラデシュの郊外にあるワリ・ベイトシュアルを訪れたスフィ・モスタビズール・ラフマーンと私。この失われた古代文明の遺跡から、彼は大昔の硬貨を発掘した。(Courtesy of Kabir Sehgal)

本書は、二〇一六年四月に早川書房より単行本
として刊行された作品を文庫化したものです。

# マネーの進化史

The Ascent of Money

ニーアル・ファーガソン

仙名 紀訳

ハヤカワ文庫ＮＦ

**『劣化国家』著者の意欲作**

人間は、なぜバブルとその崩壊を繰り返すのか――同じ過ちを犯さないため、歴史から学ぶことが求められている。本書は、貨幣の誕生から銀行制度の発達、保険の発明、ヘッジファンドの興隆、リーマン・ショックまで、マネーの進化をつぶさに追う。ハーヴァード大学教授による世界的ベストセラー。解説／野口悠紀雄

# さっさと不況を終わらせろ

End This Depression Now!

ポール・クルーグマン
山形浩生訳

ハヤカワ文庫ＮＦ

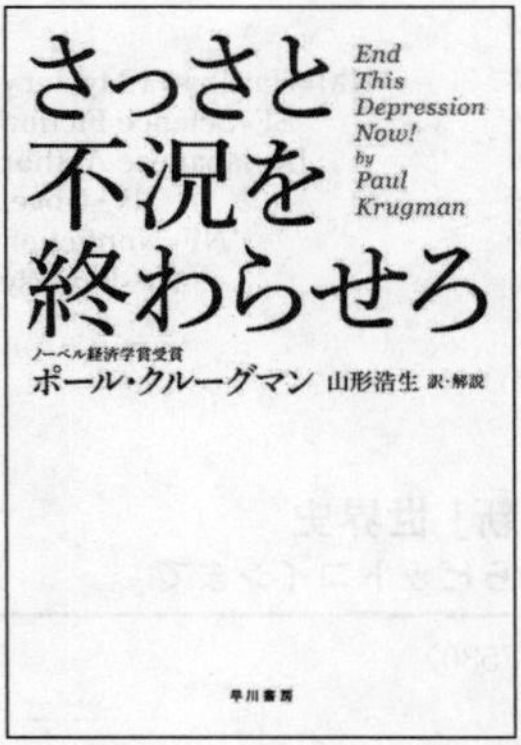


**ノーベル経済学賞受賞の経済学者が**
**消費税10％を先送りにさせた!?**

リーマンショック以来、米国をはじめ世界経済は低迷したままだ。ＥＵでは経済破綻に直面する国も出現し、日本ではデフレと低成長、そして赤字国債の増大が続く。財政難に陥った国家は緊縮財政や増税を試みるが、ところがそれは「大まちがい！」と著者は断言する。

訳者略歴　翻訳家　慶應義塾大学文学部英米文学科卒業　訳書にストーン＆カズニック『オリバー・ストーンが語る もうひとつのアメリカ史２』（共訳），ローズ『平均思考は捨てなさい』（以上早川書房刊）他多数

HM=Hayakawa Mystery
SF=Science Fiction
JA=Japanese Author
NV=Novel
NF=Nonfiction
FT=Fantasy

# 貨幣《かへい》の「新《しん》」世界史《せかいし》
## ハンムラビ法典からビットコインまで

〈NF530〉

二〇一八年十月十日　印刷
二〇一八年十月十五日　発行
（定価はカバーに表示してあります）

著者　カビール・セガール
訳者　小《こ》坂《さか》恵《え》理《り》
発行者　早川浩
発行所　株式会社　早川書房
郵便番号　一〇一 - 〇〇四六
東京都千代田区神田多町二ノ二
電話　〇三 - 三二五二 - 三一一一（大代表）
振替　〇〇一六〇 - 三 - 四七七九九
http://www.hayakawa-online.co.jp

乱丁・落丁本は小社制作部宛お送り下さい。
送料小社負担にてお取りかえいたします。

印刷・三松堂株式会社　製本・株式会社川島製本所
Printed and bound in Japan
ISBN978-4-15-050530-1 C0133

本書のコピー、スキャン、デジタル化等の無断複製は著作権法上の例外を除き禁じられています。

本書は活字が大きく読みやすい〈トールサイズ〉です。